全国图书情报专业学位研究生教育指导委员会推荐教材

高等院校图书情报专业学位研究生核心教材

Introduction to Information Analysis

信息分析导论

主　编　卢小宾
副主编　朱庆华　查先进　朝乐门

WUHAN UNIVERSITY PRESS
武汉大学出版社

图书在版编目(CIP)数据

信息分析导论/卢小宾主编．—武汉：武汉大学出版社，2020.9
(2024.3 重印)
高等院校图书情报专业学位研究生核心教材
ISBN 978-7-307-21237-4

Ⅰ.信…　Ⅱ.卢…　Ⅲ.信息—分析—高等学校—教材　Ⅳ.G202

中国版本图书馆 CIP 数据核字(2019)第 232113 号

责任编辑:詹　蜜　黄河清　　责任校对:李孟潇　　版式设计:马　佳

出版发行：**武汉大学出版社**　(430072　武昌　珞珈山)
(电子邮箱：cbs22@ whu.edu.cn　网址：www.wdp.whu.edu.cn)
印刷:武汉邮科印务有限公司
开本:720×1000　1/16　印张:29.5　字数:434 千字　插页:1
版次:2020 年 9 月第 1 版　2024 年 3 月第 2 次印刷
ISBN 978-7-307-21237-4　定价:76.00 元

前　言

为适应新时代社会发展对图书情报专门人才的迫切需求，经教育部批准于2010年设置了图书情报硕士专业学位（Master of Library and Information Studies，MLIS），其培养目标是：培养具备良好的政治思想素质和职业道德素养，掌握扎实的图书情报专业知识和技能，具有较高的外语水平和较强的跨文化交际能力，具有综合运用管理、经济、法律、计算机等知识解决图书情报工作实际问题能力，适应社会信息化和国民经济建设需要的高层次、应用型、复合型图书情报专门人才。

随着我国图书情报领域研究生教育结构的改变，图书情报硕士专业学位研究生的信息分析课程设置和教学方式也随之发生重大变化。为了适应这一新形势，根据培养目标的要求和教学的实际需要，全国图书情报专业学位研究生教育指导委员会组织编写了这部《信息分析导论》教材。

全书共8章。第1章信息分析概述，包括信息分析的产生与发展，信息分析的概念，信息分析的基本类型，大数据环境下的信息分析等；第2章信息分析程序，包括信息分析课题选择与课题计划，信息搜集、整理与鉴别，信息分析与提炼，信息分析产品的制作，信息传递、利用及反馈等；第3章信息分析方法，包括信息分析的基本方法以及回归分析、聚类分析、时间序列分析、主成分分析等方法；第4章信息分析成果评价，包括信息分析成果评价的内涵、评价工作流程、评价指标体系与评价方法等；第5章信息分析应用，包括科学、技术、专利和市场等领域的信息分析；第6章计算机辅助信息分析，包括数据挖掘、联机分析处理、社会网络分析等；第 7 章竞争情报，包括竞争情报的定义、特点与功能，竞争情报搜集，竞争情报方法，国内外竞争情报实例分析等；第 8 章信息分析机构管理，包括信息分析机构概述，信息分析机构宏观管理与微观管理等。

本书的主要特点体现在以下几个方面：①突出了图书情报专业学位研究生培养的特点，即“具备较强的解决实际问题的能力”，以提升信息分析能力为核心，在系统介绍信息分析基础知识的同时，重点论述了信息分析方法、技术与工具在实践中的应用，以期全面提升研究生的信息分析技能。②从实践层面对信息分析理论进行了提炼总结，以实践案例阐述信息分析基本原理，把复杂的概念和理论解释清楚，使信息分析的理论与实践得到有机融合。③强调把握信息分析领域知识的“基础、主流与发展”的关系，系统梳理了信息分析基础理论，并重点介绍了竞争情报、计算机辅助信息分析等领域的前沿研究成果。

全书由卢小宾提出编写大纲，负责整体规划。执笔人分别为第 1 章卢小宾、郭亚军；第 2 章王翠萍、卢小宾；第 3 章查先进；第 4 章郭亚军；第 5 章朱庆华；第 6 章朝乐门；第 7 章蒋玲；第 8 章钱明辉。全书由卢小宾统稿、修改并负责编写工作的组织与协调，其中朝乐门在本书校对方面做了大量的工作，在此表示感谢。

本书在撰写过程中，参考了大量文献资料，向本书所列参考文献作者表示衷心地感谢。全国图书情报专业学位研究生教育指导委员会和武汉大学出版社对本书出版给予了大力支持和帮助，在此深表谢意。

由于编者水平有限，加之时间较为仓促，书中一定存在诸多需要改进和完善之处，敬请读者批评指正。

卢小宾

2020 年 1 月于中国人民大学

目　录

第 1 章

信息分析概述

本章引言

信息分析的水平直接决定着信息服务的质量和水平。在当今竞争激烈的信息服务市场中，不开展信息分析的信息服务机构必将走向衰亡，但信息分析水平低下所导致的不良后果反过来可能会加速信息服务机构衰亡的进程。如何提高信息分析水平已成为信息服务机构生存和发展所面临的重大课题。本章在揭示信息分析活动产生与发展动因的基础上，阐述了信息分析的定义与特点，探讨了信息分析的内容、类型与任务，论述了大数据环境下信息分析的主要特征和研究重点。

本章重点

- 信息分析产生的主要因素；
- 信息分析发展的趋势；
- 信息分析的基本内容；
- 信息分析的主要类型；
- 大数据对信息分析的影响；
- 大数据环境下信息分析的主要特征和研究重点。

信息分析(Information Analysis，亦称情报研究)是在信息服务产业飞速发展的背景下，于20世纪50年代由情报科学中派生出来的一门新兴学科。随着信息社会的发展和信息技术的进步，信息分析已经从科技领域拓展到经济、社会、文化等各个领域，信息分析的社会功能日益增强。目前，在国民经济和社会发展过程中，无论是决策活动、管理活动，还是创新活动，都离不开信息分析活动的支持。在当今竞争日趋激烈的现代社会里，信息分析已成为提升个人、组织乃至国家竞争力的重要手段和关键因素。

1.1　信息分析的产生与发展

1.1.1　信息分析的产生

1.1.1.1　信息分析是信息交流的产物

16 世纪中叶至 17 世纪中叶，出现了起科学交流作用的科学家小组，产生了传播科学技术信息的学术刊物，如法国的《科学家杂志》等，这是信息交流过程的第一个发展阶段——信息生产者与需求者之间的直接交流。17 世纪末至 18 世纪初，由于科学技术的发展，许多国家相继建立了全国性学术团体，如意大利科学家在伽利略周围建立的“山猫学会”等；同时，还出版了各种类型的科技期刊。这时的信息需求者变为不确定的多数，信息交流过程进入第二个发展阶段——大众传播阶段。18 世纪中叶至 19 世纪末，由于学科进一步的分化，分支学科纷纷出现，分支学科的专业团体开始建立，如 1871 年英国剑桥大学建立的卡文迪什实验室，同期贝尔在美国波士顿创立的电话研究所等。与此同时，还出现了专业学术刊物及文摘、索引、年报等科技信息检索出版物，如 1830 年德国创办的文摘杂志《化学总览》等。这是信息交流过程的第三个发展阶段——信息生产者和需求者之间通过第三者进行的交流。在这个阶段，信息分析应运而生，如在一些出版物中出现了综述、评论等研究文章，但这时的信息分析并没有从科学家劳动中分化出来。到了 20 世纪，科学技术进入现代发展时期，分支学科、前沿学科层出不穷，科学技术飞速发展和科技文献量急剧增长，使得人们对信息交流的要求不满足于一般的提供和检索信息，而需要经过浓缩、分析、综合加工后形成有针对性的信息分析成果。特别是20世纪50年代后期，由于电子计算机技术的发展，信息交流过程迅速完成了向第四阶段——用机器代替人工的计算机存储检索与第五阶段——信息的联机检索和网络检索的转变，这为信息分析提供了良好的现代技术支持。由此，信息分析便从科学家的劳动中独立出来，走上了专业化发展的道路。①

1.1.1.2 信息分析是科技、经济和社会发展的产物

信息分析成为一种独立的科学劳动，有其深刻的科技、经济和社会发展需求背景。

(1)现代科学技术的高速发展，要求进行跨学科、跨专业、跨部门的协同配合。第二次世界大战以后，科学技术迅速地向纵深发展，科学技术的门类越分越细，各学科之间彼此渗透，相互联系日益紧密，在传统学科与技术的边缘，不断产生新兴的学科与技术。而且，当今世界范围的技术创新和科学研究的难度越来越大，新产品、新材料、新技术、新工艺的突破，取决于系统的综合水平，可以说对已有技术的重新组合，已成为当今技术创新的主流。因此，在制定科技发展规划、评价科研成果和开展技术创新等方面，迫切需要跨学科、跨专业、跨部门的综合性信息分析活动。国外一些大型智囊团正是适应这种需要而产生的，如美国的兰德公司(RAND Corporation)、日本的野村综合研究所等。

(2)现代经济活动的特点要求从外部进行信息分析活动。现代经济活动是复杂的，涉及许多领域，必须进行综合研究，才能取得最佳的经济效益，但是一个企业不可能拥有包容一切领域的信息分析机构，如果一切信息分析工作都要由自己进行，必然要投入大量的资金和人力，这是违背现代经济活动规律的，许多企业和部门都希望有一批从事信息分析活动的专门人才与机构。信息分析活动以其高效率的工作方法，及时提供全面、系统、综合、准确的信息分析成果和各种可供选择的解决问题的方案，作为企业和部门决策的依据和参考，大大地提高了企业和部门的工作效率，减少了经济活动的失

① 卢小宾. 信息分析概论[M]. 北京：电子工业出版社，2014.

误和失败。从此意义上讲，信息分析是现代经济管理科学化的产物。

(3)社会非物质生产范围的扩大提出了强化信息分析的需求。由于科学技术成果在物质生产中的应用，物质生产的高度机械化、自动化使劳动生产率空前提高，促进大批从事物质生产的就业人员转向服务产业和信息产业，并由此使这两种产业得到迅猛发展。以美国为例，在 19 世纪 60 年代，从事第一产业(农业)的人数占就业人数的 50%以上，美国成为农业大国；进入 20 世纪，第二产业(工业)在社会中开始占主导地位，到 1950 年工业人口达到高峰，约占 65%，其成为工业大国；20 世纪 50 年代以后，服务行业(第三产业)和信息产业(第四产业)的活动急剧增加，到 1975 年几乎有 50%的劳动者从事第四产业。上述事实证明，社会的非物质生产在迅速扩大，社会生产的结构已发生了重大的变化。这样，社会便向信息工作提出了强化信息分析的要求。

1.1.1.3　信息分析是决策科学化、民主化的产物

现代决策活动，要做到科学化、民主化，往往先由信息分析人员对决策的背景、需要达到的目标及围绕决策的环境情况进行综合信息分析，设计出多种可供选择的决策方案，然后信息分析人员要对每个决策方案进行分析评价，指出优缺点、损益值，有可能的话，还要对多种决策方案提出采纳的倾向性意见，最后交决策者进行决策。因此，现代决策工作是由决策者和信息分析人员共同完成的。

信息分析活动对于决策的科学化和民主化是不可缺少的环节。这是因为：

(1)决策者一般是考虑战略问题的，具有较高的政治觉悟、洞察能力和组织才能。但是，决策者的工作是非常繁忙的，他们不可能就决策的具体事项进行系统、深入的分析。他们虽然敏锐地发现了问题，但很难有时间和精力抓住问题并进行深入的调查和研究，在这种情况下，仅仅依靠决策者个人“拍脑袋”来决策，就会导致决策的失误，甚至失败。

(2)决策者虽然博学多才，但也不可能无所不知，不可能掌握和探索一系列现代科学决策的方法和技术，因为其中每一项研究都可能花费一个人的

毕生精力。决策者如果致力于掌握、运用和研究这些方法和技术，那他只是一位信息分析专家，而不能成为卓有成效的决策者。

(3)决策者在现代化大生产的情况下，一个错误决策，往往会带来巨大的、连锁的严重恶果。为了防止可能产生的决策失误，决策者一定要虚心聘请信息分析人员参与决策。

由于以上三点原因，现代决策者必须将信息分析工作作为科学决策的不可分割的组成部分，科学决策已成为发展信息分析产业的催化剂。

1.1.2 信息分析的发展趋势

随着科学技术与生产力的飞速发展与进步，人类知识信息开始呈爆炸性趋势增长，计算机网络的出现使得信息传递交流超越了时空的限制，随之而来的遍布世界各个领域的激烈竞争，使信息成为国家、组织、个人竞争中不可缺少的战略资源，人类的一切活动都离不开有效的信息支持，信息分析也因此为世人所瞩目。在数字化、全球化背景下，信息分析将呈现出如下发展趋势。

1.1.2.1 信息分析内容预测化

预测是指通过已有的数据资料和信息，对未来或未知事物的发展进行估计和推测。预测是一门研究范围广泛的综合性学科，研究内容包括社会预测、科技预测、经济预测和军事预测等。信息分析的意义在于积累，积累的延伸就是未来，预测就是延伸，信息分析本身就蕴涵着预测。

当前，全球范围内的竞争日益激烈，信息分析逐渐成为从事建设、发展生产的最活跃的力量。如果说信息分析是现代社会的“眼睛”的话，那么，预测性信息分析则是社会进化的“航标灯”。因此，预测性信息分析在国外已成为一个崭新的行业，从事预测性信息分析的专家与日俱增，预测已经发展成为信息分析的重要内容，随着时间的推移，在信息分析领域中，预测性信息分析的比重将越来越大。

1.1.2.2　信息分析方法定量化

(1)信息分析方法定量化是由客观需要决定的。在信息分析工作中使用的数据日益丰富，如何做好数据的定量化处理，就成为提高信息分析质量的一个重要问题。同时，面对急剧增长的数据，只有通过建立数学模型才能对数据的优选与分级作出定量的分析评价。

(2)信息分析方法定量化是由其自身发展需要决定的。传统信息分析采用定性方法进行信息的分析、综合、研究和预测，其成果多数是用逻辑语言来表达，这就造成信息分析成果与实际情况之间存在较大的误差，难以满足用户对信息分析成果准确化、精确化的要求。现代信息分析如果采用定量方法，实现定量与定性的有机结合，将使信息分析成果更加精确，使信息分析水平上升到更高层次。

(3)任何一门学科要达到科学化，必须定量化。信息分析作为一门新兴学科，要实现科学化的发展目标，必须建立起一套反映信息分析基本特性的定量方法体系。目前，反映信息分析特性的一些定量方法已经开始出现，虽然还不十分成熟，但这是信息分析方法向定量化发展的基础，如回归分析法、层次分析法、聚类分析法等。随着信息分析的进一步发展，信息分析方法定量化将越来越明显，越来越重要。

1.1.2.3　信息分析服务市场化

市场化取向是信息分析发展的最根本的趋势，这主要是由于市场具有资源优化配置和效率方面的优势。信息分析服务的市场化取向促使信息分析机构根据市场需求提供有针对性的信息分析服务，在社会范围内实现了信息分析资源的优化配置，高效率地满足了社会多样化、多元化的信息需求。在激烈的市场竞争中，无论哪种类型的信息分析机构，谁率先开展技术与方法创新，产出高质量信息分析成果，谁将在市场竞争中获胜。

信息分析服务市场化的结果必然导致信息分析整体向产业化方向发展。国外著名咨询机构，如麦肯锡咨询公司、野村综合研究所等，都实现了规模经营，产业化程度很高。目前，世界范围内信息咨询产业规模持续扩大，其中很大一部分来自信息分析领域，这种产业化的发展还会进一步得到强化。

1.1.2.4 战术信息分析普及化

信息社会的发展，市场竞争的加剧，对信息分析服务形式提出了新的要求，战术信息分析异常活跃。以企业为例，国内外企业界高度重视战术信息分析，企业要在市场竞争中处于优势，必须进行战术信息分析，如产品信息分析、价格信息分析、市场占有率信息分析、市场需求信息分析等。企业不仅要委托信息分析机构进行战术信息分析，而且许多杰出的企业领导者、决策者和管理者，本身就是非常优秀的战术信息分析专家。

目前，世界各国对技术信息、产品信息和市场信息的分析，已不单是信息分析人员的职责，也是管理人员、技术人员、生产人员共同关心的工作，战术信息分析的普及已成为信息分析发展的一个重要趋势。

1.1.2.5 信息分析队伍多学科化

信息分析是科学技术快速发展的产物，由于知识本身的不断深化，学科领域网状特征日益明显，促使分支学科、边缘学科、交叉学科、横断学科和综合学科等新兴学科蓬勃兴起，目前学科总数已达数千门之多。在信息分析工作中，凡是大型课题，总是一个课题同时涉及经济、社会和科技等诸多方面，信息分析的课题也异常广泛，几乎涉及社会的各个领域，有些课题既不是单纯的科学研究问题，也不是单纯的技术问题，而是涉及数个学科、横跨若干部门的综合性问题。

信息分析课题的综合化，决定了信息分析队伍知识结构的多元化，要求具有多学科、多层次、多语种的信息分析人才。组织一支包括基础科学、应用科学等各门类学科专业人才的信息分析队伍，是信息分析发展的必然趋势。①

① 卢小宾，郭亚军. 信息分析理论与实践[M]. 北京：清华大学出版社，2013.

1.2 信息分析的概念

1.2.1 信息分析的定义

信息分析是一门新兴学科，其定义至今尚未统一。据统计，目前国内外有关信息分析及其相关定义多达数十种之多，其中较具代表性的是：①

(1)信息分析中心是旨在以最可靠、及时、有效的方式为同行和管理人员编撰、归纳、整理、重组、显示适合的信息或数据，或者为了搜集、选择、存储、检索、评价、分析、综合一个明确规定的专门领域，或与特定任务相适应的大量信息而特别建立的正式组织机构。

(2)情报分析广义上包括信息的搜集、选择、存储、检索、评价、分析、综合、提供诸功能；狭义上包括信息的评价、分析、综合功能。

(3)情报研究是针对用户需要或接受用户委托，制定研究课题，然后通过文献调查和实情调查，搜集与课题有关的大量知识和信息，研究其间的相互关系和作用，经过归纳整理、去伪辨新、演绎推理、审议评价，使科技知识得以系统化、综合化、科学化、适用化，以揭示事物或过程的状态和发展(如背景、现状、动态、趋势、对策等)。

(4)情报研究是针对某个课题，从大量文献资料和其他各种有关情报中，经过分析、综合、研究，系统地提出有情况、有对比、有分析、有观点、有预测的情报研究成果，以提供用户参考使用。

(5)情报研究是以情报为对象，对情报的内容进行整理、加工、鉴别、判断、选择与综合，得出新的情报的科学研究活动。它是整个情报活动中一种创造性劳动，是一种科学研究工作，属于思想库范畴。

---

① 卢小宾. 信息分析概论[M]. 北京：电子工业出版社，2014；沙勇忠，牛春华等. 信息分析(第二版)[M]. 北京：科学出版社，2016；[美]杰罗姆·克劳泽著，辛昕等译. 情报研究与分析入门[M]. 北京：金城出版社，2016；文庭孝. 信息分析[M]. 北京：机械工业出版社，2017；王延飞等. 情报研究论[M]. 北京：北京大学出版社，2017；吕斌、李国秋. 信息分析新论[M]. 上海：上海世界图书出版公司，2018.

(6)情报研究通常指文献情报的分析与综合的过程，即对反映一定时期某一课题领域进展情况的文献情报进行分析和归纳，并以研究报告等多种形式提供专题情报或系统化的浓缩情报，满足用户或读者的专门需要或全面了解该领域的现状和发展趋势的需要。

(7)情报研究是根据社会用户的特定需求，以现代的信息技术和软科学研究方法为主要手段，以社会信息的采集、选择、评价、分析和综合等系列化加工为基本过程，以形成新的、增值的情报产品为不同层次的科学决策服务为主要目的的一类社会化的智能活动。

(8)信息分析是对大量纷繁无序的信息进行有针对性的选择、分析、综合、预测，为用户提供系统的、准确的、及时的大流量知识与信息的活动。

(9)信息分析的抽象工作目标是从混沌的信息中萃取出有用的信息；从表层信息中发现相关的隐蔽信息；从过去和现在的信息中推演出未来的信息；从部分信息中推知总体的信息；揭示相关信息的结构和发展规律。

(10)信息分析是对情报进行定向浓缩和科学抽象的一种科学劳动。

(11)信息分析是指以社会用户的特定需求为依托，以定性和定量研究为方法，通过对文献进行收集、整理、鉴别、评价、分析、综合等系列化加工过程，形成新的、增值的信息产品，最终为不同层次的科学决策服务的一项具有科研性质的智能活动。

(12)信息分析是一种深层次的信息加工服务，是一项智能型脑力劳动。

(13)信息分析是根据用户的特定需求，对大量纷繁无序的信息进行有针对性的选择、分析、综合、预测，为用户提供系统的、综合的、准确的、及时的、大流量的知识与信息的智能活动。

(14)信息分析是情报研究范围的扩展和社会信息化发展的结果，是针对特定的需求，对信息进行深度分析和加工，提供有用的信息和情报。

(15)在信息资源基础上，进行检索、整合与分析，利用各种信息工具快速地做出可验证的分析反应过程，这样的研究过程，就是信息分析。

(16)信息分析是分析人员根据用户的特定信息需求，利用各种分析方法和工具，对搜集到的零散的原始信息进行识别、鉴定、筛选、浓缩等加工和分析研究，挖掘出其中蕴涵的知识和规律，并且通过系统的分析和研究得到有针对性、时效性、预测性、科学性、综合性及可用性的结论，以供用户决策使用。

(17)情报研究，又称信息分析，是指在信息搜集和分析的基础上，通过思考、甄别、重组获得解决特定问题所需要的知识和谋略的科学研究活动。

(18)信息分析是将大量离散、无序、质量不一的信息进行搜集、选择、加工和组织，形成增值的信息产品，最终为不同层次的科学决策服务的一项科研活动。

(19)信息分析是一项内容广泛的信息深加工处理和情报提炼活动，它以大量相关的原生信息为处理对象，通过对原生信息内容的分析、综合或评价，以提炼出对管理、决策等活动有支持作用的情报，为管理、决策等活动服务。

(20)信息分析是一类通过系统化的过程将信息转换为知识、情报和谋略的科学活动的统称。

(21)信息分析是根据用户的特定需求，对原生信息进行有针对性的选择、分析、综合、预测，为用户提供系统、准确、及时、大流量的知识与信息的科学研究活动。

(22)情报研究是以各类用户的特定社会需求为依据制定研究课题，并通过相关信息技术或者软科学研究方法进行与课题相关的信息或知识的采集、加工、分析、综合和评估，最终形成用户所需的情报产品，从而为用户的决策提供依据。

(23)情报研究通常指战略情报生产，其目的是帮助决策者和计划者做出正确的决定。

(24)信息分析通过科学的方法将信息转化为有价值的知识、情报，为管理和决策服务，是一项创造性的智力劳动，也是信息资源开发利用的重要环节。

(25)信息分析是为组织活动提供知识的一种认知活动。

除了信息分析一词外，国外还存在着与其相关的其他概念，如信息处理(Information Process)、信息浓缩(Information Consolidation)、数据分析(Data

Analysis)、数据处理(Data Process)、政治军事情报(Military or Political Intelligence)、工商情报(Business Intelligence)、技术跟踪(Technology Tracing)、技术预见(Technological Foresight)、技术监测(Technological Monitoring)、信息经纪(Information Brokerage)等。① 这些相关概念的内涵和所揭示的工作机理，某种程度上都与信息分析有共通之处。

1.2.2 信息分析的特点

上述定义及相关概念虽然表达方式与侧重点有所不同，但我们可以从中发现一些信息分析所共有的特性：

(1)目标性。

目标性是指在信息分析工作中要有的放矢，具有鲜明的针对性。信息分析是针对特定需要而进行的，在这项工作中，要针对经济、社会、科技等方面的实际情况提出信息分析的选题。而建议、设想、方案、预测等分析成果也必须针对决策者、领导者和管理者的决策需要提出。因此，信息分析人员要能及时掌握决策层正在或将要决策的目标，同时要掌握国内外经济、社会、科技等领域的发展现状和趋势，才能使自己在信息分析工作中具有明确的目标。

(2)系统性。

信息分析的目的在于使有关的信息和知识系统化、精确化，以便用户有效地加以利用。它表现在：①系统地收集有关的信息素材，并系统地加以整理，使之成为有序的、便于检索的信息素材或建立数据库。②进行信息分析时要有系统性。从纵的方面讲，要将有关课题历史、现状、未来的信息按时间序列系统地进行研究；从横的方面讲，运用系统工程的观点，对与课题相关的其他科学信息进行综合研究。只有这样，才能对所研究的课题有一个全面的认识，并作出正确的判断。

(3)政策性。

信息分析是一项政策性很强的工作。它必须围绕社会发展和经济建设的

---

① 查先进. 信息分析[M]. 武汉：武汉大学出版社，2011.

需要，围绕所在部门、行业、地区的科研和生产的需要而进行。因此，信息分析工作不能违背国家以及所在部门、行业、地区制定的关于发展国民经济、促进社会进步和提高科学技术水平的路线、方针、政策。在信息分析工作中，必须依据这些政策来决定信息素材的取舍，特别是在为决策服务的信息分析工作中，既受到国家现行政策的制约，又为现行政策的修正和新政策的制定服务。所以，政策性在信息分析工作中表现得尤为突出。

(4)创造性。

信息分析是为用户服务的，信息分析工作要按照信息产品“订购者”的要求专门设计。就具体信息分析工作而言，分析人员常常会面对新问题、新情况、新事物、新技术，需要在全面收集有关信息素材的基础上，经过创造性的智力劳动，产出信息分析产品以支持决策。最终信息分析产品并不是原始信息的简单堆砌，而是信息分析人员智慧和技巧的结晶，具有鲜明的创造性。①

(5)概率性。

信息分析的信息资料来源十分广泛，包括文献信息和实物信息等，其真实程度、相关程度、及时程度和准确程度都很不确定，而且信息分析多数是面向未来的，面对的是一个不确定因素繁多的动态随机环境，因此信息分析结果的可靠性只能是概率数值，不可能是确定的常数。信息分析的目的是尽量使这个概率数值趋近于 1。

(6)时效性。

现代科学技术的迅猛发展，缩短了信息的使用寿命。因此，信息分析要抢时间，争速度，为用户提供及时、适时的研究成果。这里的时效性是指信息分析应有一个上、下时间限度，如果超过时间上限，信息分析成果没有任何意义；如果低于时间下限，由于干扰环境的变化，信息分析成果的价值将大大降低，甚至失去价值。

综合上述信息分析的定义及其特点，我们认为信息分析是根据用户需求，

---

① 王伟军，秦国沛. 信息分析方法与应用[M]. 北京：清华大学出版社，北京交通大学出版社，2010.

对信息进行选择、分析、综合、预测，为用户提供系统、准确、及时、大流量的知识与信息的智能活动。

1.3 信息分析的内容、类型与任务

1.3.1 信息分析的内容

信息分析的内容非常广泛，涉及经济、社会、科技等各个领域。具体来说，信息分析的核心内容包括：

(1)鉴别信息素材的真伪和可靠程度；

(2)判断科学技术的先进性、可行性、合理性；

(3)了解某一学科或领域的发展水平和动向；

(4)发现社会各领域中有发展前途的新增长点；

(5)寻找解决某一类问题的各种方案，为科学决策奠定基础；

(6)评估决策实施的经济效益及其可能产生的社会后果；

(7)分析研究经济、社会和科技发展过程中的关键点与转折点；

(8)总结成功与失败的经验教训，不断提高信息分析水平。

1.3.2 信息分析的类型

信息分析从不同角度进行分类，可以分为不同的类型。

1.3.2.1 从影响角度划分：战略信息分析和战术信息分析

(1)战略信息分析。它主要着眼于全局性和长远的目标，重点解决经济、社会和科技等领域的综合性问题，如体系结构、构成比例、发展速度、发展规划、给定期间的发展目标等提供服务。战略信息分析一般要求各学科、各部门、各行业合作进行。国际上有许多著名的战略信息分析机构，如美国兰德公司、英国国际战略研究所等。

(2)战术信息分析。它主要着眼于局部性和短期的目标，重点解决经济、社会和科技等领域中的一些具体问题，如技术创新、产品开发、材料更新、

设备改造、市场需求等提供服务。战术信息分析多在信息机构内部，由信息分析人员进行。随着战术信息分析的日益普及，许多决策者、管理者、领导者和广大科技人员也参与其中。

1.3.2.2　从内容角度划分：跟踪型信息分析、比较型信息分析、预测型信息分析和评价型信息分析

(1)跟踪型信息分析。其主要任务是信息搜集和加工，建立文献型、事实型和数值型数据库，开展定性分析。这类信息分析的目的是掌握各个领域的发展趋势，及时了解新动向、新发展，从而做到发现问题、提出问题、解决问题。

(2)比较型信息分析。其主要目的在于通过比较，了解研究对象的现有水平，找出差距、空白点和薄弱环节，把握研究对象的内在联系及发展规律，认识其本质，为科学决策提供参考依据。

(3)预测型信息分析。其主要目的是根据已经掌握的情况、知识和信息，预先估计和判断研究对象的未来走向和未知状况。

(4)评价型信息分析。其工作重点是分析评价对象，选定评价项目，确定评价函数，计算评价值，给出综合评价结果。①

1.3.2.3　从方法角度划分：定性信息分析、定量信息分析和半定量信息分析

(1)定性信息分析。这是根据研究对象所具有的属性和矛盾变化，从研究对象的内在规定性来分析研究对象的一种方法。它一般不涉及变量关系，主要依靠人类的逻辑思维来分析问题。开展定性信息分析，要依据一定的理论与经验，直接抓住研究对象本质的、主要的矛盾关系，排除次要的、表象的矛盾关系。定性信息分析具有探索性、诊断性和预测性等特点，它并不追求精确的结论，而只是了解问题之所在，摸清情况，得出理性结论。常用的定性信息分析方法有：分析法、综合法、因果关系法、比较法、推理法等。

---

① 朱庆华. 信息分析基础、方法及应用[M]. 北京：科学出版社，2004.

(2)定量信息分析。这是对研究对象的数量特征、数量关系与数量变化进行分析的方法。它通过设计和建立与原型相似的数学模型，并对之进行分析研究，以达到揭示原型的内在联系和规律性的目的。常用的定量信息分析方法有：时间序列分析法、回归分析法、层次分析法、聚类分析法、信息模型法等。

(3)半定量信息分析。这是既包含定性信息分析又包含定量信息分析的综合信息分析方法。在半定量信息分析中，定性信息分析把握研究对象的核心与本质，侧重于宏观描述；定量信息分析把握研究对象的规律与内在联系，侧重于微观分析。常用的半定量信息分析方法有：德尔菲法、内容分析法、价值链分析法、SWOT 分析法、决策树法等。①

1.3.2.4 从领域角度划分：科学信息分析、技术信息分析、专利信息分析和市场信息分析等

这部分内容将在第 5 章信息分析应用中详细论述。

1.3.3 信息分析的任务

(1)为制定政策服务。

科学、合理地制定政策是促进经济、社会、科技发展的一项战略任务。进行政策选择，应借鉴国内外的经验教训。各国、各地区、各部门、各行业都有各自的政策问题，其中包括经济政策、社会发展政策、科技政策、外交政策、资源政策、能源政策、环境政策等。信息分析应为上述政策的制定提供系统、准确、综合的信息分析成果。

(2)为制定发展规划服务。

调查国内外经济、社会、科技等领域的发展历史、现状和发展趋势，研究本国、本地区、本部门和本行业的需求和可能，着眼未来，立足现在，为制定经济、社会和科技等领域的发展规划(长期、中期、短期)提供高质量的

---

① 王伟军，蔡国沛. 信息分析方法与应用[M]. 北京：清华大学出版社、北京交通大学出版社，2010.

信息分析服务。

(3)为实行科学管理服务。

分析国内外的管理体制、方法、布局、构成、规章制度、人员培养、管理指标、成果鉴定、新技术推广等问题，提出改善管理方法和制定管理条例的建议，为实行科学管理提供全方位的信息分析服务。

(4)为确定研究课题服务。

调查国内外有关经济、社会和科技等领域的最新发展动态，了解上述领域已取得的同类研究成果及正在进行中的研究课题，以使选定的研究课题起步于先进水平。充分利用已有成果，避免重复，使投入的人力、物力和财力产生更大的经济效益和社会效益。

(5)为决策科学化服务。

在当今信息社会中，决策科学化、民主化的基础是信息分析。决策前，决策者需要有关决策问题的预测信息分析；决策中，决策者需要与决策问题有关的综合信息分析；决策后，决策者需要有关决策实施效果的反馈信息分析。总之，为决策服务是信息分析的主要任务，信息分析已成为决策科学化、民主化的先决条件。

(6)为市场开拓服务。

成功的市场开拓活动需要充分的市场信息保障。市场信息包括两个方面：第一，市场系统内部产生的与经济活动有关的信息，如价格、质量、市场占有率、市场供需等信息；第二，市场系统外部产生的对市场营销活动有影响的信息，如政治、法律、经济、文化、科技、管理等信息。信息分析在市场开拓中的作用主要体现在通过提供上述两类信息，帮助用户寻找、识别和把握市场机会，选准市场开拓的突破口，规避潜在的市场风险。①

1.4　大数据环境下的信息分析

半个多世纪以来，随着信息环境的变化和信息技术的发展，信息分析工

① 查先进. 信息分析[M]. 武汉：武汉大学出版社，2011.

作也发生了巨大的变革。目前，以大数据为代表的新一轮信息化浪潮将重塑信息分析理论，推动信息分析技术与方法的创新，拉开信息分析产业革命的序幕。

1.4.1 大数据对信息分析的影响

世界已经进入“大数据时代”，大数据正以难以想象的速度带来新一轮信息化革命，大数据充斥着现代社会的各个领域，影响甚至改变着我们的生活。大数据与信息分析存在着天然的联系，大数据产生价值的实质性环节就是信息分析。大数据环境下信息分析发生了重大变革，大数据分析与传统信息分析的差异突出体现在分析对象、分析模式、分析工具、分析结果等方面。

(1)分析对象变革：从随机样本到全体数据。

大数据分析对象与传统信息分析对象虽然都是数据，但大数据分析的是全体数据而不是随机样本。这在规模和结构上均发生了巨大的变化。

从规模上看，过去受到信息记录、存储、分析工具的限制，我们只能收集少量样本数据进行信息分析，准确分析大量数据是一种挑战；如今信息技术水平已经有了很大的提升，我们可以处理的数据量大大增加。传统信息分析的数据量是以 MB、GB 为基本处理单位，而大数据分析的数据量则是 PB、EB、ZB 级，有学者将二者的区别形象地类比为“池塘捕鱼”和“大海捕鱼”。①

从结构上看，传统信息分析的数据种类单一，一般是单纯的由文字、图像、声音、视频等组成的二维数据，并且以结构化数据为主。大数据分析则数据种类繁多，一般由文字、声音、视频、多媒体、流媒体等组成，多是自动化或半自动化生成，包含着结构化、半结构化以及非结构化的数据，并且半结构化和非结构化数据占据越来越大的比例。

(2)分析模式变革：从“先假设，后关系”到“先数据，后关联”。

传统信息分析一般遵循的是“先假设，后关系”的分析模式，先假设某种关系存在，然后根据假设针对性地分析数据并计算变量之间的相关关系。大

① 孟小峰，慈祥. 大数据管理：概念、技术与挑战[J]. 计算机研究与发展，2013，50(1)：146-169.

数据环境下，数据量巨大，变量数目往往数不胜数，“先假设，后关系”的分析模式难以适用，而是采取“先数据，后关联”的分析模式，挖掘和发现大数据中隐含的关联、规则和规律。

传统信息分析的数据量小且变量数目少，大部分的相关关系分析在于寻求线性关系，人们往往会构造回归方程探求现象之间的因果关系，解决“为什么”的问题。随着数据量的增加，相关关系也变得更加复杂，经过大数据分析，我们能够发现数据的非线性关系，通过对事物相关关系的挖掘与发现，解决“是什么”的问题。相关关系分析在很多情况下可以取代因果关系，即使不能取代，也能指导因果关系的研究，如果我们不满足于知道“是什么”，就会在此方向指引下继续研究因果关系，找出背后的“为什么”。

(3)分析工具变革：从数学模型到数据挖掘。

传统信息分析是“池塘捕鱼”，一种或少数几种渔网基本就可以应对，也就是所谓的“One Size Fits All”。大数据分析则是“大海捕鱼”，不可能存在一种渔网能够捕获所有的鱼类，也就是说“No Size Fits All”。① 大数据分析对工具的要求更高，工具的种类也更多。

传统信息分析只需要对有限的样本数据进行定量和定性分析，主要分析工具是数学模型和逻辑思维，选择合适的信息分析方法对样本进行处理是传统信息分析的关键。而大数据分析面对的是海量的数据，分析工具以数据挖掘为主，选择合适的数据和挖掘算法是大数据分析的关键。②

(4)分析结果变革：从追求精确到拥抱混杂。

传统信息分析希望尽可能用有限的样本数据全面准确地反映总体，分析数据的有限意味着细微的错误会被放大，甚至影响整个结果的准确性，这就要求所分析的数据精确，减少错误，保证质量。大数据分析让我们使用所有可获取的数据变成现实，但数据量的大幅增加也可能会导致一些错误的数据

① 孟小峰，慈祥. 大数据管理：概念、技术与挑战[J]. 计算机研究与发展，2013，50(1)：146-169.

② 文庭孝等. 大数据时代的信息分析变革研究[J]. 图书情报知识，2015，167(5)：66-73.

混杂进来，造成结果的不精确。在大数据环境下，我们应该接受纷繁芜杂的各类数据，放宽容错的标准，不应一味追求数据的精确性，以免因小失大。数据库设计专家帕特·赫兰德(Pat Helland)认为，处理大数据会不可避免地导致部分信息的缺失，但能快速得到想要的结果弥补了这个缺陷，他的观点是："如果你有足够多的数据，那么'足够好'真的足够好。"①

当我们在进行大数据分析时，不再需要担心某个数据点对整个分析的不利影响，不需要花费高昂的代价消除所有的不确定性，而是接受这些纷繁的数据并从中受益，从追求精准转变到拥抱混杂。

1.4.2　大数据环境下信息分析的主要特征

大数据环境下信息分析将越来越侧重于定量分析、实时分析、协同分析以及用户参与分析。

1.4.2.1　定量分析

图灵奖获得者、著名数据库专家 Jim Gray 认为，科学研究的范式先后经历了经验范式、理论范式和模拟范式，随着大数据时代的到来，这三种传统范式在一些新的研究领域已经无法很好地发挥作用，这便催生了科学研究的第四种范式——数据范式，即：先将获取和生成的大量数据经数据处理后存储在超大容量的计算机中，科研人员运用数据管理的原理和方法对大数据库进行数据分析和挖掘，形成新数据库，并据此产生新的思维，研究出新的科研成果。②

Duncan J. Watts 在《自然》杂志上撰文指出，借助社交网络和计算机分析技术，21 世纪的社会科学有可能实现定量化的研究，从而成为一门真正的自然科学。③

---

① Helland P. If You Have Too Much Data, then "Good Enough" Is Good Enough[J]. Communications of the Acm, 2011, 9(9): 40-47.

② Hey T, Tansley S, Tolle K. The Fourth Paradigm: Data-Intensive Scientific Discovery [M]. Redmond: Microsoft Research, 2009.

③ Duncan J Watts. A Twenty-first Century Science[J]. Nature, 2007, 445(7127): 489.

大数据环境下，定量分析将成为信息分析的主流研究范式。大数据分析的任务是对数据去冗分类，去粗取精，从数据中挖掘出有价值的信息与知识，把大数据通过定量分析变成小数据。

1.4.2.2　实时分析

从分析时机的角度区分，信息分析可以分为历史分析和实时分析。历史分析是对历史静态数据做分析；实时分析是对变化着的数据做分析。传统信息分析提供准确可靠的决策参考要以充足的分析时间为前提，虽然在动态跟踪时会使用实时更新的数据，但在规律总结与趋势分析时主要使用带有一定阶段性和滞后性的数据。大数据环境下，信息分析工作既要求分析的准确性，又要求分析的时效性。

大数据技术的发展为实时分析提供了条件，实时大数据分析在很多领域已经得到广泛的应用，如舆情监测系统通过对网络舆情的抓取和数据实时的更新，及时辨别舆情风险并发出预警信号，做到早发现、早预警、早引导；电子商务网站根据用户当前浏览页面的点击行为，实时分析用户的购买动机，为用户准确推送商品推荐信息。

虽然对实时数据进行处理和实现实时预测并非易事，但大数据实时分析作为未来信息分析的突出特色，为信息分析提供了广阔的发展空间。

1.4.2.3　协同分析

协同论(Synergetics)是 20 世纪 70 年代以来在多学科研究基础上逐渐形成和发展起来的一门新兴学科。协同情报研究是指一项复杂的情报研究任务由多个部门的研究人员甚至是多个机构的研究人员，在分散的工作地点，主要通过众多现代化的信息技术和网络通信手段，共同协作完成的一种情报研究方式。① 大数据环境下，尤其需要开展协同分析。

大数据协同分析首先体现在数据的协同收集上，大数据类型多种多样且

① 赵凡，冉美丽. 情报服务实践中的协同情报研究理论探讨[J]. 图书情报知识，2007，116(3)：65-68.

数量庞大，靠单一机构或个人的能力很难完成对数据的收集处理工作，需要多人、多部门的合作与数据共享。其次，分析技术和工具的协同成为分析处理大规模、多类型数据集的必然要求，大数据环境下，信息分析问题越来越复杂，综合运用多种方法、技术和工具开展大数据分析的特征会越来越明显。最后，人员的跨界协同合作可以实现优势互补，使参与分析的人员发挥各自的能力，共同致力于任务的完成。

1.4.2.4 用户深层次参与

一直以来，用户参与被认为是提高信息分析水平的有效途径，特别是用户参与早期的需求分析工作。用户参与会带来更多的信任、更高的控制感、更多的自我参与感或组织认同感，最终会提升用户对信息分析成果的满意度。

在大数据技术的支持下，用户可以深层次参与具体的信息分析过程。主要途径包括：一是采用人机交互技术，利用交互式的数据分析过程来引导用户逐步进行分析，使用户在得到结果的同时更好地理解分析过程和结果的由来；二是采用数据溯源技术，可以帮助用户追溯整个数据分析的过程，有助于用户更好地理解信息分析结果。

1.4.3 大数据环境下信息分析的重点研究领域

大数据环境下信息分析研究的重点领域是大数据分析。大数据分析的主要研究内容包括以下几个方面：

1.4.3.1 大数据分析理论

(1)大数据的概念与特征。

大数据(Big Data)目前还没有一个统一的定义，众多研究机构和学者的表述各不相同，但对其内涵已经基本达成共识。其中较具代表性的定义是①：

2008 年《自然》杂志(*Nature*)发表的大数据专刊中，大数据被定义为“代

① 卢小宾，郭亚军. 大数据环境下信息分析研究进展//马费成. 信息管理与信息系统研究进展(第二辑)[M]. 武汉：武汉大学出版社，2017：293-308.

表着人类认知过程的进步，数据集的规模是无法在可容忍的时间内用目前的技术、方法和理论去获取、管理、处理的数据”。

2011年麦肯锡公司(McKinsey)发布的研究报告认为，大数据是指其大小超出了典型数据库软件的采集、储存、管理和分析等能力的数据集。该定义有两方面内涵：一是符合大数据标准的数据集大小是变化的，会随着时间推移、技术进步而增长；二是不同部门符合大数据标准的数据集大小会存在差别。

2013年牛津大学教授维克托·迈尔-舍恩伯格(Viktor Mayer-Schönberger)在《大数据时代》(*Big Data: A Revolution That Will Transform How We Live, Work, and Think*)一书中指出，大数据是人们在大规模数据的基础上可以做到的事情，而这些事情在小规模数据的基础上是无法完成的。大数据是人们获得新的认知、创造新的价值的源泉；大数据还是改变市场、组织机构，以及政府与公民关系的方法。

我国学者韩翠峰认为，大数据是结构化数据、半结构化数据以及非结构化数据的总和；大数据的“数据”着重在数据获取和数据应用方面，而不仅指数据存储。

樊伟红等认为“大数据”不同于“海量数据”，即大数据并不仅仅意味着数量大，更在于它的第三个维度，也就是涉及数据流、结构化与非结构化数据的处理速度与效率的时间维度和速度维度。她认为“海量数据”只是“大数据”的一个方面，而“大数据”在内容上远远超越了“海量数据”。

关于大数据的特征也存在多种形式的表述，从3V模型到4V理论，其本质都是对大数据中的“大”进行阐释。

早在2001年，IT咨询公司麦塔集团(Meta Group)的分析师道格·莱尼(Doug Laney)在一份研究报告中，将数据增长的挑战和机遇定义为3V：增长的Volume(数据数量)、Velocity(数据进出的速度)和Variety(数据类型和来源的范围)，也就是体量、速率和多样。这就是最早所谓的描述大数据特征的3V模型。Meta Group于2004年被高德纳(Gartner)收购，Gartner定义大数据的3V特征为巨大的数据量(Volume)、数据的快速处理(Velocity)、多变的数据结构和类型(Variety),这一描述得到广泛的认同。

2011年7月的大数据世界论坛上,美国IDC全球存储及大数据研究项目副总裁本杰明·武(Benjamin S. Woo)提出了大数据4V理论,即容量(Volume)、类型(Variety)、速度(Velocity)和价值(Value),认为大数据还应当具有价值性,大数据的价值往往呈现出稀疏性的特点。而IBM认为大数据需要具有真实性(Veracity)。

(2)大数据分析的内涵与理念。

大数据没有分析,就无法发挥其价值,大数据也就成了大垃圾。目前,约有95%的数据量因受限于人类数据分析解释能力和数据分析手段而被闲置。大数据分析可以发掘隐藏在大数据中的巨大价值,已经引起了广泛的关注。马费成在《情报学发展的历史回顾及前沿课题》一文中提出情报学需要研究的九个前沿性课题,将"大数据分析"排在了首位。①

大数据分析(Big Data Analysis, BDA)是在大数据环境下,对数据科学的重新思考和新模式探索的产物。大数据分析是大数据理念与方法的核心,是对海量、类型多样、增长快速、内容真实的数据(即大数据)进行分析,从中找出可以帮助决策的隐藏模式、未知的相关关系以及其他有用信息的过程。②具体来讲,大数据分析是根据数据生成机制,对数据进行广泛的采集与存储,并对数据进行格式化清洗,以大数据分析模型为依据,在集成化大数据分析平台的支撑下,运用云计算技术调度计算分析资源,最终挖掘出大数据背后的模式或规律的数据分析过程。大数据分析主要关注两方面内容:大数据本身及分析技术本身;如何将两者有机融合,以实现从大数据中提取有价值的情报并用以辅助决策之目的。

维克托·迈尔-舍恩伯格(Viktor Mayer-Schönberger)提出大数据分析应该遵循三大基本理念:①要全体不要抽样。当数据处理技术已经发生了翻天覆

① 马费成. 情报学发展的历史回顾及前沿课题[J]. 图书情报知识, 2013, 152(2): 4-12.

② The White House. Big Data Across the Federal Government[EB/OL]. [2015-11-01]. http://www.whitehouse.gov/sites/default/files/microsites/ostp/big-data-fact-sheet-final.pdf.

地的变化时，在大数据时代进行抽样分析就像在汽车时代骑马一样。一切都改变了，我们需要的是所有的数据，“样本=总体”。②要效率不要绝对精确。执迷于精确性是信息缺乏时代和模拟时代的产物。只有 5%的数据是结构化且能适用于传统数据库的。如果不接受混乱，剩下 95%的非结构化数据都无法利用，只有接受不精确性，我们才能打开一扇从未涉足的世界的窗户。③要相关不要因果。知道“是什么”就够了，没必要知道“为什么”。在大数据时代，我们不必非得知道现象背后的原因，而是要让数据自己“发声”。

1.4.3.2 大数据分析方法

大数据分析方法是大数据分析的核心研究内容之一，分析方法对分析结果具有关键作用，并将最终影响分析成果的应用。江信昱和王柏弟归纳出基于数据、流程、信息技术视角的三类大数据分析方法。①

(1)基于数据视角的大数据分析方法。Soumendra Mohanty、Hsinchun Chen、Power D J 等分别从数据量、数据类型、数据分析需求等角度对大数据分析方法进行了分类。

Soumendra Mohanty 等在《大数据规则》(*Big Data Imperatives: Enterprise Big Data Warehouse, BI Implementations and Analytics*)一书中，依照处理数据量从小至大的顺序，提出 8 种大数据分析方法：流分析(以预定模式及时处理数据流)、高速的数据采集(不转换任何格式，可稍晚处理)、链接分析(构建不同数据源的关系与链接)、罕见事件侦查(从庞大数据集中寻找特定模式)、数据聚合(对数据属性发展故事线或链接关系进行分析)、文本分析(如观点挖掘或社会网络分析等)、时间序列分析(通过模式侦测及事件发生概率来处理时空数据)、数据辩论(用于数据科学家探索大规模数据集)。

Hsinchun Chen 等认为，商业智能分析经历了 3 个发展阶段：处理结构化程度较高的数据、处理网络上半结构化数据、处理移动数据；涵盖了 5 类核心分析方法：数据分析(涉及数据仓储、ETL、联机分析及数据挖掘等分析技

① 江信昱，王柏弟. 大数据分析的方法及其在情报研究中的适用性初探[J]. 图书与情报，2014(5)：13-19.

术)、文本分析(涉及信息检索、查询处理、相关反馈等分析技术)、网站分析(涉及网络爬虫、日志分析等分析技术)、网络分析(涉及信息计量、引用网络、数学网络模式等分析技术)、移动分析(可应用于个性化分析、游戏营销分析等)。

Power D J 依据分析需求将数值型数据的分析方法划分为 3 类：回顾性数据分析(采取历史数据及定量工具对未来作出推论)、预测性数据分析(可采取历史数据及仿真模型进行前瞻及预测分析)、规范性数据分析(采取实时数据及定量工具对未来作出预测)。

(2) 基于流程视角的大数据分析方法。计算社区联盟(Computing Community Consortium)出版的白皮书《大数据的挑战与机会》(*Challenges and Opportunities with Big Data*)将大数据分析的过程分为 5 个阶段，每一个阶段都包含相应的方法：数据获取及记录(从各种感知工具中获取数据，运用相关分析技术处理数据并过滤无用数据)、信息抽取及清洗(从异构数据源抽取有用信息，并转换为结构化的格式)、数据整合及表示(将数据结构与语义关系转换为机器可读取、自动解析的格式)、数据建模及分析(运用挖掘算法或知识发现等方法，从数据中挖掘出潜在规律及知识)、诠释(借助可视化分析技术，让用户容易解读分析结果)。

孟小峰等将大数据处理流程分为数据抽取与集成、数据分析及数据解释 3 个阶段，并梳理了各阶段所使用的分析方法。现有的数据抽取与集成方法可分为基于物化或 ETL 的方法、基于联邦数据库或中间件的方法、基于数据流的方法以及基于搜索引擎的方法等 4 种类型；在数据分析方面，传统的数据挖掘、机器学习或统计分析面临数据规模、算法调整等困难，需要做出调整；在数据解释方面，传统的解释方法基本不可行，需要引入可视化技术或交互式的数据分析过程，提升数据解释能力。

(3)基于信息技术视角的大数据分析方法。严霄凤和张德馨依照收集、存储、管理、处理、分析、共享和可视化的流程，梳理出适用于大数据的关键技术，包括：遗传算法、神经网络、数据挖掘、回归分析、分类、聚类、关联规则、数据融合、机器学习、自然语言处理、情感分析、网络分析、空间分析、时间序列分析、分布式文件系统、分布式缓存、分布式数据库、非关系型数据库系统、可视化技术等多种方法与技术。①

1.4.3.3　大数据分析的关键技术

一般而言，大数据分析技术主要包括 5 个基本方面：可视化分析(Analytic Visualizations)、数据挖掘算法(Data Mining Algorithms)、预测性分析能力(Predictive Analytic Capabilities)、语义引擎(Semantic Engines)、数据质量和数据管理(Data Quality and Master Data Management)。

(1)可视化分析。面向大数据主流应用的可视化技术主要包括文本可视化、网络可视化、时空数据可视化、多维数据可视化技术等。文本可视化旨在将文本中蕴含的语义特征直观展现。网络可视化基于网络节点和连接的拓扑关系直观地展示网络中潜在的模式关系。时空数据可视化对时间与空间维度建立可视化表征，并对相关的模式及规律进行展示。多维数据可视化技术探索多维数据项的分布规律和模式，揭示不同维度属性之间的隐含关系。②

(2)数据挖掘算法。数据挖掘是从大量的、复杂的、不规则的、随机的、模糊的数据中获取隐含的、人们事先未发觉的、有潜在价值的信息和知识的过程。③ 数据挖掘的基本过程包括数据准备、数据挖掘、解释评估和知识运用。数据挖掘的分析方法包括聚类分析、分类和预测、关联分析等。近年来，大数据领域的数据挖掘研究进展主要体现在可扩展性、并行性、分布式算法等方面。

(3)预测性分析能力。预测分析是利用统计、建模、数据挖掘工具对已有数据进行研究以完成预测。预测过程主要考虑 3 个方面：计算复杂性、分类变量的因果关系以及预测模型的寻优。选择一个恰当的预测算法需要考虑现有数据、预测形式、预测精度、实时性要求、可理解性和可操作性等因素。

---

① 卢小宾，郭亚军. 大数据环境下信息分析研究进展//马费成. 信息管理与信息系统研究进展(第二辑)[M]. 武汉：武汉大学出版社，2017：293-308.

② 任磊等. 大数据可视分析综述[J]. 软件学报，2014，25(9)：1909-1936.

③ 李平荣. 大数据时代的数据挖掘技术与应用[J]. 重庆三峡学院学报，2014，3(3)：45-47.

预测分析的成功与否取决于数据质量、数据科学家和预测分析软件。

(4)语义引擎。面对非结构化数据与异构数据等的多样性，需要工具去解析、提取、分析数据。语义引擎的设计旨在从文档中智能提取信息，从大数据中挖掘出特点，通过科学建模和输入新的数据，预测未来的数据。语义分析技术包括3个方面：通过语义识别处理非结构化的社会性信息；通过支持大规模程序计算的自动分析应对持续快速增长的大数据；通过人工智能对信息进行及时处理，提高数据处理的时效性。

(5)数据质量和数据管理。数据质量是保证大数据能够有效地发挥作用的关键。大数据的数据质量问题体现在不一致、不精确、不完整、过时等方面。数据清洗(Data Cleaning)是发现并纠正数据文件中的错误，提高数据质量的重要途径，包括检查数据一致性、处理无效数据和缺失数据、处理重复对象、检测逻辑错误等。大数据环境下，传统的关系型数据库在数据管理性能方面已不能胜任，并行处理是必由之路，MapReduce 和 NoSQL 更符合大数据管理要求。

本章小结

本章系统阐述了信息分析的产生原因与发展特征，探讨了信息分析的定义、特点、内容与任务，从影响、内容、方法、领域等角度，对信息分析进行了分类，并针对不同类型信息分析活动进行了介绍，最后论述了大数据对信息分析的影响，大数据环境下信息分析的主要特征和重点研究领域等问题。

问题讨论

1. 信息分析产生的基本条件是什么？
2. 简述信息分析的定义、特点与内容。
3. 信息分析的分类标准是什么，包括哪些主要类型？
4. 大数据对信息分析的影响是什么？
5. 大数据环境下信息分析的主要特征是什么？
6. 大数据环境下的信息分析包括哪些重点研究领域？

本章参考文献

[1]邹志仁等．情报研究定量方法[M]．南京：南京大学出版社，1992.
[2]卢泰宏．信息分析[M]．广州：中山大学出版社，1998.
[3]秦铁辉，王延飞．信息分析与决策[M]．北京：北京大学出版社，2001.
[4]朱庆华．信息分析基础、方法及应用[M]．北京：科学出版社，2004.
[5]卢小宾．信息分析[M]．北京：科学技术文献出版社，2008.
[6]沙勇忠，牛春华等．信息分析[M]．北京：科学出版社，2009.
[7]陈功．信息分析的核心[M]．北京：新星出版社，2010.
[8]王伟军，蔡国沛．信息分析方法与应用[M]．北京：清华大学出版社、北京交通大学出版社，2010.
[9]中国情报学百科全书[M]．北京：中国大百科全书出版社，2010.
[10]王延飞，秦铁辉等．信息分析与决策(第二版)[M]．北京：北京大学出版社，2010.
[11]查先进．信息分析[M]．武汉：武汉大学出版社，2011.
[12]包昌火等．信息分析和竞争情报案例[M]．北京：清华大学出版社，2012.
[13]卢小宾等．信息分析理论与实践[M]．北京：清华大学出版社，2013.
[14]卢小宾．信息分析概论[M]．北京：电子工业出版社，2014.
[15]沙勇忠，牛春华等．信息分析(第二版)[M]．北京：科学出版社，2016.
[16](日)高山正也．情报分析——生产论[M]．东京：雄山阁出版株式会社，1985.
[17](日)渡部升一，王崇德等译．情报慧眼[M]．情报科学杂志社，1983.
[18]马费成．情报学发展的历史回顾及前沿课题[J]．图书情报知识，2013，152(2)：4-12.
[19]高志鹏，牛琨，刘杰．面向大数据的分析技术[J]．北京邮电大学学报，2015，38(3)：1-12.
[20]任磊，杜一，马帅等．大数据可视分析综述[J]．软件学报，2014，25(9)：1909-1936.

[21] 孟小峰，慈祥．大数据管理：概念、技术与挑战[J]. 计算机研究与开发，2013，50(1)：146-169.

[22] 文庭孝等．大数据时代的信息分析变革研究[J]. 图书情报知识，2015，167(5)：66-73.

[23] 王延飞，杜元清，钟灿涛等．情报研究论[M]. 北京：北京大学出版社，2017.

[24] 严霄凤，张德馨. 大数据研究[J]. 计算机技术与发展，2013，23(4)：168-172.

[25] Soumendra Mohanty, Madhu Jagadeesh, Harsha Srivatsa. Big Data Imperatives: Enterprise Big Data Warehouse, BI Implementations and Analytics[M]. New York: Apress, 2013.

[26] Hsinchun Chen, Roger H L Chiang, Veda C Storey. Business Intelligence and Analytics: From Big Data to Big Impact[J]. MIS Quarterly, 2012, 36(4): 1165-1188.

[27] Power D J. Using "Big Data" for Analytics and Decision Support[J]. Journal of Decision Systems, 2014, 23(2): 222-228.

[28] Computing Community Consortium. Challenges and Opportunities with Big Data [R]. Washington DC: Computing Research Association, 2012.

[29] Bubenko Jr. Information Analysis and Conceptual Modeling[J]. Databases, 1988(1): 141-192.

[30] Chen Gang. Shannon Information Model in E-commerce Information Analysis [C]. Proceedings of the 2009 International Joint Conference on Artificial Intelligence, 2009.

[31] Viktor Mayer-Schönberger. Big Data: A Revolution That Will Transform How We Live, Work, and Think [M]. Boston: Houghton Mifflin Harcourt Publishing Company, 2013.

第2章

信息分析程序

本章引言

对于一个具体的信息分析课题，从选题开始到分析工作结束，是人们的认识不断深化和逐步提高的过程。在这些基本程序中，信息分析课题选择是关键，搜集、整理、分析信息资料是基础，制作信息分析产品是目标。在实际工作中，各个阶段又常常相互交叉，彼此衔接。本章按照信息分析的一般过程分为5个部分：信息分析课题选择与课题计划、信息搜集、信息整理与鉴别；信息分析与提炼；信息分析产品的制作以及信息传递、利用及反馈。

本章重点

- 信息分析的基本流程；
- 面向信息分析的选题方法及其基本步骤；
- 面向信息分析的数据获取方法；
- 信息分析的产品类型及其制作方法。

从流程上讲，信息分析遵循一般的科学研究工作规律，大体上沿着"信息分析课题选择与计划→信息搜集→信息整理与鉴别→信息分析和提炼→信息分析产品的制作→信息传递、利用和反馈"的脉络发展，如图2.1所示。

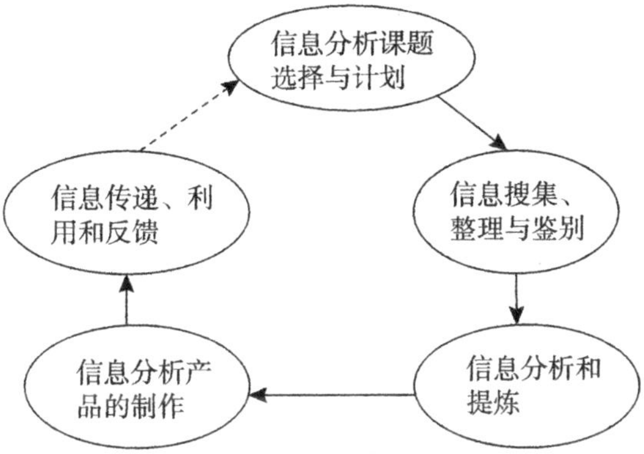

图 2.1 信息分析的流程

2.1 信息分析课题选择与课题计划

信息分析课题选择是信息分析工作的起点，是指信息分析课题的论证和优选这样一个决策过程。信息分析课题选择是整个信息分析工作中的重要环节，往往关系到信息分析工作的成败。选题正确与否，不仅决定了信息分析的目标和重点，而且也决定了其成果的价值大小。

2.1.1 选题的重要性与基本原则

2.1.1.1 信息分析选题的意义

(1)信息分析选题就是要确定信息分析工作的目标和研究对象，它既是信息分析工作的第一步，也是信息分析活动中的重要战略环节。信息分析课题选择正确，有利于信息分析成果质量的提高，有利于信息分析工作的开展。

(2)信息分析是对政治、经济、科技、社会、文化、教育、军事等方面信息进行分析、综合、研究和预测的科学活动，其作用体现在为各类型用户提供系统、准确、及时的信息分析成果，被喻为用户的“耳目”、“尖兵”和

“参谋”。因此，信息分析选题的正确与否，与用户的切身利益密切相关，一项高质量的信息分析成果，在实际应用中将产生极大的社会效益和经济效益。

(3)信息分析选题的重要性还在于信息分析经费的有限性。在信息分析选题时必须对信息分析课题进行系统的论证，从而确保有限资金的合理使用，以避免造成人力、物力、财力的浪费。

2.1.1.2　信息分析选题的基本原则

(1)科学性原则。

科学性原则是指所形成或选择的研究课题必须合乎科学道理，有理论和事实依据。要以被科学实践反复证实的客观规律为指南，避免选择不合理的课题，从而避免走弯路。科学无禁区，选题有限制，所以科学性原则又称作限制性原则。在实践中，要坚决排除那些从根本上违反科学原理的课题，以是否符合社会发展的客观需要、是否有利于政治、经济、科技、社会等领域的协调发展为标准来选择信息分析的课题。

(2)政策性原则。

政策是国家政府部门在一定时期内为解决客观存在的问题而制定的活动方向和行为准则，是国民经济和社会发展各领域宏观的规划和指南，如科学技术政策、经济政策、贸易政策、环境保护政策、文化发展政策等。信息分析是为国民经济和社会发展各领域总的科学决策、研发和市场开拓活动服务的，其选题必须以各项政策为依据。信息分析的战略性和预测性要求信息分析人员必须学习和掌握国家大政方针，领会和把握政策的内容实质，在选择课题时，要使各类选题不与政策相悖。

(3)创新性原则。

信息分析的灵魂是创新，研究别人没有提出过或没有研究透的问题，开拓别人没有涉足或深入的领域，使课题具有先进性和新颖性，是信息分析成果能够应用于实践的基础。根据这一原则，在选择基础性信息分析课题时，首先要考虑其理论指导意义；在选择应用性信息分析课题时，则要考虑该课题研究是否能形成新的建议和方案。

(4)必要性原则。

必要性原则是指凡是与科研生产、经济建设、社会发展结合紧密的、针对性强的课题，都有必要列入信息分析计划。也就是说，信息分析课题应该是必需的，而不是可有可无的。在选题时要正确处理好战略需要与战术需要之间、长远需要与当前需要之间、现实需要与潜在需要之间的关系。

(5)可行性原则。

现实生活中有价值的课题很多，由于人力、物力、财力和时间上的限制，不可能把所有的课题都列入研究计划，这就涉及"可行性"问题。对于既定的课题而言，如果信息分析机构已经具备研究条件，或者通过努力可以具备研究条件，这样的课题是可行的。只有权衡利弊、量力而行，才能使所选择的课题不会因自身能力和条件的限制而夭折。

分析可行性原则时一般应考虑以下几点：①与课题有关的知识积累情况；②信息分析机构的物质和技术设备条件、资金储备状况；③信息分析队伍的知识结构、研究专长和创新能力等。

(6)效益性原则。

从经济角度来说，信息分析活动本身是经济活动的一部分，有大量的人力、物力、财力和时间投入。效益性原则体现了信息分析活动中投入与产出的关系，应以最少的投入产出最大的效益。效益包括经济效益和社会效益两个方面，要正确处理好两者的关系，在信息分析活动中追求经济效益是无可非议的，但当经济效益和社会效益发生冲突时，应坚持社会效益优先的原则。

2.1.2 信息分析课题的来源

从课题提出者的角度来划分，可以将信息分析课题来源归纳为3个方面：上级主管部门下达的课题、信息用户委托的课题和信息分析人员提出的课题。

2.1.2.1 上级主管部门下达的课题

国家各级政府部门、企事业单位在制定规划、作出决策前，常常会遇到各种各样的问题。为了有效地解决这些问题，国家各级政府部门、企事业单位常以课题的形式向所属的信息分析机构下达研究任务。这类信息分析课题具有极强的针对性、政策性和战略性，是限时限题的硬任务，要求明确、具体，时间紧迫，多为突击性任务。

例如，2012 年，吉林省科学技术厅向吉林省科学技术信息研究所下达《吉林省科技发展"十三五"规划》编制任务，协助省科技厅进行项目管理。主要课题任务包括"十二五"期间基础研究的主要成就、制约因素，以及"十三五"期间研究的背景形式、思路目标、主要任务和保障措施等。

又如，2014 年，中国科学技术信息研究所委托湖北省科学技术信息研究院开展关于中国光通信产业发展现状及态势分析的课题研究。主要对全球光通信产业布局及特点进行梳理，同时分析了湖北省光通信产业的技术实力以及产业地位，并提出产业未来发展目标和产业促进政策，最终形成了《中国光通信产业发展研究报告》。①

2.1.2.2　用户委托的课题

在市场经济体制条件下，用户委托的课题正在逐年增多。各级各类用户由于科研、生产、教学、管理、营销的需要，常以各种形式提出信息分析课题，委托信息分析机构帮助解决，是信息分析机构课题的主要来源渠道。用户经常以咨询委托书的形式提出信息分析课题。咨询委托书的内容一般包括咨询的目的、内容、性质、形式、进度、经费等事项。这种信息供求模式具有灵活性、开放性、竞争性和高效性的特点，因而广受用户和信息分析机构的青睐。

2011 年，蛇口集装箱码头有限购公司(中国主要的港口运营商之一)出于管理的需要，委托"埃森哲"管理咨询公司为其提供"改善成本管理和治理能力"的方案，"埃森哲"为其设计了一个成本管理平台，编排了 IT 和业务工作流程，并且为成本管理和治理的流程及工作提供了指导意见，最终成功帮助

① 湖北省科技信息研究院. [EB/OL]. [2015-04-20]. http://www.hbsti.ac.cn/browse/72d32800-94c5-4438-a7d0-abd9a4fdc6b3.html.

公司有效地完成了成本控制，并推动组织内部变革。①

2007年，某著名汽车厂家委托“零点研究咨询集团”对其4S店的服务进行满意度研究并提供相应的咨询建议。“零点研究咨询集团”以客户满意度、客户消费行为、客户需求为主题，贯穿对典型事件的挖掘和分析，通过多维度环节来测量用户满意度，系统、科学地进行分析，关注改进建议，多视角地提出销售、维修服务改进策略。②

2.1.2.3 信息分析人员提出的课题

这类课题主要是信息分析人员根据长期积累和主动调研，针对国民经济和社会发展的实际需要总结出来的。实践证明，由信息分析人员慎重而大胆地提出的课题，不仅具有很好的前瞻性，而且课题的后续研究工作也容易开展，容易取得丰硕的研究成果。

2010年，3see市场研究信息网对2009年中国交互电子白板市场做了一次广泛调查，对全国541次招标数据进行详细分析，把握整体市场脉络，揭示了2009年中国交互式电子白板的品牌分布、区域分布、产品更新、销售方式等方面的特点和发展趋势，为促进教育信息化的创新发展提供了新的观点和依据。③

2014年，中国科学技术信息研究所自主开展了“专利主题检测技术研究”的课题，根据专利技术主题监测的需要，研究了针对专利文献进行主题监测的技术、方法、过程及资源需求等。重点研究了主题监测的基础工作，如抽取、聚类等，实现了技术主题的有效提取，对监测结果的可视化展示方法进

① 埃森哲网[EB/OL].[2015-04-20]. http://www.accenture.com/cn-zh/Pages/success-shekou-cost-management-system.aspx.

② 零点研究咨询集团网.[EB/OL].[2015-04-20]. http://www.emarketing.net.cn/member/anli.jsp? mid=13.

③ 3see市场信息研究网.[EB/OL].[2015-04-20]. http://freereport.3see.com/items/2010/04/23/22177.html.

行了初步探索。①

国内提供信息分析报告的咨询机构主要有3see调研门户网站、零点研究咨询集团、北方纵横管理咨询有限公司等，国外知名管理咨询公司如麦肯锡、埃森哲、罗兰·贝格等。

上级领导部门下达的课题和用户委托的课题称为被动选题，信息分析人员选择的课题称为主动选题。各类选题并无固定比例，在实际工作中，各类选题的比重会因为机构性质、研究者身份以及社会环境的不同而有所差异。例如，各级政府部门、企事业单位下属的信息分析机构接受上级主管部门下达的课题多一些(如高校或科研机构)；具有独立法人地位的信息分析机构承接用户委托的课题多一些(如咨询公司或调研公司)；规模庞大、人员素质高的信息分析机构自己选择的课题多一些(如赛迪)；在市场经济发达、用户信息意识强、社会信息化程度高的地区，信息分析机构承担的用户委托的课题就多一些。

2.1.3 选题工作中需要注意的问题

(1)学习和领会国家方针政策。

信息分析人员应认真学习和领会国家关于科学技术、经济建设、社会发展等方面的各项方针政策，用以指导选题计划。

(2)深入了解有关领域的国内外发展状况和用户的实际需要。

选题时应注意信息分析课题对于科学决策的价值，充分考虑社会发展和经济建设的需要，并与实际相结合。

(3)注重信息分析队伍的专业结构与人员选择。

信息分析队伍的结构以及研究人员的水平和素质关系到研究成果的质量，在选题过程中起着决定性作用。信息分析部门应配备多学科和多语种的信息分析人才，提高信息分析人员的专业素质。另外，合理组织信息分析队伍也非常重要，要发挥整体的力量。

---

① 中国科学技术信息研究所. [EB/OL]. [2015-04-20]. http://www.istic.ac.cn/ReportDetail/tabid/644/Default.aspx? ArticleID=95939.

(4)选题要考虑完成任务的可能性。

要考虑经费来源、信息分析人员的专业能力、信息获取条件以及完成时间等因素，如有困难，就不能勉强选题。总之，选题要从实际出发，扬长避短，量力而行。

(5)选题要注意掌握时机。

时机的选择对选题具有十分重要的意义。要善于发现决策者最需要解决的问题或被人忽视的重大问题，及时提出问题并开展研究，这样，选题的准确率和命中率都会很高。如果错过了时机，提出再好的选题也不会引起人们的重视。

2.1.4 选题步骤

(1)课题提出。

提出课题是选题的起点，其过程实际上是一个发现矛盾和揭示矛盾的过程。对于上级主管部门下达的课题和用户委托的课题，这一阶段的工作不多，主要是对课题进行形式上的整理和粗略的分析，以使课题明确化。这一阶段的工作难点在于信息分析人员提出的课题，它取决于信息分析人员敏锐的信息意识、丰富的知识和经验、发现问题的能力以及对客观信息需求的把握。信息分析人员要了解用户新的动向、新的要求，使课题的提出与实际需求同步发展，具有较强的针对性、预见性和能动性，使有限的经费发挥最大的效用。

(2)课题分析。

这一阶段的主要任务是进一步明确课题的目的、范围、对象、意义、要求、难度、费用、完成期限等，并对课题实施的政策性、必要性、可行性、效益性等进行论证。这些工作的开展以占有大量的资料为前提，开展调查研究，采集信息资料和样本，在此基础上进行分析论证，在资料、人力具备的情况下，扬长避短，确定课题。例如，如果分析研究结果表明该课题对国民经济和社会发展有意义、有贡献，则认为是必要的，甚至是紧迫的；反之则可以考虑将该课题淘汰。在必要性的基础上，如果分析研究的结果还进一步表明该课题的材料太多、范围太宽泛，则需要考虑是否应在选题范围或完成期限、费用上作出相应的改变，如缩小选题范围、延长完成期限、开展联合攻关、提高收费额度等；倘若材料极少或国内已经有人选择并研究过这方面的课题，则应当考虑是否放弃该课题或调整该课题的研究方向和角度。①

(3)选定课题。

经过调查研究，符合政策性、必要性、可行性、效益性、科学性等原则的课题一般不会只有一个，这就需要进行筛选和确定。这一阶段的实质是在多种可选课题中选择一个最恰当的课题。此阶段的工作带有强烈的综合性，一般情况下，要请相关用户、专家等进行讨论，有时需要经过多次论证，提高课题的使用价值。

经过选定的课题一般要以开题报告的形式反映出来。开题报告是预研究的成果，通常以书面形式体现选题的目的、意义、初步拟订的实施方案等。

课题选定的同时要选定分析人员，在开题报告中要论证课题组成员组成的合理性。需要选择具有渊博的专业知识、强烈的信息意识以及卓越的综合分析能力的信息人员组成课题组，开展研究。

(4)签订合同。

开题报告经确认后，如果是被动选题，甲方(信息分析机构)与乙方(上级主管部门或用户)之间一般还要就该课题的有关事项签订书面合同。为保证合同具有法律效力，一般要寻求公证部门予以公证。课题合同书的内容通常包括合同编号、课题名称、课题内容、质量要求、成果提供形式、进度要求与完成期限、经费数额与支付方式、甲乙双方承担的责任和义务、成果权的归属及转让、奖惩办法等。

2.1.5 课题计划

选定信息分析课题后，就要制订相应的课题计划。计划是行动的纲领，课题越大越复杂，课题计划就要越周密越详细。一个较大的信息分析课题的研究计划至少应包括如下内容。

① 查先进. 信息分析[M]. 武汉：武汉大学出版社，2011.

(1)课题目的。

课题目的即课题要解决的主要问题。课题计划应以简洁清晰的文字阐明课题的目的，如课题的来源和意义、课题提出的背景、课题拟解决的主要问题、课题服务的对象、研究成果可能取得的效益等。

(2)调查大纲。

在明确课题目的的基础上，课题计划应制定详细的调查大纲。调查大纲的具体内容因题而异，一般应包括调查方式(文献、实地)、调查范围(内容范围、地域范围、资料范围)、调查步骤、调查的广度和深度等。

(3)研究方法和技术路线。

信息加工整理、分析的方法很多，不同的方法有不同的特点，对信息采集有不同的要求。因此，应根据课题的性质和研究条件在课题计划中预计课题研究可能采用的研究方法和技术路线。这样有助于减少弯路，提高信息加工整理、分析阶段的工作效率。①

(4)产品(研究成果)形式。

根据调查目的和用户要求，初步设想一下研究成果的形式，对于确定资料搜集的深度、合理使用人力、科学安排时间等都是有好处的。例如，研究成果形式是资料汇编还是综合报告，是简单建议还是可行性论证，是一次性报告还是分阶段连续性报告，这些都要进行预先设计。

(5)组织分工。

根据课题组成员的特点和调查大纲的要求，合理安排成员的具体任务。可先按单位分工，然后将分工深入每一课题组成员。具体来说是根据每一课题组成员的能力和知识结构，给每一课题组成员分配一些合适的、具体的工作任务，如谁是课题组组长、谁负责对外联络、谁负责翻译外文资料、谁采集数据、谁对数据进行分析处理、谁撰写课题成果报告等。

(6)完成时间和步骤。

为了便于检查计划执行情况，一般按照信息分析工作的程序将整个课题研究活动分为若干阶段，并提出各个阶段预计完成的时间和拟实施的步骤。

---

① 查先进. 信息分析[M]. 武汉：武汉大学出版社，2011.

这些阶段包括：信息资料的搜集和摸底阶段，信息资料的整理、评价和分析阶段，信息分析产品的制作、评价和利用阶段等。

(7)其他。

如完成课题任务所需要的人员、经费、技术、设备等条件。

在具体实践中，一些信息分析机构除了要求提交文字材料外，还要求提交一张格式化的课题计划表。

课题计划是信息分析人员的行动纲领，但它并不是一成不变的，随着研究工作的开展和研究环境的发展变化，原有的计划可能会被修改、补充，特殊情况下还有可能被废止。

2.2 信息搜集、整理与鉴别

信息搜集、整理与鉴别，是开展信息分析的基础。搜集信息前要研究信息来源，掌握各类信息源的特点，分析研究主题范围，掌握必要的观点、数据及关键资料，然后对其进行初步整理及鉴别。

2.2.1 信息源

信息源是一个广义的概念。人们在科学决策、研发、市场开拓等社会实践活动中借以获取信息的来源，都可称为信息源。信息源是信息分析活动的前提和基础，一般将其划分为文献信息源和非文献信息源。

2.2.1.1 文献信息源

文献信息源是指信息以记录形式存在的信息源。

(1)按照记录方式，文献信息源可以分为印刷型文献、缩微型文献、视听型文献、机读型文献4种类型。

①印刷型文献。印刷型文献是采用铅印、油印、胶印、木版印刷等印制技术存储信息的方式。常见的各类报刊、书籍、文件都属于这种类型。它是传统的信息存储方式，到目前为止，仍在文献信息源中占有重要地位。随着

历史的发展，这种类型的存储方式日益暴露出它的缺点：体积大、分量重、占用的空间较多。

②缩微型文献。缩微型文献是以感光材料为介质，利用光学记录技术，缩小印刷型信息，使之成为缩微胶卷、缩微平片等信息复制品的存储方式。这种类型的特点是存储体积小、重量轻、容量大、便于存放，但对材料及技术的要求较高，需要相应的存储环境，经费投入也较大。

③视听型文献。视听型文献是运用录音、录像和摄影技术记录存储信息的方式。视听型文献可以将声音、形状、表情如实记录、直观反映出来，给人以生动形象的感觉，具有良好的效果，因此被广泛采用，例如幻灯片、照片、唱片、录音带、录像带、电影拷贝等。视听型文献可以客观准确地记录信息发生的各个细节，为信息分析人员的深入分析提供了重要依据。

④机读型文献。机读型文献是以磁性材料、光学材料或网络为载体的信息源，其特点是在存储时要将相关信息转换成计算机可以识别、理解和处理的二进制代码，阅读时再由计算机输出，转换成文字、声音或图像的存储方式。机读型文献可细分为结构化、非结构化和半结构化 3 种。这一类型文献源的信息载体存储量大、存贮效率高，可借助高速信息网络实现远距离传输。

(2)按照发售途径和获取难易程度，文献信息源可以分为正式出版物、非正式出版物和半正式出版物。

①正式出版物，又称“白色文献”。它是通过正式渠道发行的文献，具备内容的公开性、发行范围的广泛性等特点。如图书、科技期刊、政府出版物、科技报告、专利资料、标准文献、报纸、年鉴、手册、人名录、机构指南、专业辞典等。其优越性在于信息获取容易，用户可以很方便地通过书店、书摊、邮局购得，因而是一种非常重要的信息源。

②非正式出版物，又称“黑色文献”。它是指不正式出版、发行范围有所限制、内容保密的文献。信息分析活动较少使用这种文献信息源。黑色文献解密后可以作为信息分析活动的信息源。

③半正式出版物，又称“灰色文献”。其特点是不正式出版，也非秘密文献。常见的类型有分析报告、学位论文、手稿、产品资料、会议录、企业内

部出版物、经济函件、商务通信、非官方公布的统计资料以及学会、协会、政治和贸易团体的出版物等。此类文献信息是非常珍贵的原始信息，对于信息分析活动来说具有很高的使用价值。

2.2.1.2　非文献信息源

非文献信息源是指信息以非记录形式存在的信息源，主要提供口头信息、实物信息等。口头信息实质上是一种“零次信息”，它源自各种报告会、座谈会、参观访问或个别交谈。实物信息是指以实物为载体的信息，如样品、样机、标本、仪表等，它们本身就代表一种技术信息。口头信息和实物信息有优点，也有缺陷，如表 2.1 所示。

表 2.1　**口头信息和实物信息的优缺点比较**

信息类型	优点	缺点
口头信息	(1)内容新颖，传递迅速 (2)含有文献信息源所没有的信息 (3)可以获得一些隐性信息	(1)信息容易失真 (2)信息搜集保管困难 (3)信息传播范围小
实物信息	(1)信息成熟、可靠 (2)信息内容丰富	(1)信息挖掘困难 (2)信息搜集、保管、传递困难 (3)容易引起知识产权纠纷

除此以外，非文献信息源还包括智力信息源。这类信息源主要表现为人脑存储的知识信息，包括人们掌握的诀窍、技能和经验等，又称为隐性知识。由于这类信息主要存储于人脑中，绝大多数只可意会，不可言传，因此利用起来有一定难度。在信息分析中，一般是通过专家调查、专家系统、问卷调查等方法来获得特定人员头脑中的智力信息。

2.2.2　信息搜集

信息搜集一般包括文献调查和社会调查两种途径。为提高信息搜集的效果，信息分析人员应遵循下述原则：全面系统性、针对适用性、真实可靠性、及时新颖性和计划预见性。

2.2.2.1 文献调查

文献调查主要用于文献信息的搜集。文献信息源是我们借以进行文献调查的依据。

(1)主题分析。

主题分析旨在明确课题要求、划定搜集范围和确定检索标志，以便迅速找到有关课题的文献，保证较高的查全率和查准率。

①地域分析。在进行课题分析时，应注意地域特点，抓住方向，确定重点查找对象，进行定向跟踪搜集。明确了分析对象的发生和发展地域后，搜集信息的范围和方向就好确定了，也能取得较好的搜集效果。

②发展阶段分析。科技发展存在一个萌芽、发展、成熟和改进的过程，产品的市场寿命周期也有这个特点。所以，在不同阶段形成的文献，在数量上呈两头小中间大的发展规律。了解这一规律，有利于确定文献查找最佳期。

③检索标志分析。检索标志是查找文献所用的检索手段，选准检索标志是有效查到与课题相关文献和搜集所需素材的关键。在查找资料的过程中，一般要选择多种检索途径。因此，要了解检索工具的特点和缺陷，以便帮助确定检索标志。

(2)文献调查方法。

文献调查主要包括系统检索、追溯检索、浏览检索和纵横检索等检索方法。

①系统检索法是指根据课题需要，利用检索工具和阅读重点新书新刊，对文献进行系统扫描，从而获得文献线索，搜集文献素材的方法。它是文献调查的主要方法。利用检索工具时，可按类别、主题、作者、机构代号等途径去查找所需文献素材的线索。目前，国内外可利用的检索工具很多，但需根据课题性质予以选择，才能取得良好的检索效果。利用文献索引普查，系统性强，查准率高，还可初选文献，比用其他类型检索工具搜集文献信息更

集中、更直接。

②追溯检索法是指根据课题相关文献所列参考文献目录或根据对该课题有专深造诣的学者、机构所写的文章的参考文献目录追溯查找，以滚雪球的方式逐渐扩大线索，从而获得文献素材的方法。这一方法适宜查找课题范围较窄的专题信息。追溯检索结果质量的高低，与初始已知文献的选择有关。追溯检索法的优点是检索结果的系统性强，在没有或缺乏检索工具的情况下也能获得不少相关度较高的文献，同时检索者还可以根据实际检索情况控制检索的数量。这种方法也存在缺点：第一，参考文献的误检率和漏检率比较大；第二，追溯的时间越久远，获得的文献内容越陈旧；第三，不适合内容广泛的综合性、大型课题的检索。

③浏览检索法是指信息分析人员通过系统地阅读文献资料来搜集最新产生的文献素材的方法。通过该方法还能搜集到一部分不为检索工具或参考文献收录的非正式出版的文献素材，从而有效地提高搜集效果。该方法对产品样本、新闻图片、科技消息、商业广告以及新版期刊书目等的搜集，具有良好的效果。

④纵横检索法是指以研究课题中有代表性的作者为线索，通过检索工具，往纵向和横向扩大来获取文献的方法。① 纵向扩大是指通过检索刊物中的著者索引，以时间为纵轴，查找出这些代表性作者的一批文章，尤其是该课题处于研究热潮时撰写的文章；所谓横向扩大是指在这些代表性作者文章所属的类别或主题下，以内容为横轴，查找出一批其他作者的类似文章。该方法是信息分析人员通过多年的工作实践逐渐摸索出来的一种检索方法，其特点是容易掌握、使用方便、检索效果也较好。运用此法时，准确判断某一领域的代表性作者对检索效果的影响极大。

(3)文献调查的步骤。

①明确课题概念与查找目的。此步骤对课题开展十分重要。当课题比较生疏时，应该先参阅工具书或有关专著，明确概念，如该课题属于哪一个学

① 王廷飞，秦铁辉等. 信息分析与决策(第二版)[M]. 北京：北京大学出版社，2010.

科或者知识门类，该课题包括哪些技术和内容等。明确概念后，再据题分析，确定查找方法。根据课题要求和信息数量，进行由近及远追溯检索或由远及近现期检索。

②确定检索方法。根据不同情况选用不同的检索方法。当缺乏检索工具时，可以用追溯检索法，借助文章末尾所附的参考文献逐一追踪查找来获取文献；当检索工具齐全时，可用系统检索法，借助检索工具由远及近或者由近及远地查找文献；如果一时难以确定课题所属的学科类别或者主题，可采用“纵横法”，从代表性作者入手查找文献。

③选择检索工具。选择检索工具时，首先应当考虑的问题是：检索工具收录的内容必须与课题的内容相吻合，检索工具所使用的文种必须是自己掌握或熟悉的。在收录内容相近的几种检索工具中，应当选择其中质量最高的一种。检索工具的质量主要从这样几个方面来考察：报道速度、分类表或者主题词表的详略、作为检索途径的辅助索引的多少等。在一般情况下，应先利用综合性的检索工具，再利用专业性的检索工具；根据语言习惯先中后外，通过中文检索工具，了解哪些国外信息已在国内报刊报道，哪些文献已被翻译，需要时再利用国外著名的检索工具。

④查找和获取文献。通过检索工具获得文献线索后，在查找和获取文献时，要先近后远，首先利用本单位、本地区的收藏。如果本单位、本地区的图书情报部门没有收藏该书或者该刊，再通过全国的或者地区的联合目录，查出收藏单位，然后向该单位发函，请求他们邮寄原件或者复印件。如果国内缺藏，则可委托有关图书情报部门，通过国际互借获得原件或者复印件。

搜集文献素材应先易后难，尽可能做到“广、快、精、准”。由于计算机网络的快速发展，许多文献资料的查找和搜集可以利用联机检索或网络数据库检索来解决。

2.2.2.2 社会调查

社会调查又称实际情况调查，是以信息搜集为目的的社会实践活动的总称。社会调查既包括对人的访问，也包括对实物、现场的实地考察。社会调查是搜集信息的重要途径，也是提高信息分析效果的有力措施。2012年，内蒙古北疆生态文明建设有限责任公司对内蒙古京津北三河源地区湿地进行调查研究，先后三次组织专家、领导深入湿地现场，通过典型调研、组织座谈、访问干部群众等实践调查活动，取得大量第一手资料，把握了当地经济社会发展现状和湿地基本情况，对该地区的湿地功能和价值做出了科学的评价，为全区湿地保护工作的开展起到了促进作用。① 社会调查还可以了解过去和现在本地域内有关该课题的研究现状、存在问题及今后发展设想等信息。2011年底，美国国会要求NASA(National Aeronautics and Space Administration，美国国家航空航天局)进行"全面独立评估NASA的战略方向和机构管理"，后由美国国家科学院国家研究顾问委员会承担该课题研究，12名委员会成员为一个群体分别在三个不同国家举行了五次会议，与一些现任和前任NASA官员、相关美国政府机构官员、空间政策专家等进行了信息交流和研讨，为该课题的研究提供了充分可靠的信息基础。②

社会调查主要包括现场调查、访问调查、样品调查、问卷调查等。

(1)现场调查。

现场调查是信息分析人员深入现场参观考察或参加学术会议等直接获取第一手信息的方法，如实地参观、参加会议(学术报告会、经验交流会、学术研讨会、座谈会、贸易洽谈会、博览会等)、出国考察等。通过现场调查可以及时捕捉到一些难以明确表达或难以传递的信息。通过现场调查，可以直接观察到文献资料上无法看到的现象(如现场表演、生产过程、辩论场面、实物展览等)，可以直接目睹国外动态。另外，通过现场调查获得的信息具有直观、形象、真实、生动、可靠的特点。

(2)访问调查。

访问调查是通过向受访者询问以获取所需素材的方法。访问调查的传

---

① 中国科技情报网. [EB/OL]. [2015-04-20]. http://www.chinainfo.gov.cn/Report/ArticlesView_23440.html.

② 中国科技情报网. [EB/OL]. [2015-04-20]. http://www.chinainfo.gov.cn/Report/ArticlesView_23440.html.

统方式是直接面谈(又称访谈)。这种访问调查形式的优点是灵活性好，信息交流和反馈直接迅速，适用于讨论复杂的问题。缺点是费用高、受时空的约束和影响大。直接面谈一般可分为个人面谈、小组面谈和集体座谈三种类型。

访问调查的另一种方式是电话采访法。这种方式是通过电话线路建立与受访者的联系以获取所需素材的方法。其优点是受时空约束和影响小，可以避免直接面谈时可能出现的尴尬局面，交谈双方也不容易怯场，因而是一种既快捷又经济的方式；缺点是不能捕捉由动作、表情等形体语言传递的信息，信息吸收率低。近年来出现的可视电话系统在某种程度上弥补了这种缺陷，使信息吸收率有所提高。

随着网络的发展，诸如“聊天室”“讨论组”等基于互联网的应用广泛流行，将访问调查搬到了网上，这些新型访问调查方式的出现，极大地提升了访问调查的质量和效率。

不论哪种方式的访问调查都应注意计划性。一般要事先拟定调查提纲，选好调查对象，约定采访时间，并对提问方式和应对措施有一个粗略的心理准备，以防临阵不知所措。

(3)样品调查。

样品调查是搜集实物信息常用的方法。被调查的对象不是人，也不是场所，而是某件实物样品，如机器、零部件、试剂、种子、标本、文物、乐器等。样品调查内容包括：样品存放线索的调查、样品的获取、样品实物信息的挖掘。样品存放线索的调查主要涉及样品的存放位置、保管者、所有者以及获取方式的调查；样品的获取一般有购买、接受馈赠、租借、互换等几种形式；样品实物信息的挖掘要借助一定的方法。不同的实物样品，其显在实物信息和潜在实物信息的比例是不一样的，显在实物信息可通过拆卸、重组、观察、测量、实验分析方式获取；潜在实物信息的挖掘则要借助于反求工程技术的帮助。样品调查在商品市场信息分析、竞争情报研究中有着极其广泛的应用。①

---

① 查先进. 信息分析[M]. 武汉：武汉大学出版社，2011.

(4)问卷调查。

问卷调查是社会调查的主要方法。它是指信息分析人员向被调查者发放格式统一的调查表并由被调查者填写，通过调查表的回收获取所需信息的方法。

①问卷调查的类型。根据调查对象的选取原则，问卷调查可以分为重点调查和抽样调查。

a. 重点调查就是在所要调查的全部对象中选择一部分重点对象进行调查，这些重点对象在全部对象中虽然只是一部分，但它们在所研究对象的标志总量中却占有较大的比重，因而对这些对象进行调查就能够反映全部对象的基本情况。

b. 抽样调查是一种非全面调查，它是按随机原则从总体中选取部分调查对象进行观察，用以推算总体状况的一种调查。抽样调查包括随机抽样、机械抽样、类型抽样和整群抽样。

②调查表的设计。设计调查表时，应注意以下问题：

a. 提问的内容。调查表是以提问方式搜集所需要的信息。提问内容、如何提问是影响调查目的的重要方面。一份比较完整的调查表的提问大致包括 3 个部分。

第一，基本信息，是指被调查者基本情况的信息，如个人的性别、年龄、职业、教育程度、民族等；

第二，行为信息，是指被调查者社会行为的信息，如被调查者在生产实践、技术发明、科学研究等具体活动中所反映出来的一些行为信息；

第三，态度信息，是指被调查者对本人或他人能力、兴趣、意见、评价、情感、动机等方面的态度。

b. 提问的方式。根据调查者的需要，提问可以采取以下 4 种方式中的一种或几种组合：

第一，自由式提问。这种提问方式的问卷上没有事先拟好的答案，被调查者可以自由地阐述个人的意见和观点。

第二，封闭式提问。这种提问方式与自由式提问恰好相反，答案已事先由调查者拟定，被调查者只要从中选择就可以了。封闭式提问有两种类型：二分法提问和多项选择提问。

第三，事实性提问。这种提问方式要求被调查者回答一些有关的事实，主要是被调查者的个人资料。

第四，态度测量式提问。这种提问要求被调查者表示出某种态度。这种提问在设计时要考虑如何使被调查者愿意表明其真正态度，而且还要考虑如何从答案中反映出态度的强弱程度。

c. 提问的顺序。在设计调查表时，一般采用漏斗法安排所提问题的先后次序。所谓漏斗法，是指把调查者所提的所有问题按下列原则编排，使之形成形状酷似漏斗的调查表的方法。主要包括先大后小原则、先易后难原则、先一般后敏感原则、先趣味性后实质性原则、时间性原则、相关性原则等。①

d. 调查表的发放和回收。调查表设计并印刷出来后，就要及时将其发放到被调查者手中，并在被调查者填完后及时回收。调查表的发放和回收，通常有面候调查、函寄调查、留置调查、网络调查等形式。值得一提的是，随着网络的不断普及和网络技术的日益进步，网络调查的方法越来越受到人们的重视并被广泛地运用在信息分析活动中。

(5) 网络调查。

随着互联网的普及，网络调查法具有时效性强、范围广、成本低、交互性好、抽样丰富等特点，并且利用 Internet 进行网络调查搜集信息，可以有效地对采集信息的质量进行系统的检验和控制。网络调查主要分为如下几种类型：

a. 站点法：将调查问卷附在一个或几个网络站点的网页上，由浏览这些网站的用户自愿回答问题，这是目前网络调查的基本方法。

b. E-mail 法：调查者以 E-mail 的形式将问卷发送给一些特定的网络用户，由用户填写后再以 E-mail 的形式反馈给调查者。

c. 随机 IP 法：以一批随机 IP 地址作为样本调查方法，其理论基础是随机抽样。

---

① 查先进. 信息分析[M]. 武汉：武汉大学出版社，2011.

d. 视讯会议法：基于 Web 的计算机辅助访问（Computer Assisted Web Interviewing，CAWI），将分散在各地的被调查者通过 Internet 视讯会议功能虚拟地组织起来，在主持人的引导下讨论调查问卷，相当于将座谈会搬到网上进行。①

目前，互联网络上已经有不少专业性的在线问卷调查平台在运行，如“问卷星”“问道”“知己知彼”等。这些平台提供了免费版、企业版、专业版等不同形式的版本。其灵活多样的管理模式和运营机制在一定程度上满足不同类型的用户需要，促进了网络调查的普及和应用。

然而网络调查也存在一些缺陷，如网络调查要求被调查者必须是网络用户，而网络用户的年龄、性别、婚姻状况、文化程度、行业等基本信息的分布又存在明显的结构上的不均匀性，在应该被锁定的调查对象中，往往只有极少一部分可以成为实际的被锁定对象，调查结果的典型性和代表性是不能令人满意的。同时，网络调查还存在着自荐偏差（很难对样本的真实性进行验证）、多文化因素（由全球性特点所决定）、担心泄露个人信息、短暂的注意力集中时间、缺少人与人交流的“明察秋毫”、重复作答、应答率会越来越低（新鲜感消失）等缺陷。正因为如此，人们在网络调查时，往往同时辅以传统的调查，以弥补其不足，使调查结果更具典型性和代表性。

尽管网络调查存在一些缺陷，但作为一种新型调查方式，网络调查的出现还是为网络信息的搜集开辟了新的渠道。1994 年美国印第安纳大学（Indiana University）图书馆与信息科学系尝试通过商业性讨论小组向网络用户发放旨在了解企业界在竞争情报工作中应用互联网络的现状的网络调查表。此后，网络调查作为网络信息搜集的一种工具就一直没有停止使用过。

2.2.3　信息积累

信息积累能增强判断能力，有助于开阔眼界和提供线索。信息的搜集、积累和分析之间的关系密切，搜集是积累和分析的前提，积累是分析的基础，分析又是搜集和积累信息的目的。

---

① 朱庆华. 信息分析：基础、方法及应用[M]. 北京：科学出版社，2004.

2.2.3.1 信息积累的特点

(1)连续性。

事物的发展具有积累性和继承性，与信息的散布性和离散性形成尖锐矛盾，只有保持连续积累才能把握事物发展的脉搏。

(2)时空性。

积累信息要不拘泥于特定时间和场合，要善于从只言片语、公式、数据与图表中捕捉有价值的零星信息，进行点滴摘录和积累，在随意浏览中发掘信息。

(3)统一性。

积累信息时要实现分散搜集与集中管理的统一。分散搜集是指同一课题组的成员，根据各自分工，就近就便，分头单独搜集资料；集中管理是指同一课题组的成员，将各自搜集的资料统一按科学方法系统组织起来。

2.2.3.2 信息积累的形式

信息的积累通常可分为系统积累、日常积累、突击积累、个人积累和公共积累等形式。

(1)系统积累。

系统积累是指信息分析工作中经常涉及的基础素材应系统积累，可采取统一规划，按人分散包干，集中一段时间定期系统查阅的办法进行。

(2)日常积累。

日常积累是指信息分析人员根据自身承担的任务范围，或专职资料员根据本部门的方针任务所作的一种经常性积累，如报刊有关文章的剪贴、平时阅读材料时的摘记等。日常积累能改善人们的知识结构。

(3)突击积累。

突击积累是指在限定的期限内为完成某一紧急任务，在短期内所作的积累。这种积累参加人员多，时效性强，内容用于专门分析报告，资料马上可以投入使用。

(4)个人积累。

个人积累是指信息分析人员根据自己所学专业、业务分工和兴趣爱好所作的一种基础性积累。个人积累包括日常工作中的系统积累和日常生活中的点滴积累，前者主要指信息分析人员在完成课题研究任务过程中积累起来的素材；后者指信息分析人员在平时的参观、阅览、交谈等活动中进行的素材积累。

(5)公共积累。

公共积累是指专职资料员或者信息分析人员依靠集体共同建立起来的一种系统性积累。公共积累一般由3个部分组成：一是为了开展某一课题研究，通过短时突击而搜集的全部素材；二是综合研究和专业研究所通用的有关国家、企业和机构等情况的基础性资料；三是围绕某些需要长期监视的重大战略课题而搜集的材料。

2.2.3.3　信息积累的内容

信息积累要从信息分析角度出发，先抓有关本专业和本课题所需掌握的一些国内外基本情况、数据、水平动态与发展趋势等基础素材的积累，突出重点，完整系统。

具体内容包括：

(1)积累有关本专业研究对象的国内外发展沿革与现状的信息素材。信息分析人员对一个事物需弄清其源流与现状，才能判断它是从哪个基础上发展起来的，有无发展前途，所以需要对本专业研究对象的发展历史有比较全面系统的信息积累。

(2)积累与专业有关的新技术、新工艺、新产品、新设备的现状与发展趋势的信息素材，如应用效果、市场前景和技术参数等，以备查考。

(3)积累与本领域有关的主要国家、公司、研究机构、高等学校、著名专家学者的情况。如各国的自然与资源条件、发展政策与措施，公司、学校等的规模、科研实力与研究课题等。

(4)积累有关本领域的主要刊物和论著，包括公开发行的期刊、公司厂刊、著名专家学者的论著、国内外述评类资料等。

2.2.4 信息整理

从整个信息分析的过程看，信息整理属于信息的初级组织，其主要任务是对所搜集到的信息进行初步加工，目的是使之由无序变为有序。信息整理包括形式整理和内容整理两个层次。

2.2.4.1 形式整理

信息来源和搜集途径的多样性，使得所获得的信息数量大、内容杂、体系乱，必须进行分类筛选和加工整理，使之有序。因此，需对信息按课题要求进行取舍。形式整理的方式因人而异，但从实践上看，以下 3 种形式的分类整理通常是不可缺少的。

(1)按信息载体分类整理。

不同的载体有不同的性质、特点和保管、存贮要求。因此，按载体分类整理是必不可少的，通常可分为纸张(卡片)、磁盘、光盘、缩微品、视听资料、实物等几大类。

(2)按使用方向分类整理。

按使用方向分类整理所搜集的信息大体上可分为两大类：一类是面向某个具体课题的，即信息搜集人员在某个课题计划下达后围绕具体的课题计划所搜集的信息；另一类不针对某个具体的课题，但与信息分析机构的性质和今后可能立项的课题有关，属于日常积累型信息。这两类信息有着明显不同的使用方向，应当分门别类处理。

(3)按内容线索分类整理。

按内容线索分类整理即整理人员按信息内容线索对所搜集的信息进行粗略的形式上的排序，一般分为以下几类：

①研究类。凡与课题研究有关的信息都集中在这一类下面。包括：课题的概念和重要性，进展情况，研究对象、方法、手段和材料；课题发展状况与当前研究水平；课题的结论；课题可能应用前景，与其他领域的关系等。

②技术类。凡与技术开发有关的信息都集中在这一类下面。包括：技术兴起的背景和开发的目的；技术的原理和优缺点；产品的结构、外形、包装、性能；产品或技术的研制情况及其发展状况；技术的推广应用及应用后的社会和经济效果等。

③政策类。凡与政策有关的信息，都集中于这一类下面。包括：制定该政策的原因、背景；党政领导人针对该政策的有关讲话；报纸、杂志对该政策的评论解释；该政策的内容与实施情况；该政策实施后的效果及贯彻执行中遇到的问题；其他国家类似的政策和法令或限制性规定等。

④人员、设备、经费类。凡与研究和研制有关的，而非科学研究、技术研制和产品开发本身的一些信息都集中于此。包括：研究或研制的方法、材料、设备；国外对同类研究或研制项目的投资情况；国内外研究该课题的其他科研机构的情况；国内外开发同一技术或研制同一产品的其他单位的情况等。

这种分类整理具体分多少类、分哪些类以及如何归类，没有一个统一的模式，一般根据课题或信息分析机构的性质和所搜集的信息内容而定。

2.2.4.2 内容整理

内容整理是在形式整理基础上的进一步深化，是从内容角度对信息的再处理，通常包括信息内容的理解和揭示两个阶段。

(1)信息内容的理解。

信息内容因其表现形式不同而采用不同的理解方式，常见的有阅读、收听或观摩等。

①阅读。阅读通常分为初读、通读、精读、整体阅读4个相互衔接的阶段。其中初读的任务是确定信息的取舍，进一步剔除那些不合需要的信息，从中发现有价值的信息。通读的目的是掌握信息的大概内容，确定需要进一步精读的重点信息。精读是一种有选择的重点阅读方法，通常要反复进行，直至琢磨、消化和吸收到其中有用的信息。整体阅读是一种快速阅读方法，它在精读的基础上将信息材料各部分贯通起来，由此达到把握信息材料主题

的目的。

严格来说，阅读过程已经步入了信息分析阶段，特别是精读，信息分析人员要把需要解决的问题与所搜集信息中的理论、实验和方法进行比较，从信息资料中寻求解决问题的答案。

②收听或观摩。声像信息和实物信息通常以声音、图像或实物形式表现出来。因此，对这类信息通常只能通过收听或观摩达到理解其内容的目的。收听或观摩在本质上与阅读是相同的，一般也要反复进行，次数越多，信息内容挖掘的程度也就越深。

(2)信息内容的揭示。

为了便于信息分析阶段使用所积累的素材，通常还要对所理解的有用信息内容予以揭示，即以某种便于利用的方式体现或展示出来。

揭示信息内容最常见的方式是摘记。摘记有报道式、节段式和提要式3种。具体使用哪种方式，要视素材的性质和内容而定。

①报道式摘记。主要用来处理动态、综述和评述性文章。特点是不逐字逐句摘录，只是在阅读理解基础上，将该段文章内容融会贯通，然后用摘录者语言简明扼要地叙述，成为一篇保留原意的短文。

②节段式摘记。用以处理研究论文和实验研究报告。其方法是把一篇文章重点句、节、段等原封不动摘录或摘译下来，不要求文章连贯。摘录的重点是：研究对象、实验或研究目的；实验或研究的材料、条件和方法；实验结果或研究结论；参考文献等。

③提要式摘记。提要式摘记通常用来处理供一般参考的非重点文章。这种摘录方式是以极少的文字，将文章中最重要的信息提纲挈领地抄录下来，而不涉及文章的详细内容。

2.2.5 信息价值鉴别

在信息整理过程中，信息人员总会自觉或不自觉地对原生信息的价值进行鉴别。信息价值鉴别主要是对所搜集到的信息进行可靠性鉴别、先进性鉴别和适用性鉴别。

2.2.5.1 信息可靠性鉴别

信息的可靠性一般包括4个方面的含义：真实性、完整性、科学性、典型性。信息有文献信息、实物信息和口头信息之分，要分别进行鉴别。

(1)文献信息可靠性判断。

文献信息的可靠性取决于其所依附的文献的可靠性。一般可归结为“十看”：①

①看作者。知名专家、学者及其他R&D人员撰写的文献一般比实业、商业、新闻界人士撰写的文献准确、可靠。

②看出版机构。一般说来，一些著名的出版社，为了自己的声誉，十分注重出版书刊的质量；一些著名的学术团体创办的刊物，有由著名专家组成的编委会，有严格的审稿制度，因而刊物水平高，资料比较可靠。因而著名高校、权威出版机构出版的文献可靠性较强。

③看文献类型。科技图书出版周期长，内容更新较慢，但影响长远，内容成熟，资料可靠；专业期刊、会议文献和专题报告较为成熟可靠；评论性刊物的文献报道客观，内容丰富可靠；内部出版物内容新颖，比较真实，但不够严谨，可靠性不如公开出版物；学位论文一般说来内容真实，但观点不一定成熟；专利、标准文献比一般书刊可靠性大；产品说明书比产品广告可靠性强。

④看来源。官方来源的文献比私人来源的文献可靠；专业机构来源的文献比一般社会团体来源的文献可靠。

⑤看被引用率。反复被他人引用的文献可靠性强。

⑥看引文。引用(或参考)的文献权威性越强，则可靠性也越强。

⑦看程度。最终报告比进展报告可靠；正式标准比试行标准或标准草案可靠；分红配股方案比预案可靠。

⑧看密级。机密信息可靠性强于公开信息，但弱于绝密信息。

⑨看内容。文献本身论点鲜明、论据充分、数据详实、逻辑结构严谨，

---

① 邹志仁. 情报研究与预测[M]. 南京：南京大学出版社，1990.

则可靠性强。

⑩看实践。已实际采用或被实验检验证明能达到预期目的的信息可靠性强。

(2)实物信息可靠性鉴别。

①看实物研制者。具有较高级的专业技术职称、知名的研制(设计)者研制(设计)的实物所含信息的可靠性强。

②看生产机构。国家大型企业、重点企业生产出来的实物产品所含信息的可靠性较强。

③看商标。拥有驰名商标的实物产品所含信息的可靠性强于没有注册商标或商标没有知名度的实物产品所含信息。

④看关键技术内容。专利产品所含信息的可靠性强于非专利产品所含信息。

⑤看实践效果。经使用证明功能强、效益高、性能稳定、故障率低的实物产品所含信息的可靠性强。

(3)口头信息可靠性鉴别。

①看发言者。知名人士发言时所传递的口头信息的可靠性强于一般人员发言时所传递的口头信息。

②看场合。在重要的、正规的场合传递的口头信息的可靠性强于在一般场合、非正式场合传递的口头信息。

③看内容。内容系统、全面，尤其是发言者作出承诺的发言，其传递的口头信息可靠性强。

④看其他听众的反应。如果有其他听众，则其反应或间接评价可作为一个参考依据。

2.2.5.2 信息先进性鉴别

信息的先进性很难用一句简单的话加以概括，这是因为信息的先进性有多方面的含义。一般来说，科技成果的先进性是指研究工作在科学技术领域的某种创新或突破。它表现在以下几方面：第一，在同类领域中提出了新理论、新原理和新概念，或者在原有的基础上有新的发现；第二，在同一原理的基础上创造了新方法和新技术；第三，在原有的实验基础上发现了新事实、新现象，提供了新的数据和实验结果；第四，对原有技术和方法在不同领域或地区有新的应用，取得了良好的经济效果。可见，衡量信息的先进性，至少应当包括时间和空间两项指标。

信息的先进性表现在时间上，主要指信息内容的新颖性，即在此以前从来没有披露和报道过这一内容的信息。信息的先进性除了时间外，还受到空间的约束。也就是说，信息的先进性可以按地域范围分为许多级别，如世界水平、国家水平、地区水平等。信息的先进性可以从以下几个方面来判断。

(1)文献信息先进性鉴别。

①从文献外部特征判断。文献的类型、发表时间和同类文章发表的数量可以帮助判断信息的先进性。

a. 看文献类型。不同类型的文献是信息分析对象发展过程中不同阶段的产物，因而具有不同的先进性。正在进行中的项目的试验小结和技术档案、刚刚获得学位的学位论文、新近出版的会议记录、研究报告、上市公司文件等，所含信息比较先进。

b. 看发表时间。内容相同或相近的信息素材，一般说来，新近发表的文章具有较强的新颖性。

c. 看文献数量。信息分析对象的产生、发展、成熟和衰亡，与其发表的文献数量之间有一种有机的联系。一般来说，某一理论或者技术产生之初，由于从事这项研究的人员不多，研究工作还不深入，所以文献较少；当某一课题取得重大突破，研究工作走向成熟的时候，其文献数量也急剧增长。因此，从文献数量可以判断信息的新颖性。

②从文献内容判断。根据文献内容在理论上是否提出了新的观点、新的假说、新的发现；在应用上是否提出了新的原理、新的设计、新的方法，或者开创了新的应用领域等方面判断信息是否先进。

③从信息发生源判断。各地区或部门的基础条件、文化传统、宗教习惯、社会政治制度、生产力发展水平等方面的差异性，决定了反映这些地区或部

门现实状况和水平的文献先进性也参差不齐。例如，澳大利亚的畜牧业和毛纺业、日本的造船业和海洋养殖业、美国的网络技术、中国的民间制作工艺等都是比较先进的，相应地，反映这些方面的相关文献信息一般也是先进的。

④从经济效果判断。所谓经济效果是指6大技术经济指标，即提高产量、增加品种、改进质量、降低成本、提高劳动生产率和改善劳动条件。信息本身很难对经济效果作出评价，但可以通过与采用该信息以前的情况进行比较后作出评价。

(2)实物信息先进性鉴别。

①看生产日期。实物产品生产越晚，先进性越强。

②看生产机构。外向型企业、外资企业、高新技术企业等生产的实物产品所含信息先进。

③看生产手段。采用先进技术生产的实物产品所含信息先进。

④看信息内容。关键信息内容属专利技术，则先进性强。

⑤看实践效果。正在使用且产生了很好的经济效益、社会效益和环境效益的实物产品所含信息的先进性强。

(3)口头信息先进性鉴别。

①看发言者。权威人士、行业领域专家、学术带头人传递的口头信息较为先进。

②看发言时间。发言时间越晚，信息越先进。

③看发言场合。国际性或全国性会议、展销会、博览会上传递的口头信息较为先进。

④看发言内容。关于进展、走势等方面的前瞻性发言先进性强；信息内容所涉及的地区或部门越发达、水平越高，则先进性越强。

2.2.5.3 信息适用性鉴别

信息适用性是指信息对于接受者可以利用的程度。信息的可靠性和先进性是适用性的前提。当然，信息的适用性还受地理、气候、科技发展水平、自然资源和经济实力等多种因素的制约。判断信息的适用性，要将信息提供方与使用方的政治、经济、科技、自然资源等各方面的情况加以比较，找出异同，最终确定“消化吸收”能力。信息适用性是决定信息价值的一个重要因素，它可以从下列几个方面来判断：

(1)从信息发生源的自然条件和技术水平来判断。

对比信息提供者和接收者双方的自然条件和科技发展水平，可以判断信息的适用程度。一般说来，在地理与气候等自然条件处于相似状态、科学技术发展处于同一水平和发展阶段的国家或地区，其信息可以相互借鉴。对于科技水平远远高于或低于自己，或自然条件差异甚大的国家提供的信息应持慎用态度。

(2)从信息吸收者判断。

主要从信息接收方的科学技术发展的基础和条件来判断，这种判断一般考察两个问题：一是需要解决什么实际问题，二是适合吸收什么类型的信息。

(3)从长远发展和综合效果来判断。

因政治、经济、历史等因素，各国政治、经济、科学技术的发展水平是不平衡的。某些高精尖技术可能对一些技术不发达国家还一时用不上，但将来总会用上。因此，在判断信息适用性时，不仅要考虑当前的需要，还应考虑将来的发展，作一些必要的技术贮备。例如，空间科学是美俄两国出于军事称霸目的而发展起来的一门尖端科学，但从中却引出了不少相关技术，如遥感技术和卫星通信技术，这些技术有重大的经济价值。

(4)从专家的评论意见来判断。

一项新理论、新技术、新产品出现以后，专业杂志或报纸往往会对其加以评论。成果是否适用，常常可参考相关专家发表的评论。从这些评论中，可以间接了解到该理论、技术或产品的适用范围。这些评论只要论据正确，就可作为判断依据。为此，信息分析人员应重视外界对新理论、新技术、新产品的反应与评论。

(5)从社会实践效果判断。

某个理论、某项技术、某种产品是否适合本国、本地区采用，从与自己情况基本相同的其他国家和地区的实践活动可以得到印证。国际水稻研究所在菲律宾培育出了一种高产水稻品种，并在菲律宾推广获得了丰产效果，但印度北方高寒贫瘠山区引进这一品种以后，则严重减产。这一事实表明，该产品只适用于在我国南方推广，而不能盲目引入北方高寒地带。①

搜集的信息经过鉴别以后，剔除那些不可靠的和不需要的信息，这就是筛选。在筛选中还要区别主要信息和次要信息、核心信息和一般信息，以便选择信息资料时心中有数。原始信息经过鉴别、筛选与整理后进入综合分析与提炼阶段。

2.3 信息分析与提炼

信息分析与提炼是信息分析活动过程中最为关键的一环，在这以前的选择信息分析课题、制定信息分析计划、搜集和积累信息等阶段都是为了信息分析与提炼阶段作前期准备工作；在这之后的编写信息分析报告、成果评价则是对信息分析与提炼过程与结果的描述和总结。该环节侧重于对原生信息进行精加工，带有浓厚的软科学研究色彩。②

2.3.1 目的和任务

信息分析与提炼的目的是指通过对已有知识和信息的分析综合，从中发现某些客观存在的异同点、经验教训或发展趋势等，从而对知识和信息的认识产生升华，提出新的建议或方案，为用户决策提供咨询服务。

信息分析与提炼的任务是指通过信息分析人员的理性思维对搜集、积累的信息进行再整理、深加工，即将零散的、表面的和感性的信息进行归纳综合，提炼加工，揭示其内在的、本质的联系，找出规律性的东西，发现问题，得出建设性的意见、建议和结论。

① 秦铁辉，王延飞等. 信息分析与决策[M]. 北京：北京大学出版社，2001.
② 查先进：信息分析[M]. 武汉：武汉大学出版社，2011.

2.3.2　途径与方法

2.3.2.1　综合和融合

(1)综合加工。

综合加工是进行信息分析与提炼的一种基本形式，它把通过各种渠道获取的信息集中起来，以一些零散的信息作为线索，利用其他方面的补充信息来帮助鉴别、理解，并综合拼接成完整的信息“画面”。各种不同角度、不同深度，甚至是不同准确度的分散的信息，一旦进行了综合加工，就能使之条理化、系统化，概括出相对完整、准确的信息分析结论来。例如，美国未来学家奈斯比特在撰写《大趋势》一书时，通过对 12 年间 200 多万篇新闻报道进行综合加工，涓涓细流，汇成浩荡的巨川，得出了美国社会发展的十大趋势，指出信息社会的到来是美国社会最根本的变化，从某种角度反映了现代社会发展的重要方向。

(2)融合加工。

融合加工也是进行信息分析与提炼的一种基本形式，它是通过分析与研究对象性质相同或相近的事物的有关知识和信息，吸收各方的精华，将它们融为一体进行加工，使之产生质的飞跃，得出更新颖更科学的知识和信息。例如，2014 年，中国科学技术信息研究所遴选了维斯塔斯(Vestas)、歌美飒(Gamesa)等 7 家国外优秀风电装备制造标杆企业，通过对 7 家企业的业务构成、产品、技术与管理、资源能力、经营业绩等信息进行全面系统的分析、融合与加工，从经营理念与宗旨、业务重点、产品与用户分布、产品线分布、技术研发等多个方面，研究归纳出 7 家标杆企业具有共性的国外优秀标杆企业商业模式主要特点，对我国本土风电装备制造业及其有关人士开展商业模式的相关研究具有很高的参考价值。①

适用于综合和融合加工的信息分析方法有综合、比较、相关分析等，综

① 中国科学技术信息研究所. [EB/OL]. [2015-04-20]. http://www.istic.ac.cn/ReportDetail/tabid/644/Default.aspx? ArticleID=96412.

合和融合加工常应用于水平动向信息分析、技术信息分析和开发新产品的信息分析等方面。

2.3.2.2 提炼和推论

(1)提炼加工。

提炼加工是信息分析与提炼的一种重要形式，常用的提炼加工有共性提炼、特性提炼和典型提炼。

①共性提炼。共性提炼是指从反映同一事物但不同时间、不同空间或不同性质的素材中，寻找相同的特点、步骤、方法和规律。例如，从各个国家发展机械制造业来看，尽管时期不同、国别不同、技术水平不同、成效也不同，但可以提炼出共同的特点、做法和规律，即都十分重视新科技成果的引进、吸收、消化和推广应用。

共性提炼常用的方法是概括、比较、求同思维等，它多应用于有关技术政策、经验教训和科学管理等领域的信息分析活动之中。

②特性提炼。特性提炼是指从反映同一事物，并具有大致相同状况的素材中，从时间、空间或性质状态等角度寻找不同的特点、步骤、方法和规律。例如，从美国、苏联和加拿大等最先发展核电站技术的国家来看，都经历了独立开发、功率从小到大、原料立足于国内、建立全套本国核电工业体系、最后批量生产并进入国际市场这样一个发展过程，然而在这些共性之中仍可经过特性提炼寻找出各自的个性差异。在发展其核电站技术时，加拿大作为无核武器国家，自己无浓缩铀生产、电力工业发达、有相当的重水生产能力，这些特殊条件决定了加拿大发展核电技术要走与美国和苏联不同的重水堆的道路，并获得了成功。

特性提炼常用的研究方法有比较、分析、图示、求异思维等，它多用于有关市场、工艺设备、产品开发、发展规划等方面的信息分析活动之中。

③典型提炼。典型提炼是指从反映同一事物，但时间、空间、性质和状态等方面存在某种差异的素材中，选择一种或少数几种与目标事物具有类似的特点和类似的条件并可用来借鉴的信息。例如，许多国家曾有过大面积开

垦荒原扩大耕地面积的做法，这种做法有什么经验教训、是否值得仿效？苏联于20世纪五六十年代大力开垦荒地，由于毁坏森林、未采取水土保护的措施和农作物连作制，使垦区干旱多风的自然因素日益激化，造成严重的土壤风蚀。对这个典型事例的提炼分析，可以为我国北方垦区解决增产与保护自然生态平衡的矛盾提供参考借鉴。

典型提炼常用的方法是调查、比较和枚举等，它多用于有关产业发展政策、科技政策、经验教训和技术等方面问题的信息分析活动之中。典型提炼后的事例具有鲜明、形象、具体等特点，其作用不可忽视。

(2)推论加工。

推论加工也是一种常用的信息分析与提炼形式，它有预测性推论和判断性推论之分。

①预测性推论，是指根据事物的过去和现在的状况推测其未来的发展前景和趋势，着眼于解决“将来”的问题。它可以用于预测地球、人类、国家、地区的未来发展状况。例如，2014年中国产业研究报告网发布了《2014—2019年中国科技服务行业分析及未来发展趋势预测报告》，该报告是在资深专家和研究人员通过周密的市场调研，参考国家统计局、工信部、商务部、第三产业统计年鉴等机构发布的最新权威数据，采用相关市场研究工具、理论、模型对信息进行预测分析基础上撰写而成的，该报告分析了我国科技服务行业发展的现状及规模，预测了各地区科技服务的发展前景及投融资状况。①

此外，预测性推论还被广泛地用来预测某一技术、产品、市场等的发展趋势。例如，在电信业务领域，网络运维管理部门对电信业务的运行分析，主要是通过观测某个地区某一时间段内某项电信业务随时间变化的运行情况，利用业务数据分析引起业务变化的可能影响因素，预测在近期之后的一段时间内该业务的开展趋势，以评估测算网络支持能力，并随之做出调整。②

---

① 中国产业研究报告网. [EB/OL]. [2015-04-20]. http://www.chinairr.org/report/R04/R0401/201408/04-162230.html.

② 包昌火. 信息分析和竞争情报案例[M]. 北京：清华大学出版社，2012.

预测性推论常用的研究方法有趋势外推、信息模型、相关分析、回归分析、专家调查、包络线等。

②判断性推论，是指在同一时间条件下，根据已知事物来判断未知事物，致力于解决“现在”的问题。例如，根据化合物的成分与结构推断其合成方法；根据设备外形尺寸推测其内部可能的部件和结构；根据某企业的内部电话簿，推测其内部机构组织系统设置与职能，并估算该企业的预算等。

判断性推论的常用研究方法有相关分析、形态结构分析、内插分析等，常应用于技术创新、商业竞争和市场背景分析等领域的信息分析活动之中。

信息分析与提炼是信息分析活动过程的核心，分析与提炼是否准确、及时直接关系到信息分析成果的质量和用户的利益。

2.4 信息分析产品的制作

2.4.1 信息分析产品的类型

信息分析人员通过分析和提炼，形成有针对性的总结、汇编、结论、意见和建议等。这些总结、汇编、结论、意见和建议都必须编写成相应的文字、声像或计算机数据库形态的信息分析产品，并作为信息分析的成果直接提供给用户参考使用。用户正是通过阅读、利用信息分析产品来得到信息分析人员帮助的。

根据信息分析活动的任务和服务对象的不同，信息分析产品有不同的类别之分。目前，国内对信息分析产品类型划分的角度很多，尚未达成共识。我们主要根据产品的内容及其制作特点，将信息分析产品划分为消息类产品、数据类产品和研究报告类产品，如表2.2所示。

表2.2　**信息分析产品类型比较表**

信息分析产品类型	特点	代表产品
消息类产品	客观真实、简明扼要、一事一报	动态、快报

续表

信息分析产品类型	特点	代表产品
数据库产品	资料汇编性成果，以资料丰富、全面、系统、准确见长	年鉴、手册、要览、指南、人名录、数据库
研究报告类产品	系统整理和分析研究得出结论	综述性报告、述评性报告、预测性报告、评估性报告、背景性报告

2.4.1.1　消息类产品

消息类产品是最常见的一类信息分析产品，其主要任务是负责跟踪监视和及时报道特定领域的国内外发展的最新水平、动向和趋势，具有明显的推荐性质，颇受各级领导部门的欢迎。它是通过对大量国内外相关信息的精心挑选、鉴别而提炼得来的，它将其中最为重要、影响深远的信息以最快速简洁的方式报道给有关用户。消息类产品的内容主要是报道国内外科学技术和国民经济发展状况，某一学科、某一专业出现的新进展、新苗头、新方向等。它要求文字简明扼要，一般要求在 500~800 字，一事一报，及时向用户提供国内外科学技术、生产建设、科学管理、市场动态等方面的动向和最新信息。它的服务对象主要是领导机关、管理部门的领导、决策人员和有关部门的专业人员。

消息类产品除了零星的动态报道之外，还有专门对某一问题作简要的汇总、判断和动态分析，常见的形式主要有快报和动态两种。

消息类产品尽管比较简单，但它反映情况极为迅速，能帮助领导和相关专业人员及时了解最新信息。因此，它的作用是其他类型的信息分析产品无法替代的，而编写消息类产品自然是信息分析机构的一项经常性工作。

2.4.1.2　数据类产品

数据类产品是信息分析部门在日常积累和全面调查的基础上，综合汇总各国或一国、一地区有关某些学科、专业、产品、机构或人员等的情况，经过加工整理和分析研究而形成的一种资料汇编性成果。它以资料丰富、全面、系统、准确见长，用户据此可以方便、清楚地了解有关方面的基本概况、发展水平和动向，以及国内外、单位内外的差距。编写数据类产品是信息分析部门的一项重要业务。这类产品的类型很多，主要包括：

(1)年鉴。

年鉴有综合性年鉴和专业性年鉴之分，一般是概括一年之内与年鉴主题内容有关的各种事物发展的状况或某些方面的重要资料汇编或数据统计等。综合性年鉴搜集资料范围广，涉及专业领域多，反映多行业多专业领域在某一年内的动态。如《上海年鉴》《中国统计年鉴》等；专业性年鉴只刊载某一专题领域的年度总结、资料汇编等，如《中国农业年鉴》《国际贸易年鉴》等。年鉴由于资料丰富，而且往往是连续逐年编辑出版，所以有较强的参考价值。

(2)手册。

手册是简要概述某一学科、专业或领域的基本知识，罗列有关数据、计算公式以及专业机构等内容的数据类报告。手册也有综合性手册和专业性手册之分。前者大多是有关政治、时事、文化学习以及生活等方面的基本知识，如《世界人文地理手册》《各国国家机构手册》等；后者又分为两种，一种是提供某一专业领域基本知识的手册，如《物理学手册》《大学数学手册》等；另一种是实际工作需要查阅的以常用数据为主的资料性手册，如《机械设计手册》《五金交电化工商品实用手册》《导弹结构强度计算手册》等。

(3)要览、指南。

这类资料主要是关于某一行业或某一专业领域的机构的简要介绍或名称大全，内容涉及这些机构的地址、负责人、工作人员数量和构成比例、生产管理能力、产品种类和产量、研究经费、主要研究方向等。如《日本大学研究所要览》《中国高新技术开发区企业名录大全》《中国租赁行业大全》等。

(4)人名录。

人名录主要介绍所收人物的姓名、籍贯、生卒年月、生平简历、主要贡献等。它有综合性人名录和专科性人名录之分。有专供查找已故历史人物的回溯性人名录和供查找当代人物的现时性人名录之分。如《中国社会科学家名录》《解放军将帅名录》等。

(5)数据库。

数据库是一种一次输入多次多形式使用、便于计算机处理与检索和远程电讯传递的信息集合。它标志着信息分析报告的编写、传递和提供给用户利用的手段走向现代化。发达国家数据库的发展异常迅猛，近年来，我国也涌现出一大批信息分析方面的数据库。

数据类产品作为信息分析的成果形式一般是专门提供给特定范围的用户使用的，但当这类数据的使用价值很大，以致能提供给社会公众参考利用，并且这种公开利用不会损害其特定范围用户的利益时，它可以公开正式出版或向社会开放。这时，数据类产品就转化为工具性文献，它既可作为开展相关的信息分析活动的基本素材，也成为社会各界人士查找原始资料、常用术语和数据的工具。

2.4.1.3 研究报告类产品

研究报告类产品是围绕某一课题，在一定的时空范围内，全面系统地搜集文献资料，有时还需搜集实物样品和进行社会调查，然后对搜集和积累的信息进行系统整理和分析研究得出结论而撰写的一种信息分析报告。根据课题提出者的要求与分析研究的深度，研究报告可分为综述性研究报告、述评性研究报告、预测性研究报告、评估性研究报告、背景性研究报告等。

(1)综述性研究报告。

综述性研究报告(简称综述)是指针对某一领域在某一段时间内的大量素材进行归纳、整理、分析、加工而形成的一种信息分析报告。它的特点是对所涉及课题的有关数据、情况和资料作客观的概括性描述，基本上不加编写者本人的见解，不提具体的建议，但有素材取舍倾向。

用户通过阅读综述可以用少量的时间和精力，获得大量的信息和数据。综述能帮助用户了解这一课题领域的国内外发展水平和趋势、存在问题及解决办法。有助于他们确定主攻方向，制定工作规划和决策。英国伦敦科学政策咨询委员会(Advisory Council on Scientific Policy in England)对3201位物理学家和化学家所进行的调查资料表明，90%以上的人在最初几个月的研究时间里总是首先查阅综述，一半以上的人把综述视作较之文摘或会议论文更为实用的最新报道。诺贝尔奖获得者、英国理论物理学家齐曼甚至认为，原始的论文还是粗糙的，只有经过综述研究才能上升为真正的理论。①

根据具体内容的不同，综述可分为综合性综述、专题性综述和文摘性综述3类。综合性综述是指对某一学科或专业的情况作出综合叙述；专题性综述是指对某种技术、某种产品所作的综合叙述；文摘性综述是指把某一学科、专业或专题在某段时间内发表的文献内容扼要摘录出来，它既有一般综述浓缩原始文献内容的作用，又能起到文摘索引的作用。在国外，带有500~700篇参考文献的综述文章并不罕见。

(2)述评性研究报告。

述评性研究报告(简称述评)是指针对某一研究对象，全面系统总结各种有关情况、观点和数据，并结合有关政策进行分析评价或提出建议而形成的一种信息分析报告。述评的特点是述、评结合，要求述得充分，评得恰当，既要指出课题的当前水平、动态、存在问题，又要指出发展前景和可能会遇到的困难。述评除有一般综述的内容之外，需要有评论性的文字，它要求对课题的历史、现状、动向、先进性、可靠性、可行性、发展趋势等进行对比、分析、评价，并提出编写者自己的观点与看法。述评有综合性和专题性之分，前者总结和评价某学科或某专业的总体情况；后者则是针对某一技术、设计、工程或产品等具体问题进行综合评价。述评性研究报告一般包括“述评”“评述”“考察报告”“专题报告”“水平调查”等，如美国的《信息科学与技术年度评论》。

述评性研究报告是一种比综述性研究报告更高级的信息分析产品，对决策者和管理者确定业务发展方向和制定工作规划，对专业人员解决业务问题，对科研人员选择课题立项和研究方向等都有一定的指导意义。高质量的述评常常是确定部门或系统的工作路线和政策的重要依据。

---

① 李文华. 情报研究的涵义及其社会功能[J]. 情报科学，1992，13(4)：19-23.

(3)预测性研究报告。

预测性研究报告是针对某个课题的发展前景或趋势进行的科学推测而形成的一种信息分析报告。撰写合格的预测性研究报告有相当的难度，它一般需要搜集大量的数据，进行现状调查和文献调查，运用逻辑思维方法和数理分析方法，建立数学模型，并借助于电子计算机等现代技术手段，有时还要求信息分析人员充分发挥科学想象能力。预测性研究报告的内容一般包括推测研究对象的发展方向、发展规模、可能会出现的问题，以及未来发展中各环节之间的关系变化甚至准确时间等。预测性研究报告的名称常取为××展望、××预测、××趋势、××前景等，如“世界人口展望”“能源资源预测”等。

预测性研究报告重在由已知信息推出未来信息。目前，预测研究已发展成为一门独立的学科——预测学，国内外都有专门的研究机构从事各类社会、经济、科学技术和军事等领域问题的预测工作。近年来，我国各级信息分析机构逐渐介入这一领域，开始联合或独立完成各种预测研究并产生了一定数量的高质量预测性研究报告。

(4)评估性研究报告。

评估性研究报告是在掌握有关课题的大量已知信息的基础上，运用现代评估技术，对课题的水平、方案、能力、效益等进行分析评估所形成的一种信息分析产品。这类产品的种类很多，如水平评估、方案评估、能力评估、效益评估、可行性研究、实力比较等。评估性研究报告的目的不在于由原生信息推出事物发展变化的未来状态，而是为了方案(项目、人才等)优选，或为了准确把握现状。因此，这类产品在对原生信息做出必要阐述后，应将重点放在比较上，只有比较才能得出结论。

(5)背景性研究报告。

背景性研究报告是针对某项具体的专门任务而展开的相关背景信息的研究所形成的一种信息分析产品。背景性研究报告在国外，特别是在日本比较流行。背景性研究报告的主要目的是为了使任务的顺利完成有一个宽广的、全面的参考基础，常用于规划与战略的制定、出访与外交谈判等重大活动之中。

信息分析产品类型很多，上面我们所列举的仅仅是目前信息分析实践中常见的一些类型，对于既定的信息分析课题，究竟以何种形式提交信息分析成果是一个值得关注的课题。

传统的信息分析成果主要表现为以文字为主的文本形式，这种状况已不能适应迅速发展的现代信息社会的需要。在信息技术的支撑下，信息分析成果已经突破了单一的文本形式，集图、文、声于一体的多媒体形式的产品正在不断涌现，并逐渐发展壮大。信息分析产品的载体形式正在向多样化方向发展。

2.4.2 信息分析产品的制作

信息分析产品质量的高低，一方面依赖于整个信息分析过程及其产生的结果；另一方面也与信息分析人员在产品制作过程中对制作方法和技巧的把握有关。不同的信息分析产品有不同的制作方法和技巧。这里，我们主要介绍消息类产品、数据类产品和研究报告类产品的制作方法。

2.4.2.1 消息类产品的制作

消息类产品常以《情况反映》《××动态》《××简报》《××消息》《内部参考消息》等形式出现，编写这类产品的目的是迅速反映、报道某一学科、领域的新动态、新成果和新信息。

(1)消息类产品的基本要求。

①客观真实。消息类产品要以事实说话，即通过报道客观存在的事实来表明编写者的立场、观点，用事实来感染、影响用户。因此，编写时用对事实的选择和阐述来体现编写者的思想，而不采取先提出观点再列举事例加以证明的方法。消息类产品报道的是有关专业领域发生的事实，它除了必须遵循一般性新闻报道的客观性要求之外，还要求报道的事实是具体的、典型的、生动的，并且要求明确、完整的报道。

②迅速及时。情况反映应突出一个“快”字，要求把新近发生的事实迅速

及时地报道出去，这样的“消息”才对用户有价值。因此，应尽量缩短编发时间。当然，这里的“快”是建立在客观真实基础之上的，对于情况不明或一时无法核实的事实，宁可暂时不报道。

③短小精粹。情况反映是信息分析产品中最简短的文体，一般以 500～800 字为宜，它要求在有限的篇幅内尽可能包含较多的实质内容，用高度概括的手法，抓住最主要的、典型的事实予以报道。

(2)消息类产品的基本内容。

消息类产品的基本内容一般包括标题、导语、主体、结尾四个部分，有时还要简单介绍事实的背景。

①导语。导语是消息类产品的第一段或第一句话，要求用精练的语言，概括出消息中最新鲜、最重要的事实，点明主题，并吸引读者关注和阅读全文。导语的写作手法大致有叙述式、描写式、议论式三种。写导语时，应注意内容的写实性和语言的形象性。写导语时忌讳公式化、概念化和长篇交代、冗长繁琐的各种名称、数字和晦涩的技术名词等。

②主体。主体是情况反映的主要部分，要求用充分、典型的事实阐述导语中提出的主题思想，回答导语中提出的问题。主体的写作要求是：紧扣导语、选择典型信息、合理安排行文层次顺序、避免重复。

③结尾。结尾是对全文的总结，或是指出事物的发展趋向，或是对事物进行评论。精彩的结尾可以深化主题，起到画龙点睛的作用。结尾一般要和导语相呼应。当然，结尾也不是非写不可的，如果主体中已说明白了，就不必再写结尾。很短的简讯也可不写结尾。

④背景材料。在消息中恰当简要介绍一下事实发生的客观环境，可以烘托并深化主题，加深用户对消息内容适用价值的认识。

(3)消息类产品的结构形式。

消息类产品最适用的结构是“倒金字塔”式结构。这种结构安排材料的方法是：把最重要、最精彩的内容放在第一段，次要的内容放在第二段，以此类推。这种结构使用户阅读起来能迅速抓住重点，一目了然，编写者能视情况自后向前整句整段删去，仍然不会损害消息的最主要的内容。

2.4.2.2 数据类产品的制作

数据类产品是一种资料汇编性成果，这类成果又可细分为年鉴、手册、要览、指南、人名录和数据库等形式。这些不同形式的数据类产品的编写方法也各有侧重。

(1)年鉴的制作。

年鉴是一种按年刊发行的产品，具有连续性、概括性、编年史性的特点。例如，国家统计局编制的《中国统计年鉴》，每年一刊，收录上一年全国和各省、自治区、直辖市每年经济和社会各方面的统计数据，全面反映中华人民共和国经济和社会发展情况。

①年鉴的内容。年鉴的基本组成单位是专栏。一般说来，年鉴有一二十个专栏。年鉴的内容大体可归纳为：

a. 综述。概括介绍某行业、某地区的基本情况；

b. 统计资料。常以图表的形式公布本专业的发展与成就；

c. 重大信息。记述当年与本专业有关的方针政策，科技、教育、外事活动等动态信息，以及发展变化中的新生事物、新典型；

d. 专论。发表政府阶段性工作总结、专题调查报告、工作展望或述评等；

e. 珍贵文献资料；

f. 人物志；

g. 大事记；

h. 实用指南性资料，如机构名录、产品名录等；

i. 国外相关对比参考资料；

j. 索引。

②年鉴的编排与体例。第一，年鉴的编排。年鉴的主要表现手段是文章、条目、表格、图片等。我国现阶段都是采用分类法来编排年鉴内容的，常常把学科系统排列法、事物性质排列法、主题法、时间顺序法等结合起来运用。例如，《中国农业年鉴》先按农业(种植业)、林业、畜牧业、渔业、乡镇企业

等分类编排。在其下的专栏中，有的按行政区域顺序编排，有的按时序编列。这些编排方法的优点是便于用户了解各领域的全面情况和浏览查阅，缺点是有时会出现一些编排不科学和重复交叉的现象。第二，年鉴的体例。年鉴的体例主要包括：一是规定年鉴中文章的体裁和编写要求。年鉴中的文章宜用记叙文体裁或说明文体裁，强调客观、严谨、简练，要按有关专栏的性质和特点，对文章的内容、篇幅、结构等提出明确、具体的要求。二是年鉴中的名词术语、译名、计量单位、数字、时间、引文等的使用必须事先统一规格和写法。

(2)手册的制作。

①手册的基本特点。手册的特点主要有以下几个方面：

a. 通用性。手册一般应概括某专业、学科或技术的全部内容，要考虑到实际工作中可能遇到的各种情况和问题，要尽量满足不同地区、不同工作条件、不同水平用户的需要。例如，有关类型、品种、项目、规格、方法、措施等，应该尽量列全；对常用的、主要的、基本的技术内容要必备，不常用的、次要的、特殊的技术内容也宜兼顾。

b. 先进性。手册应反映国内现有的先进技术水平，要吸收国外适合我国国情的先进技术和经验。同时，要处理好先进与适用的关系，既反映当前的先进技术，又考虑用户的现实情况。

c. 系统性。不能将相互不协调甚至矛盾的资料简单地拼凑在一起。选用的素材必须是经实践检验过的，同时，还要注明素材的来源出处，以便用户在必要时进行查核。对相互矛盾或不一致的资料，一般不能采用；必须使用时，则应明确交代使用条件及注意事项。

d. 简明性。手册主要是供工作中随时查用的，可从中得到所需的资料、数据、信息、办法、措施等。手册多采用条文式，文字要求简练、准确，层次分明，以便用户用最少的时间和精力就能完全理解内容。由于图表往往比文字更能形象、具体、简明地表达问题，因此手册中经常大量使用图表，有些手册甚至就采用图表化的方式来编写。

②手册的基本内容。手册的内容包括哪些项目，并无统一的要求，也无

标准的模式，应结合每本手册的性质、特点和编写意图，根据主要用户的实际需要和所能汇集到的素材来确定。纵观各种手册，归纳起来大致有以下主要内容：综述、基本理论概述、主要原理、适用范围、常用数据、计算公式、实用图表、实施要点(原则、依据)、工作(设计、施工、安装、计算、试验、检验、使用、保管、维修等)方法、具体步骤、技术措施、注意事项、产品规格(系列、型号、品种、尺寸等)、典型示例、常用材料性能介绍、技术经济分析及指标、附录(包括有关标准、规范、条件、技术文件、单位换算表等)、索引、参考文献等。例如，《弗拉斯卡蒂手册》是由经济合作与发展组织(Organization for Economic Co-operation and Development，OECD)编纂的，对研究与开发(R&D)活动的各项指标及测度方法进行了详尽的解释，包括 R&D 各项指标的定义、机构分类法则、领域分类、人员与经费的分类、调查方法与程序等，是对科技活动进行测度的基础。

(3)要览、指南的制作。

要览、指南是一种介绍各种机构情况的系统资料类产品，也称机构名录。如《中国人文社会科学核心期刊要览》《国家自然科学基金委员会——2014 项目指南》等。一般说来，要览、指南的基本内容包括：

①某机构或机构成员(主要是机构负责人)的名称、地址、电话；

②某机构的历史，包括何时成立、成员数、主要业务活动等；

③某机构的资产额，产品或服务种类、规格等；

④某机构的人事组织情况，如主要负责人和重点分支机构和部门的负责人等。

编写要览、指南的方法以条目式为基本写作形式，所提供的机构情况大多比较简明，通常按机构名称的字母顺序分类编排，比较整齐，使用方便。

(4)人名录的制作。

人名录是专门集中反映有关领域的知名人物基本情况的系统资料类产品。人名录的基本内容有：

①人物的姓名、别名、译名、笔名；

②人物的生卒年月日；

③人物的籍贯、家世、生平事迹；

④人物的事业成就、重要的活动；

⑤人物的学历、学位、职务；

⑥人物的主要贡献，如主持过的工作项目等；

⑦人物及活动的有关照片、图表等。

人名录也常常以条目形式来编写和组织，各条目先按专业学科或组织机构的类别组织，然后再按人物姓名的字母顺序排序，也有些是按年代顺序来排列的。人名录的编纂是一项颇费时日的工作，尤其是搜集和考证人物的生平事迹素材工作量巨大。

(5)数据库的制作。

目前，数据库技术已广泛应用于信息分析产品的制作。按照所含信息内容特点的不同，数据库产品中常见的类型主要有数值数据库、事实数据库、图像数据库和全文数据库。

①数值数据库。数值数据库的基本内容是数值信息，但不排斥库中也含有表明数值属性的文本字段。编制这种数据库的目的是直接向用户提供这些数值信息。这类数据库的结构便于对数值信息进行分类，便于单项或多项检索、显示或打印输出。库中的有关数值在计算机程序的帮助下能进行各种运算、分析，并能进行分类、排序和重新组合。

②事实数据库。事实数据库是有关某些客体(如机构、任务等)的各种关联数据的集合，如《中国化工产品数据库》《科学家数据库》等。

③图像数据库。图像数据库是一种新的数据库类型，它存贮的数据主要是图形或图像信息。

④全文数据库。全文数据库是指机读化的综合分析报告和预测报告全文数据库。例如，把综述、述评、预测方案等作为数据全部加以存贮，并能用来检索全文中的任何一个字、句、段、节、章等。

数据库的编制工作是较为复杂的，它包括数据的搜集、选择、系统分析、结构设计、数据录入与校核、程序检查、记录装配、系统试运行与格式转换等工作。

2.4.2.3 研究报告类产品的制作

研究报告类产品有多种类型，每类都有不同的内容要求与结构层次，但它们都有一些一般性意义上的内容与结构。

(1)研究报告类产品的内容。

从一般性意义而言，研究报告类产品应包括以下主要内容：

①说明该课题要解决的主要问题；

②描述该课题的背景和解决问题需要考虑的各种因素条件；

③援引与课题有关的数据、事实；

④综合叙述有关该课题的各种观点；

⑤阐明信息分析人员自己对该课题的独立见解；

⑥论证所提见解的科学合理性；

⑦提出实施该课题或解决有关问题时可供选择的建议、方案及实施步骤；

⑧预见可能会遇到的风险及其对策等。

在信息分析实际工作中，要求一份分析报告全面涉及上述8个方面的内容并不多见，可以视具体情况只对其中某几项内容进行阐述。

(2)研究报告类产品的结构层次。

结构是影响研究报告质量最关键的因素。① 因为报告的功能(质量)与其结构有直接对应的关系。为达到某种功能目标，就相应有一定的结构加以对应。研究报告类产品的结构层次一般包括以下6个部分：标题、绪言、正文、结论、附录和参考文献。

①标题。它是信息分析报告内容的高度概括与提炼，是研究报告给予用户的第一个视觉印象，因而要求简洁、新颖，准确体现全文的主旨和要点，能使用户一目了然地了解报告所论及问题的范围和重点。因字数限制，有时短标题难以达到上述要求，可以加上副标题作补充。对于一些内容复杂、层次繁多、关系重大的报告，还可以通过增设内容简介、目录、摘要和关键词等措施来进一步揭示标题的完整含义。

---

① 卢泰宏. 信息分析[M]. 广州：中山大学出版社，1998.

a. 内容简介。内容简介是标题和副标题的补充说明，它以简练的文字介绍研究报告的主要内容、编写目的、用途、用户对象和所利用的原始资料情况等。

b. 目录。目录是大型研究报告所必须有的，它列出报告各章节的大小标题及其页码，能起到反映研究报告基本内容和主要观点的作用。

c. 摘要或前言。摘要或前言主要是介绍该成果的基本内容与选题的理由、目的和过程(时间、地点和对象范围等)，特别要介绍成果中提出的重要观点和见解、成果的特点和适用对象等。一般在3种情况下需要摘要或前言：一是课题内容复杂、存在观点分歧者；二是成果中提出的重要观点或见解需要特别加以强调者；三是需要对该成果的特点和运用范围进行着重说明者。这里必须特别指出的是，摘要虽然居于研究报告之首，但在写作上却只能在报告完稿之后编写。

d. 关键词。关键词也称主题词，是指编写者从报告中选取的最能代表其中心内容特征的词或词组，一般可选3~5个，也有多达7~8个供检索使用。为了保证用词的统一规范，应尽可能通过《汉语主题词表》或专业性、专题性主题词表对关键词进行规范化处理。

②绪言。绪言也叫序言、绪论等，它主要阐明本课题的基本状况，如课题目前的研究水平，可能会遇到的困难和各种限制条件以及最值得注意的地方；本课题与其他问题的关系；选择本课题的目的；对原始素材的选择、评价和综合的基本原则，搜集范围和起止时间等。

③正文。正文是成果的主体部分、核心部分，是全文的重点。它是在课题涉及的领域内，对相应的原始信息进行分析研究，运用材料来论证研究成果中提出的独特观点和方案的部分。可以说，正文是具体反映研究报告的学术水平和质量的主要部分。

由于研究报告的种类多样，其正文内容也不尽相同。例如，综述的正文内容主要是广泛系统地叙述本课题或本学科、专业所涉及的重要成就、目前的水平状况、今后的发展趋势，并明确提出这一领域内尚未解决的问题。述评如果是针对某一技术或产品的，其正文内容主要评述这一技术或产品的技术经济指标对比，根据数据和图表对比作出分析，评估其发展趋势和适用性；如果是针对某一学科的发展情况的，则正文内容主要介绍各种有代表性的流派和观点，然后进行恰如其分的评论。预测性报告的正文主要包括作为预测依据的事实和数据、预测用的方法和手段、预测的步骤、科学推演过程和最后的预测结果。但是不管是哪种信息分析成果，都有基本的要求：中心明确、重点突出、论证充分、逻辑严密、实事求是、态度端正。

④结论。结论是对通篇研究报告的总结，它与正文的内容应当紧密衔接。它不是对正文部分讨论的各种观点和意见的简单合并和重复，只有那些经过充分论证的观点、建议和方案才能写入结论。结论可以简要阐述本报告的主要论点，提出解决问题的可供选择的方案和建议；或提出如何利用现有信息分析成果的措施。当不能或不便提出结论性意见时，也可用“启迪”“借鉴”等方式表示编写者的倾向性观点。

⑤附录。附录是对正文部分的必要补充材料与数据的汇编，内容包括说明研究课题状况的原始资料、有关的法规条文、有关的常用数据、图表和计算方法等。有时，为了缩减正文的篇幅，使正文部分对问题的论述和论证更加简洁、紧凑，也把分析报告分编为主、附两部分，主件放于正文、附件放于附录。这样，各类用户阅读利用报告时可自由取舍。

⑥参考文献。研究报告的写作过程中直接引用或参考过的各种文献资料，如他人的论文、著作、数据、图表的名称、出处等，均应附于报告之尾，以表示对他人劳动成果的尊重，同时也表明研究报告的依据。用户如有疑虑可去查阅这些文献。参考文献的编排方式有两种：一是按文献在分析报告中的引用顺序依次排列；二是按文献对分析报告的参考价值大小程度排列。参考文献必须按照国家的有关著录标准来标注其作者、文献名、文献的来源出处、出版事项等。

如果研究报告的完成过程得到各单位和个人的帮助和支持，如提供了物质资助、提供了参观考察条件、提供了实物信息、接受过采访、提出过建设性意见等，可以在报告之后加上“致谢”部分表示感谢。

(3)研究报告类产品的制作程序。

①确定主题。主题是一篇研究报告所要体现的总体意图或基本观点。它是研究报告的灵魂，是作者的思想、态度和观点的集中反映。衡量一篇研究报告质量高低、价值大小、作用强弱，最重要的是看它的主题如何。

主题是研究报告的统帅。一篇研究报告的材料如何取舍，结构如何措置，语言如何运用，乃至标题如何拟定等，都要根据表现主题的需要来确定。任何一篇研究报告都应有明确的主题思想。主题构思是顺利编写出高质量研究报告的基础，是撰写研究报告的第一步。

分析报告主题的形成过程可以概括为 3 个步骤：闪现于触发灵感之时；凝聚于调查研究之中；升华于改造制作之后。①

②选择材料。主题必须通过一定的材料来表现。所以，在主题确定下来之后，就要考虑选用哪些材料。

研究报告所用的材料主要有：查阅文献时摘录下来的实验数据、图、表、公式及论点；实际调查中所了解到的情况；自己做实验的方法、原材料、过程及结果；参加学术会议记的笔记；与研究课题有关的通信等。

材料按其来源可以分为 3 大类：一是直接材料，是作者亲自参加调查或实验得来的材料；二是间接材料，是作者从文献得到或由他人提供的材料；三是发展材料，是在上述两种材料的基础上，经过作者进一步的思考、分析、研究所得到的材料。

③设计结构。结构是研究报告各组成部分的总体布局和全部材料的具体安排，包括层次、段落、过渡、呼应、开头和结尾等内容。

制作研究报告好比盖楼房，盖楼房首先要设计蓝图，制作研究报告也要先设计好结构，全篇分为几大部分，各部分包括什么内容，互相怎样衔接，怎么开头，如何结尾等，都要事先筹划好。在一篇研究报告中，主题只能解决“言之有理”的问题，材料只能解决“言之有物”的问题，“言之有序”的问题，则要依靠结构来解决。如果不通过一定的结构，把众多的材料按照表达主题的需要，加以适当地编织和穿插，那么材料再多，也不会成为一篇好的研究报告。

---

① 秦铁辉，王延飞等. 信息分析与决策[M]. 北京：北京大学出版社，2001.

研究报告的结构应符合以下 2 个原则：

第一，符合规律，严谨自然。研究报告是客观事物的反映，客观事物内部都有其紧密的内部联系和固有的运动规律。研究报告要反映这种联系，必须有个严谨的结构，各部分之间要紧密衔接，环环相扣，合乎逻辑，无懈可击。研究报告要反映这种规律，就要在结构上循其自然，顺理成章，行止自如。

第二，表现主题，完整协调。结构的任务就是要有效地表现主题。主题是一个完整的思想，因此它要求研究报告必须有一个完整的结构。所谓完整，就是各组成部分要齐全，没有残缺，要很好地表现主题，结构还应协调统一。

④拟定提纲。主题构思成熟后，就要拟定研究报告的提纲，把大致思想付诸具体的文字，用书面形式来充分表达编写者的思想、观点，组织好研究报告的结构，使编写者在以后的撰写过程中能始终顺着连贯的思路来行文。

拟定提纲是写好研究报告的必备条件。研究报告论点之间的逻辑关系是复杂的，在写作之初，它们只是模糊地存在于人们头脑之中。拟定提纲的过程，就是对这种逻辑关系再认识的过程。尤其对于一些大型研究报告，只有将其结构写成提纲，才能看出各部分的安排是否合理，逻辑关系是否正确，材料配备是否恰当，层次是否清晰，全篇是否均衡等。

拟定提纲对于研究报告的编写具有以下 4 点意义：

第一，使整个研究报告通篇一体。拟定提纲的过程中，会促使作者对命题予以明确的解释，而命题的定义一旦阐明，任何离题的现象都会显现出来，并能得到及时纠正。

第二，使研究报告首尾贯通。在主题构思时，往往因思路不明晰而把研究报告中两个不相关的部分硬凑在一起，或者出现某些相互脱节和前后矛盾的现象，一旦列出提纲，这些问题就能立即被发现。

第三，有利于突出重点。拟定提纲的过程中，编写者将发现哪些论题是重要的，应予以突出，它们各占多大的篇幅，哪些组织方式能强调重要论点，这样就能保证撰写研究报告时紧扣主题，不至于出现内容分散和离题现象。

第四，有利于信息的选择和安排。拟定提纲时，对于积累的有关信息也进行相应的分类和分配，主要信息作为证实观点最有力的材料，被安排在显要位置，其余信息则居次要位置。每个论题应有相应的信息资料，按论题把信息资料分开，这样一方面能防止遗漏重要的信息和某些论题信息重复堆积，另一方面也便于日后的写作。

提纲的编写程序主要包括 3 个步骤：

首先，根据主题的需要，勾画出研究报告结构的大块图样，即将全文分为几个大的部分，并对各部分间的逻辑关系作出安排。

其次，大框架完成以后，将经过归纳、整理和选择的材料合理分配到各大部分，完成对该部分论点的论证。这一阶段需要重点检查 3 个问题：第一，现有材料是否足以支持论点；第二，每一材料是否都能用来证明这一部分的论点；第三，该部分能否在确立论点的基础上充分利用这些材料。在论证问题时，拼凑材料和堆砌材料都是不可取的。

最后，各部分的小框架完成以后，再对各部分之间的逻辑关系重新审查一遍，对部分与部分之间的文字过渡做出安排。每篇好的研究报告，每一部分既可以独立成章，各部分结合时又能够浑然一体。

应当指出，上述详细的写作大纲并不是一次完成的。拟定提纲与搜集、整理和研究材料几乎是同步进行的。这里说的“几乎同步”是因为毕竟搜集阅读材料在前，而后作者才能由博而约，从感性上升到理性，进而得出自己的观点，写出粗糙的大纲。但是，这个粗糙大纲的进一步细化，却又是反复阅读和研究材料的结果。所以说，编写提纲的过程，是一个贯穿于整个写作准备阶段的连续动态过程。

⑤撰写初稿。提纲拟定以后，便可动手撰写初稿，撰写初稿就是“打草稿”。如果课题是一人承担的，则由承担者一人撰写；如果是由多人承担的，则可由一人或数人执笔或大家分工负责撰写。大型研究报告一般是由多人执笔完成的。

撰写初稿时，对于材料要敢于取舍。研究报告的主要章节、重要观点的论证，应当旁征博引、资料翔实；次要章节的材料即使丰富，也要忍痛割爱，目的是突出主题，以免喧宾夺主。撰写初稿的常用方法有两种：

第一，一气呵成法，是指按事先拟好的提纲的各级项目的顺序一路写下去，不中断思路，直到初稿完成后，再回头来仔细推敲加工修改。这种写作方法最大好处是保持了行文时思路的连贯性和系统性，写起来也比较顺畅，但容易草率行事，出现差错。

第二，分步完成法，是指不按提纲的规定顺序来写，而是把提纲的内容分成几大部分，首先挑选自己最有把握的部分来写，写完一部分后立刻对其修改并初步定稿，接着再选另一部分写，这样一部分一部分地分步完成，直到写完全文。这种方法适合撰写篇幅较大的大型研究报告。分步完成法的优点是研究报告的各部分在打草稿时就已较精细，日后修改定稿不必做大的调整；不足之处是容易造成研究报告的各部分之间脱节或不连贯。

不论是采用哪一种写作方法，撰写初稿时都有一些值得注意的事项：

第一，深刻领会提纲的要求，紧扣主题，把需要表达的内容按提纲的结构层次有条理地组织起来；

第二，应考虑研究报告各部分的分量，做到长短适度，轻重得当，通篇均衡，插图和表格编排恰当、规范；

第三，发现提纲存在不足或产生新的思考、观点时，应修改、调整提纲；

第四，引文、注释和数据等要随手加上完整的出处，以免定稿时难以查找；

第五，凡使用过的信息资料要标上记号，以免重复使用。

初稿完成后，要逐章逐节讨论，检查是否遗漏了重要内容，关键问题是否阐述清楚，各部分之间有没有重复。对于重要问题和重要观点、尤其要反复推敲。对于一篇多人合作的大型研究报告，观点和提法上出现一些分歧和矛盾是难免的，讨论中要让每个人都充分发表意见，做到言无不尽，但作为集体研究成果的研究报告，则应当观点明确，决不能模棱两可。对于个别一时难以作出明确结论或回答的问题，可在研究报告中加以说明，留待以后继续研究。

⑥修改定稿。研究报告的初稿完成之后，在多数情况下是不完美的，必须再进行修改、推敲和润色，使研究报告达到较为完美的程度。因为研究报

告是提供给特定用户利用的，所以有时研究报告的初稿还要征求有关方面的专家甚至用户的意见，然后才能确定最终形式和内容。

初稿完成后，撰写人要通读、修改和润色全文，一般是看总体内容有无需要增减或改动之处，看有无遗漏需要补充，有无重复或错词赘句需要删除改正，然后再逐字逐句推敲，务使全文精练简洁，理明意切。多人合作的研究报告，分别修改后须交集体讨论，讨论中要着重对研究报告主要内容的阐述、基本观点等作进一步推敲，同时审查用词行文是否恰当，文字是否简练，有无不切实际的论述或夸大的结论。在条件许可的情况下，还应请有关专家预审，最后由主要执笔人或主编统一汇总各部分初稿，整理成完整的全文，并对章节和文字做编辑处理，提出送审稿。

a. 修改研究报告的步骤。修改研究报告一看其内容；二看其表达方式。具体做法是：

第一步：反复通读。把初稿反复通读几遍，纵观全文，考虑研究报告的整体构架。从大的方面去寻找问题，检查研究报告的标题和正文内容是否相符；内容安排是否妥当，有无增、删、分、并和调整的必要；论点是否鲜明；论据是否充分；论证是否严密；评价是否恰当；有无泄密问题；数学计算是否正确等。

第二步：逐段推敲。顺着研究报告内容的前后顺序，逐段修改和推敲，一字一句地斟酌。如句子是否正确表达了内容；用语是否贴切，精确；图表设计及摆放位置是否合适，编号是否遗漏；引文是否存在差错；各个项目之间、段与段之间的衔接是否连贯；使用的序号是否统一；标点符号是否准确、通顺、合理等，然后再挖掘深层次的问题。

b. 修改研究报告的方法。修改研究报告的主要方法有：

第一，提炼。研究报告的标题、各级论点、说明论题的论据、各项目的中心思想等都要求简练，不能拖沓、冗长，专业术语要准确规范、符合有关标准，这些工作都靠提炼来完成。

第二，增补。修改时发现研究报告有结构残缺、数据不足的问题时要增补适当的内容，使报告充实、完整。

第三，删除。与主要论点不相干的材料、重复利用的材料、与其他部分难以协调的内容、一些可有可无的文句等都要删除掉。

第四，校核。对于原始数据、数学运算过程、图表和最终结论，都要认真校核，看其是否准确；对于推理、论证过程，要检查其是否严密；对于参考文献，要核对其有无错误。

第五，调整。针对研究报告中的材料使用不当、各项目布局不合理、图表排放不规范、各级项目层次不清晰等都要进行调整。调整包括章节、段落、词句前后次序的调整，也包括篇幅长短的调整以及图表大小、位置和简繁等的调整。

第六，改正。检查、改正研究报告中写错的文字、符号、公式和标点；检查、改正推理、运算和分析判断中的失误；检查、改正图表设计和绘制的不当之处；检查、改正参考文献著录中的错误。

第七，润色。主要是对文字进行修饰，做到用词准确、规范，语言通顺、流畅。

将上述各项程序一一做完，研究报告的撰写工作便进行到最后一步——誊清定稿了。修改定稿之前，还要认真通读研究报告全文，做最后的检查，然后才定稿誊写。研究报告全部誊清完，再次对全文进行一遍全面检查，确认没有任何差错，才算是最后的定稿。

(4)研究报告撰写时应注意的问题。

①拟定写作计划和提纲。撰写研究报告前，必须根据课题内容列出写作计划和提纲。在未草拟出一篇研究报告的总轮廓之前，不要贸然动手去写文章的各个章节。对于大型研究报告，提纲越细越好。拟定提纲时，应当大体构思拟分几个章节，章与章、节与节之间的逻辑关系，各章各节如何展开，甚至还应想好论述的方法、论证的思路等。但是，计划和提纲只是全篇报告的骨架，在写作过程中，对拟定好的提纲作局部修改和补充是常有的事。

②注意用户对象。研究报告是为了满足社会需要、解决政治、经济、科技等领域中出现的实际问题而撰写的。研究报告的内容和写作方法，必然因用户对象的不同而有所区别。

一般来说，信息分析课题都有明确的目标和针对性，在撰写报告之前，要斟酌报告的服务对象和发送范围，以便确定报告的表达方式。例如，报告是写给同行专家看的专业述评，应紧紧抓住该专业的最新进展，阐述各种观点和看法，包括撰写人自己的观点和看法，常识性的内容不要写进文中，以确保报告的简洁准确；如果报告是写给领导部门作决策参考的，则要把问题的背景情况交代清楚，涉及专业情况要通俗易懂，避免使用过多专业术语，要结合具体情况提出倾向性意见，文章不宜过长；如果报告既送上层领导参考又送专家或基层人员参考，则最好把报告分成主体和附件两部分来撰写，主体文字精练，列出基本观点和主要论据即可，大量的数据、图表、计算方法和其他基础材料则作为附件。这样，工作繁忙的领导只需阅读主体就能了解报告的主要内容，必要时，再去参考附件中的详细情况，而专家与科技人员也能满足各自的需要。

③讲究文风文体。研究内容的综合性及其为决策服务的特点，决定了研究报告有自己特有的文风文体。信息分析报告同一般科学论文一样，有一定的行文要求，理想的信息分析报告应当主题新颖、推理严谨、词句精练、行文规范。

④提倡再研究。一般说来，撰写报告是在调查和研究阶段后进行的，但从研究活动的整体看，应当把撰写报告看成研究阶段的继续。撰写报告的过程，是一个不断深化认识的过程。因此，撰写报告过程中的研究还具有最终完善研究结论、纠正谬误的作用。撰写报告过程中的再研究，一般采用逆向思维方法和征求意见方法。

(5)典型研究报告类产品的制作。

①综述性研究报告的编写。综述写作方法的突出特点是采用罗列比较的办法，如通过同一时期各类情况数据资料的对比表明现状和水平；通过某领域不同时间、不同地点或不同部门的数据、资料的比较表明相互间的差距和动向等。

a. 综述正文的基本内容。综述内容的构成与其他的信息分析报告基本上相同，其标题、序言、文摘、结论、附录等也没有什么特别之处，但综述的正文则有其特殊要求。

第一，提出问题。综述在正文开端就应触及所要叙述的问题，点出主题，陈述编写综述的理由，或指出所述问题的普遍性或典型性。这些内容如果都在前言中已充分阐述了，在正文中也可从简。

第二，发展概述。按时间顺序精要地概述各个历史阶段的发展状况和特点，如本课题研究的主要方面、历史概况、各阶段已取得的成果、尚存在的问题等。通过对发展的对比和概括来说明当前的水平或状况。

第三，现状分析。通过对目前各学术流派、各种观点、各种方法、各种产品品牌与型号、各地域等进行比较，说明其成就、特点、原理、发展方向和待解决的问题。

b. 综述的编写方法。综述的编写方法主要有以下几种：

第一，阶段法，是指按照事物发展的时间顺序来写，从中找出其发展变化的关键与规律。这种方法比较适合于综述一个国家或几个国家某一项技术的发展过程、道路和技术路线等。

第二，枚举法，是指把信息分析对象所包括的事物分别列举，给予分析、比较。可以按问题的性质、学科专业、主题领域、产品类型、学术流派等进行列举介绍。

第三，纵横结合法，是指针对所分析的问题，首先按时间顺序介绍其发展概况，然后从横向列举、分析、比较与问题有关的各种事物。

第四，逻辑分析法，是指按照事物发展的逻辑顺序，围绕所谈问题，逐步由远及近，由外围向核心地分析阐述。在综述某种单一的尖端技术、单一的新理论，或者整体性强的问题时，多采用这一方法。

第五，汇水成河法，是指将从不同角度反映同一专题的文献或其他信息，按照事先确定的几个方面进行加工，然后每一方面冠以一个小标题，组合成一篇综述。这种方法一般是在信息资料不多，但其内容相对集中时采用。

②述评性研究报告的编写。在编写述评的过程中，正文是述评的主体，其基本内容除了包括前文中有关综述正文内容的 3 个方面之外，还必须包括以下几个方面：

a. 现状的评价。对目前各地域、流派、方法、观点、产品等作出客观的评价。

b. 趋势展望。这是述评的重要内容，要从实际出发，特别是从用户的实际情况出发，结合现状与历史的分析，评价其中发现的主流及其规律，预测和展望所谈主题在有关专业范围内的发展对策。

c. 具体建议。就是具体地针对问题提出解决的建议、设想或方案。如《风能利用的再崛起》一文结尾提出两个具体设想：一是把风车安装于大船的平台等处，充分利用较强的风力，省出造价昂贵的高塔；二是给动力系统接上能库，把发的电储存起来，随时可用。

在述评写作时，需注意的事项包括：

第一，控制篇幅。述评正文的字数最多不宜超过15000字，一般应控制在8000字以内为佳(综述也一样)。为了有效地压缩正文的篇幅，可采取3种办法：一是把某些必要的细节移到附件或附录中去；二是对初步定稿的正文进行反复改写或重写，一般来讲，压缩正文15%~25%的篇幅不会损害述评的实质内容；三是充分利用图表，把数据图表与简要说明很好地结合起来。列表绘图说明问题比完全采用文字描述节约一半以上的篇幅。

第二，述评正文中必须包含编写者自己的看法、观点或建议。如果不能深刻理解信息资料，不能形成自己的论断，就不能编写述评。否则，勉强写出来的述评将不切实际，空洞无物。

第三，讲求实用。述评对现实要有具体指导意义，评述国外情况的要面向国内；评述过去和现状的要以现状为主；文中提出的看法、建议等要有可行性和推广价值。

第四，凡是引述或概括他人的见解、材料，都须加以说明，不允许把自己的见解与别人的混在一起而不加解释，使读者误解。

第五，“述”“评”结合，以“评”为主。对问题从不同角度加以评论，是述评的重点。

③预测性研究报告的编写。预测性研究报告是对于某个课题的发展前景或趋势的科学推测。这种科学预测不是主观臆想，而是根据历史资料和最新

的信息资料，运用适当的方法和技巧，对研究对象的未来状态进行的科学分析、估算和推断。预测并非只是作出预计推测那一瞬间的行动，而是一个过程，它包括：

a. 根据预测的任务确定预测的目标。包括确定预测对象、规定预测的时间期限和希望预测结果达到的精确度等。

b. 分析有关信息资料。从这些信息中得到反映预测对象特性和变动倾向的数据或事实。

c. 选择合适的预测方法并进行预测。预测方法是否选用得当，直接影响预测结果的精确度和可靠性，而使用预测方法的核心是建立描述、概括研究对象特征和变化规律的模型。

d. 分析评价。即对预测结果的准确性和可靠性进行验证。分析各种影响预测精度的因素，研究这些因素的影响程度和范围，估计预测误差，并对预测值进行必要的修正。

e. 撰写预测报告。预测报告应概括反映预测研究的主要活动过程，其正文部分应列出预测的目标、预测对象及有关因素的分析结论，主要数据、事实等素材，预测方法的选用和模型的建立，以及模型预测值的评价和修正等内容。预测报告要求文字精练，逻辑推理严密，数学运算精确，严格按照数学模型来得到预测结果，并如实反映和评价预测结果。

除此以外，还有评估性分析报告和背景性分析报告，其撰写方式大同小异，这里不再赘述。

2.5 信息传递、利用及反馈

2.5.1 信息传递

原生信息在经过一系列的深加工并制作成产品后，还要按照用户的需求将其传递给用户。产品通过市场从信息分析机构走向用户的过程，本质上是其中所蕴含的有价值的信息通过信道从信源传递到信宿的过程。这些信息只有进行有效的传递，才能为用户所利用，信息分析产品本身的社会价值和可使用价值才能得以实现。可见，信息传递是信息分析活动必不可少的环节。

信息分析产品所蕴含的信息是科学决策、研究与开发、市场开拓的重要依据，信息分析功能和作用的实现必须以这些信息的有效传递为前提。所谓信息的有效传递，是指信息从信源发出，通过适当的媒介和信息传递通道，到达合适的信宿的运动过程。这一过程通常涉及信源、信宿、信道、信息内容、信息符号、信息保障条件等几个方面。

信息传递一般可分为单向主动传递、单向被动传递、多向主动传递和多向被动传递 4 种形式。在信息分析中，信息传递主要是指单向被动传递，如上级主管部门下达的课题、信息用户委托的课题基本上属于这种性质。此外，单向主动传递也是一种很有生命力的形式，这种形式主要出现于信息分析人员自己提出的课题之中。由于信息分析产品是一种深加工产品，是为满足特定的用户需要而生产的，因此一般极少出现多向主动传递或多向被动传递的情形。

2.5.2　信息利用和反馈

信息的利用，就是为了达到提高科技效益、经济效益和社会效益的目的而运用信息的导向功能和催化功能解决科学决策、研究与开发和市场开拓中的具体问题的过程。信息的利用是一切组织和个人对外进行信息交流、对内进行管理和决策的必要手段。没有信息的利用，信息分析对社会生产力的间接贡献就无法实现。

信息的利用是一个极其复杂的过程。信息从信源传递过来以后，信息用户(信宿)首先要考虑的是如何理解、消化和吸收信息内容，在此基础上还要进一步考虑如何将其运用于科学决策、研究与开发和市场开拓的社会实践中去。可见，在信息的利用过程中，用户本身已有的知识结构、经验、信息意识、消费心理、习惯偏好、经济承受力以及对信息内容的理解、消化和吸收能力等都会直接或间接地对利用的效果产生影响。

由于上述因素的影响，再加上信息传递过程和社会环境的复杂性以及用户信息消费状态的多变性，信息传递和利用的效果往往不尽如人意，如用户在利用信息过程中常常会对价格水平和支付方式、风险选择方式、市场转让范围、商品包装方式以及信息的内容、质量和提交方式等提出建议和意见。这一过程就是信息的反馈。信息反馈是间接控制信息传递和利用效果的极其有效的途径，信息分析活动中的许多修正、调整和改进工作是以用户的反馈信息为依据的。

经过信息分析课题选择、信息搜集、整理与鉴别，信息分析与提炼、信息分析产品制作到信息传递、利用及反馈，信息分析过程基本结束。对于信息分析成果的评价问题将在后面的章节中详细论述。

本章小结

信息分析与其他科学研究一样，是人类认识世界和能动地改造世界的活动。从流程上讲，信息分析遵循一般的科学研究的工作规律，沿着课题选择、信息搜集、整理与鉴别、信息分析和提炼到信息分析产品的形成以及信息传递、利用和反馈的脉络发展。具体来说，就是针对用户具体的信息需求和要求，确定研究课题，制定课题研究的计划，明确研究的方向；展开信息搜集、整理、鉴别、分析和提炼活动；形成信息分析产品并对其加以评价和应用推广；通过传递和利用，搜集产品应用的反馈信息，寻找新的需求。信息分析的内容蕴含在这些流程的运作过程之中。

问题讨论

1. 课题选择的原则和程序有哪些?

2. 信息源的类型、特点以及信息搜集的原则。

3. 文献调查包括哪些途径?

4. 什么是社会调查?列举常见的社会调查方法。

5. 在问卷调查表的设计时应当注意哪些问题?

6. 信息整理分哪两个层次?在信息整理过程中，一般从哪些方面鉴别信息的价值?

7. 信息分析产品包括哪些类型?各有何特点?

8. 完整的信息分析流程包含哪些环节？

本章参考文献

[1]卢小宾. 信息分析概论[M]. 北京:电子工业出版社,2014.

[2]查先进. 信息分析[M]. 武汉:武汉大学出版社,2011.

[3]朱庆华. 信息分析:基础、方法及应用[M].北京:科学出版社,2004.

[4]包昌火. 信息分析和竞争情报案例[M].北京:清华大学出版社,2012.

[5]湖北省科学技术信息研究院. [EB/OL].[2015-04-20].http://www.hbsti.ac.cn/browse/72d32800-94c5-4438-a7d0-abd9a4fdc6b3.html.

[6] 埃森哲网[EB/OL].[2015-04-20].http://www.accenture.com/cn-zh/Pages/success-shekou-cost-management-system.aspx.

[7]零点研究咨询集团网.[EB/OL].[2015-04-20].http://www.emarketing.net.cn/member/anli.jsp? mid=13.

[8] 3see 市场信息研究网.[EB/OL].[2015-04-20].http://freereport.3see.com/items/2010/04/23/22177.html.

[9]中国科学技术信息研究所.[EB/OL].[2015-04-20].http://www.istic.ac.cn/ReportDetail/tabid/644/Default.aspx? ArticleID=95939.

[10]中国科技情报网.[EB/OL].[2015-04-20]. http://www.chinainfo.gov.cn/Report/ArticlesView_23440.html.

[11]中国科学技术信息研究所.[EB/OL].[2015-04-20].http://www.istic.ac.cn/ReportDetail/tabid/644/Default.aspx? ArticleID=96412.

[12]中国产业研究报告网.[EB/OL].[2015-04-20].http://www.chinairr.org/report/R04/R0401/201408/04-162230.html.

第3章

信息分析方法

本章引言

信息分析方法通常可分为定性方法、定量方法和半定量方法三大类。随着信息技术的发展，信息分析方法正在从传统的以定性方法为主转向以定量方法为主，同时又在更高程度上出现了由定量方法向定性方法回归的趋势。本章首先探讨了信息分析的基本方法，包括比较、分析、综合和推理，然后探讨了回归分析、聚类分析、时间序列分析、主成分分析等方法，并利用社会科学统计分析软件SAS和SPSS，针对相应的方法分别给出了应用实例。

本章重点

- 信息分析的基本方法及其应用；
- 回归分析的类型及其应用；
- 聚类分析的类型及其应用；
- 时间序列分析的类型及其应用；
- 主成分分析的基本思路及其应用。

方法是信息分析的核心。在信息分析中，大量的原生信息正是通过方法的合理选择和应用被深加工成对科学决策、研究与开发、市场开拓等活动有支撑作用的新信息的。信息分析方法通常可分为定性方法、定量方法和半定量方法三大类。

定性方法是信息分析的基本方法。它以认识论及思维科学领域的有关理论为基础，根据有关课题的原生信息及其各种相关关系，对研究对象进行比较、评价、判断、推理、分析、综合，从而揭示出研究对象本身所固有的、本质的规律。定性方法具有定性分析、推论严密、直感性强等特点，在信息分析中，对于那些不需、不易或不能用定量数据进行分析的研究对象，定性方法具有无与伦比的优越性。这种方法的缺点在于其推论虽严密但不够精确、分析问题虽深刻但不够具体，特别是所得的结论仅仅是一种定性的认识或描述，没有强劲的说服力。在信息分析中，定性方法主要用于这样几种场合：一是为定量分析做准备，二是对定量分析的结果进行验证或评价，三是在缺乏定量分析条件或不需进行定量分析的情况下独立使用。

定量方法以基础数学、数理统计、应用数学以及其他数学处理手段为基础，通过分析研究揭示出研究对象本身所固有的、内在的数量规律性。定量方法具有定量分析、结论具体、高度抽象等特点，在信息分析中有十分广泛的应用，例如利用文献增长模型判断文献内容的新颖性和适用性，利用投入产出模型进行经济分析、经济预测和经济政策模拟，利用马尔科夫链对产品或服务的市场占有率和利润期望值进行预测等。这种方法的缺点在于其不能完全替代人脑进行创造性思维。此外，定量方法所构造的曲线、模型或公式仅仅是客观事物抽象化和理想化的结果，与复杂的、多参量的、动态变化的客观事物本身相比，仅仅是一种近似的、简单的描述，因此，其结论在许多情况下仅具有参照意义。在具体实践中，人们往往根据课题的条件和要求交叉使用定性方法和定量方法，以达到相互补充、相互完善的效果。

半定量方法是一种定性和定量相结合的方法。其主要做法是在定性方法中引入数学手段，将定性问题(如专家评估意见和分析结论)按人为标准打分并做出定量化处理，具有数理统计的特征。在信息分析中经常采用的半定量方法主要有德尔菲法、层次分析法、交叉影响分析法等。例如，利用层次分析模型可对经济、管理、研究与开发等领域的方案或成果进行评估。从使用效果上来看，半定量方法比定性方法精确、更具有可操作性，又不像定量方法那样繁琐、仿真性差。正因如此，半定量方法一经引入信息分析领域即很快得到了推广应用。半定量方法的缺陷在于：它不像定性分析那样推论严密，也不像定量分析那样可以利用数学曲线、模型或公式精确求解。特别是专家选择、调查表设计和数据处理的技巧性以及专家的评估意见和打分标准的主观性都很强，有时甚至缺乏科学的依据。因而半定量方法在信息分析中的使用是有条件限制的，目前主要用于原始数据不足或不易获取、课题所涉及的相关因素过多等不易或不宜采用定量方法的场合。

随着信息技术的发展，信息分析方法正在从传统的以定性方法为主转向以定量方法为主，同时又在更高程度上出现了由定量方法向定性方法回归的趋势。定性方法作为信息分析的基本方法，始终保持着旺盛的生命力。当然，这种回归不是简单的倒退，而是建立在定量方法基础上的深层次的发展。需要指出的是，信息分析方法是一个庞大的体系，对于一个具体的信息分析课题而言，可采用的方法往往并非唯一，而是有多种现实的方案可供选择或组合，它与课题的内容、性质、研究阶段、研究目标等具体情况相关。本章重点探讨信息分析的基本方法以及回归分析、聚类分析、时间序列分析、主成分分析等方法。

3.1 信息分析的基本方法

3.1.1 比较

比较就是对照各个事物，以确定其间差异点和共同点的逻辑方法。事物间的差异性和同一性是进行比较的客观基础。完全相同或完全不同的事物均无法进行比较。比较是人类认识客观事物、揭示客观事物发展变化规律的一种基本方法。有比较才能有鉴别，有鉴别才能有选择和发展。

比较通常有时间上的比较和空间上的比较两种类型。时间上的比较是一种纵向比较，即将同一事物在不同时期的某一(或某些)指标(如产品的质量、品种、产量、性能、成本、价格等)进行对比，以动态地认识和把握该事物发展变化的历史、现状和走势。空间上的比较是一种横向比较，即将某一时期不同国家、不同地区、不同部门的同类事物进行对比，以找出差距，判明优劣。在实际工作中，时间上和空间上的比较往往是彼此结合的。

在比较时，应注意以下几点：①要注意可比性。所谓可比性，是指进行比较的各个对象具有共同的基础。它包括时间上的可比性、空间上的可比性和内容上的可比性三层含义。时间上的可比性是指所比较的对象必须是同期的，例如国内外软件市场发展规模的比较应该是同一年份的比较。空间上的可比性是指在比较时要注意国家、地区、行业、部门等的差异，例如在进行世界各地微机销量比较时，就不能简单地将西欧与美国进行比较。内容上的可比性是指在比较时要注意所比较的对象内容范畴的一致性。例如在进行企业技术经济指标比较时，就不能把合格率与成材率、全员劳动生产率与生产工人劳动生产率等混为一谈。②要确立一个比较的标准。比较必须要有一个客观可行的标准，没有标准就无法比较，即使比较了，也是表面的、非本质的、不可靠的。例如将规模很小的乡镇企业与规模庞大的跨国企业集团进行比较，其间的差异点远多于共同点，比较的结果很难用于企业的实际决策。③要注意比较方式的选择。不同的比较方式会产生不同的结果，并可用于不同的目的。例如时间上的比较可反映某一事物的动态变化趋势，可用于预测未来；空间上的比较可找到不同比较对象之间的水平和差距，可帮助人们在科学决策、研究与开发、市场开拓时注意扬长避短、学习借鉴。④要注意比较内容的深度。在比较时，应注意不要被所比较对象的表面现象所迷惑，而应该深入其内在的本质深处。深入的程度越深，比较的结果就越精确、越有价值。例如在进行某一时期各国自然资源占有情况的比较时，就不能简单地运用资源总储量这一指标，因为不同的国家人口数量是不一样的。

在信息分析中，比较的应用是非常广泛的，如政策、规划的比较，科学技术发展历史、现状和走势的比较，科学技术发展条件的比较，企业技术经济指标的比较，技术经济方案的比较，市场营销状况的比较，人口、教育、城市化、生态环境、社会基本结构等的比较，竞争态势的比较，竞争潜力的比较等。这些比较既可以是在时间上的动态、纵向比较，也可以是在空间上的静态、横向比较；既可以是宏观比较，也可以是微观比较；既可以是定性的描述性比较，也可以是定量化色彩较浓的数据比较或图表比较。总之，在信息分析中，只要符合比较的基本规范，比较法就可以以各种形式在各种场合应用。

比较在信息分析中的作用主要体现在：

第一，揭示事物的水平和差距。通过比较，可以发现事物间本质上的异同，揭示国家、地区、行业、部门等当前的水平和差距，以便于扬长避短、相互借鉴或明确赶超目标。

例如，通过对某一时期国内、国外专利申请总量(见表3.1)的对比，可以看出，在三类专利申请量中，国内发明专利申请占专利申请总量的24%，而国外发明专利申请则占其申请总量的86%，即与国外普遍重视发明专利的申请相比，我国企业还存在较大的差距。因此，国内企业要保持在市场竞争中的优势，必须继续大力支持发明创造活动，尤其是要提高发明专利在整个专利申请量构成中的比例。

表3.1　**某一时期国内、国外专利申请总量对比**　(单位：件)

专利类别	发明	实用新型	外观设计	总计
国内	602206	964418	903580	2470204
国外	494100	8746	72128	574974

再如，图3.1显示的是某年度发明专利国内申请量和国外申请量按技术领域分布的情况。从国内发明专利所属技术领域的分布看，在8个技术领域中，该年度“固定建筑物”类的申请量最多，其次是“人类生活需要”类，再次是“化学、冶金”类，“纺织、造纸”类的申请量位居第四。反观国外发明专利的技术领域分布，排名前四位的分别是“物理”“作业、运输”“电学”“机械工程、照明、加热、武器、爆破”。这表明国外企业重视在技术含量高的领域的专利申请。

第二，认识事物发展的过程和规律。通过对事物不同时期发展状况和水平的比较，可以认识事物的过去和现在，了解其发展轨迹，揭示其发展规律，判明其发展方向，以便于总结经验、吸取教训。

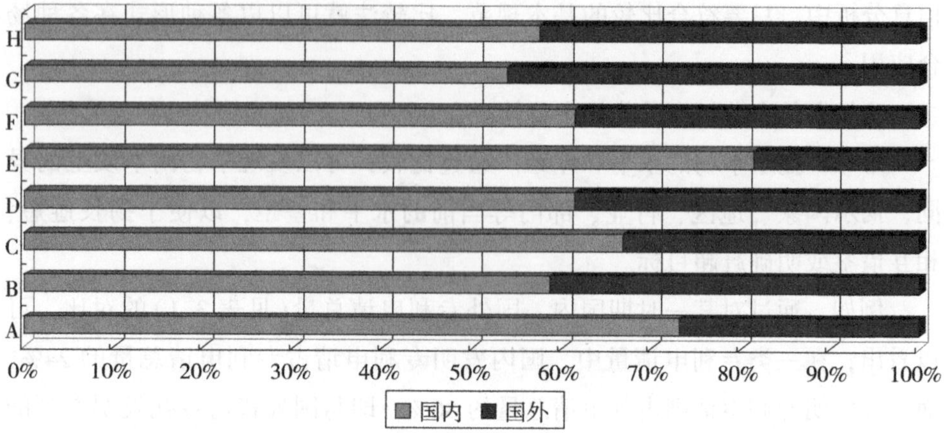

图 3.1 某年度发明专利国内申请量和国外申请量按技术领域分布图

（注：A：人类生活需要；B：作业、运输；C：化学、冶金；D：纺织、造纸；E：固定建筑物；F：机械工程、照明、加热、武器、爆破；G：物理；H：电学）

例如，图 3.2 给出了某一时期专利申请中国内、国外专利年成长率的百分数和变化曲线图。

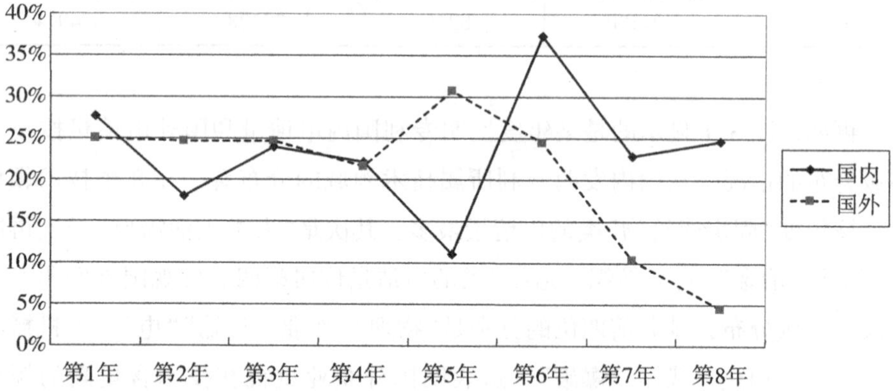

图 3.2 某一时期国内、国外专利年成长率曲线图

从图 3.2 中可以看到，在考察期内，国内、国外的专利申请量都没有出现负增长的情况，这表明国内、国外企业技术发展是在加速前进的。在第 1

年到第4年间，国内专利成长率的技术发展波动较大，与国内相比，国外在第1年到第4年间专利年成长率相对要平缓一些，从第5年到第6年，国内专利年成长率大幅度增长，而国外年成长率从第5年开始逐渐降低，这表明我国宏观科技经济形势的进一步趋好、相关政策的实行以及社会的全面进步，对企业专利申请量的增长产生积极影响。

第三，判定事物优劣、真伪。通过比较不同的方案，可以明确优劣、真伪，从而为识别、判断和选择提供依据。例如，澳大利亚曾对能源运输的三个方案进行过比较研究。① 这三个方案(表3.2)是：

方案一：把电站建在煤矿附近就地发电，再进行高压输电。

方案二：把电站建在远离煤矿的某地带，铁路运煤到电站再发电。

方案三：把电站建在远离煤矿的某地带，管道运煤浆到电站再发电。

表3.2 **三种能源运输方案比较**

方案	运输效率(%)	用水	土地利用	设备运转效率	经费投入(万美元)	
					基本投资	大(维)修经费
方案一	90	难	无	高	15100	2596
方案二	94	易	有	低	14200	3197
方案三	96	易	无	高	10700	2035

通过三个方案的比较研究，可以看出，第三个方案具备运输效率和设备运转效率高、经费投入少、不占用地面、可根据水源分布情况灵活选择电站站址等优点，因而是三个方案中的最佳方案。

3.1.2 分析与综合

3.1.2.1 分析

客观事物是复杂多样、普遍联系的。一方面，某一事物的存在不是孤立

① 蒋沁，王昌亚. 情报研究[M]. 武汉：武汉大学出版社，1989.

的，它总会以各种各样的方式与其他事物发生这样或那样的联系；另一方面，对于某一事物本身，其各组成要素(部分、侧面或属性)也并非彼此孤立，而是相互联系、相互影响的。分析就是把客观事物整体按照研究目的的需要分解为各个要素及其关系，并根据事物之间或事物内部各要素之间的特定关系，通过由此及彼、由表及里的研究，达到认识事物的一种逻辑方法。

在分析某一事物时，常常要将事物逻辑地分解为各个要素。只有通过分解，才能找到这些要素，才能通过研究找出这些要素中影响客观事物发展变化的主要要素或关键要素。但是，光有这些简单的分解、罗列和研究还远远不够，因为在客观事物中，构成整体的各个要素本来是相互联结、不可分割的。例如，化学研究工作者对蛋白质进行分解，找出它的组成元素是碳、氢、氧、氮。但对蛋白质的认识停留在这几种孤立元素的阶段显然仍未达到对蛋白质本质的认识。可见，科学的分析必须在此基础上进行各要素的地位、作用和相互关系的研究。

从实践上看，事物之间以及构成事物整体的各要素之间的关系是错综复杂、形式多样的，如因果关系、表象和本质关系、一般和特殊关系、主要矛盾和次要矛盾关系、目标和途径关系以及其他相关关系等。正如恩格斯在《反杜林论》中所指出的："当我们深思熟虑地考察自然界或人类历史或我们自己的精神活动的时候，首先呈现在我们面前的，是一幅由种种联系和相互作用无穷无尽地交织起来的画面。"①分析就是透过由上述各种关系织构而成的错综复杂的表面现象，把握其本质的规律或联系的一种研究方法。

分析的基本步骤是：

第一，明确分析的目的；

第二，将事物整体分解为若干个相对独立的要素；

第三，分别考察和研究各个事物以及构成事物整体的各个要素的特点；

第四，探明各个事物以及构成事物整体的各个要素之间的相互关系，并进而研究这些关系的性质、表现形式、在事物发展变化中的地位和作用等。

分析通常不能一次完成，而是要经历相当次数的由此及彼、由表及里、

① [德]恩格斯. 反杜林论[M]. 北京：人民出版社，1970.

由浅入深的分析。每深入一层进行分析，就要重新对事物进行分解。可见，将事物分解成各个要素并不是分析的最终目的，而只是认识的一种手段。分析的最终目的在于透过现象把握本质的规律或联系。

分析在信息分析中的应用十分广泛，如研究影响某项科学技术发展的主要因素及其关系，研究某个行业或企业的兴衰背景、发展历程和发展趋势，研究技术开发、引进或改造的适用性，研究企业在市场竞争中的优势、劣势、机会和威胁，研究市场供需状况和市场潜力，研究人口分布、构成、教育素质，研究科技、经济、市场、环境等政策实施和管理的效应等。苏联曾于1954—1958年大力开垦哈萨克、伏尔加和北高加索地区。在垦荒初期，开垦取得了一定的效果，粮食总产量曾一度有所增长。但没过几年，这些垦区便出现了人力、物力不足的问题，粮食总产量急转直下。20世纪60年代初，垦区发生了三次罕见的黑风暴。风暴夹带着垦区的沃土，向西北方向拔地而起，席卷整个俄罗斯大平原，使整个莫斯科城陷于黄色灰雾之中。头两次风暴使垦区损失沃土量分别达到19.6亿吨和12.8亿吨，第三次使20万公顷的垦地成为一片荒野。其情其景不亚于20世纪30年代初美国因开发西部干旱地区而造成的震惊世界的黑风暴事件。为了吸取教训、防止历史悲剧再演，信息人员曾用分析的方法对这一事件做了研究，结果发现：这次垦荒失败的主要原因在于决策者不懂农业、滥用土地，结果破坏了生态平衡。经过进一步研究，信息人员从苏联垦荒事件的失败中总结出以下三点教训和经验：第一，不能违反客观规律任意毁林烧荒，应立即停止与此类似的违反客观规律的扩大耕地面积的活动(如围湖造田、开山造田、填河造田等)，以避免破坏生态环境。应因地制宜地发展农林牧渔，实行多种经营。第二，对已开垦的农业区必须根据具体条件进行多种作物(特别是豆科作物)轮作，避免单一种植所导致的土壤肥力下降，应多施用有机肥改良土壤。第三，合理采用保持水土的措施。上述结论和建议为我国农业耕地规划和决策提供了重要参考依据。①

在信息分析中，常用的分析方法主要有因果分析、表象和本质分析、相

① 蒋沁，王昌亚. 情报研究[M]. 武汉：武汉大学出版社，1989.

关分析和典型分析。

(1)因果分析。

因果分析是客观事物各种现象之间的一种普遍的联系形式。例如自然界的生态平衡遭到破坏，会引起气候异常、水土流失、农作物生长不好等后果。这里，引起某种现象出现的现象就是原因，由原因的作用而产生的现象就是结果。也就是说，只要当某一现象出现时，另一现象必定会接着出现，我们就认为这两个现象具备因果关系。其中，先行现象称作原因，后续现象称作结果。从客观事物的这种因果关系出发，由原因推导出结果，或者由结果探究出原因的分析方法，就是因果分析。通过因果分析，可以找出事物发展变化的原因，认识和把握事物发展的规律的方向。在信息分析中，因果分析主要有求同法、求异法、共变法和剩余法四种形式。

第一，求同法。如果在不同的场合观察到相同的现象，这些不同的场合各有若干原因，但其中只有一个原因相同，则可初步确定这个共同的原因就是产生该现象的共同原因。

第二，求异法。如果所观察的现象在第一种场合出现，在第二种场合不出现，而这两种场合只有一个原因不同，则可初步确定这个不同的原因就是引发该现象的原因。

第三，共变法。如果在所观察的现象发生变化的各种场合里，其他原因都没有变化，只有一个原因发生了变化，则可初步确定该发生变化了的原因是使所观察的现象发生变化的原因。

第四，剩余法。如果已知某一现象是所观察的现象的原因，并且又知先行现象的某一部分是后续现象某一部分的原因，则可初步确定先行现象中的其余部分是后续现象中的其余部分的原因。

(2)表象和本质分析。

表象和本质是揭示客观事物的外部表现和内部联系相互关系的一对范畴。表象是事物的表面特征以及这些特征之间的外部联系；本质是事物的根本性质，是构成事物的各种必不可少的要素的内在联系。由于本质是通过表象以某种方式表现出来的，因此，两者之间存在着一定的关系。利用事物的表象和本质之间的这种关系进行分析的方法，就是表象和本质分析。利用表象和本质分析，可达到由表及里、透过事物表象把握其本质的目的。例如，20世纪60年代初，我国大庆油田的位置、规模是保密的。日本人为了摸清其真实情况，以便在贸易洽谈时取得有利地位，专门进行了针对中国大庆油田的表象和本质分析。1964年，日本人从《人民日报》上看到“大庆精神大庆人”的字句，断定我国大庆油田确实存在。随后，在1966年的《中国画报》上，日本人看到了一张大庆油田工人的照片，根据工人头戴大皮帽，分析出大庆油田可能是在冬季气温为-30℃的我国东北部。后来，到中国来的日本人在坐火车时发现，来往的油罐车上有一层厚土，从土的颜色和厚度来看，大庆油田确实在东北部，从而证实了前面的假设，但具体方位还不太清楚。1966年10月，日本人又从《人民中国》杂志上发现了一篇介绍油田工人先进事迹的文章。通过分析王进喜到马家窑后的言论以及钻井设备的运输条件，日本人终于摸清了油田的方位和规模。为了进一步弄清大庆油田的加工能力，日本人在1966年出版的一期《中国画报》上又找到了一张炼油厂反应塔的照片。他们根据反应塔扶手栏杆旁站着的人的一般高度，估计出扶手栏杆的高度为1米多，从扶手栏杆与反应塔直径和高度的特定的规格比例，得知反应塔的内径约为5米，由反应塔的容量和数量估计出油田的日加工能力为600吨，年加工能力约为22万吨。日本人通过其他途径得知当时大庆油田年产原油360万吨，估计到1971年达到1200万吨。由此，日本人通过分析发现大庆油田的原油加工能力远远落后于原油生产能力。换而言之，中国在未来的几年里急需进口炼油设备，因而，向中国出售一定规模和数量的日本轻油裂解设备是完全可能的。①

(3)相关分析。

除了因果关系、表象与本质关系以外，客观事物之间以及构成事物整体的各个要素之间还有许多其他相关关系，如科技和经济的增长与人口、技术开发与引进、成本与利润、市场供给与需求、股票价格与业绩、市场风险与收益、社会伦理与经济发展等，均具有或亲或疏、形式及性质不一的相关关

① 蒋沁，王昌亚. 情报研究[M]. 武汉：武汉大学出版社，1989.

系。在信息分析中，我们把利用事物的这些相关关系进行由此及彼、由表及里的分析方法统称为相关分析。

例如，专利申请情况与企业技术开发之间存在着相关关系。20世纪80年代，上海市科技情报研究所使用日本公开特许、公开实用新案年度索引中的分类索引，共检索到日本民用电扇工业的有关专利1000篇（其中公开特许240篇、公开实用新案760篇）。经过有序化处理和专利信息分析，该所了解到日本民用电扇技术专利的现状，并对今后的工业发展趋势进行了评价和预测。① 这些为当时我国电扇企业制订符合国际潮流的高起点的发展规划提供了决策依据。

(4)典型分析。

典型分析是对一个或几个具有代表性的典型事例，就其核心问题进行深入分析和研究的方法。这种方法涉及面不宽，但却能使人们产生很深的印象，并能从中获得经验或教训。例如，中国科学技术情报研究所曾对"日本钢铁工业为什么发展快"进行过典型分析。日本钢铁工业在第二次世界大战结束时几乎处于瘫痪状况，其产量从战前的年产1000多万吨降到1945年的55万吨。但在随后20年的发展过程中，日本在钢铁产量的增长速度、生产技术水平的提高、钢铁产品质量的改善、全员劳动生产率的提高、各种原材料消耗的降低以及在国际市场上的竞争力方面都居于世界领先地位。日本钢铁产量1959年时超过了法国，1961年超过了英国，1964年超过了原联邦德国，1982年超过了美国。究其原因，主要是日本政府采取了"倾斜钢铁"的方针。在这一方针的鼓励和影响下，日本钢铁工业广泛引进国外先进生产技术、建设沿海钢铁厂、采用合理的生产流程、新建超大型的生产设备，从而使日本的钢铁产品质量和产量提高、生产成本降低、效益增长，并在世界钢铁强国竞争中保持了优势。② 这一结论为我国钢铁工业的发展提供了重要的参考依据。

---

① 缪其浩．市场竞争和竞争情报[M]．北京：军事医学科学出版社，1996.

② 蒋沁，王昌亚．情报研究[M]．武汉：武汉大学出版社，1989.

3.1.2.2 综合

综合是同分析相对立的一种方法。它是指人们在思维过程中将与研究对象有关的片面、分散、众多的各个要素(情况、数据、素材等)联结起来考虑，以从错综复杂的现象中，探索它们之间的相互关系，达到从整体的角度把握事物的本质和规律，通观事物发展的全貌和全过程，获得新的知识、新的结论的一种逻辑方法。综合把对研究对象的各个要素之间的认识统一为整体的认识，是从整体上把握事物的本质和规律。它不是主观地、任意地把研究对象的各个要素简单地捏合在一起，而是按照各个要素在研究对象内部的有机联系从总体上去把握事物。它不是抽象地从外部现象的联结上来理解事物，而是抓住事物的本质，即抓住事物在总体上相互联结的矛盾特殊性，研究这一矛盾怎样制约事物丰富多彩的属性，怎样在事物的运动中展现出整体的特征。

综合的基本步骤是：

第一，明确综合的目的；

第二，把握被分析出来的研究对象的各个要素；

第三，确定各个要素的有机联系形式；

第四，从事物整体的角度把握事物的本质和规律，从而获得新的知识的结论。

在信息分析中，综合是一种行之有效的方法。综合可以将各种来源的分散、片面、内容各异的有关信息(情况、数据、素材等)按特定的目的汇集、整理、归纳和提炼，从而形成系统、全面、新颖的知识和结论。从时间发展的连续性角度考察，通过综合，可以总结有关课题的历史、现状，并探索其发展的规律和趋势；从空间分布的整体性角度研究，通过综合，可以掌握各个国家、地区或部门的有关情况及其变化规律；从内容范畴的内在逻辑联系全面研究，通过综合，可以恢复和揭示出内容范畴之间本质的固有的联系，概括、提炼出其中的共性或特性，从而获得新的思想、新的观念、新的结论。此外，还可以将时间、空间和内容范畴三个角度结合起来综合研究，以使管理者、决策者或其他信息用户对有关课题的各个时期、各个国家(地区或部门)、各个方面内容的有关信息有一个总体的全貌的了解，掌握事物发展的规律和趋势，从而为管理者、决策者或其他信息用户提供经验教训方面的信息。例如，可持续发展是当今世界各国经济和社会发展过程中普遍关心的问题。可持续发展通常涉及资源、环境、人口、资本和技术等方面。综合研究各个国家在各个历史发展时期的资源、环境、人口、资本和技术等方面的有关情况，就会发现，在人类历史上，资源的永续利用、生态环境平衡的维持、“适度”人口的控制、资本和技术的投入在总体上是相互联结的，共同影响可持续发展的状况和水平。

在信息分析中，常用的综合方法主要有简单综合、系统综合和分析综合。

(1)简单综合。

简单综合是对与研究课题有关的信息(情况、数据、素材等)进行汇集、归纳和整理。例如，将当前世界各国有关“三废”物质污染、噪声污染、水资源枯竭、土地沙漠化、温室效应、大气臭氧层破坏、核污染等方面的有关情况集中起来，进行归纳整理，就可形成当前全球生态环境正在遭受严重破坏，并直接威胁到人类生存和社会经济发展的结论。

(2)系统综合。

系统综合是从系统论的观点出发，对与研究课题有关的大量信息进行时间与空间、纵向与横向等方面的结合研究。系统综合不是简单的信息搜集、归纳和整理，而是一个创造性的深入认识研究课题的过程。例如，在进行企业竞争情报研究时，既要从纵的方面综合企业自身、竞争对手、竞争环境、竞争战略等因素的历史、现状和未来趋势，又要从横的方面对与企业竞争有关的这些因素之间的相互关系进行通盘的研究和把握。只有这样，才能为企业竞争战略的制订和实施提供可靠的依据。

(3)分析综合。

分析综合是对所搜集到的与研究课题有关的原生信息，在进行对比、分析和推理的基础上进行综合，以认识课题的本质、全貌和动向，获得新的知识和结论。在进行具体分析综合时，有三种类型的方法可供选择：存优、浓缩和化合。所谓存优，就是将各种信息进行对比分析，去伪存真，去粗取精，然后将“真”“精”等优质内容综合起来。所谓浓缩或化合，是借用化学上的名字，表示在思维活动中将各种信息进行浓缩或化合形成新的知识或结论。分析综合在信息分析中应用广泛。例如，在为新产品开发提供服务时，信息人员可以在大量搜集同类产品、可替代产品以及其他有启迪作用的相关产品的性能、结构、组成、规格、质量、用途、开发和生产条件、市场前景、效益等信息的基础上，通过对比、分析和推理，博采众家之长，提出最优的综合性的新产品设计方案。

3.1.2.3 分析与综合的关系

分析与综合是辩证统一的关系。具体体现在：一方面，两者既相互矛盾又相互联系。分析是把原本是一个整体的复杂事物分解为各个简单要素及其联系，即化整为零；综合与此相反，是将构成事物整体的各个要素按照其间本质的固有的联系重新综合为一个整体，即积零为整。综合必须以分析为基础，没有分析，认识就不能深入，对事物整体的认识只能是抽象的、空洞的；只有分析而没有综合，认识就可能囿于枝节之见，不能统观全局。事实上，任何分析总要从某种整体性出发，离不开关于对象整体性认识的指导，否则分析就会有很大的盲目性；同样，任何综合离开了分析这个基础，就无法进行概括和提炼。只有将分析和综合这两种方法结合起来使用，才能达到较全面的认识。另一方面，两者在一定的条件下可以相互转化。人们对事物的认识是一个由现象到本质、由局部到全局、由个别到一般的过程。这里，现象与本质、局部与全局、个别与一般本身是相对的。就某一层次来说，对该层次事物的认识，相对其上一层次而言，是现象、局部、个别，但相对其下一层次却又是本质、全局和一般。可见，人们对某一层次的研究，于其上一层次来说是分析，但于其下一层次来说却又是综合。这种转化关系体现了人们对客观事物的认识是一个不断深化和提高的过程。在信息分析中，分析与综合总是结合在一起使用的。没有分析的综合，或者没有综合的分析，都很难保证信息分析产品的高质量。

3.1.3 推理

推理是由一个或几个已知的判断推出一个新判断的思维形式。具体来说，就是在掌握一定的已知事实、数据或因素相关性的基础上，通过因果关系或其他相关关系顺次、逐步地推论，最终得出新结论的一种逻辑方法。任何推理都包含三个要素：一是前提，即推理所依据的那一个或几个判断；二是结论，即由已知判断推出的那个新判断；三是推理过程，即由前提到结论的逻辑关系形式。推理的语言形式就是由前提、结论以及逻辑过程三要素构成的句组或复合句。

推理是一种由此及彼、由已知到未知或未来的研究方法。通过推理，可以认识客观事物，获得新知识。在推理时，要想获得正确的结论，必须注意两点，即：推理的前提必须是准确无误的，推理的过程必须是合乎逻辑思维规律的。

推理类型的划分角度很多，例如根据前提的数量，推理分为直接推理和间接推理。其中，由一个判断推出结论的推理称直接推理，由两个或两个以上的判断推出结论的推理称间接推理；根据组成推理的判断的类别，推理分为直言推理、假言推理、选言推理、联言推理、关系判断推理和模态判断推理。它们分别以直言、假言、选言、联言、关系和模态判断为基础；根据推理的思维方向，推理分为演绎推理、归纳推理和类比推理。它们分别是由一般到个别、由特殊到一般以及由个别到个别或由一般到一般的逻辑思维方向。

推理是一种重要的逻辑方法，在信息分析中有着广泛的应用。例如，通过推理，可以把与设想或假说有关的事物联系起来，从而达到证实或证伪设想或假说的目的；通过对某些已知事实或数据及其相关性的严密推理，可以获得一些未知的事实或数据，如科技发展的动向、技术优势和缺陷、市场机会和威胁、人口素质、教育水平等；通过对科技、技术经济、市场等的历史、现状的逐步的推理，可以顺势推测出其未来发展趋势。

在信息分析中，经常使用的推理主要有以下几种形式：

3.1.3.1 常规推理

常规推理是借助于一个共同的概念把两个直言判断联系起来，从而推出一个新结论的演绎推理。常规推理是由一般到个别的推理方法。它以普遍性的事实或数据为前提，通过一定程式的严密推论，最后得出新的、个别的结论，因而是一种典型的必然性推理。这种推理只要前提准确无误，推理过程严格合乎逻辑，所推出的结论必然是正确、可信的。

常规推理由大前提(一般原理或原则)、小前提(个别对象)和结论组成，其基本的推理程式为：

大前提：$M \rightarrow P$

小前提：$S \rightarrow M$

结论：　$S \rightarrow P$

例如，人类社会发展的大量事实表明，控制人口增长，保持“适度”人口规模是实现社会可持续发展的重要条件。根据常规推理，实行计划生育和优生优育的政策有利于控制人口增长、保持“适度”人口规模，因而也有利于实现社会可持续发展。其推理程式为：

大前提：控制人口增长、保持“适度”人口有利于实现社会可持续发展。

小前提：实行计划生育和优生优育政策有利于控制人口增长、保持“适度”人口规模。

结论：实行计划生育和优生优育政策有利于实现社会可持续发展。

3.1.3.2 归纳推理

归纳推理是由个别到一般的推理，即由关于特殊对象的知识得出一般性的知识。在信息分析中，简单枚举推理是最常见的一种推理形式。它是通过简单枚举某类事物的部分对象的某种情况，在枚举中又没有遇到与此相矛盾的情况，从而得出这类事物的所有对象都具有此种情况的归纳推理。其基本的推理程式为：

$$\left.\begin{array}{l} S_1\text{ 是(或不是)}P \\ S_2\text{ 是(或不是)}P \\ S_3\text{ 是(或不是)}P \\ \cdots\cdots \\ \hline S\text{ 是(或不是)}P \end{array}\right\}\text{ 未发现相矛盾的情况}$$

简单枚举归纳推理是一种或然性推理，推理形式的正确性并不一定能保证由真的前提得出真的结论。它只能肯定由真的前提得出的结论有一定程度的可靠性。在运用这种推理形式时，要注意不能有矛盾的情况。只要发现有一个矛盾的情况，结论“S 是(或不是)P”就不能成立了。由此可见，用简单枚举归纳推理得出的结论，其可靠性是薄弱的，必须不断经受实践的检验。但尽管如此，这种方法在信息分析实践中还是经常地被使用，而且常常发挥重要的作用。在信息分析中，特别是在开始阶段，由于人们往往并不能立即找到全部的根据，因此很难采用其他推理方式。但是，借助于简单枚举归纳推理，人们可以在已有的材料的基础上做出初步的概括或推论。这些初步的概括或推论尽管带有或然性，但却可以作为进一步研究的出发点，给人们提供方向和线索。20世纪70年代初期，当人们对公害的严重性还缺乏认识的时候，中国科学技术情报研究所及时发表了一份关于环境污染公害的研究报告。该报告分析列举了国外几大公害典型事件，如1951年美国多诺拉地区和1952年比利时马斯河谷工业生产中二氧化硫排放引起人员中毒的烟害事件、1952年伦敦燃煤污染导致4000人死亡的烟雾事件、1960年日本富士山镉中毒造成的人员患骨痛病事件、1960年日本汞污染造成的人员患水俣病事件、1962年日本多氯联苯污染造成的米糖油事件等，并得出了“工业发展会带来环境污染，必须及早防治”的结论。该结论就是运用简单枚举归纳推理从上述公害事件中归纳出来的。①

由于简单枚举归纳推理是一种或然性推理，前提和结论之间没有必然性联系，因此正确估计结论的可靠程度，并设法增强结论的可靠性具有非常重

① 蒋沁，王昌亚. 情报研究[M]. 武汉：武汉大学出版社，1989.

要的意义。常用的办法有：尽可能多地枚举某类事物的单个对象的数量；注意所枚举的某类事物的各个对象的典型性和代表性；仔细观察和研究对象的各种可能的情况，防止矛盾情况的出现。

3.1.3.3 假言推理

假言推理是从一个假言判断的结论出发，顺次推出其后件或逆向推出其前件，进而通过肯定它的后件或前件，来论证、检验原先假言判断结论的正确性的一种推理方法。例如：

假言判断：某竞争对手正在推行专利竞争战略。

大前提：推行专利竞争战略与加强研究与开发、专利申请活动有关。

小前提：大量调查发现上述事实确凿。

肯定原先假言判断：所以，该竞争对手正在推行专利竞争战略是确凿的。

这种推理方法中所说的“结论”，实际上并非真正的结论，而是一种设想或假说，并且有待于推理者通过调查研究和推理予以证实或证伪。在信息分析中，这种方法有着非常广泛的应用，特别是一些捉摸不定、含义不清、边界不明的论断，利用此法，皆可十分方便地判断其真伪。

3.2 回归分析

回归分析是处理两个或两个以上变量之间依赖关系的一种数学方法。它不仅提供了建立变量之间依赖关系的数学表达式(通常称为经验公式)的一般途径，而且通过计算对所建立的经验公式的有效性进行分析，使之能有效地用于预测和控制。目前，这一方法已在信息分析领域获得广泛的应用。

3.2.1 一元线性回归分析

3.2.1.1 一元线性回归方程参数的求解

信息分析的对象及其影响因素通常牵涉许多变量，这些变量之间常常存在各种各样的相关关系，如价格与需求、收入与支出、投资与收益等。一元线性回归分析法主要用于研究两个变量之间的线性相关关系。

对于有一定联系的两个变量 x 和 y，若通过观测或实验得到 n 组样本数据：

$$(x_1, y_1), (x_2, y_2), \cdots, (x_n, y_n)$$

将以上各对数据在同一平面上画散点图，发现这些点虽然是散乱的，但大体上散布在某条直线的周围(见图 3.3)，则表明这两个变量之间大致呈线性关系。可用数学公式表示为：

$$\hat{y} = a + bx$$

它代表平面上任意一条直线 l。

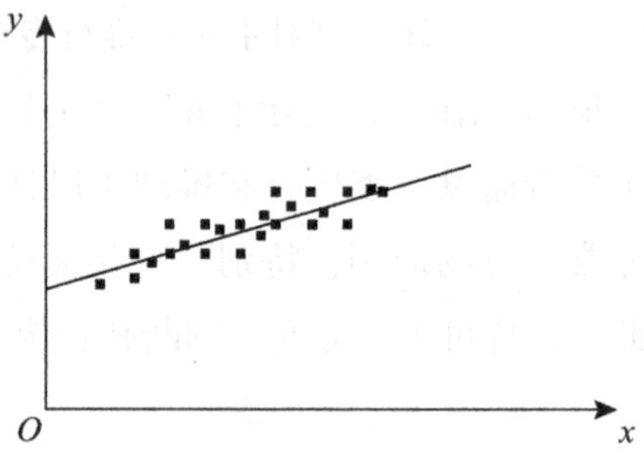

图 3.3　一元线性回归示意图

设 $Q(a, b) = \sum_{t=1}^{n} [y_t - (a + bx_t)]^2$。为了书写方便，把“$\sum_{t=1}^{n}$”简化为“$\sum$”。

$Q(a, b)$定量地描述了直线 l 跟以上 n 个点的总的远近程度，它随不同的 a 与 b 而变化，是 a、b 的二元函数。

$$\frac{\partial Q}{\partial a} = -2\sum[y_t - (a + bx_t)] = 0 \qquad (3.1)$$

$$\frac{\partial Q}{\partial b} = -2\sum[y_t - (a + bx_t)] \cdot x_t = 0 \qquad (3.2)$$

求解得：

$$a = \bar{y} - b\bar{x} \tag{3.3}$$

$$b = \frac{\sum (x_t - \bar{x})(y_t - \bar{y})}{\sum (x_t - \bar{x})^2} = \frac{l_{xy}}{l_{xx}} \tag{3.4}$$

数学上可以证明，式3.3和式3.4确定的a、b确实使$Q(a, b)$达到最小。由于$Q(a, b)$是n个平方之和，所以“使$Q(a, b)$最小”的方法称为最小二乘法。

求出了a、b，也就求出了直线l: $\hat{y} = a + bx$，这便是x、y之间的经验公式即回归方程，b为回归系数。

3.2.1.2 回归方程效果的检验

在求出回归方程之后，是不是就可用它来进行预测和控制了呢？要注意的是，我们从任意一组数据(x_1, y_1)，(x_2, y_2)，…，(x_n, y_n)出发，按式3.3和式3.4都可建立起上述回归方程，但y与x是否真的有近似的线性相关关系？这还有待进一步检验和判明。

(1)平方和分解公式。

对于任意n组数据(x_1, y_1)，(x_2, y_2)，…，(x_n, y_n)，容易证明：

$$\sum (y_t - \bar{y})^2 = \sum (y_t - \hat{y}_t)^2 + \sum (\hat{y}_t - \bar{y})^2 \tag{3.5}$$

在上式中，$\sum (y_t - \bar{y})^2$是y_1，y_2，…，y_n这n个数据的偏差平方和，它的大小描述了这n个数据的分散程度，记作l_{yy}。容易证明，$\hat{y}_1$，$\hat{y}_2$，…，$\hat{y}_n$的平均数也是$\bar{y}$，所以$\sum (\hat{y}_t - \bar{y})^2$就是$\hat{y}_1$，$\hat{y}_2$，…，$\hat{y}_n$这$n$个数的偏差平方和，记作$U$，它描述了$\hat{y}_1$，$\hat{y}_2$，…，$\hat{y}_n$的分散程度。$\sum (y_t - \hat{y}_t)^2$是$Q(a, b)$的最小值，记作$Q$。$Q$是除了$x$对$y$的线性影响之外的剩余因素对$y$的分散性作用，这些剩余因素包括$x$对$y$的非线性影响及试验误差等，所以$Q$又称为剩余平方和。

通过以上分析，式3.5可表示为：

$$l_{yy} = Q + U$$

其具体含义为，y_1，y_2，…，y_n的分散程度(l_{yy})可以分解为两部分，一部分是(来源于 x_1，x_2，…，x_n 的分散性)通过 x 对 y 的线性相关关系而引起的分散性(U)，另一部分是剩余部分引起的 y 的分散性(Q)。

(2)F 检验。

在一般分析中，通常选用量 F 进行回归方程效果的检验。F 为：

$$F=\frac{U}{Q/(n-2)}$$

F 体现了 x 与 y 的线性相关关系的相对大小：如果 F 值相当大，则表明 x 对 y 的线性影响较大，就可以认为 x 与 y 有线性相关关系；反之，若 F 的值较小，则没有理由认为 x 与 y 间有线性相关关系。

F 值究竟多大，才认为 x 与 y 间具有线性相关关系呢？

数学上可证明，在假设 H_0：$b=0$ 的前提下，F 服从自由度为 1，$n-2$ 的 F 分布。这样，我们就可以得到关于 F 检验的一般程序：

①计算 U，Q，从而得 F 值。

②对于给定的检验标准 α，查自由度为 1，$n-2$ 的 F 分布临界值表[①]，得临界值 λ：$P(F>\lambda)=\alpha$。

③比较 F 值与 λ 值的大小。如 $F>\lambda$，则否定假设 H_0，可认为 x、y 间具有线性相关关系；否则，没有理由认为 x、y 间存在线性相关关系。

(3)t 检验。

$$t=\frac{b\sqrt{l_{xx}}}{\sqrt{Q/(n-2)}}$$

t 服从自由度为 $n-2$ 的 t 分布。t 检验的一般程序如下：

①计算 t 值。

②对于给定的检验标准 α，查自由度为 $n-2$ 的 t 分布临界值表，得临界值 λ：$P(t>\lambda)=\alpha$。

③比较 t 值与 λ 值的大小。如果 $t>\lambda$，则认为 x、y 间存在线性相关关系；否则，没有理由认为 x、y 间存在线性相关关系。

---

① F 分布临界值表以及后面将要涉及的 t 分布临界值表和 R 分布临界值表可参看数理统计学方面的书籍。

3.2.1.3 可线性化的非线性回归

对于回归方程的模式是线性的情况，可直接根据式 3.3 和式 3.4 求得 a、b。然而，大量的实际情况并不总是属于线性的模式，怎么办呢？一个常用而简便的方法是尽可能地将它们变为线性的模式。现将可线性化的几类非线性回归问题分述如下：

(1)指数函数模式。

$$\hat{y} = ae^{bx} \tag{3.6}$$

线性化的方法是对式 3.6 两边取对数，并令

$$\hat{y}' = \ln\hat{y} \quad a' = \ln a \quad b' = b$$

则式 3.6 可化为

$$\hat{y}' = a' + b'x$$

(2)幂函数模式。

$$\hat{y} = ax^{b} \tag{3.7}$$

将式 3.7 两边取对数，并令

$$\hat{y}' = \ln\hat{y} \quad a' = \ln a \quad x' = \ln x$$

则式 3.7 可化为

$$\hat{y}' = a' + bx'$$

(3)双曲线模式。

$$\frac{1}{\hat{y}} = a + \frac{b}{x} \tag{3.8}$$

令 $\hat{y}' = \frac{1}{\hat{y}} \quad x' = \frac{1}{x}$

则式 3.8 可化为

$$\hat{y}' = a + bx'$$

(4)对数函数模式。

$$\hat{y} = a + b\ln x \tag{3.9}$$

令 $x' = \ln x$

则式 3.9 可化为

$$\hat{y} = a + bx'$$

3.2.2　多元线性回归分析

在信息分析中，由于客观事物的复杂性，在很多情况下，要采用多元回归方法。就方法的实质来说，多元回归与一元回归在很多方面是相同的，只是多元回归涉及的变量更多，方法更复杂，且计算量相当大。

3.2.2.1　多元线性回归方程参数的求解

设 y 与 x_1，x_2，…，x_k 有线性关系，通过观测或实验得到 n 组数据：

$$(x_{11},\ x_{21},\ \cdots,\ x_{k1},\ y_1)$$
$$(x_{12},\ x_{22},\ \cdots,\ x_{k2},\ y_2)$$
$$\cdots\cdots$$
$$(x_{1n},\ x_{2n},\ \cdots,\ x_{kn},\ y_n)$$

则它们之间的线性关系可表示成：

$$\hat{y} = b_0 + b_1x_1 + \cdots + b_kx_k \tag{3.10}$$

对于某些非线性的关系，可通过适当的变换化为形式上的线性模式。例如，对于一元多项式回归问题：$\hat{y} = b_0 + b_1x + b_2x^2 + \cdots + b_kx^k$，可通过变换化为多元线性回归问题（令 $x_1 = x$，$x_2 = x^2$，…，$x_k = x^k$）：$\hat{y} = b_0 + b_1x_1 + \cdots + b_kx_k$。

设 $Q(b_0,\ b_1,\ \cdots,\ b_k) = \sum[y_t - (b_0 + b_1x_{1t} + \cdots + b_kx_{kt})]^2$

为了使 Q 达到最小值，应满足：

$$\begin{cases} \dfrac{\partial Q}{\partial b_0} = 0 \\ \dfrac{\partial Q}{\partial b_1} = 0 \\ \cdots\cdots \\ \dfrac{\partial Q}{\partial b_k} = 0 \end{cases} \tag{3.11}$$

由式3.11可进一步推得：

$$\begin{cases} l_{11}b_1 + l_{12}b_2 + \cdots + l_{1k}b_k = l_{1y} \\ l_{21}b_1 + l_{22}b_2 + \cdots + l_{2k}b_k = l_{2y} \\ \cdots\cdots\cdots\cdots \\ l_{k1}b_1 + l_{k2}b_2 + \cdots + l_{kk}b_k = l_{ky} \\ b_0 = \bar{y} - b_1\bar{x}_1 - \cdots - b_k\bar{x}_k \end{cases} \tag{3.12}$$

其中：

$$\bar{y} = \frac{1}{n}\sum y_t$$

$$\bar{x}_i = \frac{1}{n}\sum x_{it} \qquad (i=1, 2, \cdots, k)$$

$$l_{ij} = l_{ji} = \sum (x_{it} - \bar{x}_i)(x_{jt} - \bar{x}_j) \qquad (i, j, =1, 2, \cdots, k)$$

$$l_{iy} = \sum (x_{it} - \bar{x}_i)(y_t - \bar{y}) \qquad (i=1, 2, \cdots, k)$$

数学上可证明，由式3.12确定的 b_0，b_1，…，b_k确实使 Q 达到最小。

3.2.2.2 回归方程效果的检验

(1)平方和分解公式。

跟一元的情形类似，我们有平方和分解公式：

$$l_{yy} = Q+U \tag{3.13}$$

其中，

$$l_{yy} = \sum (y_t - \bar{y})^2$$

$$Q = \sum (y_t - \hat{y}_t)^2$$

$$U = \sum (\hat{y}_t - \bar{y})^2$$

(2) F 检验。

在多元回归中

$$F = \frac{U/k}{Q/(n-k-1)}$$

F 服从自由度为 k，$n-k-1$ 的 F 分布。F 检验的一般程序如下：

①计算 F 值。

②对于给定的检验标准 α，查自由度为 k，$n-k-1$ 的 F 分布临界值表，得临界值 λ：$P(F>\lambda)=\alpha$。

③比较 F 值与 λ 值的大小。如果 $F>\lambda$，则认为线性回归方程效果是显著的；反之，则认为是不显著的。

(3)各自变量影响程度大小的判别。

在实际的信息分析工作中，我们还经常会关心在 y 对 x_1，x_2，…，x_k 的线性回归中，哪些因素很重要，哪些因素不太重要。这就需要对回归方程的每个自变量都进行显著性检验。其所选用的统计量为：

$$t_i = \frac{b_i}{\sqrt{c_{ii}[Q/(n-k-1)]}}$$

服从自由度为 $n-k-1$ 的 t 分布。这里，c_{ii} 为矩阵

$$L = \begin{bmatrix} l_{11} & l_{12} & \cdots & l_{1k} \\ l_{21} & l_{22} & \cdots & l_{2k} \\ \vdots & \vdots & \cdots & \vdots \\ l_{k1} & l_{k2} & \cdots & l_{kk} \end{bmatrix}$$ 的逆矩阵 L^{-1} 的对角线上的第 i 个元素。

于是我们得到关于 x_i 变量显著性检验的一般程序：

①计算 t_i 值。

②对于给定的检验标准 α，查自由度为 $n-k-1$ 的 t 分布临界值表，得临界值 λ：$P(t>\lambda)=\alpha$。

③比较 t_i 值与 λ 值的大小。如果 $t_i>\lambda$，则说明 x_i 对 y 的影响显著，必须保留 x_i 在回归方程中；否则，应去掉 x_i 重新建立回归方程。

3.2.3 回归分析的实际应用

回归分析在信息分析中应用广泛。以一元回归分析为例，对于两个变量 x 和 y，若通过观测或实验可得到 n 组样本数据，则可将回归分析应用于如下两种情形：一是这两个变量本身就具有某种相关关系(如线性关系)，但由于

存在各种观测或实验误差使之不具备这种关系，通过回归分析的应用，可使该关系得到恢复和体现，从而用于预测和控制；二是这两个变量本身不具有某种相关关系，此时，可尝试着借助回归分析的应用，通过抓主要矛盾和矛盾的主要方面的做法，使这两个变量近似地具有某种关系，以便于进行预测和控制(当然，对于任意两个变量，并非总能尝试成功)。下面，我们以某年度中国各地区城镇居民平均每人全年可支配收入和消费性支出两个变量为例(见表3.3)，说明回归分析的实际应用。

表3.3 **某年度各地区城镇居民平均每人全年可支配收入和消费性支出** (元)

地　区	可支配收入 x_i	消费性支出 y_i
北京	9 182.76	7 498.48
天津	7 649.83	5 851.53
河北	5 365.03	4 026.30
山西	4 342.61	3 492.98
内蒙古	4 770.53	3 468.99
辽宁	4 898.61	3 989.93
吉林	4 480.01	3 661.68
黑龙江	4 595.14	3 481.74
上海	10 931.64	8 247.69
江苏	6 538.20	5 010.91
浙江	8 427.95	6 521.54
安徽	5 064.60	3 901.81
福建	6 859.81	5 266.69
江西	4 720.58	3 482.33
山东	5 808.96	4 515.05

续表

地　区	可支配收入 x_i	消费性支出 y_i
河南	4 532.36	3 497.53
湖北	5 212.82	4 340.55
湖南	5 815.37	4 799.51
广东	9 125.92	7 517.81
广西	5 619.54	4 587.22
海南	5 338.31	4 017.75
重庆	5 895.97	5 444.23
四川	5 477.89	4 499.19
贵州	4 934.02	3 964.35
云南	6 178.68	4 941.26
西藏	6 908.67	5 309.12
陕西	4 654.06	3 953.25
甘肃	4 475.23	3 681.50
青海	4 703.44	3 903.76
宁夏	4 472.91	3 547.99
新疆	5 319.76	4 163.98

下面利用社会科学统计分析软件 SPSS 对上表中的数据进行回归分析，结果如下。

3.2.3.1　作散点图

先通过散点图(见图 3.4)对变量进行观察，从图中易知，可支配收入与消费性支出间应该存在线性关系。

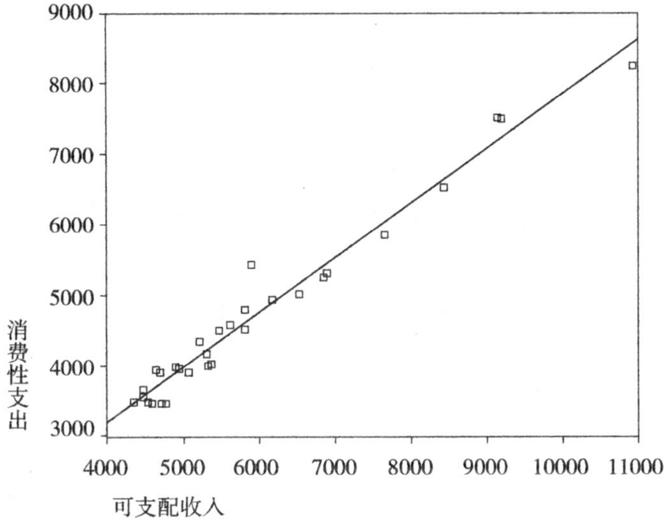

图 3.4 散点图

3.2.3.2 方差分析

方差分析的结果见表 3.4。

表 3.4 **方差分析 SPSS 输出结果**

方差来源	平方和	自由度	均方	*F* 值
回归	47887289	1	47887288.98	
剩余	1610122.1	29	55 521.451	862.501
总和	49497411	30		

查自由度为 1，29 的 F 分布临界值表得：

$$\lambda = 7.60(\alpha = 0.01)$$

$$F = 862.501 > 7.60$$

所以可支配收入与消费性支出之间具有强线性相关关系。

回归方程为：

消费性支出=0.772×可支配收入+126.005

3.2.3.3 预测值与残差

通过SPSS，可以按要求输出消费性支出的预测值、残差和标准化残差，见表3.5。其中，标准化残差=残差/$\sqrt{55521.451}$。

表3.5 消费性支出的预测值及残差

编号	地区	消费性支出	预测值	残差	标准化残差
1	北京	7 498.48	7 212.2730	286.2070	1.215
2	天津	5 851.53	6 029.3223	−177.7923	−0.755
3	河北	4 026.30	4 266.1589	−239.8589	−1.018
4	山西	3 492.98	3 477.1650	15.8150	0.067
5	内蒙古	3 468.99	3 807.3877	−338.3977	−1.436
6	辽宁	3 989.93	3 906.2261	83.7039	0.355
7	吉林	3 661.68	3 583.1955	78.4845	0.333
8	黑龙江	3 481.74	3 672.0405	−190.3005	−0.808
9	上海	8 247.69	8 561.8708	−314.1808	−1.333
10	江苏	5 010.91	5 171.4856	−160.5756	−0.681
11	浙江	6 521.54	6 629.7917	−108.2517	−0.459
12	安徽	3 901.81	4 034.3193	−132.5093	−0.562
13	福建	5 266.69	5 419.6696	−152.9796	−0.649
14	江西	3482.33	3768.8416	−286.5116	−1.216
15	山东	4515.05	4608.7365	−93.6865	−0.398
16	河南	3497.53	3623.5937	−126.0637	−0.535
17	湖北	4340.55	4148.6996	191.8504	0.814
18	湖南	4799.51	4613.6830	185.8270	0.789
19	广东	7517.81	7168.4100	349.4000	1.483
20	广西	4587.22	4462.5624	124.6576	0.529

续表

编号	地区	消费性支出	预测值	残差	标准化残差
21	海南	4017.75	4245.5393	-227.7893	-0.967
22	重庆	5444.23	4675.8814	768.3486	3.261
23	四川	4499.19	4353.2522	145.9378	0.619
24	贵州	3964.35	3933.5517	30.7983	0.131
25	云南	4941.26	4894.0466	47.2134	0.200
26	西藏	5309.12	5457.3745	-148.2545	-0.629
27	陕西	3953.25	3717.5086	235.7414	1.000
28	甘肃	3681.50	3579.5069	101.9931	0.433
29	青海	3903.76	3755.6148	148.1452	0.629
30	宁夏	3547.99	3577.7165	-29.7265	-0.126
31	新疆	4163.98	4231.2244	-67.2444	-0.285

3.3 聚类分析

3.3.1 聚类分析概述

人类有一种本能的分类倾向，能够根据相似的特征而对事物进行分组。人类的大脑在处理一个复杂的问题时，往往首先对被认识的对象进行分类，通过将问题分解为大量的小问题而使问题容易解决。举一个简单直观的例子，当人们利用电脑组织信息的时候，会事先建立不同的文件夹，并利用分类能力将不同的信息存放在不同的文件夹中。通过分类对信息进行组织，极大地提高了信息的检索和利用效率。但是，尽管分类是人类的本能，且人类具有较强的基于综合分析的分类能力，面对错综复杂的现实世界，面对庞大的变量和数据量，人们还是会感到束手无策。随着人类社会的发展与科学技术的进步，对分类学的要求也越来越高，只凭经验或专业知识对研究对象进行定性分类，已远远落后于人们在处理问题时的需求。为了进行确切的分类，为了揭示客观事物内在本质的分类规律，数学被引进分类学中，形成了数值分类学。随着多元数据分析方法研究的拓展和深入，在数值分类学中又形成了聚类分析这一分支，聚类分析日益成为多元数据分析的重要组成部分。

聚类是把一组个体按照相似性归成若干个类别，即物以类聚。其目的是使得属于同一类别的个体之间的距离尽可能地小，而不同类别上的个体间的距离尽可能地大。表3.6是多元数据形成的数据矩阵。在表中，共有 n 个样品即 x_1，x_2，…，x_n，p 个指标(变量)，聚类分析有两种类型：按样品聚类或按变量聚类。

表3.6　**数据矩阵**

样品 指标	x_1	x_2	…	x_j	…	x_n
x_1	x_{11}	x_{21}	…	x_{j1}	…	x_{n1}
x_2	x_{12}	x_{22}	…	x_{j2}	…	x_{n2}
…	…	…		…		…
x_p	x_{1p}	x_{2p}	…	x_{jp}	…	x_{np}

聚类分析的基本思想是在样品之间定义距离，在变量之间定义相似系数。距离或相似系数代表样品或变量之间的相似程度。例如，在分层聚类中，按相似程度的大小，将样品或变量逐一归类，关系密切的样品或变量聚集到一个小的分类单位，然后逐步扩大，使得关系疏远的样品或变量聚集到一个大的分类单位，直到所有的样品或变量都聚集完毕，形成一个表示亲疏关系的谱系图，再对谱系图进行分析，并按照要求对样品或变量进行分类。

聚类分析并不是直观地使用独立的变量去得到指定的输出。在进行聚类分析以前，对总体到底有几个类并不知道；聚类分析中具体的计算方法很多，不同问题下的数据对象应该采取哪种方法需要根据计算和分析进行不断地探索和调整。在计算机等技术协助下，聚类分析看起来只是简单地将所有的数据提交给系统并让其“魔术”般地将数据进行整齐的堆积，但事实上，聚类分析是一个复杂的过程，它具有完备的理论基础，旨在寻求现实世界中客观的分类规律。本节介绍分层聚类法与快速聚类法。

3.3.2 相似性度量

在聚类分析时，可以利用 n 维“空间”概念，该空间用来定义聚类中所涉及的相似性度量。相似性程度是聚类所依据的标准，样品间的相似性通常用距离进行度量，而变量间的相似性通常用相似系数进行度量。下面对这两类度量分别进行分析。

3.3.2.1 距离

设有 n 个样品的多元观测数据：

$$x_i=(x_{i1}, x_{i2}, \cdots, x_{ip})^T, i=1, 2, \cdots, n$$

这时，每个样品可看成 p 维空间的一个点，n 个样品组成 p 维空间的 n 个点。设 $d(x_i, x_j)$ 是样品 x_i 和 x_j 之间的距离，一般要求它满足下列条件：

①$d(x_i, x_j)\geqslant 0$，当且仅当 $x_i=x_j$ 时，$d(x_i, x_j)=0$；

②$d(x_i, x_j)=d(x_j, x_i)$；

③$d(x_i, x_j)\leqslant d(x_i, x_k)+d(x_k, x_j)$。

下面给出几种距离的定义。

令

$$d(x_i, x_j)=(|x_{i1}-x_{j1}|^m+|x_{i2}-x_{j2}|^m+\cdots+|x_{ip}-x_{jp}|^m)^{1/m}$$

上式中，$m\geqslant 1$，$d(x_i, x_j)$ 是 Minkowski 距离；

当 $m=2$ 时，$d(x_i, x_j)$ 又称为欧氏距离；

当 $m=1$ 时，$d(x_i, x_j)$ 又称为绝对距离；

Minkowski 距离也称 L_m 距离，则 L_2 距离即欧氏距离，L_1 距离即绝对距离。

3.3.2.2 相似系数

当对 p 个指标变量进行聚类时，用相似系数来衡量变量之间的相似性程度。一般情况下，若 c_{jk} 表示变量 x_j，x_k 之间的相似系数，应满足下列条件：

①$|c_{jk}| \leqslant 1$ 且 $c_{jj}=1$；

②当且仅当 $x_j = bx_k(b \neq 0)$ 时，$c_{jk}=\pm 1$；

③$c_{jk}=c_{kj}$。

c_{jk}的绝对值越接近于 1，说明变量 x_j，x_k的关联性越大。相似系数中最常用的是相关系数和夹角余弦。

(1)相关系数。

基于样品 x_1，x_2，…，x_n，计算 p 个指标变量的协方差矩阵 S 和相关矩阵 R。设

$$S=(s_{jk})_{p\times p}, \qquad R=(r_{jk})_{p\times p}$$

则变量 x_j，x_k的相关系数为

$$r_{jk} = \frac{s_{jk}}{\sqrt{s_{jj}s_{kk}}} = \frac{\sum_{i=1}^{n}(x_{ij}-\bar{x}_j)(x_{ik}-\bar{x}_k)}{\sqrt{\sum_{i=1}^{n}(x_{ij}-\bar{x}_j)^2\sum_{i=1}^{n}(x_{ik}-\bar{x}_k)^2}}$$

(2)夹角余弦。

设变量 x_j，x_k的观测值各为(x_{1j}，x_{2j}，…，x_{nj})与(x_{1k}，x_{2k}，…，x_{nk})，其夹角余弦为

$$c_{jk} = \frac{\sum_{i=1}^{n}x_{ij}x_{ik}}{\sqrt{\sum_{i=1}^{n}x_{ij}^2\sum_{i=1}^{n}x_{ik}^2}}$$

c_{jk} 越大，表明变量 x_j，x_k的夹角越小，则关联性越强。

3.3.3 分层聚类

分层聚类一开始将每个样品看成是一类或一簇(cluster)，然后从低到高创建一个聚类的层次。其中，最低层次的簇合并在一起创建下一个较高层次的簇；这一层次的簇再合并在一起，进一步创建更高层次的簇。聚类时存在一种极端情况，以样品聚类为例，聚类后可能形成与样品数量一样多的簇，在这种情况下，簇内的样品之间极为相似(因为簇内只有一个样品)，并且一

个簇确实不同于其他的簇。然而，这种聚类没有任何意义，因为聚类的目的就是要发现样品中有用的模式并对这个模式进行概括，使分析对象更容易理解。任何形成与样品数一样多的簇的聚类算法对解决问题没有任何帮助，关于聚类的重要一点就是应该形成比原先样品数量更少的簇。在分层聚类中，采用不同的类间距离对同样的样品对象进行聚类会形成不同的聚类效果；应当恰好形成多少簇还依赖于对分层聚类图(谱系图)的分析和解释，这是一个主观的过程。分层聚类适合样品或变量较少的环境，其优势在于它们允许最终用户从许多簇或某些簇中做出选择，形成对分析问题有益的模式。

这里重点讨论样品的聚类，即 Q 型聚类，关于变量的分层聚类可类似讨论。对于 Q 型聚类，是按照类间距离从小到大进行聚类，因此，Q 型聚类的关键是要定义类与类间的距离。

3.3.3.1 类间距离

为简单起见，以 i，j 分别表示样品 x_i，x_j，以 d_{ij}代表距离 $d(x_i, x_j)$。G_p，G_q分别表示两个类，设它们分别含有 n_p，n_q个样品。若类 G_p中有样品 x_1，x_2，…，x_{n_p}，则其均值为：

$$\bar{x}_p = \frac{1}{n_p}\sum_{i=1}^{n_p} x_i$$

称为类 G_p的重心。

类的形式与形状多种多样，因而类与类间的距离比样品间的距离复杂。下面分别介绍几种类间距离的定义与计算方法。类 G_p与 G_q之间的距离记为 D_{pq}。

(1)最短距离。

$$D_{pq} = \min_{i \in G_p,\ j \in G_q} d_{ij}$$

即用两类中样品之间的距离最短者作为两类距离。

(2)最长距离。

$$D_{pq} = \max_{i \in G_p,\ j \in G_q} d_{ij}$$

即用两类中样品之间的距离最长者作为两类距离。

(3)类平均距离。

$$D_{pq}=\frac{1}{n_p n_q}\sum_{i\in G_p}\sum_{j\in G_q}d_{ij}$$

即用两类中所有两两样品之间的距离平均作为两类之间的距离。类平均距离还可用下式定义：

$$D_{pq}^2=\frac{1}{n_p n_q}\sum_{i\in G_p}\sum_{j\in G_q}d_{ij}^2$$

即用两类中所有两两样品之间的平方距离的平均作为两类之间的平方距离。

(4)重心距离。

$$D_{pq}=d(\bar{x}_p,\ \bar{x}_q)$$

其中 $\bar{x}_p$，$\bar{x}_q$ 分别是 G_p，G_q 的重心，这是用两类的重心之间的距离作为两类距离。

(5)离差平方和距离。

$$D_{pq}^2=\frac{n_p n_q}{n_p+n_q}(\bar{x}_p-\bar{x}_q)^T(\bar{x}_p-\bar{x}_q)$$

离差平方和距离是由 *Ward* 提出的，其思想来源于方差分析。

3.3.3.2　分层聚类法的步骤

(1)各样品单独自成一类，则 n 个样品开始时作为 n 个类，计算两两之间的距离，构成一个对称距离矩阵：

$$D_{(0)}=\begin{bmatrix}0 & d_{12} & \cdots & d_{1n}\\ d_{21} & 0 & \cdots & d_{2n}\\ \vdots & \vdots & & \vdots\\ d_{n1} & d_{n2} & \cdots & 0\end{bmatrix}$$

此时，$D_{pq}=d_{pq}$。

(2)选择 $D_{(0)}$ 中的非对角线上的最小元素，设这个最小元素是 D_{pq}。此时，$G_p=\{\boldsymbol{x}_p\}$，$G_q=\{\boldsymbol{x}_q\}$。将 G_p，G_q 合并成一个新类 $G_r=\{G_p,\ G_q\}$。在 $D_{(0)}$ 中消去 G_p，G_q 所对应的行与列，并加入由新类 G_r 与剩下的其他未聚合的类间的距离所组成的一行和一列，得到一个新的距离矩阵 $D_{(1)}$，这是一个 $n-1$ 阶方阵。

(3)从 $D_{(1)}$ 出发重复步骤(2)得 $D_{(2)}$。此时，可能存在两种情况：或者是第三个样品加入到已有两个样品的类中，或者是另两个样品合并成一个新类。

(4)再由 $D_{(2)}$ 出发重复上述步骤。在这期间的每个步骤中，或者是一个样品加入到已存在的类中，或者是两个样品合并成一个新类，或者是两个已存在的类合并成一个新类。一旦一个类形成，不能再划分而只能与其他类合并，直到 n 个样品聚为 1 个大类为止。

(5)在合并过程中要记下合并样品的编号及两类合并时的水平(即距离)并绘制分层聚类图。

3.3.3.3 分层聚类法应用分析

用分层聚类法聚类时，聚多少类为合适是一个很实际的问题。一个较好的聚类应该在类内各样品尽可能相似的前提下，使得类的个数尽可能少。对于相同的样品对象，分层聚类在具体操作中，可采取不同的类间距离进行计算，并得到不同的分类结果。哪个结果更能反映样品对象本身的客观分类，这种判断的正确与错误将直接决定分层聚类法在实际应用中的价值。下面举一个实际应用的例子。

表 3.7 是某年度 20 个代表性地区农村居民家庭平均每人生活消费现金支出情况。

表 3.7　**某年度 20 个地区农村居民家庭平均每人生活消费现金支出**　(元)

指标 地区	食品	衣着	居住	家庭设备及服务	医疗保健	交通和通信	文教娱乐用品及服务	其他商品及服务
北京	1048.05	228.33	425.74	249.35	228.91	215.58	467.89	73.21
天津	653.76	167.35	228.45	101.13	118.69	80.12	203.80	80.86
河北	325.34	105.44	261.70	61.17	68.72	72.37	136.10	27.43

续表

地区＼指标	食品	衣着	居住	家庭设备及服务	医疗保健	交通和通信	文教娱乐用品及服务	其他商品及服务
内蒙古	320. 29	108. 10	161. 83	64. 54	95. 19	68. 03	170. 35	23. 60
辽宁	450. 50	144. 87	168. 79	71. 76	81. 12	81. 23	172. 65	37. 71
上海	1294. 85	202. 44	674. 21	388. 64	160. 00	196. 98	474. 46	94. 47
江苏	601. 40	119. 43	425. 99	153. 07	107. 78	130. 34	252. 69	51. 21
浙江	928. 75	151. 98	436. 35	166. 98	160. 84	198. 34	288. 49	97. 87
安徽	350. 10	69. 15	143. 79	64. 72	51. 65	38. 10	146. 33	30. 12
福建	726. 40	111. 76	267. 49	102. 71	61. 30	128. 29	217. 51	63. 21
山东	439. 23	111. 92	242. 90	106. 71	89. 64	90. 33	182. 09	24. 06
湖北	338. 84	72. 83	149. 81	74. 76	55. 38	69. 10	212. 88	24. 71
湖南	532. 17	78. 75	247. 44	76. 26	61. 90	57. 87	204. 66	36. 37
广东	860. 42	98. 70	389. 89	153. 10	98. 68	147. 58	317. 29	73. 65
重庆	282. 83	62. 61	134. 42	61. 54	47. 82	37. 16	111. 05	15. 37
贵州	211. 06	48. 55	95. 37	44. 97	23. 62	24. 69	83. 81	15. 31
西藏	311. 76	99. 27	26. 47	52. 54	17. 02	10. 24	7. 78	11. 70
陕西	278. 96	77. 84	151. 85	58. 81	64. 93	36. 18	171. 04	24. 93
甘肃	150. 53	45. 82	82. 98	39. 85	41. 22	25. 69	97. 83	17. 27
青海	214. 86	97. 63	81. 93	46. 01	56. 94	35. 38	50. 17	23. 50

为了分析这个多变量问题，下面利用 SPSS 的聚类分析对各地区进行分类。在层次聚类的参数选择中，选择按样品聚类；聚类指标为食品、衣着、居住、家庭设备及服务、医疗保健、交通和通信、文教娱乐用品及服务、其他商品及服务；样品间的距离采用欧式距离；类间距离分别采用最短距离、最长距离和重心距离，不同的类间距离算法适合不同的聚类形状，在不了解聚类形状之前，可尝试多种类间距离算法并对不同的分类效果进行比较分析。

(1)最短距离法。

图 3.5 是聚类谱系图。

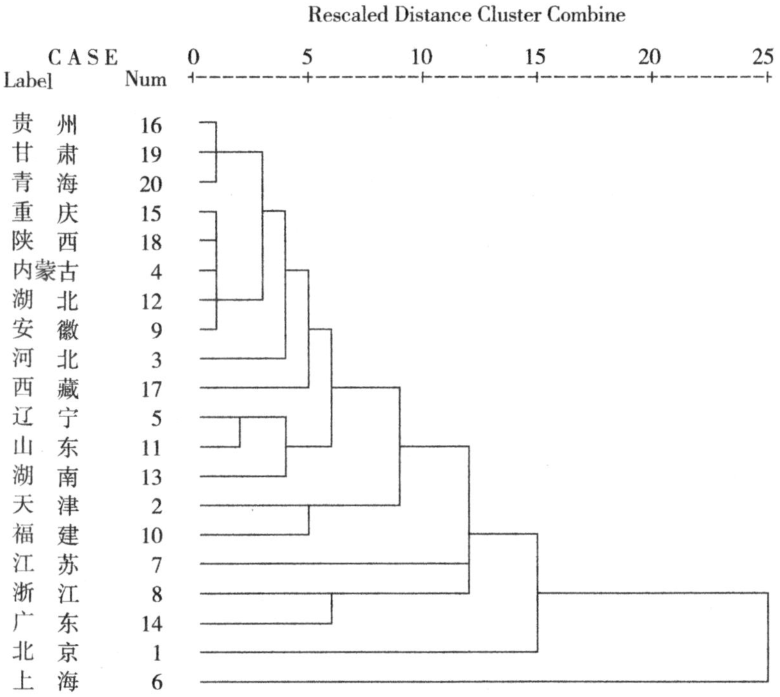

图 3.5 谱系图

谱系图是一个形象地表达聚类过程的可视化层次图。从图中，能够很容易地观察出不同样品间的聚类，例如样品上海与前面 19 个样品聚成的簇在最后一步形成最高层次的簇。图中的竖线表示聚类时的距离，最上面显示比例调整后距离的大小。相邻两次聚类距离的差值越大，则说明前一次聚类后没有必要再进行后一次聚类，这是根据谱系图进行主观分类的依据。图中左边显示了样品的标签和编号。为了掌握更详细的聚类过程，可进一步参考图 3.6 中的细节描述。

在图 3.6 中，“Stage”代表聚类的步骤，20 个样品聚类共用了 19 步。“Cluster Combined”代表每一个聚类步骤中合并的两类，如第一步代表编号 16

Agglomeration Schedule

Stage	Cluster Combined		Coefficients	Stage Cluster First Appears		Next Stage
	Cluster 1	Cluster 2		Cluster 1	Cluster 2	
1	16	19	66.047	0	0	4
2	15	18	67.395	0	0	3
3	4	15	68.473	0	2	5
4	16	20	70.910	1	0	8
5	4	12	72.340	3	0	6
6	4	9	75.568	5	0	8
7	5	11	91.419	0	0	10
8	4	16	92.904	6	4	9
9	3	4	109.202	0	8	12
10	5	13	114.761	7	0	14
11	2	10	126.518	0	0	15
12	3	17	129.122	9	0	14
13	8	14	133.099	0	0	17
14	3	5	135.377	12	10	15
15	2	3	171.212	11	14	16
16	2	7	216.537	15	0	17
17	2	8	217.916	16	13	18
18	1	2	254.327	0	17	19
19	1	6	385.109	18	0	0

图 3.6　聚类过程

(贵州)和 19(甘肃)进行聚类，聚类后的类用编号 16 表示。“Coefficients”代表最短距离算法下类间的欧式距离，如贵州和甘肃的欧式距离为 66.047。图中右边几列的信息代表相应类第一次出现和下一次出现的步骤。

在上图中，从第 18 次聚类到第 19 次聚类，“Coefficients”具有最大的跨越，这对应着图 3.5 中样品上海与前面 19 个样品聚成的簇最后形成最高层次的簇。因为距离相差最大，可先从这里开始将原样品分成两类：上海为一类，其余所有的样品为一类。是否还要继续分类依赖于实际的应用环境，最终形成的分类是一个主观分析的结果。另外，在不了解聚类形状的情况下，这样的分类是否反映了样品分类的客观本质，还应对其他类间距离算法下的分类结果进行分析和比较，才能最后做出决定。

(2)最长距离法。

在最长距离算法下得到的谱系图见图 3.7，聚类过程见图 3.8。

通过同样的分析，可首先将原样品分成两类：一类是农村居民家庭平均

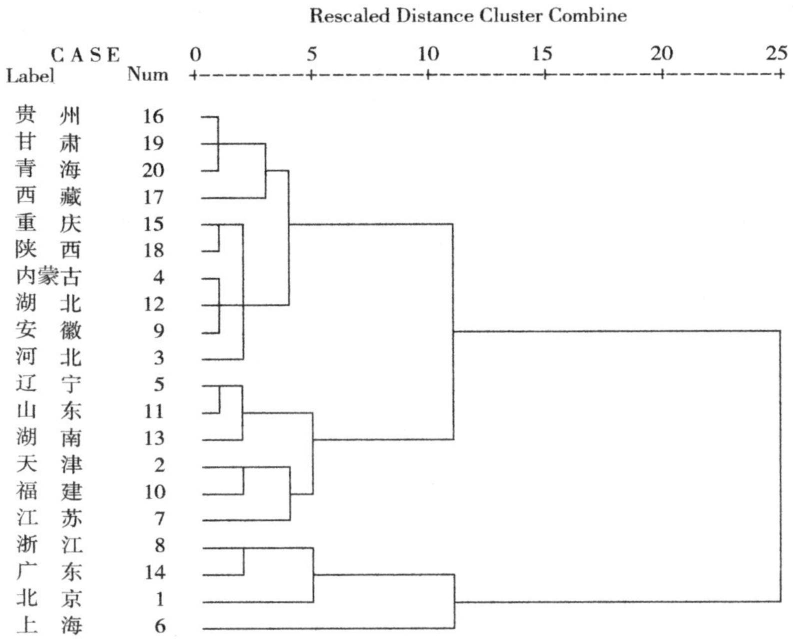

图 3.7 谱系图

Agglomeration Schedule

Stage	Cluster Combined		Coefficients	Stage Cluster First Appears		Next Stage
	Cluster 1	Cluster 2		Cluster 1	Cluster 2	
1	16	19	66.047	0	0	6
2	15	18	67.395	0	0	7
3	4	12	72.340	0	0	4
4	4	9	78.372	3	0	7
5	5	11	91.419	0	0	10
6	16	20	97.534	1	0	12
7	4	15	123.236	4	2	11
8	2	10	126.518	0	0	13
9	8	14	133.099	0	0	16
10	5	13	138.526	5	0	15
11	3	4	149.303	0	7	14
12	16	17	202.906	6	0	14
13	2	7	229.495	8	0	15
14	3	16	280.850	11	12	18
15	2	5	325.411	13	10	18
16	1	8	326.837	0	9	17
17	1	6	605.925	16	0	19
18	2	3	633.509	15	14	19
19	1	2	1412.963	17	18	0

图 3.8 聚类过程

每人生活消费现金支出较高的地区，它们是浙江、广东、北京、上海；另一类是农村居民家庭平均每人生活消费现金支出较低的地区，它们是除以上四个地区以外的所有地区。

(3)重心距离法。

在重心距离算法下得到的谱系图见图3.9，聚类过程见图3.10。

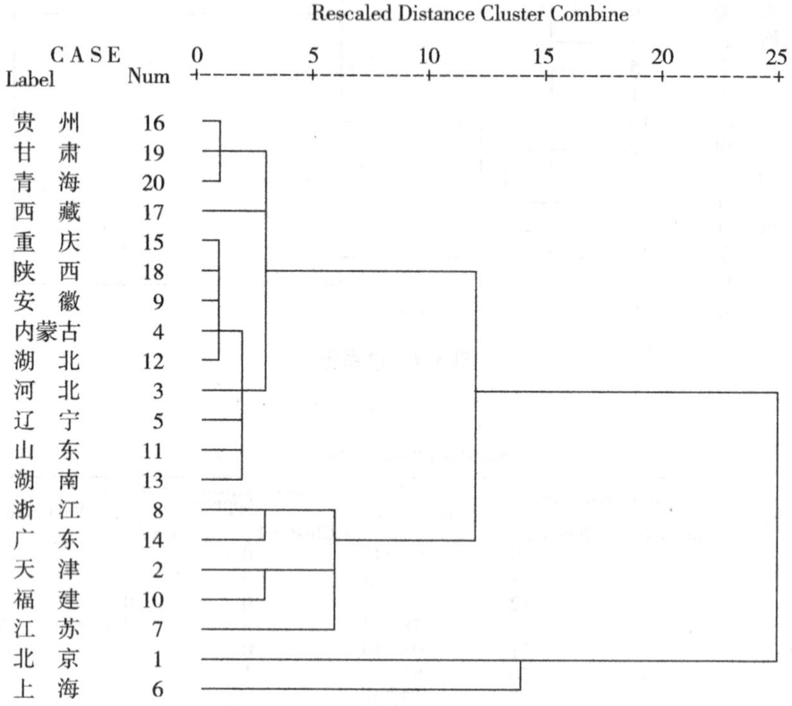

图3.9 谱系图

同样，可先将原样品分成两类：一类是农村居民家庭平均每人生活消费现金支出较高的地区，它们是北京、上海；另一类是农村居民家庭平均每人生活消费现金支出较低的地区，它们是除以上两个地区以外的所有地区。

Agglomeration Schedule

Stage	Cluster Combined		Coefficients	Stage Cluster First Appears		Next Stage
	Cluster 1	Cluster 2		Cluster 1	Cluster 2	
1	16	19	66.047	0	0	6
2	15	18	67.395	0	0	3
3	9	15	61.246	0	2	4
4	4	9	59.088	0	3	5
5	4	12	58.682	4	0	8
6	16	20	67.710	1	0	13
7	5	11	91.419	0	0	9
8	3	4	99.741	0	5	10
9	5	13	103.789	7	0	10
10	3	5	113.725	8	9	14
11	2	10	126.518	0	0	15
12	8	14	133.099	0	0	16
13	16	17	135.789	6	0	14
14	3	16	134.430	10	13	17
15	2	7	191.387	11	0	16
16	2	8	208.972	15	12	17
17	2	3	336.092	16	14	19
18	1	6	385.109	0	0	19
19	1	2	677.568	18	17	0

图 3.10　聚类过程

3.3.4　快速聚类

在分层聚类中，样品一旦被归到某个类后就不变了，这要求分类方法比较准确，而这在不清楚各个类的形状之前是比较难以做到的。另外，样品容量较大时，分层聚类法的计算量过大，一般情况下，分层聚类要求样品数量不超过200。在数据分析中，通常数据量越大，分析效果越好，并且数据仓库技术为提供大批量数据打下了基础。因此，分层聚类在样品数量上的限制将日益显示出其不足。为了弥补分层聚类的不足，产生了快速聚类法。快速聚类法已成为生成一组聚类的常用方法之一，几乎任何商业数据挖掘应用程序都在不同程度上集成了这种聚类分析算法。

$$L^{(1)} = \{x_1^{(1)},\ x_2^{(1)},\ \cdots,\ x_k^{(1)}\}$$

从 $L^{(1)}$ 出发，对样品进行新的分类：

$$G_i^{(1)} = \{x:\ d(x,\ x_i^{(1)}) \leqslant d(x,\ x_j^{(1)}),\ j = 1,\ 2,\ \cdots,\ k,\ j \neq i\},$$
$$i = 1,\ 2,\ \cdots,\ k$$

同样，此次分类的原则是每个样品以最靠近的聚点 $L^{(1)}$ 归类，最后将所有样品分成不相交的 k 类：

$$G^{(1)} = \{G_1^{(1)},\ G_2^{(1)},\ \cdots,\ G_k^{(1)}\}$$

按照这种方法依次迭代计算下去。

(4)设在第 m 步得到分类。

$$G^{(m)} = \{G_1^{(m)},\ G_2^{(m)},\ \cdots,\ G_k^{(m)}\}$$

在以上迭代计算过程中，$x_i^{(m)}$ 是类 $G_i^{(m-1)}$ 的重心。$x_i^{(m)}$ 不一定是样品，通常也不是 $G_i^{(m)}$ 的重心。当 m 逐渐增大时，分类趋于稳定。此时，$x_i^{(m)}$ 就会近似为 $G_i^{(m)}$ 的重心，从而 $x_i^{(m+1)} \approx x_i^{(m)}$，$G_i^{(m+1)} \approx G_i^{(m)}$，算法即可结束。理论上，从某一步 m 开始，分类 $G^{(m+1)} = \{G_1^{(m+1)},\ G_2^{(m+1)},\ \cdots,\ G_k^{(m+1)}\}$ 与 $G^{(m)} = \{G_1^{(m)},\ G_2^{(m)},\ \cdots,\ G_k^{(m)}\}$ 会达到完全相同，计算即告结束。实际计算时，设

$$d^{(m)} = \max\{d(x_i^{(m)},\ x_i^{m+1}),\ i = 1,\ 2,\ \cdots,\ k\},$$

$$d^{(0)} = \min\{d(x_i^{(0)},\ x_j^{(0)}),\ i,\ j = 1,\ 2,\ \cdots,\ k,\ 且\ i \neq j\}$$

给定 $\varepsilon>0$，若 $d^{(m)} \leqslant \varepsilon d^{(0)}$

则迭代计算过程结束。

实际计算中，可事先确定一个迭代次数，可能在迭代次数内达到 $G_i^{(m+1)} = G_i^{(m)}$，也可能以迭代次数作为计算结束的标志，此时，$G_i^{(m+1)} \approx G_i^{(m)}$。

3.3.4.3 快速聚类法应用分析

表 3.7 是某年度 20 个代表性地区农村居民家庭平均每人生活消费现金支出情况，下面利用 SPSS 的快速聚类法对这些地区进行分类。在参数选择中，

k 选为 2。

图 3. 12 是初始聚点，对照表 3. 7，可以看出，第一个聚点是上海，第二个聚点是甘肃。这两个聚点是所有样品中距离最远的两点。图 3. 13 显示了迭代过程，一共进行了 2 次迭代。两类的第一次聚点变化分别为 369. 780 和 271. 320；两类的第二次聚点变化分别为 0，聚类即告结束。

图 3. 14 显示了各类的成员，第一类包括北京、上海、浙江和广东，属农村居民家庭平均每人生活消费现金支出较高的地区；第二类包括剩余的地区，属农村居民家庭平均每人生活消费现金支出较低的地区。可见，用快速聚类法将样品分成两类的分类结果与采用最长距离算法的层次聚类的分类结果相同。图 3. 15 是快速聚类最后的聚点，图 3. 14 最右边一列显示的是各样品与最后聚点之间的欧式距离。

Initial Cluster Centers

	Cluster	
	1	2
食品	1294.85	150.53
衣者	202.44	45.82
居住	674.21	82.98
家庭设备及服务	388.64	39.85
医疗保健	160.00	41.22
交通和通信	196.98	25.69
文教娱乐用品及服务	474.46	97.83
其他商品及服务	94.47	17.27

图 3. 12　初始聚点

Iteration History

Iteration	Change in Cluster Centers	
	1	2
1	369.780	271.320
2	.000	.000

图 3. 13　迭代过程

Cluster Membership

Case Number	地区	Cluster	Distance
1	北 京	1	136.404
2	天 津	2	296.722
3	河 北	2	105.741
4	内蒙古	2	79.709
5	辽 宁	2	88.277
6	上 海	1	369.780
7	江 苏	2	361.855
8	浙 江	1	168.740
9	安 徽	2	64.272
10	福 建	2	366.155
11	山 东	2	102.856
12	湖 北	2	87.548
13	湖 南	2	170.105
14	广 东	1	248.140
15	重 庆	2	129.676
16	贵 州	2	221.006
17	西 藏	2	235.473
18	陕 西	2	118.249
19	甘 肃	2	271.320
20	青 海	2	225.572

图 3.14　各类的成员

Final Cluster Centers

	Cluster	
	1	2
食品	1033.02	386.75
衣者	170.36	95.08
居住	481.55	179.45
家庭设备及服务	239.52	73.78
医疗保健	162.11	65.18
交通和通讯	189.62	61.57
文教娱乐用品及服务	387.03	151.30
其他商品及服务	84.80	31.71

图 3.15　最后的聚点

3.4　时间序列分析

时间序列是指具有均匀时间间隔的各种社会、自然现象的数量指标依时间次序排列起来的统计数据。时间序列分析是通过对历史数据变化的分析，来评价事物的现状和估计事物的未来变化。这种方法在科学决策、研究与开发、市场开拓活动中的许多场合有广泛的应用，如市场行情分析、产品销售趋势预测等。

根据对历史数据处理方法的不同，时间序列分析法可分为如下几种类型（见图 3.16）。

- 时间序列分析
  - 逐步“修匀”
    - 移动平均方法（M 法）
    - 指数平滑方法（S 法）
  - 曲线拟合
    - 直线
    - 多项式曲线
    - 指数曲线
    - 生长曲线
      - 逻辑曲线
      - 龚珀兹曲线
      - 饱和指数曲线
    - 包络曲线
  - 因素分析——时间序列分解法

图 3.16 时间序列分析方法

表 3.8 则简明归纳了各种方法的主要概念及其异同比较。

表 3.8 **时间序列分析方法比较**

方法思想	方法分类	主要适用对象	主要特征及参数	主要适用范围
修匀	M 法	波动的时间序列	n：移平跨度	短期市场预测；对波动数列的加工处理
	S 法		α：平滑常数	
拟合	指数增长模型	拟合发展中的加速度阶段	高速增长、没有极限	技术的扩散、经济的起飞、产品畅销等阶段的预测
	生长模型	拟合单个有极限发展全过程	有上限、分阶段	技术和商品等的寿命分析和预测
	包络曲线模型	拟合依次替代的连续增长过程	由多个 S 曲线构成一个大的 S 曲线	技术发展的长期预测

续表

方法思想	方法分类	主要适用对象	主要特征及参数	主要适用范围
还原	分解法	经济活动中的不规则时间序列	分解为四个基本因素：T，C，S，I，各有其特征	短期的市场分析和长期经济问题分析。特别是用季节指数辅助模型进行短期预测

下面对其中的几种典型方法作一介绍。

3.4.1 移动平均法

移动平均(M)法的处理对象是一组无规则波动的数据，其基本方法是每次在时间序列上移动一步求平均值(去掉一个头部的数据，加入一个新的数据)。这样的处理可对原始的无规则数据进行“修匀”，消除掉样本序列中的随机干扰成分，突出序列本身的固有规律，从而为进一步的建模和参数估计打下基础。

3.4.1.1 一次移动平均

(1)基本公式。

一次移动平均是指对原始时间序列数据进行移动平均，其计算公式如下：

$$M_t^{[1]} = \frac{y_t + y_{t-1} + \cdots + y_{t-n+1}}{n} \tag{3.14}$$

式中，$M_t^{[1]}$ 为第 t 周期的一次移动平均值；t 为周期次第数；y_t为第 t 周期原始时间序列数据；n 为每一时间段的数据个数，称为移平跨度。

n 的取值有两种特殊情况：

1)当 $n=t$ 时，则 $M_t^{[1]} = \bar{y}_t$，即一次移动平均值等于总体数据的平均值。

2)当 $n=1$ 时，则 $M_t^{[1]} = y_t$，即一次移动平均值等于原始统计数据。

(2)递推公式。

式 3.14 稍作改进即可得递推公式：

$$M_t^{[1]} = M_{t-1}^{[1]} + \frac{y_t - y_{t-n}}{n} \qquad (3.15)$$

所以，当计算出 $M_{t-1}^{[1]}$ 后，只需计算 $\frac{y_t - y_{t-n}}{n}$，就可求得 $M_t^{[1]}$。如果时间序列数据很长，n 的取值又较大，用递推公式可大大减少计算量。

3.4.1.2 二次移动平均

(1)基本公式和递推公式。

$$M_t^{[2]} = \frac{M_t^{[1]} + M_{t-1}^{[1]} + \cdots + M_{t-n+1}^{[1]}}{n} \qquad (3.16)$$

$$M_t^{[2]} = M_{t-1}^{[2]} + \frac{M_t^{[1]} - M_{t-n}^{[1]}}{n} \qquad (3.17)$$

(2)计算实例。

根据表 3.9 中所列的一组时间序列数据 y_t，取移平跨度 $n=5$，计算一次、二次移动平均值。

表 3.9　原始数据及一次、二次移动平均值计算结果

周期数 T	原始数据 y_t	$M_t^{[1]}$ $(n=5)$	$M_t^{[2]}$ $(n=5)$	周期数 t	原始数据 y_t	$M_t^{[1]}$ $(n=5)$	$M_t^{[2]}$ $(n=5)$
1	61			9	74	68.8	65.52
2	60			10	77	71.2	67.24
3	64			11	76	73	69.08
4	63			12	80	75	70.92
5	65	62.6		13	86	78.6	73.32
6	67	63.8		14	90	81.8	75.92
7	70	65.8		15	92	84.8	78.64
8	68	66.6					

解：先从第 5 周期开始，由式 3.14 计算出第 5 周期的一次移动平均值

$M_5^{[1]}$，然后由式 3.15 往下继续求出各周期的一次移动平均值，填入表中相应的位置。

具体计算过程如下：

$$M_5^{[1]} = \frac{y_1 + y_2 + y_3 + y_4 + y_5}{5} = \frac{61 + 60 + 64 + 63 + 65}{5} = 62.6$$

$$M_6^{[1]} = M_5^{[1]} + \frac{y_6 - y_1}{5} = 62.6 + \frac{67 - 61}{5} = 63.8$$

……

$$M_9^{[2]} = \frac{M_5^{[1]} + M_6^{[1]} + M_7^{[1]} + M_8^{[1]} + M_9^{[1]}}{5}$$

$$= \frac{62.6 + 63.8 + 65.8 + 66.6 + 68.8}{5} = 65.52$$

$$M_{10}^2 = M_9^{[2]} + \frac{M_{10}^{[1]} - M_5^{[1]}}{5} = 65.52 + \frac{71.2 - 62.6}{5} = 67.24$$

……

3.4.1.3　模型建立与预测

移动平均并不适用于有线性趋势的时间序列数据的预测。因为一次移动平均值 $M_t^{[1]}$ 是每一时间段 y_t 的平均值。当 y_t 为线性增长趋势时，$M_t^{[1]}$ 必然小于 y_t 值；反之，当 y_t 为线性下降趋势时，$M_t^{[1]}$ 必然大于 y_t。同理，$M_t^{[2]}$ 对 $M_t^{[1]}$ 也有类似的滞后偏差。

因此，$M_t^{[2]}$ 和 $M_t^{[1]}$ 只能用于简易预测。为了改善预测效果，我们可以利用 $M_t^{[2]}$、$M_t^{[1]}$ 求出平滑系数，建立线性移动平均模型再进行预测。

设已观察到时间 t 以前的序列值 y_t，现要预测未来时刻 $t+T$ 的序列值。由于序列具有线性趋势，因此可假定线性移动平均模型的一般形式为：

$$\hat{y}_{t+T} = a_t + b_t T \qquad (3.18)$$

这里，$\hat{y}_{t+T}$ 为第 $t+T$ 周期的预测值；T 为由目前周期 t 到需要预测的周期之间的周期个数；a_t 与 b_t 为平滑系数（a_t 为截距，b_t 为斜率），依赖于 t 以前的 y_t 观察值。a_t、b_t 的计算公式为：

$$a_t = y_t = 2M_t^{[1]} - M_t^{[2]} \tag{3.19}$$

$$b_t = \frac{2}{n-1}(M_t^{[1]} - M_t^{[2]}) \tag{3.20}$$

将 a_t 和 b_t 代入式 3.18，求得预测方程为：

$$\hat{y}_{t+T} = 2M_t^{[1]} - M_t^{[2]} + \frac{2}{n-1}(M_t^{[1]} - M_t^{[2]})T$$

在移动平均方法中，n 值是关键参数，n 值越大，对波动曲线的“修匀”效果越显著，但对变化反映的灵敏度降低，对趋势反映滞后大；反之则反。

3.4.2 指数平滑法

指数平滑(S)法是对移动平均法的改进。我们进一步考察移动平均法，可以看出，在式 3.14 中，每个数据权重相等，均为 $1/n$，这意味着不同时间上的数据具有相同的价值，这在一般的预测中显然是不合理的。如果认为参加计算的每一数据对预测结果的影响程度不同，就应该对这些数据分别给予不同的权值。指数平滑法正是基于这一思想。权值的选择取决于信息分析人员的预测经验。由于近期数据的影响较大，通常可赋予较大权值。

本节所讨论的指数平滑法实质上是指数加权移动平均法。

3.4.2.1 一次指数平滑

(1)基本公式。

若以 α 代表权数，则原始时间序列数据的加权移动平均值可表示为：

$$S_t^{[1]} = \alpha_1 y_t + \alpha_2 y_{t-1} + \cdots + \alpha_n y_{t-n+1}$$

其中，$\alpha_1 > \alpha_2 \cdots > \alpha_n$

且 $\sum_{i=1}^{n} \alpha_i = 1$

若 α_1，α_2，…，α_n 呈等比数列，公比为 $\gamma = 1 - \alpha$，则权数数列为：

α，$\alpha(1-\alpha)$，$\alpha(1-\alpha)^2$，…

$$\therefore S_t^{[1]} = \alpha y_t + \alpha\gamma y_{t-1} + \cdots + \alpha\gamma^{n-1} y_{t-n+1} \tag{3.21}$$

类似地有：

$$\therefore S_{t-1}^{[1]} = \alpha y_{t-1} + \alpha\gamma y_{t-2} + \cdots + \alpha\gamma^{n-1} y_{t-n} \tag{3.22}$$

由式3.21和式3.22得

$$S_t^{[1]} = \alpha y_t + \gamma S_{t-1}^{[1]} - \alpha\gamma^n y_{t-n}$$

由于 $\alpha\gamma^n y_{t-n}$ 很小，可忽略不计，于是

$$S_t^{[1]} = \alpha y_t + (1-\alpha) S_{t-1}^{[1]} \tag{3.23}$$

(2)平滑常数 α 的含义及取值。

①预测结果对 α 的依赖性

α 的取值反映了新旧数据所占的分配比例，对预测结果直接产生影响。因此，预测的结果依赖于 α 的选择。

α 的取值有两种极端情况：

当 $\alpha=0$ 时，$S_t^{[1]} = S_{t-1}^{[1]}$，即平滑值维持不变；

当 $\alpha=1$ 时，$S_t^{[1]} = y_t$，即平滑值等于最新的观察值。

一般地，α 选得小一些，预测值趋向就较平稳，“修匀”效果越显著；α 选得大一些，近期数据所占的比重越大，对变化的反映越灵敏，但“修匀”的效果越不明显。

②α 值与 n 值的关系

在对波动曲线的“修匀”作用上，α 值与 n 值的取值方向正好相反。即在移动平均法中，n 值越大，“修匀”效果越显著；而在指数平滑法中，α 值越小，“修匀”效果越显著，即 $\alpha \propto \frac{1}{n}$。在实际应用中，一般取

$$\alpha = \frac{2}{n+1} \tag{3.24}$$

③α 取值的经验选择

如果我们希望选取的 α 值使预测误差的方差尽可能小的话，那么 α 值的选择就应以残差平方和最小为标准，即 α 值应使：

$$Q = \sum (y_t - S_{t-1}^{[1]})^2 = \min$$

这里 Q 是 α 的函数，一般可采用0.618法求出使 Q 达到最小值的 α 值。

根据一般的经验，α 的取值范围通常是 $0.01 \leqslant \alpha < 0.3$。

(3)计算实例。

根据表 3.10 中所列的一组时间序列数据 y_t，分别取加权系数 $\alpha=0.3$ 和 $\alpha=0.1$，计算其一次指数平滑值。

表 3.10 **原始数据及一次、二次、三次指数平滑值计算结果**

周期数 T	原始数据 y_t	$S_t^{[1]}$ $\alpha=0.3$	$S_t^{[2]}$ $\alpha=0.3$	$S_t^{[3]}$ $\alpha=0.3$	$S_t^{[1]}$ $\alpha=0.1$	$S_t^{[2]}$ $\alpha=0.1$	$S_t^{[3]}$ $\alpha=0.1$
0		61	61	61	61	61	61
1	61	61	61	61	61	61	61
2	60	60.7	60.9	61.0	60.9	61.0	61.0
3	64	61.7	61.1	61.0	61.2	61.0	61.0
4	63	62.1	61.4	61.1	61.4	61.0	61.0
5	65	63.0	61.9	61.3	61.8	61.1	61.0
6	67	64.2	62.6	61.7	62.3	61.2	61.0
7	70	65.9	63.6	62.3	63.1	61.4	61.0
8	68	66.5	64.5	63.0	63.6	61.6	61.1
9	74	68.8	65.8	63.8	64.6	61.9	61.2
10	77	71.3	67.5	64.9	65.8	62.3	61.3
11	76	72.7	69.1	66.2	66.8	62.8	61.5
12	80	74.9	70.8	67.6	68.1	63.3	61.7
13	86	78.2	73.0	69.2	69.9	64.0	61.9
14	90	81.7	75.6	71.1	71.9	64.8	62.2
15	92	84.8	78.4	73.3	73.9	65.7	62.6

解：先设初始值 $S_0^{[1]}=y_1=61$，按式 3.22 计算 $\alpha=0.3$ 的一次指数平滑值，并填于表 3.8 中。

$$S_1^{[2]}=\alpha S_1^{[1]}+(1-\alpha)S_0^{[2]}=0.3\times61+(1-0.3)\times61=61$$

$$S_2^{[2]}=\alpha S_2^{[1]}+(1-\alpha)S_1^{[2]}=0.3\times60.7+(1-0.3)\times61=60.9$$

……

以同样方法逐项计算 $\alpha=0.1$ 时的 $S_t^{[1]}$，并填于表3.9中。

3.4.2.2 二次指数平滑

(1)基本公式。

二次指数平滑是对一次指数平滑值 $S_t^{[1]}$ 再进行一次平滑，计算公式如下：

$$S_t^{[2]}=\alpha S_t^{[1]}+(1-\alpha)S_{t-1}^{[2]} \tag{3.25}$$

(2)计算实例。

根据表3.8中的计算数据 $S_t^{[1]}$，分别取加权系数 $\alpha=0.3$ 和 $\alpha=0.1$，计算二次指数平滑值。

解：先设初始值 $S_0^{[2]}=y_1=61$，按式3.25计算 $\alpha=0.3$ 的二次指数平滑值，并填于表3.8中。

$$S_1^{[2]}=\alpha S_1^{[1]}+(1-\alpha)S_0^{[2]}=0.3\times 61+(1-0.3)\times 61=61$$

$$S_2^{[2]}=\alpha S_2^{[1]}+(1-\alpha)S_1^{[2]}=0.3\times 60.7+(1-0.3)\times 61=60.9$$

……

以同样方法逐项计算 $\alpha=0.1$ 时的 $S_t^{[2]}$，并填于表3.8中。

3.4.2.3 模型与计算

与移动平均法相似，当时间序列数据有线性趋势时，$S_t^{[1]}$ 对 y_t、$S_t^{[2]}$ 对 $S_t^{[1]}$ 也存在滞后偏差的问题。因此，$S_t^{[1]}$、$S_t^{[2]}$ 只能用于简易预测。为了改善预测效果，我们可以利用 $S_t^{[2]}$、$S_t^{[1]}$ 求出平滑系数，建立线性指数平滑模型再进行预测。

设已观察到时间 t 以前的序列值 y_t，现要预测未来时刻 $t+T$ 的序列值。由于序列具有线性趋势，因此可假定线性指数平滑模型的一般形式为：

$$\hat{y}_{t+T}=a_t+b_tT \tag{3.26}$$

这里，$\hat{y}_{t+T}$ 为第 $t+T$ 周期的预测值；T 为由目前周期 t 到需要预测的周期之间的周期个数；a_t 与 b_t 为平滑系数（a_t 为截距，b_t 为斜率），依赖于 t 以前的 y_t 观察值。a_t、b_t 的计算公式为：

$$a_t = 2S_t^{[1]} - S_t^{[2]} \tag{3.27}$$

$$b_t = \frac{\alpha}{1-\alpha}(S_t^{[1]} - S_t^{[2]}) \tag{3.28}$$

下面给出一个计算实例。

根据表 3.10 中的计算数据，建立线性指数平滑模型并计算未来 2 期的预测值。

解：取 $\alpha=0.3$，由表 3.8 查得：

$$S_{15}^{[1]} = 84.8,\ S_{15}^{[2]} = 78.4$$

代入式 3.27 得：

$$a_t = 2\times 84.8 - 78.4 = 91.2$$

代入式 3.28 得：

$$b_t = \frac{0.3}{0.7}(84.8 - 78.4) = 2.7$$

∴ 预测模型为：

$$\hat{y}_{15+T} = 91.2 + 2.7T$$

以 $T=1$、2 分别代入上式得未来 2 期的预测值：

$$\hat{y}_{16} = 91.2 + 2.7 \times 1 = 93.6$$

$$\hat{y}_{17} = 91.2 + 2.7 \times 2 = 96.6$$

3.4.2.4 三次指数平滑

除了线性指数平滑模型外，还有非线性指数平滑模型。后者一般采用三次指数平滑法，它几乎适用于所有的应用问题，因而使用比较广泛。

(1)基本公式。

$$S_t^{[3]} = \alpha S_t^{[2]} + (1-\alpha)S_{t-1}^{[3]} \tag{3.29}$$

(2)非线性指数平滑模型的建立。

非线性指数平滑模型的一般形式为：

$$\hat{y}_{t+T} = a_t + b_t T + c_t T^2$$

这三个平滑系数的计算公式如下：

$$a_t = 3S_t^{[1]} - 3S_t^{[2]} + S_t^{[3]} \tag{3.30}$$

$$b_t = \frac{\alpha}{2(1-\alpha)^2}[(6-5\alpha)S_t^{[1]} - 2(5-4\alpha)S_t^{[2]} + (4-3\alpha)S_t^{[3]}] \tag{3.31}$$

$$c_t = \frac{\alpha^2}{2(1-\alpha)^2}(S_t^{[1]} - 2S_t^{[2]} + S_t^{[3]}) \tag{3.32}$$

(3)计算实例。

根据表3.10中的计算数据，建立非线性指数平滑模型，并计算未来2期的预测值。

解：

①计算三次指数平滑值。其计算方法与一、二次指数平滑值的计算方法相似，分别取$\alpha=0.3$，$\alpha=0.1$，按式3.29计算得结果，并填于表3.10中。

②计算平滑系数并求出平滑模型。取$\alpha=0.3$，由表3.10查得，$S_{15}^{[1]}=84.8$，$S_{15}^{[2]}=78.4$，$S_{15}^{[3]}=73.3$

代入式3.30、式3.31和式3.32可得：

$$a_t = 3\times 84.8 - 3\times 78.4 + 73.3 = 92.5$$

$$b_t = \frac{0.3}{2\times 0.7^2}[(6-1.5)\times 84.8 - 2\times(5-1.2)\times 78.4 + (4-0.9)\times 73.3]$$

$$= 3.977$$

$$c_t = \frac{0.3^2}{2\times(1-0.3)^2}\times(84.8 - 2\times 78.4 + 73.3) = 0.119$$

∴ 预测模型为：

$$\hat{y}_{15+T} = 92.5 + 3.977T + 0.119T^2$$

③计算未来2期的预测值。以$T=1$、2分别代入上式，得：

$$\hat{y}_{16} = 92.5 + 3.977\times 1 + 0.119\times 1^2 = 96.60$$

$$\hat{y}_{17} = 92.5 + 3.977\times 2 + 0.119\times 2^2 = 100.93$$

3.4.3　生长曲线法

生长曲线是增长曲线的一大类，是描绘各种社会、自然现象的数量指标依时间变化而呈某种规律性的曲线。由于生长曲线形状大致呈“S”形，故又称"S"曲线。在信息分析中，利用生长曲线模型来描述事物发生、发展和成熟的全过程的方法就是生长曲线法。

生长曲线法是基于对事物发展全过程的认识而发展起来的。事物的发展（如人口的增长、信息量的增长、技术的发展等），开始几乎都是按指数函数的规律增长，在达到一定程度后，由于自身和环境的制约作用，逐渐趋于一种稳定状态。生长曲线较好地描述了事物的这种发生、发展和成熟的全过程。生长曲线有两种，一种是对称型的生长曲线，如图 3.17(a)，又称逻辑(Logistic)曲线或珀尔(Pearl)曲线；另一种是不对称型的生长曲线，如图 3.17(b)，又称龚珀兹(Gompertz)曲线。

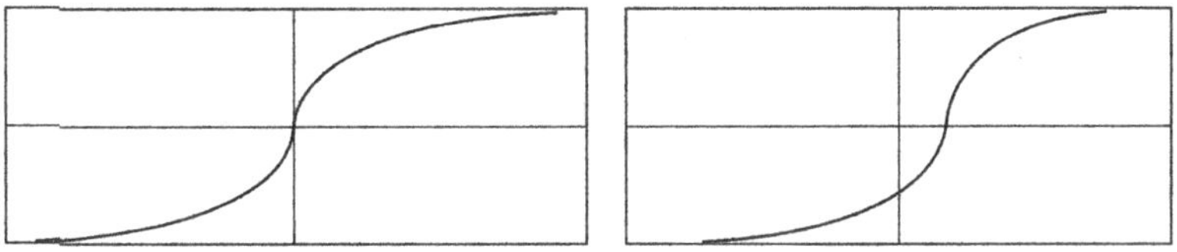

(a) (b)

图 3.17 生长曲线

3.4.3.1 逻辑曲线

(1)数学模型。

美国统计学家珀尔(Pearl)通过对生物繁殖和生长过程的大量研究，提出了一个模拟生物生长过程的逻辑曲线模型。其数学表达式为：

$$y = \frac{k}{1 + ae^{-bt}} \tag{3.33}$$

式 3.33 中，$k>0$，$a>0$，$b>0$。

这个模型同样适用于人口增长、信息量的增长、技术的发展等过程，因而在信息分析中应用广泛。

逻辑曲线具有以下数学特征：

①当 $t \to \infty$ 时，$y \to k$，即 k 是 y 值变化的上限。

②将y对t求一阶导数，得：

$$y' = by - \frac{by^2}{k}$$

∴在$(-\infty, +\infty)$上，$y'>0$，该曲线单增，无极值。

③将y对t求二阶导数，得：

$$y'' = b^2 y\left(1 - \frac{y}{k}\right)\left(1 - \frac{2y}{k}\right)$$

当$y=0$，$y=k$和$y=\frac{k}{2}$时，$y''=0$，这表明该曲线在其单增区间内，$y=\frac{k}{2}$是唯一拐点，拐点的上下两部分相对于拐点是对称的。

将$y=\frac{k}{2}$代入式3.33，得：

$$t = \frac{\ln a}{b}$$

∴该曲线的拐点为$\left(\frac{\ln a}{b}, \frac{k}{2}\right)$。

④通过改变a或b的数值，可以对它的形状和位置独立地进行控制。改变a只影响曲线位置，而不改变其形状；相反，改变b只影响形状而不改变其位置。

(2)模型系数的确定。

确定系数k，a，b的方法有多种，具有代表性的有：

①线性回归法

通过定性分析的方法，根据事物发展规律确定上限k值。

对曲线进行线性化变换：

令$\hat{y} = \ln\left(\frac{k}{y} - 1\right)$，$A = \ln a$

则$\hat{y} = A - bt$

根据回归分析法，用最小二乘法求出系数。

②三段和值法

对式3.33两边取倒数，并令

$$\frac{1}{y}=Y,\ \frac{1}{k}=K,\ \frac{a}{k}=-A,\ e^{-b}=B$$

则

$$Y=K-AB^{t} \tag{3.34}$$

式3.34是修正指数曲线的形式，可通过三段和值法来求系数。

三段和值法解决问题的基本出发点是将整个序列分为三个相等的时间周期。假定有$3n$组数据$(t_0,\ Y_0)$，$(t_1,\ Y_1)$，…，$(t_{n-1},\ Y_{n-1})$；$(t_n,\ Y_n)$，$(t_{n+1},\ Y_{n+1})$，…，$(t_{2n-1},\ Y_{2n-1})$；$(t_{2n},\ Y_{2n})$，$(t_{2n+1},\ Y_{2n+1})$，…，$(t_{3n-1},\ Y_{3n-1})$，n为任意整数。一般来说，n值越大，估计的精度就越高。

上述$3n$组数据应分别满足式3.34。若以i代替$t_i[i=0,1,\cdots,(3n-1)]$，则可得下述三组方程组：

$$\left.\begin{array}{l}Y_0=K-AB^0\\Y_1=K-AB^1\\\cdots\cdots\\Y_{n-1}=K-AB^{n-1}\end{array}\right\}\quad(\mathrm{I})$$

$$\left.\begin{array}{l}Y_n=K-AB^n\\Y_{n+1}=K-AB^{n+1}\\\cdots\cdots\\Y_{2n-1}=K-AB^{2n-1}\end{array}\right\}\quad(\mathrm{II})$$

$$\left.\begin{array}{l}Y_{2n}=K-AB^{2n}\\Y_{2n+1}=K-AB^{2n+1}\\\cdots\cdots\\Y_{3n-1}=K-AB^{3n-1}\end{array}\right\}\quad(\mathrm{III})$$

将上述方程组左右两边分别相加，求解得

$$B=\left[\frac{\sum Y_i(\mathrm{II})-\sum Y_i(\mathrm{III})}{\sum Y_i(\mathrm{I})-\sum Y_i(\mathrm{II})}\right] \tag{3.35}$$

$$A = \left[\sum Y_i(\text{Ⅰ}) - \sum Y_i(\text{Ⅱ}) \right] \frac{B - 1}{(B^n - 1)^2} \tag{3.36}$$

$$K = \frac{1}{n}\left[\sum Y_i(\text{Ⅰ}) + A \times \frac{1 - B^n}{1 - B} \right] \tag{3.37}$$

由式 3.35、式 3.36 和式 3.37 求出 B，A，K 后，即可得逻辑曲线模型的系数 k，a，b。

(3)计算实例。

根据表 3.11 列出的某种技术参数的时间序列数据预测未来一期参数值。

表 3.11　**原始时间序列数据及其倒数**

时间 t	原始数据 y_t	y_t 的倒数 Y_t
0	19.6	0.051
1	21.5	0.047
2	24.0	0.042
3	26.8	0.037
4	30.2	0.033
5	33.4	0.030
6	35.7	0.028
7	37.8	0.027
8	40.1	0.025
9	42.2	0.024
10	44.0	0.023
11	45.5	0.022
12	46.9	0.021
13	48.3	0.021
14	48.9	0.021

解：先求 $Y_t=1/y_t$，并填于表 3.11 中。

将 Y_t分为 3 组：

$$\sum Y_i(\text{Ⅰ})=0.051+0.047+0.042+0.037+0.033=0.21$$

$$\sum Y_i(\text{Ⅱ})=0.030+0.028+0.027+0.025+0.024=0.134$$

$$\sum Y_i(\text{Ⅲ})=0.023+0.022+0.021+0.021+0.021=0.108$$

$$B=\left(\frac{0.134-0.108}{0.21-0.134}\right)^{\frac{1}{5}}=0.807$$

$$A=(0.21-0.134)\times\frac{0.807-1}{(0.807^5-1)^2}=-0.034$$

$$K=\frac{1}{5}\left[0.21+(-0.034)\times\frac{1-0.807^5}{1-0.807}\right]=0.019$$

$$\therefore k=\frac{1}{K}=52.63$$

$$a=-kA=52.63\times(-0.034)=1.789$$

$$b=-\ln B=-\ln 0.807=0.214$$

∴ 逻辑曲线模型为：

$$\hat{y}_t=\frac{52.63}{1+1.789e^{-0.214t}}$$

由此得下一期参数预测值为：

$$\hat{y}_{15}=\frac{52.63}{1+1.789e^{-0.214\times 15}}=49.086$$

3.4.3.2 龚珀兹曲线

(1)数学模型。

英国统计学家和数学家龚珀兹(B. Gompertz)提出了另一个生长曲线模型，即龚珀兹曲线模型。其数学表达式为：

$$y=ka^{b^t} \tag{3.38}$$

式中，$k>0$，$0<a<1$，$0<b<1$。

龚珀兹曲线具有以下数学特征：

①当 $t \to -\infty$ 时，$y \to 0$；当 $t \to \infty$ 时，$y \to k$，即 y 值在 $0 \sim k$ 变化，k 为上限。

②将 y 对 t 求一阶导数，得：

$$y' = y\ln a \cdot \ln b \cdot b^t \tag{3.39}$$

将式 3.38 两边取自然对数，得：

$$b^t = \frac{\ln\left(\frac{y}{k}\right)}{\ln a}$$

将 b^t 代入式 3.39，得：

$$y' = y\ln b \cdot \ln\left(\frac{y}{k}\right)$$

由上式可知，除 $y=0$ 和 $y=k$ 外，在 $0 \sim k$ 的一切 y 值均不能使 y' 等于 0，即该曲线是单调的，无极值。

③将 y 对 t 求二阶导数，得：

$$y'' = y\,(\ln b)^2 \cdot \ln\left(\frac{y}{k}\right) \cdot \left[\ln\left(\frac{y}{k}\right) + 1\right] \tag{3.40}$$

由式 3.40 可知，除 $y=0$，$y=k$ 外，只有当 $\ln\left(\frac{y}{k}\right) + 1 = 0$ 时，$y'' = 0$，所以龚珀兹曲线在单调区间内存在唯一的拐点。可以算出该曲线的拐点为：

$$\left(-\frac{\ln(-\ln a)}{\ln b},\ \frac{k}{e}\right)$$

由于 $\frac{k}{e} < \frac{k}{2}$，故龚珀兹曲线的拐点位置比逻辑曲线的拐点更低，龚珀兹曲线拐点前后两部分是不对称的。

④$t=0$ 时，$y=ka$，即曲线与 y 轴相交点为$(0,\ ka)$。

(2)模型系数的确定。

具有代表性的模型系数确定方法有：

①线性回归法

首先，通过定性分析的方法，根据事物发展规律确定上限 k 值。

其次，对曲线进行线性化变换，将式 3.38 变形后两边取自然对数，并令 $Y = \ln\left(\ln \frac{y}{k}\right)$，则

$$Y=\ln(\ln a)+(\ln b)t$$

最后，根据回归分析法，用最小二乘法求出系数。

②三段和值法

对式 3.38 两边取常用对数，并令 $\lg y=Y$，$\lg k=K$，$\lg a=-A$，$b=B$，则

$$Y=K-AB^t$$

具体计算与逻辑曲线模型系数的三段和值求法完全相同。在求出 A、B、K 后，即可得龚珀兹曲线模型系数 a，b，k。

3.4.4 时间序列分解法

时间序列分解法的基本思想是将时间序列上构成波动的不同因素分离开来，对各因素分别进行分析。这种方法有助于说明各种社会经济活动中的数量指标发生变动的分量原因，既有利于准确预测，又有利于有的放矢地进行控制和管理。

3.4.4.1 时间序列的结构形式

在社会经济活动中，时间序列值依时间波动通常是由于受到下列因素的影响：

(1)趋势(T)因素：当时间序列值依时间变化时，表现出某种倾向(如线性、指数曲线或 S 形曲线趋势)。它是影响时间序列值的主导因素。

(2)循环(C)因素：它是周期不固定的波动变化(如经济危机)产生的原因。

(3)季节变动(S)因素：它是周期相对固定(如一年四季)的波动变化产生的原因。

(4)不规则变动(I)因素：它是指许多外生的不易控制的因素。这些因素的出现带有很大的随机性。一般假定 $E(I)=0$，$D(I)=\sigma^2$。

若以 Y_t表示时间序列值，T_t、C_t、S_t、I_t分别表示趋势、周期、季节变动

和不规则变动，则时间序列值可分解为以下 3 种模式：

①加法模式：$Y_t = T_t + C_t + S_t + I_t$

②乘法模式：$Y_t = T_t C_t S_t I_t$ (3.41)

③混合模式：$Y_t = T_t C_t S_t + I_t$

3.4.4.2 时间序列的传统分解

在以上各种模式中，实际常用的是乘法模式。在该模式中，各变量的单位是：T_t 与 Y_t 有相同的单位，其他因素的变化均是比例值。为了求出各因素对时间序列值影响的大小，下面介绍一下各因素的分解方法。

(1)分解出 T_t 与 C_t。假定季节长度为 4(即一年分为 4 季)。由假定 $E(I)=0$ 可知，只要将序列 Y_t 作移平跨度为 4 的移动平均，就可消除季节变动和不规则变动的影响。记移动平均值为 M，则：

$$M_t = \frac{Y_t + Y_{t-1} + Y_{t-2} + Y_{t-3}}{4} \tag{3.42}$$

(2)分解出 S_t 与 I_t。将式 3.41 两边除以 M_t，得：

$$\frac{Y_t}{M_t} = \frac{T_t \cdot C_t \cdot S_t \cdot I_t}{T_t \cdot C_t} = S_t \cdot I_t \tag{3.43}$$

(3)从 $S_t I_t$ 中分解出 S_t。式 3.43 中的 $S_t I_t$ 包含了季节变动因素和不规则变动因素，因此要设法排除掉不规则变动因素。式 3.42 的移平法虽然可消除不规则变动因素，但同时也消除了季节变动因素。为了消除不规则变动因素而保留季节变动因素，我们采用按季节平均的方法。例如，将式 3.43 所得的序列 $S_t I_t$ 逐年逐季排列起来，然后将各年的相同季节的 $S_t I_t$ 相加进行平均，这就达到了消除不规则变动因素而保留季节变动因素的目的。详见下面的同季平均法。

(4)从 $T_t C_t$ 序列中分解出 C_t。$T_t C_t$ 包含了趋势因素与周期因素，要把这两者分离出来，先要确定一种能最好地描述数据的趋势变化的曲线类型，曲线的模型建立和参数估计与前面章节中论述的方法相同。由曲线方程估算出 T_t，以 T_t 除 M_t，得：

$$M_t / T_t = T_t C_t / T_t = C_t$$

3.4.4.3 常用时间序列分解预测法

利用时间序列分解法进行预测的常用方法主要有同季(月，下同)平均法、季节系数法等。同季平均法是分析具有季节变化的时间序列并在此基础上进行预测的最简单的方法，主要适用于受季节变化影响而无明显趋势变化的时间序列。它包括两个步骤：一是将历年同季数据的平均值与各季总平均值相比，求得季节系数；二是以最近一年的各季平均值分别乘以各季节系数，即得来年各季的预测值。季节系数法是分析具有趋势变化和季节变化的时间序列并在此基础上进行预测的一种方法。该方法通过分析数据的趋势变化和季节波动规律，建立趋势变动模型，求出季节系数，然后再用季节系数去修正反映趋势变化的模型。这种方法的提出主要基于这样一种思想，即趋势是时间序列在整个长时期内的平均运动，是制约时间序列波动的主导因素，而其他各因素引起的波动只能算是对趋势的偏离。

现举一例说明同季平均法的应用。

例：试根据表 3.12 中历年数据预测某商场某电器产品的销售量。

表 3.12　**某电器销售量(台)和季节系数表**

	一季度	二季度	三季度	四季度	合计	各季平均
第一年	4123	3654	3542	4060	15379	3845
第二年	4314	3910	3750	4292	16266	4067
第三年	4506	4145	4043	4513	17207	4302
第四年	4724	4364	4264	4747	18099	4525
合计	17667	16073	15599	17612	66951	
同季平均	4417	4018	3900	4403		
各季总平均	4184					
季节系数 fi	1.056	0.960	0.932	1.052		

解：

(1)计算同季平均值和各季总平均值。

同季平均值是历年同季数据之和除以总年数；各季总平均值是历年全部季度总销售数除以总的季数。其结果列于表 3.12。

(2)计算季节系数。

季节系数 f_i 等于同季平均值与各季总平均值之比：

$f_1 = 4417/4184 = 1.056$

$f_2 = 4018/4184 = 0.960$

$f_3 = 3900/4184 = 0.932$

$f_4 = 4403/4184 = 1.052$

(3)计算预测值。

以第四年的季平均值分别乘以各季节系数 f_i，即得第五年各季的预测值：

第一季度：$\hat{y}_{第五年，1} = 4525 \times 1.056 = 4778$（台）

第二季度：$\hat{y}_{第五年，2} = 4525 \times 0.960 = 4344$（台）

第三季度：$\hat{y}_{第五年，3} = 4525 \times 0.932 = 4217$（台）

第四季度：$\hat{y}_{第五年，4} = 4525 \times 1.052 = 4760$（台）

3.5 主成分分析

主成分分析是在降维的思想指导下产生的一种有效的处理高维数据的方法。在实际问题研究中，往往会涉及众多相关的变量。例如，对全国省会城市和计划单列市发展水平进行比较，必须选取合适的可直接测量的指标，以综合反映一个城市的综合发展水平。如果从规模、结构、效益、基础设施、城镇化水平、居民消费水平等方面考虑，可选取 23 项指标，其指标体系构成如下：市区人口密度、年末总人口、非农业人口、建成区面积、人均园林绿地面积、全部就业人口、第三产业从业人员比重、国内生产总值、农牧渔业生产值、工业总产值、产品销售收入、利税总额、100 元资金实现利税、固定资料投资总额、社会消费品零售总额、人均地方财政收入、人均地方财政支出、人均教育事业费支出、人均储蓄年末余额、职工平均工资、客运总量、货运总量、人均邮电业务总量。但是，变量太多不仅会增加计算的复杂性，而且也会给合理地分析和预测带来困难。在一般的实际问题研究中，虽然所涉及的每个变量都提供了一定的信息，但其重要性有所不同，且在很多情报下，变量间有一定的相关性，从而使得这些变量所提供的信息在一定程度上有所重叠。信息的重叠越大，变量间的相关性也越大。如何对这些变量加以“改造”，用为数较少的、互不相关的、不可直接测量的新变量来反映原变量所提供的绝大部分信息，并通过对新变量的分析达到解决问题的目的，这正是主成分分析法核心思想之体现。

3.5.1 主成分分析法思想

下面以二元变量 $\boldsymbol{X}=(X_1, X_2)$ 为例，说明主成分分析法的思想。对此二维变量进行了 n 次观测，得数据 $\boldsymbol{x}_i=(x_{i1}, x_{i2})(i=1, 2, \cdots, n)$，假设它们在二维平面 X_1OX_2 上的分布如图 3.18 所示。先考虑如下的一种极端情形，X_1 和 X_2 的相关系数的绝对值为 1，即 $(x_{i1}, x_{i2})(i=1, 2, \cdots, n)$ 分布在一条直线 l 上。若将原坐标系沿逆时针方向旋转一个角度 θ 得新的直角坐标系 Z_1OZ_2，使坐标轴 OZ_1 与 l 重合，这时观测点 (x_{i1}, x_{i2}) 可由它们在 OZ_1 上的坐标所确定，即原来的二元变量所表达的信息等同于转化后一元变量（主成分）所表达的信息。由解析几何可知，这些观测点在 OZ_1 上的坐标为：

$$z_{i1} = x_{i1}\cos\theta + x_{i2}\sin\theta, \ i = 1, 2, \cdots, n$$

它们是原观测数据的线性组合且在 OZ_1 轴上的分散性（即样本方差 Var）达到最大。因此，对原变量 (X_1, X_2) 作适当的线性变换可得新的变量 Z_1，即：

$$Z_1 = X_1\cos\theta + X_2\sin\theta$$

其中 θ 的选择使 $\mathrm{Var}(Z_1)$ 最大且 Z_1 的相应值完全可以反映原二元变量 (X_1, X_2) 的观测值的分布状况。

一般情况下，将 OX_1 轴沿逆时针方向旋转一个角度 θ 到 OZ_1 轴，使得原观测数据 (x_{i1}, x_{i2}) 经过线性组合后所得的新变量 Z_1 具有最大的分散性，即该方向所含的数据间差异的信息最多。相应地，OX_2 转至 OZ_2 方向。在现实世界

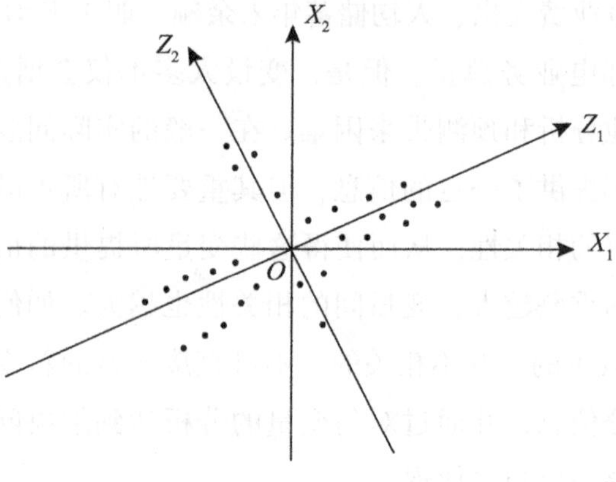

图 3.18 主成分分析示意图

中，原变量(X_1，X_2)是可直接观测的变量，变量(Z_1，Z_2)是不可直接观察和测量的，它们通过原变量的线性变换而得到。设转过角度为 θ，则观测点(x_{i1}，x_{i2})在新坐标系下的坐标为：

$$\begin{cases} z_{i1} = x_{i1}\cos\theta + x_{i2}\sin\theta \\ z_{i2} = - x_{i1}\sin\theta + x_{i2}\cos\theta \end{cases}$$

这时，(z_{i1}，z_{i2})($i=1$，2，…，n)均是相应的原数据的线性变换，且线性变换系数满足条件：$\sin^2\theta + \cos^2\theta = 1$。($z_{i1}$，$z_{i2}$) 完全反映了原始数据的分布情况，并且各自反映的是彼此不相关的两个方向上的分散性。相应的变量：

$$\begin{cases} Z_1 = X_1\cos\theta + X_2\sin\theta \\ Z_2 = X_1\sin\theta + X_2\cos\theta \end{cases}$$

分别称为 X_1 和 X_2 的第一主成分和第二主成分。如果数据在 OZ_2 方向上的分散性很小，那么可用一元数据 z_{i1}，$i=1$，2，…，n 反映原二元数据的绝大部分信息，即可近似地用 Z_1 的分布信息代替原二维变量(X_1，X_2)的分布信息。

3.5.2 主成分分析法的实际应用

表 3.13 显示了某年度省会城市和计划单列市的主要经济指标，下面通过社会科学统计分析软件 SAS 做主成分分析，试图得出各城市的综合经济得分并排列名次。

表 3.13　**某年度省会城市和计划单列市主要经济指标**

指标 城市	年底总人口(万人)	非农业人口(万人)	农业总产值(万元)	工业总产值(万元)	客运总量(万人)	货运总量(万吨)	地方财政预算内收入(万元)	城乡居民年底储蓄余额(万元)	在岗职工人数(万人)	在岗职工工资总额(万元)
北京	1249.90	747.20	1843427	19999706	20323	45562	2790863	26806646	410.80	5773301
天津	910.17	528.68	1501136	22645502	3259	26317	1128073	11301931	202.68	2254343
石家庄	875.40	204.15	2918680	6885768	2929	1911	352348	7095875	95.60	758877
太原	299.92	196.84	236038	2737750	1937	11895	203277	3943100	88.65	654023
呼和浩特	207.78	91.67	365343	816452	2351	2623	105783	1396588	42.11	309337
沈阳	677.08	426.52	1295418	5826733	7782	15412	567919	9016998	135.45	1152811
大连	545.31	269.70	1879739	8426385	10780	19187	709227	7556796	94.15	965922
长春	691.23	281.20	1853210	5966343	4810	9532	357096	4803744	102.63	884447
哈尔滨	927.09	428.98	2663855	4186123	6720	7520	481443	6450020	172.79	1309151
上海	1313.12	969.63	2069019	54529098	6406	44485	4318500	25971200	336.84	5605445
南京	537.44	287.03	989199	13072737	14269	11193	664299	5680472	113.81	1357861
杭州	616.05	219.05	1414737	12000796	17883	11684	449593	7425967	96.90	1180947
宁波	538.41	137.12	1428235	10622866	22215	10298	501723	5246350	62.15	824034
合肥	429.95	136.91	628764	2514125	4893	1517	233628	1622931	47.27	369577
福州	583.13	159.38	2152288	6555351	8851	7190	467524	5030220	69.59	680607
厦门	128.99	62.75	333374	5751124	3728	2570	418758	2108331	46.93	657484
南昌	424.20	169.16	688289	2305881	3674	3189	167714	2640460	62.08	479555

续表

指标 城市	年底总人口(万人)	非农业人口(万人)	农业总产值(万元)	工业总产值(万元)	客运总量(万人)	货运总量(万吨)	地方财政预算内收入(万元)	城乡居民年底储蓄余额(万元)	在岗职工人数(万人)	在岗职工工资总额(万元)
济南	557.63	227.81	1486302	6285882	5915	11775	460690	4126970	83.31	756696
青岛	702.97	259.60	2382320	11492036	13408	17038	658435	4978045	103.52	961704
郑州	615.36	210.72	677425	5287601	10433	6768	387252	5135338	84.66	696848
武汉	740.20	434.46	1211291	7506085	9793	15442	604658	5748055	149.20	1314766
长沙	582.47	180.98	1146367	3098179	8706	5718	323660	3461244	69.57	596986
广州	685.00	425.63	1600738	23348139	22007	23854	1761499	20401811	182.81	3047594
深圳	119.85	95.05	299662	20368295	8754	4274	1847908	9519900	91.26	1890338
南宁	285.87	116.18	720486	1149691	5130	3293	149700	2190918	45.09	371809
海口	54.38	45.43	44815	717461	5345	2356	115174	1626800	19.01	198138
重庆	3072.34	635.16	4168780	8585525	52441	25124	898912	9090969	223.73	1606804
成都	1003.56	336.15	1935590	5894289	40140	19632	561189	7479684	132.89	1200671
贵阳	321.50	146.52	362061	2247934	15703	4143	197908	1787748	55.28	419681
昆明	473.39	182.95	793356	3605729	5604	12042	524216	4127900	88.11	842321
西安	674.50	276.14	739905	3665942	10311	9766	408896	5863980	114.01	885169
兰州	287.59	156.58	259444	2940884	1832	4749	169540	2641568	65.83	550890
西宁	133.95	70.02	65848	711310	1746	1469	49134	855051	27.21	219251
银川	95.38	54.45	171603	661226	2106	1193	74758	814103	23.72	178621
乌鲁木齐	158.92	131.01	78513	1847241	2668	9041	254870	2365508	55.27	517622

在SAS的主成分分析中，选择的变量为x_1(年底总人口)、x_2(非农业人口)、x_3(农业总产值)、x_4(工业总产值)、x_5(客运总量)、x_6(货运总量)、x_7(地方财政预算内收入)、x_8(城乡居民年底储蓄余额)、x_9(在岗职工人数)、x_{10}(在岗职工工资总额)，共10个变量。默认情况下，系统基于原变量的相关矩阵进行主成分分析。

通过SAS进行计算，可得样本相关矩阵，如图3.19所示。

	x_1	x_2	x_3	x_4	x_5	x_6	x_7	x_8	x_9	x_{10}
x_1	1.000	0.7427	0.8425	0.3603	0.7390	0.6215	0.4039	0.4967	0.6761	0.4689
x_2	0.7427	1.000	0.6155	0.7538	0.3939	0.9177	0.8025	0.8554	0.9514	0.8652
x_3	0.8425	0.6155	1.0000	0.3358	0.5891	0.5056	0.3236	0.4456	0.5575	0.3742
x_4	0.3603	0.7538	0.3358	1.0000	0.1507	0.7664	0.9412	0.8480	0.7320	0.8614
x_5	0.7390	0.3939	0.5891	0.1507	1.0000	0.4294	0.1971	0.3182	0.3893	0.2595
x_6	0.6215	0.9177	0.5056	0.7664	0.4294	1.000	0.8316	0.8966	0.9302	0.9027
x_7	0.4039	0.8025	0.3236	0.9412	0.1971	0.8316	1.0000	0.9233	0.8376	0.9527
x_8	0.4967	0.8554	0.4456	0.8480	0.3182	0.8966	0.9233	1.0000	0.9201	0.9731
x_9	0.6761	0.9514	0.5575	0.7320	0.3893	0.9302	0.8376	0.9201	1.0000	0.9396
x_{10}	0.4689	0.8652	0.3742	0.8614	0.2595	0.9027	0.9527	0.9731	0.9396	1.00000

图3.19 样本相关矩阵

以上相关矩阵的特征值、各标准化主成分的贡献率及累计贡献率见表3.14。

表3.14 **相关矩阵的特征值及贡献率**

i	特征值	特征值差异	贡献率	累积贡献率
1	7.13950392	5.37622957	0.7140	0.7140
2	1.76327436	1.32690415	0.1763	0.8903

续表

i	特征值	特征值差异	贡献率	累积贡献率
3	0. 43637020	0. 12242976	0. 0436	0. 9339
4	0. 31394044	0. 15738279	0. 0314	0. 9653
5	0. 15655765	0. 05498746	0. 0157	0. 9810
6	0. 10157019	0. 06300175	0. 0102	0. 9911
7	0. 03856844	0. 00955940	0. 0039	0. 9950
8	0. 02900904	0. 01080577	0. 0029	0. 9979
9	0. 01820327	0. 01520078	0. 0018	0. 9997
10	0. 00300249		0. 0003	1. 0000

以上相关矩阵的标准化特征向量见表 3. 15。

从表 3. 14 可知，第一主成分贡献率为 71. 40%，前两个主成分的累积贡献率为 89. 03%。表 3. 14 中的 x_i^* 为原变量 x_i 标准化后的新变量，则第一标准化样本主成分为：

$$z_1 = 0.268027x_1^* + 0.357140x_2^* + 0.233390x_3^* + 0.313466x_4^* + 0.176871x_5^* + 0.354575x_6^* + 0.335257x_7^* + 0.352878x_8^* + 0.360825x_9^* + 0.351793x_{10}^*$$

z_1 近似为 10 个标准化变量 $x_i^*(i=1, 2, \cdots, 10)$ 的等权重之和(x_5^* 权重稍小一些)，是反映各城市经济实力的综合指标，z_1 的值越大，则该城市的综合经济实力越强，由于 z_1 的贡献率高达 71. 40%，所以基本上可用 z_1 的得分值对各城市进行排序。通过 SAS 进行计算，各样本按第一主成分得分及排序见表 3. 16。

表 3.15 标准化特征向量

标准化变量	e1 *	e2 *	e3 *	e4 *	e5 *	e6 *	e7 *	e8 *	e9 *	e10 *
x1 *	0. 268027	0. 486921	−0. 150573	−0. 064135	−0. 462917	0. 384101	0. 293623	−0. 443107	0. 128997	0. 057096
x2 *	0. 357140	0. 029183	−0. 218872	−0. 284730	−0. 387889	−0. 101191	−0. 560969	0. 208276	−0. 432513	0. 191815
x3 *	0. 233390	0. 476262	−0. 555029	0. 353022	0. 460403	−0. 178615	0. 047560	0. 188700	−0. 049800	0. 042402
x4 *	0. 313466	−0. 284535	−0. 018068	0. 636597	−0. 344446	−0. 196320	−0. 243698	−0. 065117	0. 433418	−0. 080820
x5 *	0. 176871	0. 540392	0. 757038	0. 165745	0. 056359	−0. 041344	−0. 177343	0. 196531	−0. 031524	−0. 012642
x6 *	0. 354575	−0. 041584	0. 114812	−0. 301894	−0. 036035	−0. 749980	0. 424294	−0. 155835	0. 009976	−0. 006932
x7 *	0. 335257	−0. 282771	0. 093322	0. 299741	−0. 082863	0. 274201	0. 463211	0. 261609	−0. 546222	−0. 213716
x8 *	0. 352878	−0. 171628	0. 104210	−0. 005997	0. 474267	0. 137035	−0. 302606	−0. 663796	−0. 208906	−0. 124822
x9 *	0. 360825	−0. 025951	−0. 068927	−0. 406699	0. 127762	0. 222425	−0. 067109	0. 335228	0. 423098	−0. 580765
x10 *	0. 351793	−0. 224562	0. 102135	−0. 105070	0. 228129	0. 253308	0. 123830	0. 189943	0. 289578	0. 743550

表 3. 16　　　　　　**按第一主成分得分及排序**

城市	第一主成分 z_1	排名
上海	8. 980141	1
北京	7. 515474	2
重庆	4. 606392	3
广州	3. 517499	4
天津	2. 637904	5
成都	1. 292548	6
哈尔滨	0. 712837	7
武汉	0. 588611	8
沈阳	0. 544098	9
青岛	0. 469161	10
大连	0. 342333	11
南京	0. 158546	12
杭州	0. 118499	13
深圳	0. 086776	14
石家庄	−0. 3066	15
长春	−0. 33993	16
宁波	−0. 4294	17
西安	−0. 47423	18
济南	−0. 60659	19
福州	−0. 66852	20
昆明	−0. 90741	21
郑州	−0. 9089	22
长沙	−1. 20509	23
太原	−1. 38722	24
南昌	−1. 78136	25
贵阳	−1. 80886	26

续表

城市	第一主成分 z_1	排名
兰州	-1.90112	27
乌鲁木齐	-1.97243	28
合肥	-2.0038	29
厦门	-2.06429	30
南宁	-2.08032	31
呼和浩特	-2.42044	32
海口	-2.73464	33
西宁	-2.76295	34
银川	-2.80672	35

第二个主成分 z_2 的系数表明，它主要反映的是第 1、3、5 个变量的信息。关于主成分的实际意义，要结合具体问题和相关专业知识给予合理的解释。

本章小结

比较、分析、综合和推理是信息分析的基本方法。在信息分析工作中，不仅需要掌握这些基本方法，而且还需要结合实际案例掌握回归分析、聚类分析、时间序列分析、主成分分析等常用信息分析方法，了解这些方法的核心思想、基本步骤、主要类型、典型应用和注意事项。同时，在掌握本章介绍的信息分析基本方法和常用方法的基础上，还要根据实际业务需要不断学习和掌握其他信息分析方法。

问题讨论

1. 试述信息分析定性方法、定量方法和半定量方法之间的关系。
2. 聚类分析方法的核心思想是什么？
3. 回归分析方法包括哪些主要类型？
4. 时间序列分析方法在信息分析中应用的注意事项。

5. 举例说明主成分分析在信息分析活动中的应用。

本章参考文献

[1]陈京民等．数据仓库与数据挖掘技术[M]．北京：电子工业出版社，2002.

[2]范金城等．数据分析[M]．北京：科学出版社，2002.

[3]冯文权．经济预测与决策技术[M]．武汉：武汉大学出版社，1994.

[4]卢泰宏．信息分析[M]．广州：中山大学出版社，1998.

[5]杨上广等．全国中心城市发展水平研究[J]．福建地理，2001，16(1)：13-17.

[6]查先进．信息分析[M]．武汉：武汉大学出版社，2011.

[7]薛微．数据挖掘中的决策树技术及其应用[J]．统计与信息论坛，2002，17(2)：4-10.

[8]蒋沁，王昌亚．情报研究[M]．武汉：武汉大学出版社，1989.

第 4 章

信息分析成果评价

本章引言

评价是人类生活的一大特征，人们对进入自己视野的事物，无不加以评价。随着信息分析成果在科技、经济、社会活动中的作用日益扩大，评价信息分析成果必要性和迫切性就越显得突出，信息分析成果评价是对信息分析工作质量高低的一种考核活动，不仅是信息分析工作流程的内在要求，而且也促进了信息分析工作的改进和完善。本章重点介绍了信息分析成果评价的理论基础、基本原则、重要意义，以及信息分析成果评价工作流程、指标体系，并结合具体案例介绍了国内外比较通用的评价方法：同行评议法、德尔菲法、模糊综合评价法、层次分析法等。

本章重点

- 信息分析成果的评价工作流程；
- 信息分析成果的评价指标体系；
- 同行评议法；
- 德尔菲法；
- 模糊综合评价法；
- 层次分析法。

4.1 信息分析成果评价的内涵

评价学的理论基础由多学科理论共同构成，如哲学中的价值论和认识论、信息管理理论和信息分析理论、比较理论和分类理论、数学和统计学理论等。鉴于篇幅的原因，本书主要介绍价值认识理论和信息科学理论。

4.1.1 信息分析成果评价的理论基础

4.1.1.1 价值认识理论基础

真正要达到评价过程、评价结果的科学、客观和公正，就要先明确为什么进行评价、评价什么和怎样评价等问题，而这就必然要求有一套科学、完善的理论体系作为评价活动的理论基础和依据。① 正如《价值与评价》的作者弗·布罗日克所说，"评价和认识是主体和客体相互作用的两种特殊形式"，可见，评价和认识共同构成了人类对世界的完整认识。就其认识客体而言，既要认识事物的本质属性特征，又要清楚客体对人类和社会的意义所在，只有如此，才是对客体的完整而全面的认识。评价作为认识价值的一种观念性活动，它既属于价值论研究的范围，同时也属于认识论研究的范围。② 因此，为了科学地评价信息分析成果，就必须搞清楚价值论和认识论的内涵。

(1)价值理论。

学者通常把认识分为两种，即把狭义的认识根据其所反映的对象称为"事实认识"，而把价值评价称为"价值认识"。③ 因此，认识就有了两种形式或两部分内容，即事实认识和价值认识。两者既相互区别又相互联系，事实认识和价值认识，特别是价值认识是理解评价的基础。

---

① 刘则渊，韩霞. 大学评价的理论基础和指标体系. 邱均平. 大学评价与科研评价——国际学术研讨会论文集[C]. 北京：华夏出版社，2005：100-112.

② 冯平. 评价论[M]. 北京：东方出版社，1995.

③ 刘则渊，韩霞. 大学评价的理论基础和指标体系. 邱均平. 大学评价与科研评价——国际学术研讨会论文集[C]. 北京：华夏出版社，2005：100-112.

价值认识与事实认识的区别主要表现在认识对象和认识方式的不同，就认识对象而言，价值认识的对象是价值，反映的是客体本身对于人的生活产生什么意义；事实认识的对象是事实，反映的是客体自身属性、客观规律和关系，是关于客观现实的真切描述。对于认识方式来说，价值认识需要时刻关注人和人的需要，在评价事物时，自始至终都把客观事物的属性同人的需要联系起来，按照人的内在尺度去揭示事物对于人的价值。然而，事实认识的任务是揭示事物的内部联系，它遵循的只是客体方面的尺度，力图从认识的内容中排除人的主观因素，力求认识的客观实在性。

价值认识与事实认识的联系主要从两个方面来阐述，一则，事实认识是价值认识的基础，事实认识提供价值认识的事实性材料，这些材料有助于主体了解客体的内在因素和它在一个更大系统中的地位，帮助评价主体准确地确定评价的范围和参照系，以便完整地把握客体的社会意义。二则，价值认识决定着事实认识的方向，在认识活动中，人们在确定哪些问题、哪些现象最值得研究，先研究什么和着重研究什么时，就已经在进行一定的评价了，价值认识从而影响事实认识的路径选择和认识方式。

(2)认识理论。

认识是人类参与社会活动的一种实践需求，这是马克思主义认识论的基本观点，认识的本质在于反映主体对于客观世界的把握。同样，评价也是一种认识，因实践的需要而产生，并随着实践的发展而发展。因为只有在实践基础上的认识或评价活动，才能发现、判断客体存在的价值，并通过实践活动来检验认识或评价的准确性和科学性。

认识的根本任务是经过感性认识上升到理性认识，透过现象把握事物的本质和规律。这就需要发挥人的主观能动性，在不断摸索、分析、辨别的过程中，实现对客观世界由不知到知的转化，正如列宁在《谈谈辩证法问题》中所说，所谓认识就是“由不知到知的转化”。而对于评价来说，强调的是主体对于客体意义的了解和把握，同样需要经历从不知到知的认识过程。另外，评价的结果也同一般的认识结果一样，是由概念、直觉、判断、观念等认识因素构成。

我们知道，评价是一种价值认识和价值判断行为，即所谓的“价值评价”。评价过程是对评价对象的掌握过程，是一种认识行为。① 要想实现科学地评价客观事物，那么必然要对客观事物的属性特征、结构要素、存在条件等自然属性有一个清楚的认识，因此，认识与评价密切相关，认识活动是评价活动的基础。科学评价就是在事实认识和价值认识的基础上对评价对象于评价主体的价值和意义所作的综合判断，即了解、认识、确定和判断评价对象对评价主体有无价值及价值量的大小。价值认识和事实认识作为两种特殊的认识形式，它们既相互区别，又相互联系。② 事实认识只相对于客体一方，而价值认识既相对于客体，又相对于主体。③

评价活动是准确、全面、系统认识事物的一种有效方法，它是在事实认识和科学认识的基础上对评价对象进行价值判断的活动，本质上是一个价值判断过程，同时它也是一种特殊的认识活动，即价值认识活动。因此，价值理论和认识理论是信息分析成果评价的理论基础。

4.1.1.2 信息科学理论基础

信息分析成果的评价需要大量的信息支撑，比如关于评价主体的信息、评价客体的信息、评价机构的信息等，很显然，在评价活动中，拥有评价信息的丰富程度在某种意义上决定了评价的质量和效率的高低。同时，还要借助于大量的信息分析方法、技术、手段和工作来处理评价信息，这些都是信息分析工作的内容。因此，信息分析成果的评价活动是一系列信息管理工作和信息分析工作的智力活动，信息管理和信息分析活动贯穿于评价工作的整个过程。

(1)信息管理理论。

一般而言，信息管理分为两个层次：一是宏观层次的信息管理，包括对信息政策、信息法规、信息制度、信息产业、信息市场等的管理；二是微观

① [苏]阿·布罗夫. 美学：问题与争论[M]. 上海：上海译文出版社，1987.

② 袁贵仁. 价值学引论[M]. 北京：北京师范大学出版社，1991.

③ 武汉林. 价值·评价·认识[J]. 河南师范大学学报(哲学社会科学版)，2000(3)：46-50.

层次的信息管理，包括对国家、政策、组织、机构和个人等不同信息主体的信息活动的管理，以及具体信息活动过程的管理，如对信息搜集、整理、储存、检索、传递、利用和服务等活动的管理及信息产品管理。①

信息管理是指个人或者社会团体组织为了实现某一目标，对信息进行搜集、组织、分析和提供利用的活动。从广义上讲，信息管理不仅需要对信息进行管理，还要对涉及信息活动的各种要素(信息、人、机器、机构等)进行合理的组织和控制，以实现信息及有关资源的合理配置，从而有效地满足社会的信息需求。② 就信息管理的特性而言，最重要的就是信息管理的服务性，也就是说，信息搜集、组织和分析不是其最终的目标，信息管理的关键在于为信息用户提供具有价值的信息产品，最大限度地满足信息需求。因此，信息管理是为各项管理、科学研究、文化教育和人们日常生活服务的，具有很强的服务性。

显然，为了保证有效发挥信息产品的作用，信息产品的评价就显得非常重要了，信息管理是一个动态的过程，需要信息服务商根据信息用户的动态要求，及时对信息管理环节做出合适的调整，信息评价在信息管理中有两个重要作用：一是提高信息服务商对自身信息管理水平的认识，有利于信息管理工作的改进；二是准确定位信息产品的质量和有效性，有利于信息用户科学利用。另外，信息管理方法体系中的许多内容，包括信息的搜集方法、分类组织方法、排序方法、存储方法、检索方法、分析方法、咨询方法、预测方法等，③ 为信息分析成果的评价提供了重要的评价手段。

信息管理的发展对信息分析成果评价的支持作用主要表现在：①信息管理部门可对评价过程实施信息与数据监督；②信息管理数据库的建设、完善可为科学评价提供可靠的评价信息和数据来源；③信息管理方法的改进和发展可为科学评价提供有效的参考与借鉴；④信息管理机制的完善可为科学评

---

① 岳剑波. 信息管理基础[M]. 北京：清华大学出版社，1999.

② 马费成，胡翠华，陈亮. 信息管理学基础[M]. 武汉：武汉大学出版社，2000.

③ 文庭孝. 科学评价对信息管理学科发展的意义[J]. 图书情报知识，2005(2)：9-10.

价活动营造良好的评价信息保障与氛围。① 科学评价需要以信息管理理论、方法和技术为基础，可见，信息管理理论的发展是科学评价发展的前提。

信息分析成果的评价作为一个信息工作阶段，同样需要信息分析成果的指标分解、对比、整理、定位等管理工作，也就是说，信息分析成果评价的工作质量取决于对信息管理工作流程的掌握水平。对于信息提供商来说，其信息工作人员可能只属于某个信息工作阶段，比如只做信息搜集、信息组织、信息分析、信息提供等信息管理工作的某一个阶段，但是要科学有效地评价信息产品，必须清楚地掌握整个信息管理工作阶段，因为信息分析成果的评价要考虑到整个信息工作过程是否科学。

(2)信息分析理论。

信息分析成果的评价是建立在对信息分析内涵及工作流程掌握的基础上进行的，对于评价人员来说，不仅要有信息分析这一职业活动的理论基础，还要有丰富的评价学知识来指导信息分析成果的评价活动。为此，信息分析理论对于信息分析成果评价具有基础性和战略战术方面的重要价值。

信息分析作为一个学科概念或一种职业活动，其内涵是随着实践活动的进展而发生变化的，在不同的时期，理论工作者和信息分析工作人员对信息分析有着不同的理解，但究其根本来说，信息分析的内涵可以界定为：信息分析是根据用户需求，对信息进行选择、分析、综合、预测，为用户提供系统、准确、及时、大流量的知识与信息的智能活动。

信息分析工作没有固定的工作程序，针对不同的信息需求，在具体工作中也会随机选择适合工作要求的工作环节，如经济收益分析、科研成果分析、技术产品分析等不同领域的分析，工作人员都会选择一些不同的分析模式和方法来实施。但是，从事信息分析工作的人员一般都会发现，信息分析工作有这样一个基本的流程，包括信息收集、信息整理、信息产品的制作、信息产品的利用四个阶段，而信息分析成果评价介于信息分析和信息利用两个阶

① 王宏鑫，邱均平. 21 世纪文献计量学的发展趋势[J]. 高校图书馆工作，2000(4)：9-16；张蕊. 信息管理方法在科学评价中的应用[J]. 图书情报知识，2005(2)：11-13；文庭孝，张蕊，罗贤春等. 信息咨询与决策[M]. 北京：科学出版社，2008.

段之间，由此可见信息分析成果评价的重要地位和作用，在信息利用之前的评价工作，不仅关系到研究成果本身的质量和可信度，也关系到信息分析成果能否更好地指导或改进工作进程。

4.1.2 信息分析成果评价的基本原则

4.1.2.1 定性评价与定量评价相结合

定性评价是根据评价者对评价对象平时的表现、现实和状态或文献资料的观察和分析，直接对评价对象做出定性结论的价值判断，如同行评议法、德尔菲法等。定性评价是利用专家的知识、经验和判断通过记名表决进行评审和比较的评标方法，强调观察、分析、归纳与描述。定性评价更加关注信息分析成果在“质”方面的发展，关注结果与目标之间的一致性，是具有实质性内容的一种评价机制。

定量评价是采用数学的方法，收集和处理数据资料，对评价对象做出定量结果的价值判断，如模糊数学的方法、综合评分法等，对评价对象的特性用数值进行描述和判断。定量评价强调数量计算，它具有客观化、标准化、精确化、量化、简便化等鲜明的特征。但定量评价往往只关注可测性的品质与行为，强调共性、稳定性和统一性，过分依赖量化形式，有些内容勉强量化后，只会流于形式，并不能对评价结果作出恰如其分的反映。因而，它忽略了那些难以量化的重要品质与行为，忽视个性发展与多元标准，把丰富的个性心理发展和行为表现简单化为抽象的分数表征与数量计算。

一些学者和资助机构认为，由于每种评价都有其固有的缺陷，采用任何单一方法都不能得出比较理想的结论，因此，在进行评价时，一般要把定性评价方法、定量评价方法和综合评价方法结合起来使用。如果说定量评价关注“量”而走向抽象并且侧重定量描述，那么定性评价则关注“质”而走向具体并且侧重定性描述。因而，定性评价是更具有现代人本思想和发展性评价的理念。但是，定性评价有时会使评价结果模糊笼统，弹性较大，难以精确把握。马克思认为，一种科学只有在成功地运用数学时，才算达到了真正完善的地步。因此，科学可靠的评价需要定量评价和定性评价的结合，以此来互相弥补各自的不足之处。由于信息分析成果的评价涉及因素众多，许多因素具有复杂性、模糊性，因此，不能单纯地运用定性评价来决定整个评价结果，一定要将定性评价与定量评价结合运用，并将定性描述以逻辑判断的方法进行量化处理，才能对评价对象作出准确的评价。

4.1.2.2 过程评价与目标评价相结合

过程评价是指根据信息分析成果形成的工作流程，对其工作流程和环节进行分析对比和检查，具体包括信息资源搜集的评价、信息整理的评价、信息分析的评价、信息成果制作的评价等。过程评价的重点在于事物在形成过程中参与工作人员的素质结构是否合理，以及成果制作过程的环节是否符合相关工作标准，能够深入细致地反映事物的真实面貌，为评价者提供整体的、宏观的信息。但是，在强调经济利益和社会效益的时代，包括信息分析成果在内的任何事物都要为社会创造价值，信息分析成果的评价还要从成果是否达到目标来分析，可见，过程评价还不足以全面反映评价工作的现实意义。

目标评价是指对评价对象实际产生的各项指标与预先为其设定的目标相比较，从而判断是否成功。对于信息分析成果评价而言，参与评价工作的人员根据评价指标体系的通用指标，以及按照信息分析成果的特殊性而临时制定的指标来展开评价工作。目标评价强调评价对象是否达到目标，对事物形成过程并不关注，虽然，对于评价工作者来讲省去了很多工作，但是，只重结果不重过程的做法常常会导致结果的偏差。

对于信息分析成果的评价而言，过程评价与目标评价的结合是一种折中的方式，结合了两者的优点，突出评价的科学性。信息分析成果的形成是一项极其复杂、流程繁琐、方法讲究的工作，需要过程评价的跟踪和检查；同时，信息分析成果一旦用于实践工作，将会产生技术上的改进、经济效益的提升、社会效益的增加等结果，目标评价就显得更为重要了。因此，过程评价与目标评价相结合是信息分析成果评价的一种趋势。

总之，评价方法的选取要考虑评价环境、评价对象、评价目标等方面因素，而且由于缺乏对评价工作的有效管理，一些很好的评价方法难以发挥作用。因此，进一步对评价方法展开深入研究，并结合社会经济发展的实际情况，根据在评价实践中遇到的不同问题来选择不同的评价方法，还需要付出更大的努力。①

4.1.3 信息分析成果评价的意义

4.1.3.1 理论意义

在市场经济条件下，信息分析成果基本上是以信息商品的形式体现出来的。一方面，信息分析成果是信息分析人员通过体力劳动和脑力劳动创造出来的，是信息分析人员集体智慧和创造性劳动的结晶。这一结晶是人类社会劳动成果的重要组成部分，具有价值属性。另一方面，根据当代商品学说，在市场经济条件下，这种成果成为商品后是可以通过传递和进一步的开发利用为用户及社会吸收并产生影响或收益的，如经济活动成本的降低、管理行为的改善、决策质量的提高、经营风险的减少等。这种影响或收益实际上是信息分析成果使用价值属性的体现。由此可见，信息分析成果在成为商品后，与其他商品一样，具有价值和使用价值两种属性。信息分析成果的评价就是对上述价值和使用价值进行衡量和评判，这一工作是整个信息分析工作中不可缺少的环节，是对其他各环节及其产生的最终结果的一个总体评价。正因如此，现代信息管理都特别注意把信息分析成果评价作为信息管理的必要组成部分来加以强调。没有信息分析成果的评价，现代信息管理至少是不完善的，整个信息分析工作也是不完整的。

4.1.3.2 实践意义

从实践方面考察，运用正确的评价指标体系对信息分析成果做出实事求是的客观评价，对于科学、及时地总结信息分析工作实践中的经验教训，对

① 王凭慧. 科学研究项目评估方法综述[J]. 科研管理，1999(3)：19-25；赵艳丽，顾发基. 东西方评价方法论对比研究[J]. 管理科学学报，2000(3)：87-93.

于有效地发挥信息分析成果的作用，有着极为重要的意义，主要表现在以下几个方面：第一，通过成果评价，有利于寻求和及时发现信息分析各环节存在的疏漏、缺陷和问题，改进和提高成果的质量，满足市场的需要；第二，通过成果评价，可以使信息分析人员的辛勤劳动得到社会的承认，有利于稳定和发展壮大信息分析队伍，调动和激发信息分析人员的积极性和创造性；第三，通过成果评价，有利于信息分析机构的日常管理，如对机构进行资产评估、对人员的工作质量进行考核、奖勤罚懒、可为人员工资的调整和职称的评定提供参考依据；第四，通过成果评价，有利于合理地进行成果的市场定价，使成果准确、及时地被推向目标市场；第五，通过成果评价，可以使成果本身潜在的使用价值在某种程度上得到揭示，这一方面起到了向社会宣传成果的效果，另一方面也便于社会对信息分析工作进行监督。

4.2 信息分析成果评价的工作流程

信息分析成果的评价主要是运用系统、综合的观点和方法，对信息分析成果进行多角度、多层次的分析和论证，最终做出对信息分析成果的合理评价。一个完整的信息分析成果评价包括两个方面：一是对已经完成的信息分析成果自身质量的评价；二是对信息分析成果投入实践工作后产生的效益的评价。前者为信息分析成果的即时评价，后者为信息分析成果的最终评价。即时评价为最终评价提供依据，最终评价对即时评价起最后的验证作用。

评价的目的是通过对信息分析成果的全面分析和审核，检查成果是否满足项目启动初期设立的目标，必要时对成果的进一步完善提出建议。信息分析成果的评价程序主要分为评价起步阶段、评价指标选取阶段和结论提出与撰写阶段，如图4.1所示。

4.2.1 信息分析成果评价的准备阶段

(1)组建评价小组。

信息分析成果评价是一项系统性很强的工作，选择合适的评审人员、组

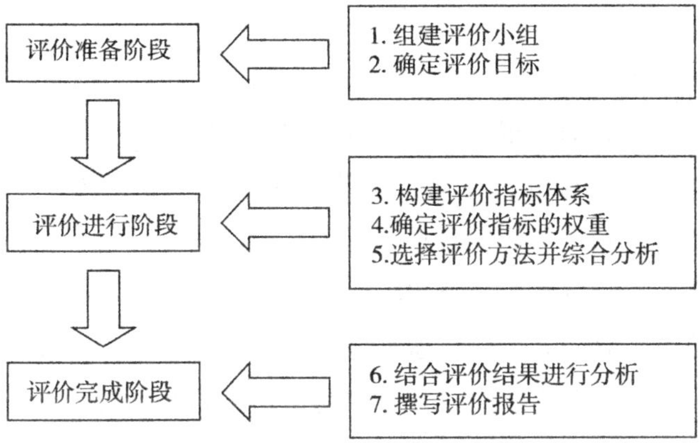

图 4.1 信息分析成果的评价程序

建评价小组是评价工作的关键一步。评价小组通常由信息分析人员、相关领域的评审专家(根据信息分析成果领域的不同决定)、主管部门负责人和用户等组成。其中，由于评审专家一般具有较高的评价职业道德和专业的知识结构，因此，评审专家的判断对于信息分析成果的评价具有代表性和权威性。

当然，信息分析人员和其他人员在评价过程中也发挥着重要的作用，比如信息分析人员要向其他评审人员介绍信息分析成果的形成过程、主要性能指标、该成果的特色等，从而为评审专家进一步对成果的评价奠定良好的基础。

(2)确定评价目标。

信息分析成果的评价目标主要取决于信息分析任务本身的性质和服务商的需要，应根据信息分析内容的特征、范围、条件和环境等维度来确定评价目标，并综合考虑信息分析成果实施的可行性及其效果。评价目标包括：为客户提供信息；确定信息提供商的责任和履行情况；增进共识并改进工作质量等。当然，评价目标不可过多，否则会导致评价工作过于分散。

评价目标决定着评价工作的方向，信息分析成果的评价基本目标是确保信息成果的质量，根据双方约定的成果表现形式、成果内容、成果提交时间来提供给客户。

4.2.2 信息分析成果评价的进行阶段

(1)构建评价指标体系。

信息分析成果的评价指标体系，应根据成果课题的目标、特点、类型、规模及所处的层次等确立，在众多成果评价方案的因素中选取科学、客观、准确反映项目整体情况及影响这些指标的因素。选定评价指标体系后，应制定相应的评价标准，并尽可能量化和细化评价标准。

同时，在设立评价指标时要遵循基本的原则，比如动态分析与静态分析相结合，以动态分析为主；全过程分析与阶段分析相结合，以全过程分析为主；宏观分析与微观分析相结合，以宏观分析为主；价值分析与实物分析相结合，以价值分析为主。

(2)确定评价指标的权重。

加权理论与方法是信息分析成果评价中较为实用的评价方法。信息分析成果评价中各个指标的重要性程度是不同的，需要通过加权给予体现，对不同的评价指标给予不同的权重，设计出“指标权重专家意见表”。

确定权重的方法大体上可以分为主观赋权法和客观赋权法两大类，其中主观赋权法往往没有统一的客观标准，它是研究者根据其主观价值判断来制定各个指标权数的方法，主要有德尔菲法和专家评判法；客观赋权法是直接根据指标的原始信息，通过统计方法处理后获得权数的方法，主要有因子分析法、主成分分析法和回归分析法。权重值的科学性与合理性直接影响评价的结果，因此，科学地确定指标权重在评价中是非常重要的。

(3)选择评价方法并综合评价。

评价方法是根据评价对象的具体要求不同而有所不同的，信息分析工作中对成果评价的方法有很多种，其中较为实用的有同行评议法、专家定性判断法、德尔菲法、层次分析法、模糊综合评价法等。选择合适的信息分析成果评价法对评价工作至关重要。

信息分析成果的综合评价判断依据可以是单独的，也可以是若干个判断依据相结合。综合评价的单一判断依据，多为定性和定量相结合的平均值，与临界值相比较；另一种为不设临界值，而以实际数值大小来排序优选。

4.2.3 信息分析成果评价的完成阶段

(1)结合评价结果进行综合分析。

在明确的目标和范围内，根据所定的指标和判断依据，运用选择的方法，对信息分析成果进行综合评价，包括交叉反复地分析、评定、协调、模拟、综合等工作。评价、排序并不是评价的唯一目的，而应在此基础上做一些综合分析工作，从分析结果中获得一些对宏观指导有建设性的意见或建议，提供给决策者作为参考。

评价意见一般包括概略性评价意见和详细评价意见两种。概略性评价意见是对信息分析成果总体上的理解和评价，常常简单地以优劣断之。详细评价意见是在对信息分析成果各部分进行详细分析之后，给出的具体的评价意见。

(2)撰写评价报告。

信息分析成果在经过认真评价后，通常要形成评价报告。评价报告一般要求以简洁的文字交代评价的目的、背景、评价时间、评价地点、评价专家、评价内容等，并详细地介绍评价的方法、过程及主要结论。评价报告的语言必须是科学语言，务求准确、简明、规范，不可模棱两可、晦涩难懂、华而不实。

信息分析成果评价的最后一个步骤是提出评价报告和建议。报告中要说明评价资料、数据的来源与评价方法，指明评价的结论和建议。

4.3 信息分析成果的评价指标体系

科学地确定评价指标和指标体系是科学评价的前提，只有设计出科学合理的评价指标体系，才有可能得出科学公正的评价结论。① 信息分析成果的特点决定了其评价是一项复杂的系统工程，必然要涉及许多相互联系、相互影响的因素。因此不能使用单一的指标去评价信息分析成果，应该坚持系统性原则，兼顾各种因素在信息分析成果中的作用和影响，使评价指标在整体

① 邱均平，文庭孝等. 评价学：理论·方法·实践[M]. 北京：科学出版社，2010.

上得到综合优化。

实践证明，要客观、公正、科学、合理地评价信息分析成果，必须设计一套合理的评价指标体系。有了评价指标体系，评价人员才可以用统一的标准对不同的成果进行评价，其质量高低、效益大小才具有现实意义，另外，也避免了评价过程中的主观随意性。

4.3.1 信息分析成果的评价指标设计原则

鉴于信息分析产品的类型是多样的，内容是复杂的，分析对象和目的是不尽相同的，而且用户需求也是相异的，这就决定了对于不同的信息分析成果评价，应该设计具有自身特色的特定评价指标体系。但就一般而言，在设计评价指标体系时必须遵循以下几项原则。

(1)科学性原则。

科学性原则是指指标设计要能反映事物的本质和内在联系。在信息分析成果评价过程中，评价指标的选择必须坚持科学性、可行性和简洁性原则。评价指标的层次要合理，评价指标的准则和评价因素都应该有科学的、清晰的、准确的含义，且设计评价指标的数量要适当，另外，评价指标体系要以尽可能少的指标数量反映尽可能全面的评价信息。

(2)系统性原则。

系统性原则是指指标设计从整体性出发，充分考虑信息分析工作的内部联系和结构要素。信息分析工作属于多系列、多层次的复合型智力活动，它与人、财、物、信息、法律等诸多因素有着密切关系，这些因素常常随着科技、经济和社会的发展，其复杂程度还会越来越高，因此，单一的评价指标势必不能全面评价信息分析成果，作为评价人员必须坚持系统性原则，构建多层次、综合性的指标体系，尽可能全面地反映信息分析成果的内容。

(3)可操作性原则。

可操作性原则是指指标的设计能够在现实条件下具体实现。可见，信息分析成果评价的指标体系设计必须具有可操作性，否则就失去了存在的价值。鉴于信息分析成果的软科学性，设计指标时就必须考虑到现实条件是否具备、评价人员的素质结构等影响评价实施的因素，另外，还要考虑到信息分析成果的隐形价值、实施以后的长远利益。

4.3.2 信息分析成果的评价指标体系

信息分析成果的类型(项目建议书、可行性分析报告、调查报告等成果)因目标市场的信息需求而异，为此，企图构建一套具有普遍意义的通用评价指标体系是难以实现的，比较折中的办法就是，根据信息分析成果的一般特征、共同结构、目标客户的信息需求设计一套通用的指标，在评价实践过程中，按照特定信息产品的现实情况再适当删减必要的指标。

目前，我国在信息分析成果评价方面的研究还不多，还没有一套完整的专用评价指标体系。为了能够科学地指导信息分析成果的评价工作，本书在此总结出一些通用指标。

(1)针对性。

针对性是指信息分析成果要满足特定客户的信息需求。具体说来，信息分析成果的针对性主要体现在信息分析过程、信息分析成果的表现形式、信息分析成果的内容特征等方面，从实际情况出发，为用户提供一个量身定做的信息分析成果。当然，某些信息分析成果的针对性在用户消费之前是模糊的，在这种情形下，就要考虑借用课题的针对性进行间接评价。信息分析成果的针对性越强，其评价也越高。

(2)成熟度。

成熟度主要体现在信息分析成果表现的逻辑性和成果内容的分析水准。信息分析成果表现的逻辑性是指论证是否充分、推理是否严谨，以及成果表现思维是否流畅，充分反映了信息提供商的信息分析能力。另外，信息分析成果内容的分析水准是指文字是否流畅、用词是否准确、内容是否具有吸引力。信息分析成果的逻辑性和分析水准与评价指数成正比。

(3)加工度。

加工度主要体现在信息加工的难度和深度两个方面，对于加工难度的评价可以从成果本身的复杂程度来衡量，包括行业进入壁垒、研究方法的筛选和成果提供形式等难易度；对于信息加工深度来讲，信息分析人员针对某一研究课题是否揭示了内在原因，是否挖掘出真正的内涵，决定了信息分析成果的加工度高低。加工度越高，对信息分析成果的评价越高。

(4)准确性。

准确性是指成果内容的可靠、准确程度。准确性越高，成果的评价越高。成果内容的准确性与所选课题的准确性、所搜集的原始信息的准确性、信息加工整理和研究能力、成果制作水平以及信息分析人员的工作态度有很大的关系。

(5)效益性。

效益性是指信息分析成果在促进国民经济和社会发展、在满足用户信息需求方面产生的效益的大小。效益越高，成果评价越高。信息分析成果产生的效益总是嵌于其所服务的经济活动或其他活动所产生的效益之中，并且涉及科技、经济、社会和环境几个方面。然而，信息分析成果的经济效益的实现往往依附着其他的经济活动，比如信息交换、版权交易、信息咨询等经济活动，因此在衡量经济效益时要区分效益是由哪些经济活动带来的。

(6)新颖性。

新颖性是指信息分析成果与国内外同行业同类成果相比较的水平。总体看来，信息分析成果的新颖性主要体现在选题和方案两个方面，因此，作为评价小组成员，在评价时要清楚其指标的内涵，着重分析成果的选题是否新颖、方案是否创新等方面。新颖性越强，成果的评价越高。

(7)创造性。

创造性是指信息分析成果中是否增添了原始信息中没有体现出来的有用信息。比如对事物发展的未来趋势做出了准确预测、对问题提出了真知灼见、对方案进行了令人信服的论证等。在保证成果的准确性的前提下，创造性越高，成果的评价越高。

(8)时效性。

时效性是指成果具有时效性。事物发展变化越快，信息分析成果的时效性就越强。因此，信息分析人员必须准确定位研究对象，迅速地收集、加工、整理和分析研究信息，提高信息分析工作的效率。从信息分析选题到交付客户花费时间越短，信息分析的成果评价就越高。

(9)其他指标。

如信息分析成果所含信息量的大小、成果的制作质量、用户的评价等指标。

4.4 信息分析成果的评价方法

信息分析成果的特点决定了其评价不仅要考察成果本身质量和所提供的内容，而且要考察用户的吸收利用效果。由于信息分析成果类型多样，内容复杂，评估的重点也不一样，所以信息分析成果的评价方法是多种多样的。目前，国内外比较通用的评价方法有定性法、定量法、定性和定量相结合的方法。

4.4.1 定性评价法

定性评价法是指凭借专家个人判断的一种主观评价方法。该方法简单易行，不必进行复杂的运算，但评价的人为因素影响过大，评价结果往往不够精确。目前，在信息分析成果的评价过程中主要使用的定性评价方法有：同行评议法、德尔菲法、专家定性判断法、因素分析法、调查研究法等。

4.4.1.1 同行评议法

同行评议法最早可追溯到1416年威尼斯共和国的专利审查办法。在300多年前英国皇家学会成立之初，它明确地将同行评议方法用在论文评审中。目前在我国，同行评议法已经被公认为一种最基本的科研评价方法，普遍应用于科研立项评审、科研成果鉴定、学位和职称评定、学术期刊论文评审和科研机构绩效评估等科研评价活动中。

(1)同行评议的内涵。

一般认为，同行评议法是指相关领域评议专家采用统一的评价标准，通过通信评议、调查评议等方式，对项目成果的研究价值、研究方案、操作可行性等作出独立的判断和评价。由于评价报告是由同行专家作出的，其评价结果对相关实施部门有重要的参考意义。

(2)同行评议法的形式。

同行评议有许多形式，从评价实施的形式上划分，同行评议法主要有通信评议、调查评议、会议评议等三种形式。其中，通信评议是指评价机构把待评成果寄送给评议专家，专家独立做出书面判断，然后将评议意见在规定的时间内反馈给评价机构；调查评议是指对研究成果的研究过程进行考查，或者对成果在实践应用方面的成效进行现场调研，从而形成评审意见；会议评议是指评价机构先把待评成果送递评议专家审阅，然后再请专家在指定的时间和地点参加专家评审会，通过讨论和交流，形成集体评审意见。为了清晰地认识同行评议法的各种具体形式，我们对其进行了优缺点的对比，如表 4.1 所示。

表 4.1 **通信评议、调查评议和会议评议的优缺点对比表**

同行评议形式	优点	缺点
通信评议	(1)外扰性小，评议专家工作独立，不受申请人和其他评议人的干扰，评议比较公正 (2)匿名性好，整个过程一直在保密情况下进行 (3)花费的成本小，比较经济	(1)不与申请人和其他同行交流 (2)评审周期长，不利于及时评价 (3)回收率无法得到保证
调查评议	能够实地调查，直接性和客观性	成本较高，需要花费较多的时间和费用
会议评议	(1)在评议过程中，专家意见可得到充分交流 (2)效率较高，同类的评议对象一般可以集中评议 (3)评审的周期也相对较短	(1)专家互相见面，缺乏保密性 (2)权威压力可能影响评价的结果 (3)评议费用比较高

总的来说，通信评议、会议评议和调查评议由于组织形式的不同，适用的领域也有所不同，通信评议几乎适用于所有的科研项目评审，也适用于文献形式的科研成果鉴定；会议评议较适用于项目的集中评审、重大项目和有争议项目的评审。调查评议则适用于研究机构的评估和资金投入较大的重大研究项目的评审等。在实践中，也常常根据需要采用组合评议，如先通信评议，再会议评议；或先调查评议，再会议评议，等等。

(3)同行评议法的优缺点。

同行评议法能够在世界各国广泛应用，成为一种被人们普遍接受的评价工具，自然有自身的独特优势。实践证明，在科学评价中，尽管同行评议方法由于其主观性而有某些不足和缺陷,① 但仍然不失为一种实用的好方法。当然，任何事物都具有两面性，同行评议法也存在一些缺点。

同行评议法有两大优势。首先，同行评议法动用了从事同一领域的那些有专长的受人尊敬的成员担任科学研究成果的鉴定人，在一定程度上保证了评价的质量和科学责任；其次，同行评议法允许本专业、领域的同事们进行自由的交流意见和建议，信息的交换和碰撞促进了科学的进步，并搭建了畅通的学科交流平台。尽管在实际运用同行评议法时，可以结合定性评价和定量评价对科研成果进行综合评价，在一定程度上能客观反映科研成果的实际水平，但这种方法也存在其固有的缺点和局限性。②

同行评议法的缺点在于：一是由于同行评议是一个主观过程，基本上依赖评议者的看法和过去的经验，因此，评议的主观性决定了经验的局限性和个人的偏见渗入评议过程，从而有违科学规则；二是由于同行评议方法本身要求保密，尤其是对于评议者来讲，给予他们自身极大权力和自由的同时，还要求对评议过程严加保密，这往往给实际工作带来了问题。

因此，我们在使用同行评议法来评价信息分析成果时，必须清楚地认识

---

① 陈敬全. 科研评价方法与实证研究[D]. 武汉：武汉大学，2003.

② 廖燕玲，孙绍荣. 基于专家可信度的同行评议法[J]. 科学学研究，2003(S1)：170-172.

其优缺点，在实践过程中发挥优势，结合其他方法避免其不足之处，最终实现科学的评价。

(4)同行评议法的新进展。

同行评议是依据相关领域的若干专家组建的评判团队来评价项目成果的一个过程，主要实现评价其质量水平的目的，另外，评判专家对其评价项目提出适合的评价标准和评价体系，从而指导项目评价工作和提升项目工作质量。美国国会进行的一项调查报告曾指出："同行评议是进行打分评审时常用的方法，其他方法只是偶尔作为证实的手段而采用。"①

评价活动的发展促进同行评议法的改进和完善，但是项目成果逐渐复杂化，评议专家也不再局限为某一领域的专家，而是由多学科领域的专家共同组成。然而，随着网络技术的迅速发展和普及，同行评议的工作有了新的技术手段，借助网络技术开展同行评议工作已经成为实践工作的现实需要，因此，实施网络同行评议是在网络环境下同行评议的一种重要方式，并且在国内外已经逐步试行。在此趋势下，我国国家自然科学基金项目、教育部等各类项目也都开始实行网上申报和评审。

网络同行评议的实施方式有三种：第一，最简单可行的就是通过电子邮箱进行；第二，开发并建立网络同行评议系统，专家获取登录信息后远程进行评审；第三，通过网络视频会议模拟现场评审。相比较而言，前两种方式有较好的安全性和保密性，评价工作不受地理限制，并且可以方便地请境外专家评审，后一种方式则能更好地实现专家之间对项目评价意见的沟通和交流。

总的来说，网络环境为同行评议法的实施提供了便利，不再拘泥于现场办公和纸质材料的传递，缩短了评议周期并提高了工作效率，比如评议工作能够方便查询实时评议过程和结果、能够全程监控评议过程的进行等，同时，提高了同行评议的公开、公正的程度。

① 王凭慧. 科技项目评价方法[M]. 北京：科学出版社，2003.

同行评议法应用案例

同行评议法在英国 RAE 的应用①

一、RAE 简介

20 世纪初以来，英国高校科研经费拨款一直秉承双重资助体制。高校科研经费拨款分为两部分：(1)研究委员会分配的科研项目和研究生培养经费。(2)高等教育拨款机构分配的一般科研经费，用于资助大学科研人员和辅助人员的时间(工资)、科研活动所需的实验室、图书馆、计算中心等基础设施和设备、科研活动的日常开支和管理服务成本等。20 世纪 80 年代中期以前，一般科研经费主要以增量拨款的原则，根据科研活动量协商确定拨款数额，然后以大宗拨款的形式拨付给大学，由大学自主支配。1986 年以后，高等教育拨款机构改革拨款原则和方式，采取绩效拨款原则，根据高校科研活动的质量和数量，按公式有选择性地分配一般科研经费。

高校科研活动的质量根据定期进行的科研评价活动(Research Assessment Exercise，RAE)衡量。RAE 以学科专业为评价单位，由高校各系自愿单独或联合提交评价申请，采取同行专家会议评审的方式定期举行，于 1986 年、1989 年、1992 年、1996 年、2001 年和 2008 年进行了 6 次。RAE 的主要目标、原则、内容和同行评议方式总体上持续性大于变化，然而其整体运行管理却不断改进，以更好地实现其评价目标。2014 年底，英国官方发布了科研卓越框架(Research Excellence Framework，REF)，取代了 RAE。

二、RAE 运行管理的特征和改革

RAE 运行管理的特征和改进措施主要体现在管理团队的专业化、不断改进同行评议方式的一致性、不断改进结论的客观性及对成本效益的关注等 4 个方面。

(一)专业化的 RAE 管理团队

---

① 王莉华. 同行评议科研评价的运行管理：英国 RAE 案例的启示[J]. 中国高教研究，2012(5)：53-57.

RAE 的实施依靠两大团队：负责管理和服务的管理团队和负责具体评价工作的同行评议小组。RAE 管理团队由英国 3 个高等教育经费委员会(英格兰、苏格兰、威尔士)和北爱尔兰教育部组建，为最高管理和服务机构，负责总体原则和政策的制定，整体运行的协调和管理(包括评价小组成员的提名和任命)，以及评价过程的具体管理和服务，包括评价活动间隔期间的调研和咨询工作、活动期间的评价申请和资料的管理、评价小组的协调和服务、国际评价专家的服务等方面。管理团队的结构相对比较稳定(如图 4.2 所示)，但是其人数却随着 RAE 活动规模的扩大和管理的细化而不断增加，比如从 2001 年起，RAE 管理团队负责为所有评价小组聘请短期的全职评价小组秘书。各评价单位提交的研究成果均由研究成果系统操作人员收录、核对，并委托专业的咨询公司对研究成果的真实性进行检验。在 RAE 管理团队的管理和服务工作不断完善的同时，其规模的扩大和复杂性的增加却不可避免地对 RAE 的整体成本和效率形成压力。RAE 管理团队的优势在于大力借助咨询公司(开展研究成果检验)和高校(提供评价小组秘书)等机构分担其阶段性的工作量，以控制其自身的规模并增加灵活性。

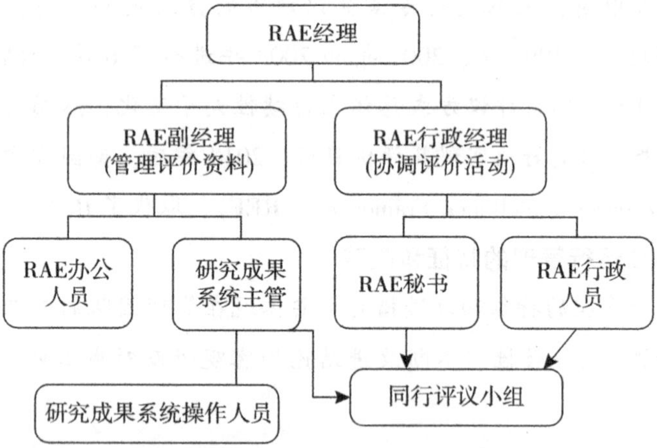

图 4.2　2001 年 RAE 管理团队结构

(二)评价小组结构和工作机制改革——提高同行评议过程的一致性和结

论的可比性

在核心的评价操作方面，专家评价小组负责制定具体的评价标准细则和工作方式，开展评价活动，形成评价结果。尊重高校知识集中于基层组织的特性，RAE 的评价管理主要采取自下而上的协商式机制。所有机制，包括原则、政策和操作性文件，均由评价小组或相应委托单位起草，在咨询利益相关群体之后，由管理团队批准公布成为正式有约束力的机制文件。其中广泛的公开咨询是整个过程的润滑剂，既提供了信息、意见和建议的沟通协商渠道，又起到决策合法化的作用。评价标准和工作方式之间的一致性是不同学科专业之间同行评议结果可比性的保障基础。RAE 评价结果可比性的提高主要依靠评价小组结构改革和各组评价标准和工作方式的改革。

1. 评价小组结构改革

2001 年之前，RAE 一直采用单层的评价小组结构，坚持以专业为基础划分评价单位，一个评价小组一般负责一个评价单位，少数评价小组负责多个申请数量不多、且专业相近的评价单位。为了增强不同评价小组之间的一致性，2001 年在评价小组的基础上增设了 5 个象征性的评价小组联席会议，代表 5 大类学科，由各评价小组的主席出席，讨论和协调各评价小组之间评价标准细则和工作方式上的差异。但是由于这一联席会议缺乏法定权力，无法有效影响各评价小组的具体决定和行为。

2008 年，根据专业相近的原则，RAE 建立了一个包括评价小组和大组的双层评价结构(见图 4.3)。67 个评价小组负责制定 67 个评价单位的评价标准细则和工作方式，并向评价大组建议每份评价申请的评级。15 个评价大组负责审批小组制定的评价标准细则和工作方式、决定小组建议的评级，并与其他评价大组保持良好的沟通和合作关系。评价大组的成员包括主席(由相关领域的专业评价人士担任)、各评价小组主席、国际专家和观察员。这一双层评价结构大大增强了相近专业之间在定义、解读评价标准细则和工作方式上的一致性。

2. 工作机制——评价标准细则和工作方式改革

从 1996 年开始，管理机制的核心——各评价小组的评价标准细则和工作

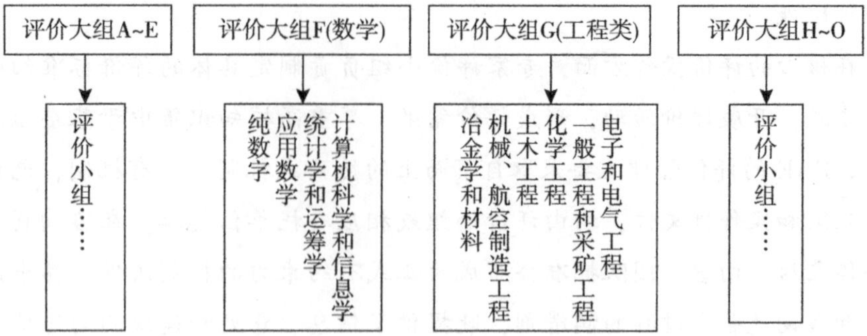

图 4.3　2008 年双层评价结构图

方式不断改进以提高其透明度和可比性。虽然采用统一的绝对评价标准，然而高校对 1989 年和 1992 年 RAE 过程批评最集中的一点就是不了解各评价小组应用评价标准的具体方法。因此从 1996 年开始，评价小组提前一年左右公开各自评价标准的细则和具体工作方式，给予高校和各系充分的时间根据评价标准细则准备评价资料。2001 年，评价小组公布的评价标准细则和工作方式包括评价单位的描述、评价单位的范围、交叉学科和联合评价申请的处理方法、科研成果证据的定义和处理方法、工作方式(包括评价标准细则的定义)等几个部分。其中最重要的莫过于科研成果证据的定义和处理方法以及工作方式的描述，而这两部分由于专业特征表现出的差异也最突出。各评价小组对评价标准中"国际卓越水平"的定义和解释仍然比较模糊。

2008 年评价大组和小组的双层结构则强调了相近专业之间评价标准细则和工作方式的一致性，即从起草到内容构成和定稿的协调性。评价标准细则突出体现了各小组由于专业特征依然存在的一些具体差异，不过工作方式中都明确规定评价大组保持各小组评价活动一致性的措施。

总体上，RAE 追求的是在评价标准细则和工作方式的一致性和差异性之间维持着恰当的平衡，也就是说，评价标准和方式在反映一个共同的基本框架的同时允许评价小组在一定范围内进行调整，以适应各专业的特殊性。虽然不同评价小组的评价标准和工作方式之间仍然有一定差异，但高等教育经费委员会认为这些差异仍然在同一标准框架之内，主要是由不同专业的评价特征和要求决定的，这也在一定程度上体现了不同评价小组的偏好。

各评价小组的具体评价程序一般在评价细则中提前公布，虽然它们有一定的差异，但是大多数接近表4.2所描述的程序。

表4.2 **2001年评价小组的评价程序**

时间	工作内容
5月	评价小组收到评价申请
5月—6月	第一次评价会议： 在成员之间分配评价申请，并决定哪些需要征求咨询专家或者其他评价小组的意见
7月	第二次评价会议： 成员通报评价情况、讨论评价标准的应用、处理评价过程中产生的问题。有的评价小组已经提出初步的评价意见
7月—9月初	评价小组成员审阅科研成果，咨询专家意见。评价小组有分部的，召开分部会议，评价小组之间相互征求意见的申请评价完毕，小组之间进行讨论
8月底—9月	第三次评价会议：（2到3个工作日） 评价小组讨论评价申请，达成初步的评价结果，确定征求国际专家的评价申请
9月中旬—10月中旬	征求海外国际专家的意见： 如有需要继续审阅评价申请，起草评价工作报告
10月上旬	学科评价指导小组会议： 讨论各评价小组初步评价结论的整体情况，评价结果之间的比较，交叉学科申请的评价情况等问题
10月中、下旬	第四次最终评价会议： 评价小组根据指导小组反馈，决定最终评价结果和工作报告
10月31日	评价结果和报告上报RAE管理团队

（三）同行评议客观性的保障措施

RAE主要从三个方面提高同行评议的客观性。

1. 评价小组成员的代表性

同行评议过程中专家的代表性直接影响整体评价的客观性。评价小组成员的代表性是指其构成是否反映了研究活动和人员在不同类型学校、性别、年龄（职业生涯周期）和族裔等方面的分布特征，及其选择过程是否公平、公开。评价小组的主席和成员名单一般在RAE申请指南公布之前确定，通常为评价申请截止日期前2年。评价小组的主席一般由上一届评价小组成员选出，经RAE管理团队批准后产生。评价小组的成员首先由高校、专业协会、学会和科研成果的使用单位（研究委员会、企业、政府部门和非政府组织等）推荐。其选择标准参考了他们在相关专业领域的经验和地位（年龄和职业生涯周期分布）对相关专业领域科研模式和科研人员的了解和成员的背景（性别、所属高校类型和地区分布、科研成果使用单位的代表性等）。国际同行专家的意见在同行评议过程中不仅能检验国际标准的应用是否恰当，也有助于保证国内专家客观地评价研究成果的国际卓越水平。RAE从1996年开始由评价小组自主决定征求国际同行专家的意见，2001年征求国际同行专家意见的数量大幅度上升。到2008年，国际专家直接成为评价大组的成员之一。

2. 评价标准应用的规范性

RAE虽然采取了统一的绝对评价标准，但是各评价小组的具体解读和应用，依然因学科专业的不同而存在一定的差异。RAE管理团队一方面要求各评价小组制定和公布评价标准细则和工作方式，以增加透明度，另一方面逐步规范评价等级的具体构成。以2008年为例，评价等级的构成包括三大块：研究成果、研究环境和声誉指标。除了研究成果完全依靠专家的同行评价衡量之外，研究环境和声誉指标都或多或少地运用到量化指标。量化信息的运用旨在为主观的同行评议提供客观的评价参考信息。

以G大组（工程类）为例，该组规定下属6个小组的2008年质量评级构成分别为：研究成果50%、研究环境20%、声誉指标30%。研究环境的一半，即10%按博士研究生的授予数量衡量，其余的按利用内外资源支持基础设施或设备等其他证据衡量。声誉指标包括研究拨款和合同收入等外部研究收入(研究人员数量按全日制等量计算，即将兼职研究人员按工作量或工作时间折算为全日制的研究人员)。

3. 量化指标的客观依据

RAE 管理团队提供各类标准数据分析结果和评价小组要求的特殊数据分析，为同行专家评议提供客观的依据(见表 4.3)。

表 4.3 **RAE 数据分析举例**

每份评价申请的标准数据分析	每个评价单位的标准数据分析	2001 年评价小组要求的特殊数据分析例子
分类别研究人员总数(人头数)获外部资助研究人员总数 NHS(国家健康服务部门)资助的研究人员总数 研究人员指导的研究助理总数和平均数 研究人员指导的研究生总数和平均数 提交评价的研究成果总数研究生奖学金总个数(按资助单位列) 研究人员指导的获奖学金研究生平均数(按资助单位列) 研究生的奖学金平均数 研究收入总额(分来源) 研究收入的平均(分来源)	研究人员总数 分类别研究人员总数(人头数) 研究人员的研究助理平均数 研究人员指导的研究生平均数 提交研究成果总数 每年授予的研究生学位平均数(分类别) 研究人员指导的获奖学金研究生平均数(按资助单位列) 研究生获得的奖学金平均数(按资助单位列) 研究人员的平均研究收入	授予的硕士、博士学位数 每个全日制等量研究人员指导的获奖学金研究生数 每个研究人员的研究收入(分来源) 每个研究人员的研究助理数

(四)RAE的成本效益

RAE的平稳开展依靠后勤管理和保障工作的不断完善，包括评价秘书的配置，研究活动信息的提交、存储和传输，评价数据分析服务，外部专家建议的处理等。如为了监督和保障评价小组遵守整体的标准化等级评价框架和指导原则，以及评价小组自己制定的评价标准细则和工作方式，每一个评价小组都配备了一名秘书，其主要职能之一就是咨询和监督评价程序的完善和诚实。2008年，每个评价大组配备一名评价秘书和一名秘书助理，提供评价规则和程序的指导和建议，帮助评价大组和小组规划和管理他们的工作，协调会议日程安排，参加每次会议，准备会议日程和相关文件及会议记录，准备报告和反馈。评价秘书还将向RAE管理团队报告评价大组和小组的工作进展情况。

然而，在后勤保障工作逐步完善的同时，成本也在逐步增加。RAE的成本包括高等教育经费委员会和高校等参与单位支出的直接经济和管理成本以及间接机会成本，比如高校学术人员为参与评价活动而放弃其他活动所导致的收益损失。1996年RAE的直接运行成本(operating expenditure)大约为3032600英镑；而2001年RAE的实际直接运行成本是5100950英镑，比1996年增加了68%。高等教育经费委员会认为2001年RAE较高的成本主要是由评价程序的改进导致的，比如评价小组成员查阅的科研成果的数量大幅度增加。2001年RAE首次为评价小组邀请的咨询专家支付费用，而且大多数评价小组就5级和5*级的候选申请广泛征求海外国际专家的意见。2001年评价小组成员中科研成果使用者的比例大幅度增加，不同评价小组之间相互征求意见，以及由此增加的评价会议次数都导致了RAE成本的增加。2008年RAE由于前期改革的咨询工作、评价结构的改革和评价服务的提升，如评价秘书和助理的聘用、特殊数据分析服务等，导致RAE总成本陡增至4700万英镑，平摊至每所高校为612828英镑，平摊至每个被评研究人员为1127英镑(见表4.4)。

表 4.4　**2008 年 RAE 总成本构成**

学校平均成本	金额(英镑)
研究人员的评价申请(出版信息验证、申请书准备等)	315183
专家评价小组	100785
中央项目管理	90155
RAE 全国小组和咨询	56227
中央管理或指导	33551
系统升级	10997
外部评价	3125
软件	2589
特殊招聘	216
学校平均总成本	612828
被评研究人员平均成本	1127
总成本	47335706

高校和学者普遍认为 RAE 的运行管理成本远远高于高校和各系能够因此而获得的收益。RAE 对高校的一般科研经费影响幅度一般在 10%之内，主要原因是高校各系的经费有增加也有减少，到了校级增减就相互抵消了。这与高校为 RAE 付出的经济和管理成本不成比例。不同层次的大学，如老牌大学和 1992 年后升格的新大学的一般科研经费，也没有因为 RAE 出现较大的变化。但 RAE 结果对系这一层次的一般科研经费的影响较大。英格兰高等教育经费委员会的分析显示，在 1996 年 RAE 结果的影响下，系级一般科研经费的整体变化幅度接近 55%，而只是由于科研评级变化直接导致的一般科研经费变化幅度高达到 19%。这一分析表明 RAE 对高校和各系的一般科研经费的影响很大，可是仍然无法平息高校对于英国 RAE 的成本高于欧洲其他国家的指责。

然而英格兰高等教育经费委员会驳斥了高校对 RAE 成本高、效率低的批评。它指出 1996 年 RAE 的直接成本大约为 300 万英镑，加上间接成本大约总计380万英镑，而这只占直接根据RAE结果分配的一般科研经费总量的0.8%，这比研究委员会按竞标方式分配科研经费的成本要低得多。更重要的是，RAE结果不仅决定一般科研经费的分配，还具有明显影响研究人员申请其他科研经费的外部效应。

尽管RAE的运行管理经过多年的完善，其科学性和效率不断提高，但是它复杂的过程和高成本不仅在国内争议颇多，而且使得多数国家在采纳类似规模和形式的科研评价方式时望而却步。与英国高等教育体制和管理体制一脉相承的澳大利亚在选择高校科研绩效评价方式时就明确因其复杂性和高成本放弃同行评议，转而采取定量的绩效指标评价方式。

三、总结

英国的RAE在国际上获得很高的评价，尤其是管理和服务团队的专业化和灵活性，以及改进同行评议方式一致性和客观性的措施。

专业化的管理团队是提升管理效率和执行力度的组织保障。许多国家的科研评价活动的管理都依赖政府部门或专业协会等学术机构，缺乏专业化的管理服务经验以及人力资源。RAE的经验表明，运行管理过程中的专业化服务工作可以借助咨询公司和高校的专业经验和人力资源以控制规模和成本。咨询公司能够提供专业的数据处理和分析服务，减轻同行评议过程中的相关专业服务和人员配置的压力。高校相关科研管理和服务人员已经对评价活动和内容有相应的了解，抽调一二位参与服务工作一方面能够减轻人员配置的压力，更重要的是能同时增进高校对评价活动过程的了解和参与。

同行评议过程一致性与结论可比性的保障依靠组织架构与工作机制。科研评价政策和活动通常跨学科、跨领域开展。如何使科研活动方式与产出形式差异显著的不同学科领域之间的评价结论具有一定的一致性和可比性，是同行评议科研评价方式的一大挑战。RAE通过改进同行评议专家组的架构和协调机制，以及国际同行的选择性参评，加强不同学科领域之间的协调与比较。不同学科评价小组的评价标准细则和工作方式在统一的评价等级框架内拟定，而且其操作过程具体化规定以及透明度不断提高。RAE评价小组的工作程序高度一致，在专业化管理团队的服务和督促之下，规范性大为提高。

同行评议专家的组织架构与工作机制的不断改进是提高评价过程的一致性与结论的可比性的主要途径。

同行评议的效度和信度取决于专家的代表性与评价的公开性。同行评议结论的准确性和客观性不仅是评价管理的挑战更是评价方式合法性的基础。RAE 通过不断改进专家提名和任命的选择程序和过程，以及专家身份和评价结论的公开程度来保证同行评议的效度和信度。同行评议专家的身份与结论公开方式是关键。许多国家和地方则采取专家匿名评审、相对公开专家个别和集体评价结论的方式，虽然 RAE 采取公开专家的个人身份，但只公开最终的集体评价结论。RAE 的方式注重通过评价过程的公开，促进评价结论的公平。

成本效益分析直接影响科研评价整体合法性。英国 RAE 运行管理的分析表明，科研评价政策的影响和效益评价必须与政策目标和实施情况结合进行。政策分析只关注政策活动的起源和影响，却忽略实施过程的运行管理，容易走入一个“黑箱”误区。政策制定过程中如若忽略政策实施的可行性，比如成本和效率等，也容易导致政策执行失利。

4.4.1.2 德尔菲法

德尔菲(Delphi)法最早出现于 20 世纪 50 年代末期。1964 年美国兰德公司的赫尔墨和戈登发表了“长远预测研究报告”，首次将德尔菲法用于技术预测中。① 当时美国政府组织了一批专家，要求他们站在苏军战略决策者的角度，最优地选择未来大战中将被轰炸的美国目标，为美军决策人员提供参考。德尔菲法是一种广为适用的预测和评价方法，除用于技术预测外，它还广泛应用于政策制定、经营管理、方案评估、成果评价等。

对于参与评价的专家来讲，其在评价过程中往往较多地受到社会、政治、经济等因素的影响。虽然如此，由于德尔菲法是建立在相关领域专家的专业知识、工作经验、智慧技能的基础上的，因此，该方法特别适合于缺少信息

① 卢泰宏. 信息分析[M]. 广州：中山大学出版社，1998.

资料和数据的情况下进行评价。事实上，实践也证明采用该方法进行评价，可以较好地揭示项目成果的内容特征和固有规律。

(1)德尔菲法的特点。

①匿名性。

在德尔菲法的实施过程中，专家们彼此不知道其他有哪些人参加预测，他们是在完全匿名的情况下交流思想的，即所谓的“背靠背”的方式。受邀参加评价的专家之间互不见面和联系，可以不受任何干扰独立地对调查表所提问题发表自己的意见，或者参考前一轮的评价结果修改自己的意见。由于采取匿名的方式，专家们根本不必担心这会有损于自己的威望。

②反馈性。

由于采用匿名的方式，受邀专家之间互不见面和联系，因此，仅靠一轮调查，专家意见往往比较分散，且不能相互启发，共同提高。专家从反馈回来的问题调查表上了解到其他专家的判断意见，以及专家们对特定观点同意或反对的理由，在参考他人看法后各自作出新的判断。这样反复多轮之后，专家们考虑问题的角度就会比较全面，判断值趋于收敛，意见逐渐一致。

③统计性。

为了科学地综合专家们的评价意见和定量地表示评价的结果，德尔菲法采用统计方法对专家意见进行处理，其结果往往以概率的形式出现。这些结果既可反映专家意见的集中程度，又可反映专家意见的离散程度。为了便于对专家意见进行统计处理，在调查表设计时一般采用表格化、符号化、数字化的设计方法。

除了上述特点外，德尔菲法由于通常采用函询的方式征求专家意见，因而比较容易通过控制调查面，使受邀专家具有代表性。此外，专家也有充分的时间思考和进行调查研究，以保证专家意见充分、可靠。

(2)德尔菲法征询意见的过程。

德尔菲法是集中专家意见和智慧的一种方法，所以实施德尔菲法首先要确定专家组的人选。首先按照课题设计的知识领域选择、确定专家；专家人数的多少，可根据课题涉及面的大小而定，一般不超过 20 人。在确定专家组后，一般要进行四轮专家调查咨询，如图 4.4 所示。

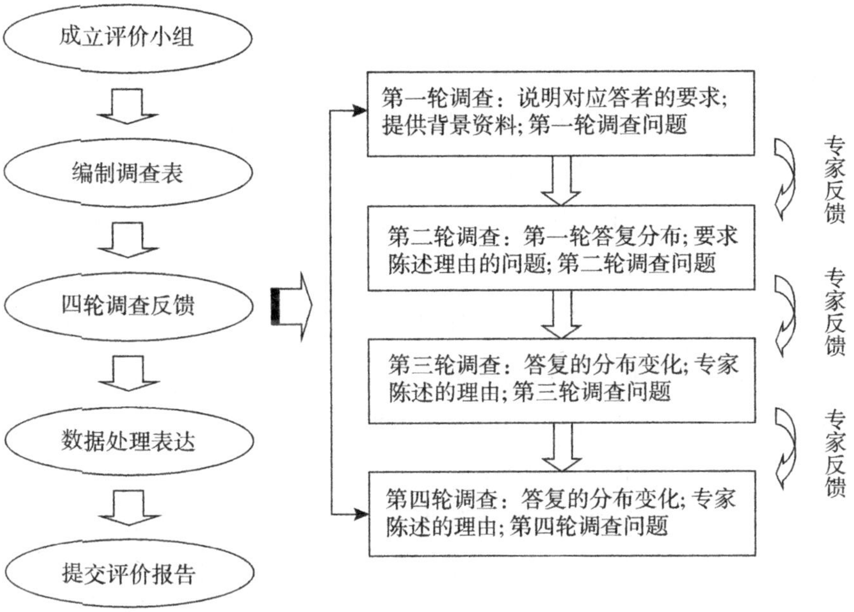

图 4.4　德尔菲法的工作流程

①成立评价领导小组。

这个小组的主要任务是对信息分析成果评价工作进行组织和指导，包括明确评价目标，选择参加评价的专家，编制调查表进行反馈调查，对各轮征询回收的专家意见进行汇总整理、统计分析与评价，编写和提交评价报告。

该小组的成员主要由信息分析人员构成。其中，专家的任务是对被评价的信息分析成果提出正确的意见和有价值的判断。专家的选择是否恰当直接关系到德尔菲法应用的成败。

②编制调查表。

调查表是获取专家意见的工具，是进行信息分析的基础。调查表设计的好坏，直接关系到评价的效果。在制表前，设计人员应对课题及其相关背景情况进行调查，以保证提问的针对性和有效性。

③四轮调查反馈。

经典的德尔菲法一般包含以下四轮征询调查，且在调查过程中包含着轮间反馈。

第一轮调查：发给专家的调查表不带任何框框，只提出要评价的问题。专家可以各种形式回答有关提问，提出应评价的事件。组织者要对回收的调查表进行汇总整理，归并相同的事件，剔除次要的、分散的事件，并用准确的术语制定出事件一览表。该表可在第二轮调查时作为调查表反馈给专家。

第二轮调查：请专家对第一轮提出的各种事件发生的时间、空间、规模大小等做出具体的评价，并说明理由。组织者要对这一轮回收的调查表进行汇总整理，统计出专家总体意见的概率分布。

第三轮调查：将第二轮的统计结果连同据此修订的调查表再发给专家，请专家再次做出具体评价，并充分陈述理由。组织者同样要对这一轮回收的调查表进行汇总整理、统计分析，以备作第四轮的反馈材料。

第四轮调查：将第三轮的统计结果连同据此修订的调查表再发给专家，请专家再次做出具体评价，并在必要时做出详细、充分的论证。在第四轮调查结束后，组织者依然要将回收的调查表进行汇总整理、统计分析，并寻找出收敛程度较高的专家意见。

上述四轮调查不是简单的重复，而是一种螺旋上升的过程。每循环和反馈一次，专家都吸收了新的信息，并对评价对象有了更深刻、更全面的认识，评价结果的精确性也逐轮提高。

④编写和提交评价报告。

专家意见收敛后，组织者应将最终的统计分析结果作进一步加工，形成正式的评价报告，并通过适当的信息传递渠道将其提交给有关部门。

(3)德尔菲法的新进展。

德尔菲法起源于技术预测领域。在最初的预测咨询中，一般只设定预测主题，而不设预测事件，通过四轮匿名性和反馈性的咨询，对预测结果做出统计归纳和判断。具有这些特点的德尔菲法被称为经典德尔菲法。德尔菲法适用于那些缺少情报资料和历史数据，而又较多地受社会的、政治的、人为的因素影响的课题。它既是一种预测方法，又是一种评价方法。

不过经典德尔菲法的侧重点是预测，因为在进行相对重要性之类的评估时，往往也是预测性质的评估，即对未来可能事件的估计比较。具体来说，德尔菲法主要有以下五个方面的用途：①对达到某一目标的条件、途径、手段及它们的相对重要程度作出估计；②对未来事件实现的时间进行概率估计；③对某一产品方案在总体方案中所占的最佳比重作出概率估计；④对研究对象的动向和在未来某个时间所能达到的状况、性能等作出估计；⑤对方案、技术、产品等作出评价，或对若干备选方案、技术、产品评价出相对名次，选出最优者。①

随着应用范围的扩大，德尔菲法在实践中根据具体情况的特殊性得到了许多改进，产生了许多派生的变形德尔菲法。事实上，在信息分析成果评价实践中，应用较多的是各种变形德尔菲法，经典德尔菲法用的反而较少。一般来说，变形德尔菲法有如下几种形式：

第一，缩减咨询调查的轮次，在德尔菲法的咨询过程中，如果专家意见收敛较快，则可以减少咨询轮次，提前结束咨询活动，这样可以缩短咨询时间，提高工作效率。

第二，部分问卷取消匿名性，尤其是在有些跨专业的咨询活动中，为了使咨询专家了解其他领域的专家的看法，可以在问卷发放的过程中部分取消匿名性，公开不同领域的专家的意见，这样有利于专家形成综合判断。

第三，对收集回来的专家的评价意见进行选择性反馈，比如说，在反馈上一轮的结果时，只向专家公布统计得到的上下四分位数而不公布中位数，这样就可以避免专家盲目地或下意识地向中位数靠拢的倾向，这样有助于专家进行独立思考。

① 朱庆华. 信息分析：基础、方法及应用[M]北京：科学出版社，2004.

德尔菲法应用案例

德尔菲法在社科成果评奖中的应用①

一、引言

社科成果评奖，是对哲学社会科学(以下简称“社科”)研究成果进行客观评价的重要方式，是对社会科学研究的一种鞭策和激励。社科成果评奖的关键是确定科学的评价标准和选择科学的评价方法。其中从评奖方法来看，尽管国际、国内不尽相同，而可供选择的方法(包括定性和定量方法)也有多种，包括信息集结法、专家打分法、专家咨询法(德尔菲法)、贝叶斯概率法、模糊评价法等。其中，德尔菲法是一种切实可行、具有广泛推广价值的评奖方法。德尔菲法又称专家咨询法，是由组织者就拟定的问题设计评价表，通过函件采用匿名的方式分别向选定的专家组成员进行多次反复的征询调查，从而获得评价结果的一种方式，是一种科学、客观的专家意见征询方式。

二、德尔菲法应用于社科成果评奖中的背景分析

(一)德尔菲法及其应用特点

德尔菲法是美国兰德公司(Rand Corporation)在 20 世纪 40 年代末首先使用的一种评价方法，是以古希腊城市德尔菲(Delphi)命名的规定程序专家调查法，德尔菲法作为一种独特的专家意见评价方法，它具有以下特点：

1. 匿名性。德尔菲法采用匿名函询方式征求意见，对被选择参与评审的专家完全保密，不公开其姓名、职务、职称；另一方面，评审专家对于自己所评审作品的作者、单位也是不知情的，对参评的其他专家情况也不知晓，避免了同行“权威”的相互影响。这样，可以使评审专家给予被评作品客观评价，使专家个人意见得以充分发挥，而不受外部因素的干扰。

2. 反馈性。德尔菲法通过反复征询专家意见，收集反馈信息，在整理意见的基础上再反馈给各位专家，既有利于各位专家各抒己见，又能让全体专家知道全部意见的倾向及持不同意见的理由等，有助于互相启迪，最大限度地发挥专家的智慧。

---

① 龙海明，李花. 德尔菲法及其在社科成果评奖中的应用[J]. 中国高校师资研究，2006(3)：27-32.

3. 收敛性。德尔菲法通过“专家意见形成—统计反馈—意见调整”这样一个多次与专家交互的循环过程，使分散的意见逐次收敛在协调一致的结果上，充分发挥了信息反馈和信息控制的作用。基于这一“统计—反馈”过程的潜在暗示作用，可能会使专家将自己的意见向有利于统计结果的方向调整，从而使得专家的评审意见具有收敛性的特征。

(二)德尔菲法应用于社科成果评奖应遵循的原则

德尔菲法运用于社科成果评奖，关键在于对评奖评审专家的选择以及建立一个科学的、客观的综合评价指标体系。在此过程中，应遵循以下原则：

1. 科学性原则。首先，要选择合适的评审专家，避免“外行评内行”的现象；其次，要根据社科学术研究的特点和规律，尽可能从相关要素中选择那些最能体现社科学术研究本质、实力的衡量指标，且各项指标要具有相对的独立性，同一层次的指标不应具有明显的包含关系。

2. 系统性原则。基于社科研究本身的复杂性，要求评价指标具有足够的涵盖面，尽可能将反映社科学术研究水平的主要要素囊括在内，以系统、真实、全面地反映社科学术研究成果的全貌和各个层面的基本特征。但评价指标体系又不是单个指标的简单堆砌和松散集合，必须根据各指标的内在逻辑关系进行系统整合与集成，形成一个有机的评价系统。

3. 导向性原则。指标体系的设计要适应当前的国际社科学术研究发展的范式与趋势，符合国家社科学术发展的战略和科研政策。在对社科研究成果进行系统、全面评价的基础上，还要通过权重系数的不同，体现各指标在评价指标体系中的相对重要程度。

4. 可行性原则。理论上讲，我们尽可能设计出一个能包容全面而庞大的指标群和复杂的指标树的指标体系，对社科学术研究成果做出全方位、多层次、多视角的评价。评价指标越多，对事物的刻画越精细，评奖的准确性也就越高。但实际操作中，必须考虑到人力、物力、财力等多方面的因素，而且过于庞大而复杂的指标体系对于评审专家来说，难免会失去重点和顾此失彼，所以，在指标的设计上要科学合理，尽量选择那些重要的、有代表性的指标，以简化指标体系，突出评价的可操作性。

5. 最优化原则。社科学术研究成果的评奖，旨在对少数的优秀作品给予奖励，所以，在成果评奖评价中，要坚持量少质优的“金字塔”原则，评选出社科学术研究成果中的精华部分。

三、德尔菲法在社科成果评奖中的具体操作

(一)德尔菲法在社科成果评奖中的操作程序

德尔菲法运用于社科成果评奖，应遵照一定的操作程序(见图4.5)。

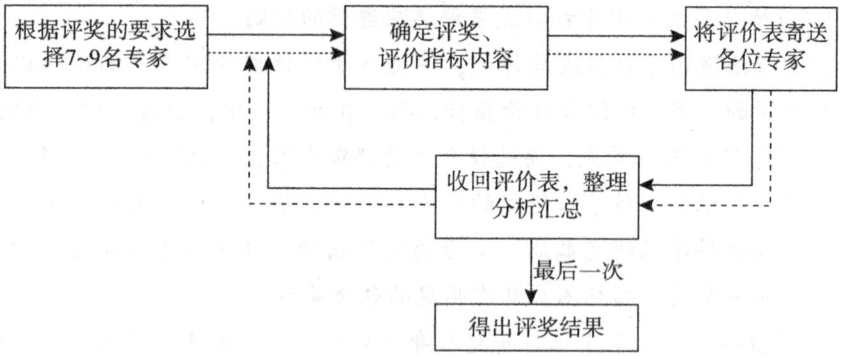

图4.5 德尔菲法社科成果评奖程序表

从图4.5可知德尔菲法用于社科评奖的基本步骤包括：

(1)根据评奖的要求匿名随机选择7~9名责任心强、水平高的专家。

(2)组织者根据社科成果评奖的具体情况确定评奖内容、评奖指标，制定函询评奖表。

(3)将评奖表寄送各位评审专家。

(4)组织者收回评奖表，整理分析汇总评审结果。

(5)将有较大争议的评审表及意见整理分析后反馈给各位评审专家，专家在参考整体意见后做出调整，再次反馈给评奖组织者。

(6)在最后一次整理评奖专家意见的基础上，通过公证，确定评奖结果。

对于社科学术论文评奖专家的选择与组织，应遵循以下原则要求：一是要尽量扩大选择专家的范围，评奖专家不止在省内找，还可以扩展到省外，甚至到国外。选择专家的范围宽了，不仅可以避免参评人员透过各种渠道影响评奖结果的公正性，另外，还可以提高评奖专家的层次。专家的层次高了，特别是省外、国外专家的参与，人情因素相对少，学术视野宽，评奖结果的公正性、准确性也会高一些。二是要注意评审专家年龄(老、中、青)的搭

配，使参评成果既能受到一些有着时间积累、经验老到的专家的审视，又能受到一些后起之秀、得到同行认可的青年专家的评阅，促使社科成果评奖既能经受时间的检验，又不失活力。在专家职称职务上也要有所选择，不能单以职务高低定评奖专家，应有若干名“群众专家”(即纯学术专家，没有行政职务)。最后，随着社科学术研究的发展，学科之间的交叉也越来越多，各专业的领域界线实际上已经相互突破，在评奖专家的选择上可以遵循“小同行为主、相邻行业专家参与”的评价方法。

(二)评价指标体系的设计

社会科学研究是一项复杂且影响深远的工作，对社科成果的评奖评价，是一项十分复杂的基础工程，不能单纯采用一个或几个指标来进行评奖评价，必须建立一套科学、完备并且可以定量化的指标体系。社会科学研究分不同的类型，不同分支间既有联系又有区别。在充分考虑社科学术论文评奖评价的要求与特点，借鉴国内外相关专家研究成果的基础上，我们建立了由2个模块(一级指标)、7个评价项目(二级指标)和23个具体的评奖指标构成的指标体系(见表4.5)。在指标体系的建立过程中，遵循了指标层次性、完备性和可行性的原则。

表4.5 **评奖指标体系**

一级评价指标集合	二级评价指标集合	具体评价指标
U_1：直接指标	U_{11}：学术创新性	U_{111}：填补空白
		U_{112}：理论创新
		U_{113}：新研究方法
		U_{114}：发掘新资料
	U_{12}：内在价值	U_{121}：论据的可靠充分性
		U_{122}：论证的逻辑严密性
		U_{123}：写作的规范性
	U_{13}：社会价值	U_{131}：给予政府政策建议
		U_{132}：提高公众思想认识
		U_{133}：促进生产力发展
	U_{14}：重要性及难度	U_{141}：课题来源
		U_{142}：研究难度
		U_{143}：实践程度

续表

一级评价指标集合	二级评价指标集合	具体评价指标
U_2：间接指标	U_{21}：出版层次	U_{211}：国外重点刊物
		U_{212}：国内权威刊物
		U_{213}：国外一般刊物
		U_{214}：国内核心刊物
		U_{215}：国内一般刊物
	U_{22}：引用	U_{221}：SCI 检索
		U_{222}：SSCI 检索
		U_{223}：CSSCI 检索
	U_{23}：文字量	U_{231}：8000 字以上
		U_{232}：5000 到 8000 字
		U_{233}：5000 字以下

(三)建立综合评估模型

社科成果评估模型是评价指标与评价目标之间逻辑关系的数学表达式，某指标的数值越大，说明评审专家对评估对象的评价越高，该社科成果研究的贡献也就越大。根据以上我们所建立的评奖评估指标体系，建立数学评估模型对社科成果进行量化评估，从而成为对社科成果进行奖励的参考标准。

在评估指标体系中，一级评价模型(U_i)，是建立在二级评奖(U_{ij})项目，着眼于具体的评价指标(U_{ijk})($i=1, 2; j=1, \cdots, 4; k=1, \cdots, 5$)上的。我们设计的评价方法为：

1. 一级评价指标的得分，即 $A_i = \sum_{j=1}^{4} a_{ij} \cdot W_{ij}(i = 1, 2; j = 1, \cdots, 4)$；

2. 设二级评价指标作为因素构成因素集 $U=(U_{11}, U_{12}, U_{13}, U_{14}, U_{21}, U_{22}, U_{23})$，设有 M 个评审专家。专家依据第三级(U_{ijk})具体评价指标及给出的一个[0, 1]上的权重，对各因素进行打分。如表 4.6 所示：

表 4.6　**因素集与权重及评定得分的关系**

二级指标	U_{11}	U_{12}	U_{13}	U_{14}	U_{21}	U_{22}	U_{23}
权重 w_{ij}							
得分 a_{ij}							
权重分($a_{ij}\cdot w_{ij}$)							

在表 4.6 中，二级指标 U_{ij} 与一级指标 u_i 一样，均采取百分制，同时按指标的重要性给出权重。如 u_{11} 在 u_1 中的权重假设为 0.3，实际评分为 85 分，则 u_{11} 对 u_1 的实际贡献分值(权重分)为 25.5 分。

3. 设专家针对三级指标 u_{ijk} 的原始打分为 a_{ijk} 二级评价指标的总得分为 a_{ij}，则 $a_{ij}=w_{ijk}\cdot a_{ijk}(i=1,\ 2;\ j=1,\ \cdots,\ 4,\ k=1\ ,\ \cdots,\ 5)$，对 M 个专家对各因素集的评分 a_{mij} 进行汇总排列如表 4.7 所示：

表 4.7　**专家评分排序表**

U_{11}	U_{12}	U_{13}	U_{14}	U_{21}	U_{22}	U_{23}
a_{111}	a_{112}	…				a_{123}
a_{211}	a_{212}	…				a_{223}
…						…
a_{M11}	a_{M12}	…				a_{M23}

①把 $a_{M_{ij}}$ 按照顺序进行排列，取其中位数作为指标 U_{ij} 的最后得分。

②评审对象 V 的最后得分 $V=\sum_{i=1}^{2}A_i=\sum_{i=1}^{2}\sum_{j=1}^{4}a_{ij}\cdot w_{ij}$。

四、结论

伴随着社会科学研究的不断深化和发展，对社科成果评奖的科学性和准确性也在不断提出新的更高的要求，社科成果评奖的方法也在不断创新和完善中。德尔菲法作为一种科学的专家意见评价法，最先运用于新产品的市场预测，取得了良好的效果，随着其自身的不断完善，目前已经被广泛地运用于经济、社会领域等多方面的评价。将德尔菲法运用于社科成果的评奖中，有助于对社科成果进行科学、客观、公正的评价。

1. 充分运用德尔菲法匿名性特征，使社科评奖免于受到外部非学术因素的影响，并通过对争议性对象进行反复多次的反馈，得到科学准确的专家意见。

2. 针对目前社科成果评奖评估所存在的问题——无科学全面的评价标准，设计科学、全面的评价指标体系，作为专家评价的参考标准，并建立评估模型以实施对社科成果的量化评估，可以增强社科评奖的准确性。

4.4.2 定量评价法

定量评价法是较为科学的评价方法，但其计算工作复杂，一般需借助计算机等技术的帮助。该评价方法的关键在于将信息分析成果质量指标数量化，根据各个指标权值的不同，采用小数制、十分制、百分制等计分方式，并结合各种公式进行评分统计，计算出评价结果。目前，在信息分析成果评价过程中主要使用的定量评价方法有：模糊评估方法、综合评分法、科学计量法、经济计量法、蒙特卡洛模拟法等。以下重点介绍模糊综合评价法的应用。

4.4.2.1 模糊综合评价法的概述

模糊综合评价法(Fuzzy Comprehensive Evaluation，FCE)是指借助于模糊数学中模糊变换和综合评判方法对信息分析成果进行模糊综合评价的方法，它应用模糊关系合成原理，从多个因素对被评价事物隶属等级状况进行综合性评价，适用于有模糊概念而又可以量化的场合。科学的评价是以客观性、精确性为基础的，但在实际的评价过程中，所获信息往往是“模糊的”。①

信息分析成果评价的两个重要标准，一是信息分析成果本身的质量，二是评价者的着眼点。构成信息分析成果本身质量的因素很多，评价者的着眼点也有所不同，往往造成评价上的差异。这主要是由于构成评判的指标具有模糊性，这些模糊性指标构成模糊评价集。用模糊评价集表示每个因素的不

① 贺浪萍. 高等学校管理的模糊信息定量评价理论[J]. 益阳师专学报，1993(10)：33-41.

同等级，并给每个因素赋予不同的权数。这种同时考虑多个因素及各因素的重要程度的评价就是模糊综合评价法，此方法广泛用于管理学领域的各种评价问题。①

模糊综合评价是对受多种因素影响的事物做出全面评价的一种十分有效的多因素决策方法，其特点是评价结果不是绝对的肯定或否定，而是以一个模糊集合来表示。② 模糊综合评价法的关键是模糊综合评价模型的建立。

4.4.2.2 模糊综合评价法的基本步骤

(1)建立评价因素集

因素集是以影响评价对象的各种因素为元素组成的一个普通集合，用大写字母 U 表示，即：

$$\boldsymbol{U}=\{u_1, u_2, \cdots, u_n\} \tag{4.1}$$

其中，各元素通常都具有不同程度的模糊性，元素 u_i 为第 $i(i=1, 2, \cdots, n)$ 个评价指标，n 为同一层次上评价指标的个数。

(2)建立评语集

评语集是评价者对被评价对象可能做出的各种总的评价结果组成的评语等级的集合。

$$\boldsymbol{V}=\{v_1, v_2, \cdots, v_m\} \tag{4.2}$$

其中，元素 v_j 为第 $j(j=1, 2, \cdots, m)$ 种评语，m 为评语的种数。

(3)建立成果评价矩阵

利用模糊矩阵和权重集之间的合成运算，得到综合评价结果向量：

$$\underset{\sim}{R}=\begin{pmatrix} \boldsymbol{R}_1 \\ \boldsymbol{R}_2 \\ \cdots \\ \boldsymbol{R}_n \end{pmatrix}=\begin{pmatrix} r_{11} & r_{12} & \cdots & r_{1m} \\ r_{21} & r_{22} & \cdots & r_{2m} \\ & \cdots & \cdots & \\ r_{n1} & r_{n2} & \cdots & r_{nm} \end{pmatrix}=(r_{ij})_{n\times m} \tag{4.3}$$

① 卢小宾. 信息分析[M]. 北京：科学技术文献出版社，2008.

② 陆康，刘慧，王圣元. 基于模糊评价方法的高校图书馆绩效考核设计[J]. 内蒙古科技与经济，2010(22)：153-154.

其中，$\underset{\sim}{R}$ 为 $n \times m$ 阶评价矩阵，即从 U 到 V 的一个模糊关系。它包含了按评价集 V 分别对 n 个评价指标进行评价产生的全部量化信息，$R_i = \{r_{i1}, r_{i2}, \cdots, r_{im}\}$ 为第 i 个评价指标的单指标评价，r_{ij} 为从第 i 个评价指标着眼对成果所作的第 j 种评语的可能程度(一般取评语 V_j 的百分比)。

(4)计算评价指标的权重

各评价指标的权重集合为：

$$\underset{\sim}{W} = \{w_1, w_2, \cdots, w_n\} \tag{4.4}$$

其中，$\underset{\sim}{W}$ 为 U 上的模糊子集，它所对应的权重向量可用矩阵表示为 $\underset{\sim}{W} = (W_1\ W_2 \cdots W_n)$；元素 W_i 为第 i 个评价指标 u_i 所对应的权重，且满足：

$$\sum_{i=1}^{n} W_i = 1$$

(5)模糊综合评价模型的建立

依据模糊数学的有关理论，成果单层次评价指标的模糊综合评价的数学模型为：

$$B \sim \underset{\sim}{B} = W \sim \underset{\sim}{W} \cdot R \sim \underset{\sim}{R}$$

$$= (W_1 \quad W_2 \quad \cdots \quad W_n) \begin{pmatrix} r_{11} & r_{12} & \cdots & r_{1m} \\ r_{21} & r_{22} & \cdots & r_{2m} \\ & \cdots & \cdots & \\ r_{n1} & r_{n2} & \cdots & r_{nm} \end{pmatrix} = (b_1 \quad b_2 \quad \cdots \quad b_m) \tag{4.5}$$

$\underset{\sim}{B}$ 矩阵中的各元素 b_j 就是成果单层次评价指标的模糊综合评价结果。该结果是由模糊矩阵 $\underset{\sim}{W}$ 与 $\underset{\sim}{R}$ 进行乘法运算而得的。乘法运算的步骤与普通矩阵乘法运算的步骤类似，不同之处在于它并非两项相乘后相加，而是先取小后取大。

上述结果通常要进行归一化处理。设处理后的结果为

$$\underset{\sim}{B}' = (b'_1 \quad b'_2 \quad \cdots \quad b'_m) \tag{4.6}$$

其中，$\underset{\sim}{B}'$ 矩阵中的各元素 b'_j 是经过归一化处理的成果单层次评价指标的模糊综合评价结果，且满足：

$$b'_j = \frac{b_j}{\sum_{j=1}^{m} b_j}$$

在具体实践中，成果评价指标体系往往是多层次的。因此，在单层次模糊综合评价的基础上还应当进行多层次的模糊综合评价。其具体操作因层次多寡而异。总的做法是：在单层次模糊综合评价的基础上，自下而上(即从低层次向高层次)把每层的评价结果作为上一层的输入，逐层计算，直至最后得出总的模糊综合评价结果。

此外，上述结果仅仅是针对某一成果进行模糊综合评价的结果。为了进行一批成果的比较和选优，人们常将其结果用一个总分值来直观地表示。总的做法是：首先将评语集 V 的各元素取以相应的量化值 v'_j，然后将每个评价结果 b'_j 乘以相应的分值 v'_j，并求总分 S，即：

$$S = \sum_{j=1}^{m} b'_j \cdot v'_j \tag{4.7}$$

比如，如果采用 9 分制对 5 种评语评分，则可将量化分值做出如表 4.8 的规定。由此，我们可以计算出某一成果模糊综合评价结果的总分为：

$$S = 9b'_1 + 7b'_2 + 5b'_3 + 3b'_4 + b'_5 \tag{4.8}$$

表 4.8 评语的分值

评语	优	良	中	差	劣
分值	9	7	5	3	1

模糊综合评价法应用案例

模糊综合评价法在高校科研项目绩效评价中的应用①

科研项目的绩效评价是政府科学管理的重要手段之一，也是高校进行科

① 杨媛媛. 基于模糊综合评价法的高校科研项目绩效评价[J]. 河南财政税务高等专科学校学报，2012，26(2)：34-36.

研项目管理的核心内容。对高校的科研项目进行科学、高效和合理的评估，不仅可以适应新时代的科研发展要求，以科学的理论指导高校科研的发展，而且能够纠正部分高校在科研项目管理方面的偏差与不足，减少决策失误，使有限的科研项目资金发挥最大的效益。但是在实际评估的过程中，绩效评价会涉及评级问题，而评级是人们在以往认识基础上的主观判断，不可避免地使绩效评价带有一些认识上和结论上的模糊性。因此，需要一种科学的评价方法来避免人为的主观判断造成的偏差，以此来提高绩效评价的客观性和有效性。模糊综合评价法正是基于这种情况提出的，它建立在严谨、科学的数学原理基础上，能够为高校科研项目绩效评价提供实际有效的依据。

一、解析模糊综合评价法

第一步，建立模糊评判矩阵。首先，对某个因素进行评价，设该因素的指标集合为 $U=\{U_1, U_2, \cdots, U_n\}$，该因素的评价集合为 $V=\{V_1, V_2, \cdots, V_m\}$，每个评价 $V_k(k=1, 2, \cdots, m)$ 表示对每个因素作出的评价等级，那么对每一个因素的模糊评价就是评语集合上的一个模糊子集。其次，设第 i 个因素的模糊评价为 $R_i=\{r_{i1}, r_{i2}, \ldots, r_{im}\}(i=1, 2, \cdots, n)$，其中 r_{ik} 表示第 i 个因素的第 k 个评语。最后，如果有 n 个模糊评价向量 $(R_1, R_2, \cdots, R_n)$，则构成了因素指标集合到因素评价集合的模糊关系，此时，模糊评判矩阵可以表示为：

$$r=\begin{bmatrix} R_1 \\ R_2 \\ \cdots \\ R_n \end{bmatrix}=\begin{bmatrix} r_{11} & r_{12} & \cdots & r_{1m} \\ r_{21} & r_{22} & \cdots & r_{2m} \\ \cdots & \cdots & \vdots & \cdots \\ r_{n1} & r_{n2} & \cdots & r_{nm} \end{bmatrix}$$

第二步，对每个单因素进行模糊分析。得出模糊评判矩阵后，可以在因素指标集合上取它的一个子集 U_i，然后对这个子集给定一个模糊向量 $A_i=(a_{i1}, a_{i2}, \cdots, a_{in})$，来表示它，这个向量的每一个值为 $a_{ik}(k=1, 2, \cdots, m)$，则表示这个因素在模糊评价中的重要性，可以定为权重 W_{ik} 第一步中已经给定了模糊评价向量 R_i，结合本步骤给出的模糊向量 A_i，可以得出某个因素的评价向量为 $B_i=A_i\times R_i=(b_{i1}, b_{i2}, \cdots, b_{im})(i=1, 2, \cdots, k)$。

第三步，对此因素进行模糊综合评价。假设模糊权重向量为 $A=(a_1,$

a_2, …, a_k)，模糊评价矩阵为 $R=(B_1, B_2, \cdots, B_k)^T=(b_{ij})_{k\times m}$，可以得出模糊综合评价向量为 $B=A\times R=(b_1, b_2, \cdots, b_m)$。

第四步，得出模糊评价值 P。对因素的评价集的每个评价结果给定一个固定分值区间，假设评价集为 $H=(h_1, h_2, \cdots, h_m)$，则最后得到的模糊评价分值为 $P=B\times H^T$。对应不同分值区间划分出的几个评价等级，就得到所评价因素所属的等级水平。

二、模糊综合评价法在实际案例中的应用

以河南省某高校的科研项目管理为例，具体说明模糊综合评价法在高校科研项目绩效评价中的应用。针对目前河南省高校科研项目的绩效考评实际情况，将指标体系分为两个层次，即准则层和指标层。其中准则层包括项目直接产出 B_1、项目间接产出 B_2 和项目衍生效益 B_3 三大类。这三大类再具体分类为表 4.9 的指标层。

表 4.9　**河南省某高校科研项目绩效评价指标体系**

绩效评价 A			
准则层	项目直接产出 B_1	项目间接产出 B_2	项目衍生效益 B_3
指标层	项目成果发表 B_{11}	人才培养 B_{21}	衍生论文 B_{31}
	学术交流 B_{12}	间接成果 B_{22}	衍生著作 B_{32}
	项目成果获奖 B_{13}	间接项目产出效益 B_{23}	衍生项目成果 B_{33}
	项目专利及产出效益 B_{14}		衍生人才培养 B_{34}
			衍生学术效应 B_{35}

综合应用层次分析法和专家评判法，计算准则层的权重值如表 4.10 所示。

表 4.10　**准则层权重值**

权重	B_1	B_2	B_3
W	0.5	0.2	0.3

综合应用层次分析法和专家评判法，计算指标层的权重值如表4.11、表4.12和表4.13所示。

表4.11　　**项目直接产出 B_1 指标权重值**

权重	B_{11}	B_{12}	B_{13}	B_{14}
W	0.45	0.15	0.2	0.2

表4.12　　**项目间接产出 B_2 指标权重值**

权重	B_{21}	B_{22}	B_{23}
W	0.25	0.4	0.35

表4.13　　**项目衍生效益 B_3 指标权重值**

权重	B_{31}	B_{32}	B_{33}	B_{34}	B_{35}
W	0.3	0.15	0.2	0.2	0.15

根据表4.9确定评价因素的指标集合为 $A=\{B_1, B_2, B_3\}$，其中准则层的 B_1，B_2，B_3 分别表示河南省某高校科研项目的项目直接产出、项目间接产出和项目衍生效益。指标层 $B_i=\{B_{ij}\}(i, j=1, 2, 3)$ 为河南省某高校科研项目绩效评价过程中的评价指标的子集。

依据前面建立模糊评判矩阵的步骤，确定河南省某高校科研项目绩效评价的评价等级及其对应标准。假设绩效评价集为 $V=\{V_1, V_2, V_3, V_4, V_5\}$，相对应的评价等级表示为{十分优秀，比较好，基本达标，需要整改，极差}。对上面的5个等级均给定一个分值区间，那么{十分优秀，比较好，基本达标，需要整改，极差}相对应的分值集合为 $H=\{95, 80, 65, 50, 35\}$。如果规定最终得分在90分以上该校的科研绩效管理评价为十分优秀，那么得分在75~90分的评价就是比较好，60~75分的评价为基本达标，40~60分的评价为需要整改，40分以下则表示该校的绩效管理评价为极差。

由表4.9~表4.13可知，在河南省某高校的科研项目绩效评价中，各评价指标的权重向量表示为：

准则层权重向量 $W_A=\{0.5, 0.2, 0.3\}$

指标层权重向量 $W_{B_1}=\{0.45, 0.15, 0.2, 0.2\}$

$W_{B_2}=\{0.25, 0.4, 0.35\}$

$W_{B_3}=\{0.3, 0.15, 0.2, 0.2, 0.15\}$

最后，建立河南省某高校科研项目绩效评价的模糊评判矩阵。在实际操作中选定了5位负责河南省高校科研项目管理的专家，他们根据该校科研项目的实际情况，对表4.9指标层的指标分别进行打分。由于每个指标的评价都是具有模糊性的，在方法处理上综合了每位专家对某一个指标的打分次数，用5位专家赞同该相应指标的评语等级的比重作为这个指标对应于某个评价集合的隶属度，得到模糊评判矩阵，计算结果表示如下：

$$R_{B_1}=\begin{bmatrix}1/5 & 3/5 & 1/5 & 0 & 0\\ 0 & 4/5 & 1/5 & 0 & 0\\ 1/5 & 3/5 & 1/5 & 0 & 0\\ 0 & 1/5 & 2/5 & 2/5 & 0\end{bmatrix}$$

$$R_{B_2}=\begin{bmatrix}1/5 & 3/5 & 1/5 & 0 & 0\\ 0 & 3/5 & 1/5 & 1/5 & 0\\ 0 & 3/5 & 1/5 & 1/5 & 0\end{bmatrix}$$

得到某个因素的模糊评价 $B_i=W_{B_i}\times R_{B_j}$

$$B_1=W_{B_1}\times R_{B_1}=(0.13, 0.55, 0.24, 0.08, 0)$$

$$B_2=W_{B_2}\times R_{B_2}=(0.05, 0.6, 0.2, 0.15, 0)$$

$$B_3=W_{B_3}\times R_{B_3}=(0.06, 0.32, 0.35, 0.27, 0)$$

$$R=\begin{bmatrix}B_1\\ B_2\\ B_3\end{bmatrix}=\begin{bmatrix}0.13 & 0.55 & 0.24 & 0.08 & 0\\ 0.05 & 0.6 & 0.2 & 0.15 & 0\\ 0.06 & 0.32 & 0.35 & 0.27 & 0\end{bmatrix}$$

得到指标的模糊综合评价 $B=W_A\times R=(0.093, 0.491, 0.265, 0.151, 0)^T$。得出模糊综合评价值 $P=B\times H^T=72.89$ 分。参考先前设定的评价等级标准，可

知该校的绩效评估结果为基本达标。

三、结束语

模糊综合评价法计算精确，操作过程简便，为高校科研项目管理的绩效评估提供了科学依据，但由于各个高校的情况不同，在评价时很难考虑到所有指标和情况。因此，如何更准确地判定高校科研项目管理的优劣及绩效水平，仍需要更有效的数学模型。

4.4.3 综合评价法

鉴于定性和定量评价方法的优缺点，运用定性和定量相结合的方法，能够较为准确、客观地对信息分析成果做出评价。目前，在信息分析成果评价过程中，层次分析法是常用的定性和定量相结合的综合评价方法。

层次分析法(Analytic Hierarchy Process，AHP)是20世纪70年代初美国运筹学家、匹兹堡大学教授萨蒂(T. L. Saaty)提出的一种实用的多准则评价方法。该方法被广泛运用于工程、经济、军事、政治、外交等领域，可以解决诸如系统评价、资源分配、价格预测、项目选择等许多重要问题。

层次分析法本质上是一种决策思维方式，它把复杂的问题分解为各组成因素，将这些因素按支配关系分组以形成有序的递阶层次结构。通过对客观现实的主观判断，就每一层次的相对重要性给予定量表示；最后用数学方法确定每一层次中全部因素相对重要性次序。① 由于这种方法在解决目标决策方面较其他方法更为简便、实用，因此广泛用于信息分析成果的评价。

4.4.3.1 层次分析法的特点

(1)面对具有层次结构的整体问题综合评价，采取逐层分解，变为多个单准则评价问题，在多个单准则评价的基础上进行综合。

(2)为解决定性因素的处理及可比性问题，萨蒂教授建议：以“重要性”

---

① 侯振全，余峰. 层次分析法在高校决策中的运用[J]. 武汉工业大学学报，1998(20)：131-134.

(数学表现为权值)比较作为统一的处理格式，并将比较结果按重要程度以1级至9级进行量化标度。

(3)检验与调整比较链上的传递性，即检验一致性的可接受程度。

(4)对汇集全部比较信息的矩阵集，使用线性代数理论与方法加以处理。挖掘出深层次的、实质性的综合信息作为决策支持。①

4.4.3.2 层次分析法的基本步骤

(1)建立递阶层次结构。

根据项目的性质和目标，将信息分析成果分解为不同的评价因素，再按照各因素间的相互关系，按层次分别聚类，形成一个层次分明的结构模型。模型一般包括目标层、准则层、子准则层和指标层，呈递阶层次结构。递阶层次结构模型，如图4.6所示。

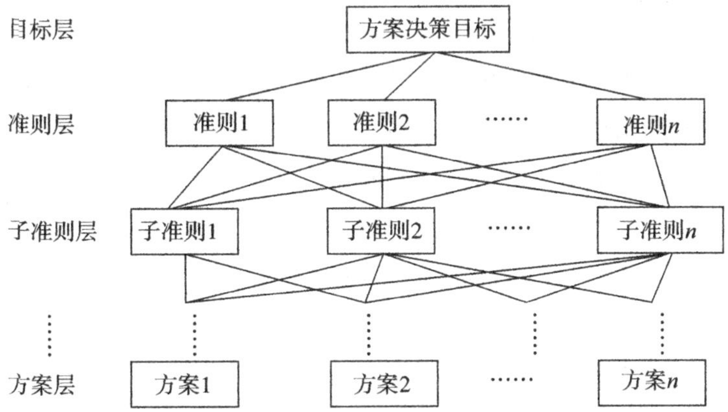

图4.6 递阶层次结构模型

目标层：一般是解决问题所要达到的目的，在信息分析成果评价中主要指评价目标。

准则层：主要指构成目标的不同因素和属性。其中，每一准则应该能够

① 刘平. 谈层次分析法及其改进[J]. 科协论坛，2008(4)：35.

表达评价目标的不同侧面，且各准则之间应该相互独立。

方案层：包括可供选择的各种评价对象或者评价方案。

递阶层次结构按分层组合来处理信息分析成果评价问题，这比采用其他方法要迅速有效得多。它既可以用来描述高层次中因素排序变化对低层次中因素排序的影响，也可以在较低层次中提供关于信息分析成果的结构和功能的详细信息，并在较高层次上使人们对信息分析成果评价目标有一个整体性的了解。人们在构造递阶层次结构模型时首先考虑的是方便，各层次联系是自然的，必要时还可以将不合理的层次进行分解或完全取消。

(2)构造判断矩阵。

在构建出递阶层次结构之后，信息分析人员可以根据每个准则对实现总目标作出的贡献，来判断每个准则的相对重要性。具体做法是针对某一准则，两两比较不同的方案，建立判断矩阵，这些判断用数值表示出来，写成矩阵形式，即所谓的判断矩阵。

采用两两比较的方法与将所有元素都与某一元素比较的方法不仅可以减少比较的次数，更重要的是可以降低个别判断错误对总体排序所造成的影响，避免系统性判断错误。层次分析法充分利用人类善于进行分析比较的优势，将各种因素之间的成对比较值作为判断矩阵的元素。显然，这对分析目前尚无统一度量尺度的经济、科技、人的行为、科学管理及信息分析成果评价等复杂问题显得直观明了。判断矩阵的一般表达式，如图 4.7 所示。

a_k	B_1	B_2	…	B_n
B_1	b_{11}	b_{12}	…	b_{1n}
B_2	b_{21}	b_{22}	…	b_{2n}
…		…		
B_n	b_{n1}	b_{n2}	…	b_{nn}

图 4.7 判断矩阵的一般表达式

其中，a_k表示 A 层次中的第 k 个因素，B_1，B_2，…，B_n表示与 a_k因素有关的下一层次因素，b_{ij}表示与 a_k因素有关的下一层次因素 B_i和 B_j的两两对比值(显然，对 B_1，B_2，…，B_n各因素，需要进行 C_n^2 次成对比较)。b_{ij}值由专家依据萨蒂专门设计的 1~9 尺度法从表 4.14 中选取。

表 4.14　　**判断矩阵尺度及其含义**

尺度	含　义
1	表示两个因素相比，具有同样重要性
3	表示两个因素相比，一个因素比另一个因素稍微重要
5	表示两个因素相比，一个因素比另一个因素明显重要
7	表示两个因素相比，一个因素比另一个因素强烈重要
9	表示两个因素相比，一个因素比另一个因素极端重要
2，4，6，8	上述两相邻判断的中值
1，$\frac{1}{2}$，…，$\frac{1}{9}$	因素 i 与 j 比较得判断 a_{ij}，则因素 j 与 i 比较得判断 $a_{ji}=1/a_{ij}$

在萨蒂设计的 1~9 尺度法中，b_{ij}的取值范围是 1，2，…，9 及其互反数 1，$\frac{1}{2}$，…，$\frac{1}{9}$。萨蒂这样做的理由是：

第一，在进行定性的成对比较时，人们头脑中通常有 5 种明显的等级。

第二，心理学家认为，进行成对比较的因素太多，将超出人的判断能力，最多大致在 7±2 范围。如以 9 个为限，用 1~9 尺度表示它们之间的差别正合适。

第三，萨蒂曾用 1~3，1~5，…，1~17，…，$(d+0.1)\sim(d+0.9)$($d=1$，2，3，4)，$1p\sim9p$($p=2$，3，4，5)等共 27 种比较尺度，对在不同距离处判断某光源的亮度等实例构造成对比较阵，并算出权向量。把这些权向量与按照光强定律等物理知识得到的实际的权向量进行对比发现，1~9 尺度不仅在较简单的尺度中最好，而且结果并不劣于较复杂的尺度。

由萨蒂 1~9 尺度法得到的判断矩阵具有以下特点：

$$B=(b_{ij})_{n\times n},\ b_{ij}>0,\ b_{ij}=\frac{1}{b_{ji}},\ b_{ii}=1 \tag{4.9}$$

(3)一致性检验。

层次单排序是针对某一准则，排列出各种方案。采用方根法求解上述矩阵中各评价准则重要性的权值，可归结为计算该判断矩阵的最大特征根及相应的特征向量。每个特征向量的各分量即各准则的权重值。

在矩阵理论中，人们将具有式 4.9 特点的矩阵称为正互反矩阵。在层次分析法中，这个正互反矩阵除了具有式 4.9 显示的特点外，还具有这样的独特性，即任何一个专家在对复杂系统按层次分析法中判断矩阵的构成进行逐对判断时，其结果原则上应满足式 4.10：

$$b_{ij}=\frac{b_{ik}}{b_{jk}} \tag{4.10}$$

例如，对于判断矩阵

$$B=\begin{bmatrix} 1 & \frac{1}{3} & \frac{1}{8} \\ 3 & 1 & \frac{1}{3} \\ 8 & 3 & 1 \end{bmatrix}$$

可以看出，$b_{12}=\frac{1}{3}$，$b_{13}=\frac{1}{8}$，$b_{23}=\frac{1}{3}$。即专家判断的结果是：因素 B_1 与 B_2 之比为 1∶3，B_1 与 B_3 之比为 1∶8，B_2 与 B_3 之比为 1∶3。显然，这里的 $b_{23}=\frac{1}{3}$与我们由 $b_{12}=\frac{1}{3}$和 $b_{13}=\frac{1}{8}$推出的 $b_{23}=\frac{3}{8}$相矛盾。也就是说，专家在进行因素间的两两比较和判断时，前后发生了矛盾，出现了不一致的情况。

事实上，由于客观事物的复杂性和人们认识能力的局限性，人们在对客观事物进行判断时，难免会出现一些或大或小的差错。在实践中，上述不一致现象几乎是无法避免的。专家的判断严格符合式 4.10，只能理解成一种理想状态，要求专家在实践中真正做到这一点，未免显得太苛刻了。萨蒂认为，若不一致性很小并且在容许的范围之内，则可以考虑接受所得到的结论；但是，如果不一致性太大，超出了容许的范围，则所得到的结论不能被接受，专家的判断是无效的。这就引入了这样一个问题："什么是不一致性的容许范围?”一致性检验正是解决这个问题的。为了保证利用层次分析法得到的结论基本合理，必须对专家对客观事物的定性分析判断进行严格的“是否一致”的定量检验。

我们先举一个专家判断完全一致的例子。设有一块大石头 A，其重量为 w。现将该石头砸成 n 块小石头 B_1，B_2，…，B_n，其重量分别为 w_1，w_2，…，w_n。我们把这些小石头的重量互相逐对比较，可得到由重量比值作为元素构成的判断矩阵 B：

$$B = \begin{bmatrix} \frac{w_1}{w_1} & \frac{w_1}{w_2} & \frac{w_1}{w_3} & \cdots & \frac{w_1}{w_n} \\ \frac{w_2}{w_1} & \frac{w_2}{w_2} & \frac{w_2}{w_3} & \cdots & \frac{w_2}{w_n} \\ & \cdots & & \cdots & \\ \frac{w_n}{w_1} & \frac{w_n}{w_2} & \frac{w_n}{w_3} & \cdots & \frac{w_n}{w_n} \end{bmatrix} = (b_{ij})_{n \times n} \tag{4.11}$$

显然，上述判断矩阵符合式 4.9 和式 4.10，具有完全一致性。此时，我们将 B 称为 n 阶一致性矩阵。n 块小石头对大石头的权重可用向量 $w = (w_1, w_2, \cdots w_n)^T$ 表示。若大石头的重量为单位重量，则有 $\sum_{i=1}^{n} w_i = 1$。

在矩阵理论中，可以证明，n 阶一致性矩阵具有如下性质：

第一，B 的秩为 1，B 的唯一非零特征根为 n。

第二，B 的任一列(行)向量都是对应于特征根 n 的特征向量。

如果得到的判断矩阵是一致性矩阵，就应取对应于特征根 n 的、归一化后的特征向量表示各因素 B_1，B_2，…，B_n(小石头)对上层因素 A(大石头)的权重。这个向量称为权向量。

如果得到的判断矩阵不是一致性矩阵，但在不一致性容许的范围内，萨蒂建议用对应于 B 最大特征根(λ_{max})的、归一化后的特征向量作为权向量 w。

在实际的一致性检验中，要先计算出最大特征根 λ_{max} 的近似值，λ_{max} 的值越接近 n(判断矩阵的阶数)，则判断矩阵的一致性就越好。有了 λ_{max} 值，就可以用一致性指标 CI 来表示一致性偏差。CI 的计算公式为：

$$CI = \frac{\lambda_{\max} - n}{n - 1} \tag{4.12}$$

矩阵的阶数越大，完全一致性就越难达到。为测量不同阶数的判断矩阵的一致性程度的容许范围，萨蒂又引入阶数为 n 的判断矩阵平均随机一致性指标 RI。它是用随机方法构造出500个样本矩阵，然后计算得到的平均值。RI 值可由表4.15查出。

表4.15　**RI取值表**

n	1	2	3	4	5	6	7	8	9	10	11	12	13	14	15
RI	0.00	0.00	0.58	0.90	1.12	1.24	1.32	1.41	1.45	1.49	1.52	1.54	1.56	1.58	1.59

表中 $n=1$，2时，$RI=0$，是因为阶数为1，2的判断矩阵总是具有完全一致性。

对于 $n \geqslant 3$ 的判断矩阵，将其一致性指标 CI 与同阶(指 n 相同)平均随机一致性指标 RI 之比称为随机一致性比率 CR。当式4.13成立时，即认为判断矩阵具有满意的一致性(即判断矩阵的一致性程度在容许范围之内)。否则应重新进行成对比较，调整判断矩阵的元素，使之达到满意的一致性为止。

$$CR = \frac{CI}{RI} \leqslant 0.10 \tag{4.13}$$

(4)层次单排序的计算。

层次单排序可归结为如何计算判断矩阵的最大特征根及其对应的特征向量。特征向量反映了某层次因素相对于上一层次某因素的相对重要性。严格的计算方法是幂法。在计算机的支持下，利用这种方法可以得到任意精确度的最大特征根及其对应的特征向量。这里，我们介绍两种简易算法，即方根法和和积法。

方根法的计算步骤如下：

第一步：计算判断矩阵每一行元素的乘积 M_i

$$M_i = \prod_{j=1}^{n} b_{ij} \quad (i = 1, 2, \cdots, n)$$

第二步：计算 Mi 的 n 次方根 $\overline{w}_i$

$$\overline{w}_i = \sqrt[n]{M_i}$$

第三步：对向量 $\overline{w} = (\overline{w}_1, \overline{w}_2, \cdots, \overline{w}_n)^T$ 进行归一化处理，即使

$$w_i = \frac{\overline{w_i}}{\sum_{i=1}^{n} \overline{w_i}} \quad (i = 1, 2, \cdots, n)$$

$w = (w_1, w_2, \cdots, w_n)^T$ 就是判断矩阵的特征向量。

第四步：计算判断矩阵的最大特征根 $\lambda_{\max}$

$$\lambda_{\max} = \sum_{i=1}^{n} \frac{(Bw)_i}{nw_i}$$

其中 $(Bw)i$ 表示向量 Bw 的第 i 个元素。

第五步：一致性检验

先计算出 $CI = \frac{\lambda_{\max} - n}{n - 1}$，再计算出随机一致性比率 $CR = \frac{CI}{RI}$。当 $CR \leqslant 0.10$ 时，则认为该判断具有满意的一致性。

和积法的计算步骤如下：

第一步：将判断矩阵每一列元素进行归一化处理

$$\overline{b}_{ij} = \frac{b_{ij}}{\sum_{i=1}^{n} b_{ij}} \quad (i, j = 1, 2, \cdots, n)$$

第二步：将归一化后的判断矩阵按行相加

$$\overline{w}_i = \sum_{j=1}^{n} \overline{b}_{ij} \quad (i = 1, 2, \cdots, n)$$

第三步：对向量 $\overline{w} = (\overline{w}_1, \overline{w}_2, \cdots, \overline{w}_n)^T$ 进行归一化处理

$$w_i = \frac{\overline{w}_i}{\sum_{i=1}^{n} \overline{w}_i} \quad (i = 1, 2, \cdots, n)$$

$w = (w_1, w_2, \cdots, w_n)^T$ 就是判断矩阵的特征向量。

第四步：计算判断矩阵的最大特征根 $\lambda_{\max}$

$$\lambda_{\max} = \sum_{i=1}^{n} \frac{(Bw)_i}{nw_i}$$

式中$(Bw)_i$同样表示向量 Bw 的第 i 个元素。

第五步：一致性检验

先计算出 $CI = \frac{\lambda_{\max} - n}{n - 1}$，再计算出随机一致性比率 $CR = \frac{CI}{RI}$。当 $CR \leqslant 0.10$ 时，则认为该判断具有满意的一致性。

(5)层次总排序。

层次总排序即求出某一层所有元素对于最高目标的相对重要性的排序权值，这一过程自上而下逐层进行。

如果考虑到上一层次某个因素在其层次中的相对重要性，然后和下一层次的因素加权，就可得到下一层次因素相对于上一层次整个层次的组合权值，这就是层次总排序。为了求出最低层次所有因素对于最高层的相对重要性的权重向量，可采用逐层叠加的方法，从最高层次开始，由高向低逐层进行计算。假设总目标下的第一层次 A 有 m 个因素 A_1，A_2，…，A_m，相邻的下一层次 B 有 n 个因素 B_1，B_2，…，B_n，通过单层次的计算，已得出 A 层的单层排序权值 a_1，a_2，…，a_m，以及 B 层因素 B_1，B_2，…，B_n对于 A_j的单层排序权值 b_{1j}，b_{2j}，…，b_{nj}(当某一因素 B_k与 A_j无联系时，$b_{kj}=0$)，则 B 层次对总目标的层次总排序值可由表 4.16 给出。

表 4.16 **层次总排序计算表**

层次 A / 层次 B	A_1 A_2 … A_m a_1 a_2 … a_m	B 层次总排序权值
B_1	b_{11} b_{12} … b_{1m}	$\sum_{j=1}^{m} a_j b_{1j}$
B_2	b_{21} b_{22} … b_{2m}	$\sum_{j=1}^{m} a_j b_{2j}$
…	…	…
B_n	b_{n1} b_{n2} … b_{nm}	$\sum_{j=1}^{m} a_j b_{nj}$

如此类推，可以推算出所有层次对总目标的层次总排序值。

(6)层次总排序的一致性检验

层次总排序与层次单排序的一致性检验相同，每进行一层的递推，都必须作相应的层次总排序的一致性检验。假定 B 层次因素对于 A_j 单排序的一致性指标为 CI_j，相应的平均随机一致性指标为 RI_j，则 B 层次总排序的随机一致性比率为：

$$CR = \frac{\sum_{j=1}^{m} a_j CI_j}{\sum_{j=1}^{m} a_j RI_j} \tag{4.14}$$

当求出的 $CR \leqslant 0.10$ 时，表明该层次总排序的结果具有满意的一致性。一致性检验分为单排序判断矩阵的一致性检验和总排序判断矩阵的一致性检验。如果一致性检验结果出现错误，应该检查判断矩阵中各元素间的关系有无错误，进行调查直到结果准确或达到一致性。

4.4.3.3 层次分析法的应用

层次分析法是一种定性分析和定量分析相结合的、系统化、层次化的分析方法，由于该方法在处理复杂的评估问题时具有较好的有效性和实用性，因此，很快在世界各国得到学者的重视，同时在实践过程中也发挥了重大作用。

(1)层次分析法的应用程序。

当运用层次分析法进行评估时，一般要经历以下几个主要阶段：第一，要建立科学的递阶层次结构；第二，要构造能够两两比较的判断矩阵；第三，根据各标准计算指标权重，并进行一致性检验；第四，层次总排序并进行一致性检验。

(2)应用层次分析法的注意事项。

在应用层次分析法时，必须满足以下几个前提：第一，各层的要素必须是已知的，并且条理结构清晰，能够按层次区分排列；第二，同一层中的各要素的关系是平等的，而各要素间相互独立，不存在显著的相关性；第三，最底层的指标可以被量化，并能够通过一定的方法测量；第四，需要明确各层次间要素的影响关系。

层次分析法应用案例

层次分析法在给水工程方案评价中的应用①

层次分析法是用系统工程原理分析问题的一种新的决策方法，也是一种定性和定量相结合的分析方法。用层次分析法对给水系统进行分析，就是要将问题层次化。根据问题的性质和要达到的总目标，分解为不同的组成因素，并按各因素的相互关联影响和隶属关系，将各因素按不同层次容集组合，形成一个多层次的分析结构模型，并最终把系统分析归纳为最低层(供决策的方案、措施等)，相对于最高层(总目标)的相对重要性权值的确定或相对优劣次序的排序问题，下面以南佐镇给水工程为例，用层次分析法对给水工程方案进行综合评价。

一、基本概况

南佐镇位于河北省石家庄市元氏县西部丘陵山区，全镇8000人，耕地1.1万亩。近几年来，由于干旱少雨和乡镇企业用水量的增加，致使该区地下水位下降，原有的饮水井相继干涸，人畜饮水发生困难。迫切需要建设给水工程。

我们在大量调查研究的基础上，提出了以下四种方案供给水系统选择：(1)修建小型水库2座，拦蓄地上水；(2)远距离调治河灌渠水；(3)分区联片，采用深层地下水供水；(4)多点分散采用深井供水。

二、层次分析模型的建立

采用效益-代价分析法，结合该工程的实际条件及其相关因素间的相互影响及隶属关系，按不同层次聚合，形成一个多层次的分析结构模型。该模型由总目标(效益)，两个子目标(效益、代价)、三个层次(目标层、准则层、方案层)及四种方案组成。如图4.8所示。

---

① 王志华. 层次分析法在人畜给水工程中的应用[J]. 地下水，1992(2)：103-107.

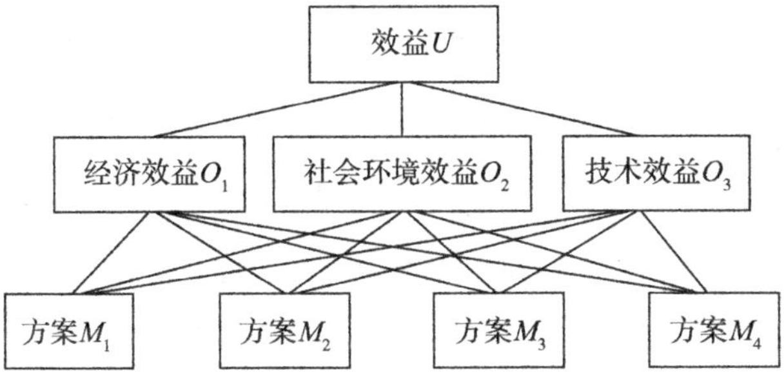

图 4.8 元氏县南佐镇给水方案层次分析模型

三、建立判断矩阵

根据屡次分析模型，需对每一层次中各因素的相对重要性给予判断。这些判断通过引入合适的标度用数值表示出来，写成判断矩阵。判断矩阵表示针对上一层次某因素，本层次与之有关因素之间相对重要性的比较。假定 A 层因素中 a_k 与下一层次中 B_1，B_2，…，B_n 有联系，则构造的判断矩阵一般取下列形式。

a_k　B_1　B_2，…，B_n

B_1　b_{11}　b_{12}，…，B_{1n}

B_2　B_{21}　b_{22}，…，B_{2n}

B_n　b_{n1}　b_{n2}，…，B_{nn}

矩阵中单元 b_{ij} 是两单元相对于 a_k 的优劣程度，一般称为标度，可参见表 4.17 确定。

表 4.17　**判断矩阵标度及其含义**

标度	含　义
1	表示两个因素相比，具有同样重要性
3	表示两个因素相比，一个因素比另一个因素稍微重要
5	表示两个因素相比，一个因素比另一个因素明显重要
7	表示两个因素相比，一个因素比另一个因素强烈重要

续表

标度	含　义
9	表示两个因素相比，一个因素比另一个因素极端重要
2，4，6，8	上述两相邻判断的中值
1，$\frac{1}{2}$，…，$\frac{1}{9}$	因素 i 与 j 比较得判断 b_{ij}，则因素 j 与 i 比较得判断 $b_{ji}=1/b_{ij}$

根据现场调查和专家综合评判意见，南佐镇给水系统目标层与准则层及因素层之间以及各因素之间相对影响程度的定量分析如下：

(1)判断矩阵 U-O。兴建给水工程后产生的效益从三方面考虑，即经济、社会环境和技术效益，构造矩阵如下：

U	O_1	O_2	O_3
O_1	1	2	5
O_2	1/2	1	3
O_3	1/5	1/3	1

同样可以作出准则层对方案层的判断矩阵 O_1-M，O_2-M，O_3-M，构造的判断矩阵如下：

O_1-M 矩阵为：

O_1	M_1	M_2	M_3	M_4
M_1	1	5	1/3	1/4
M_2	1/5	1	1/5	1/6
M_3	3	5	1	1/2
M_4	4	6	2	1

O_2-M 矩阵为：

O_2	M_1	M_2	M_3	M_4
M_1	1	5	3	4
M_2	1/5	1	1/3	1/2
M_3	1/3	3	1	2
M_4	1/4	2	1/2	1

O_3-M 矩阵为：

O_3	M_1	M_2	M_3	M_4
M_1	1	1/3	1/7	1/5
M_2	3	1	1/5	1/3
M_3	7	5	1	3
M_4	5	3	1/3	1

(2)通过对兴建给水工程遇到问题的分析可以看到，我们需要付出的代价主要包括两个方面；一是经济，二是社会代价。类似地构造判断矩阵 P-C 及 C-M 如下：

P-C 矩阵为

P	C_1	C_2
C_1	1	7
C_2	1/7	1

C_1-M_1 矩阵为

C_1	M_1	M_2	M_3	M_4
M_1	1	5	3	2
M_2	1/5	1	1/3	1/4
M_3	1/3	3	1	1/3
M_4	1/2	4	3	1

C_2-M 矩阵为

C_2	M_1	M_2	M_3	M_4
M_1	1	1/3	5	3
M_2	3	1	7	5
M_3	1/5	1/7	1	1/3
M_4	1/3	1/5	3	1

四、层次单排序计算及其一致性检验

(一)层次单排序的计算

层次单排序就是把本层所有各元素对上层次来说，排出评比顺序，这就要在判断矩阵上进行计算，最常用的两种近似计算方法有和积法和方根法，本次采用方根法。

(1)计算判断矩阵每一行元素的乘积 M_i：

$$M_i = \prod_{j=1}^{n} b_{ij} \quad i = 1, 2, \cdots, n$$

(2)计算 M_i 的 n 次方根 $\overline{W_i}$：

$$\overline{W} = \sqrt[n]{M_i}$$

(3)对向量 $\overline{W} = [\overline{W_1}, \overline{W_2}, \cdots, \overline{W_n}]^{\tau}$ 正规化，即：

$$W_i = \frac{\overline{w_i}}{\sum_{j=1}^{n} \overline{W_i}}$$

则 $W = [W_1, W_2, \cdots, W_n]^{\tau}$ 即为所求的特征向量。

(4)计算判断矩阵的最大特征根 $\lambda_{\max}$：

$$\lambda_{\max} = \sum_{j=1}^{n} \frac{(AW)_i}{nW_1}$$

式中 $(AW)_i$ 表示向量 AW 的第 i 个元素。

(二)一致性检验

由于客观事物的复杂性和人们认识上的多样性，以及可能产生的片面性，要求每一个判断都有完全的一致性显然是不可能的，特别是因素多规模大的问题更是如此。因此，为了保证应用层次分析法分析得到的结论基本合理，还需要对构造的判断矩阵进行一致性检验。

(1)计算一致性指标 CI:

$$CI=\frac{\lambda_{\max}-n}{n-1}$$

(2)计算平均随机一致性指标 RI 值，对于 1～9 阶判断矩阵，RI 值见表 4.18。

表 4.18　**不同阶时 *RI* 的值**

阶数	1	2	3	4	5	6	7	8	9
RI	0.00	0.00	0.58	0.90	1.12	1.24	1.32	1.41	1.45

(3)计算随机一致性比率 CR:

$$CR=CI/RI$$

当 $CR<0.10$ 时，即认为判断矩阵具有满意的一致性。否则就需要调整判断矩阵，并使之具有满意的一致性。

(三)计算分析结果

各判断矩阵各种指标计算如下:

对于判断矩阵 $U\text{-}O$

$\overline{W}=[0.581,\ 0.309,\ 0.109]^{T}$,

$\lambda_{\max}\approx 3.004$，$CI=0.002$，$CR=0.003<0.10$

对于判断矩阵 $O_1\text{-}M$

$\overline{W}=[0.149,\ 0.053,\ 0.308,\ 0.489]^{T}$,

$\lambda_{\max}\approx 4.197$，$CI=0.066$，$CR=0.073<0.10$

对于判断矩阵 $O_2\text{-}M$

$\overline{W}=[0.566,\ 0.087,\ 0.203,\ 0.144]^{T}$,

$\lambda_{\max}\approx 4.075$，$CI=0.025$，$CR=0.028<0.10$

对于判断矩阵 $O_3\text{-}M$

$\overline{W}=[0.055,\ 0.118,\ 0.564,\ 0.263]^{T}$,

$\lambda_{\max} = 4.118$，$CI = 0.039$，$CR = 0.044 < 0.10$

对于矩阵 C_1-M

$\overline{W} = [0.466, 0.071, 0.151, 0.311]^T$，

$\lambda_{\max} = 4.107$，$CI = 0.036$，$CR = 0.039 < 0.10$

对于矩阵 C_2-M

$\overline{W} = [0.263, 0.564, 0.055, 0.118]^T$，

$\lambda_{\max} = 4.119$，$CI = 0.04$，$CR = 0.04 < 0.10$

五、层次总排序计算及一致性检验

计算同一层次所有因素对于最高层(总目标)，相对重要性的排序权值，称为层次总排序。利用以上层次单排序的计算结果计算层次总排序如表4.19。

表4.19　　**效益总排序计算表**

M	O_1	O_2	O_3	M
	0.581	0.309	0.109	
M_1	0.149	0.566	0.055	$W_1^1 = 0.267$
M_2	0.053	0.087	0.118	$W_2^1 = 0.071$
M_3	0.308	0.203	0.564	$W_3^1 = 0.303$
M_4	0.489	0.144	0.263	$W_4^1 = 0.357$

层次总排序的一致性检验，这一步骤也是从高到低逐层进行的，如果 M 层次某些因素对于 O 单排序的一致性指标为 CI；相应的平均随机一致性指标为 CR_1，则 M 层次总排序随机一致性比率为：

$$RI = \sum_{j=1}^{m} O_j CI_j / \sum_{j=1}^{m} O_j CR_j$$

当 $RI<0.10$ 时，认为层次总排序结果具有满意的一致性。

对于效益排序，$CI=0.048$；$RI=0.9$；$CR=0.053<0.10$

类似地可作代价子目标总排序计算及一致性检验如表4.20。

表 4.20 **代价子目标总排序**

M	C_1	C_2	层次总排序结果
	0.875	0.125	
M_1	0.466	0.263	$W_1^1=0.441$
M_2	0.071	0.564	$W_2^1=0.133$
M_3	0.151	0.055	$W_3^1=0.139$
M_4	0.311	0.118	$W_4^1=0.287$

$CI=0.036$ $RI=0.9$ $CR=0.04<0.10$

六、结果分析

表 4.21 **层次分析结果表**

方案	工程组成	效益权重	代价权重	效益/代价	权值	排序位次
M_1	略	0.267	0.441	0.605	0.133	3
M_2	略	0.071	0.133	0.534	0.117	4
M_3	略	0.303	0.139	2.180	0.477	1
M_4	略	0.357	0.287	1.244	0.273	2

从表 4.21 可以看出，利用深层地下水，采用分区联片供水具有最高的综合效益。该结果与单凭效益得到的结果大不相同，如多点分散式供水对应的分量最大，为 0.357，其次为分区联片供水，为 0.303，这说明虽然分区联片供水看上去综合效益较低，但它花费的代价较小，比较容易以较少的投资迅速生效，而且便于给水工程的集中管理，可以优先实施。

本章小结

信息分析成果在形成之后，在交付用户使用之前，需要对其进行从形式到内容的评价，检验其是否合格以及质量情况如何。借助同行评议法、德尔菲法、模糊综合评价法、层次分析法等信息分析成果评价方法，信息分析工作质量得到科学的评估与反馈，信息分析工作的改进也可以更加有的放矢。在进行信息分析成果评价时，设计合理的指标体系以及选择合适的评价方法非常重要，需要结合具体的实际情况进行。

问题讨论

1. 信息分析成果评价的理论基础是什么？
2. 信息分析成果评价指标体系的设计需要把握哪些原则？
3. 定性评价方法与定量评价方法各有什么优缺点？
4. 德尔菲法征询意见的过程是什么？
5. 模糊综合评价法与层次分析法包括哪些基本步骤？

本章参考文献

[1][苏]阿·布罗夫．美学：问题与争论[M]．上海：上海译文出版社，1987.

[2]陈敬全．科研评价方法与实证研究[D]．武汉：武汉大学，2003.

[3]冯平．评价论[M]．北京：东方出版社，1995.

[4]贺浪萍．高等学校管理的模糊信息定量评价理论[J]．益阳师专学报，1993(10)：33-41.

[5]侯振全，余峰．层次分析法在高校决策中的运用[J]．武汉工业大学学报，1998(20)：131-134.

[6]廖燕玲，孙绍荣．基于专家可信度的同行评议法[J]．科学学研究，2003(S1)：170-172.

[7]刘平．谈层次分析法及其改进[J]．科协论坛，2008(4)：35.

[8]刘则渊，韩霞．大学评价的理论基础和指标体系[A]．邱均平．大学评价与科研评价——国际学术研讨会论文集[C]．北京：华夏出版社，2005.

[9]龙海明，李花．德尔菲法及其在社科成果评奖中的应用[J]．中国高校师资研究，2006(3)：27-32.

[10]卢泰宏．信息分析[M]．广州：中山大学出版社，1998.

[11]卢小宾．信息分析[M]．北京：科学技术文献出版社，2008.
[12]陆康，刘慧，王圣元．基于模糊评价方法的高校图书馆绩效考核设计[J]．内蒙古科技与经济，2010(22)：153-154.
[13]马费成，胡翠华，陈亮．信息管理学基础[M]．武汉：武汉大学出版社，2000.
[14]邱均平，文庭孝等．评价学：理论·方法·实践[M]．北京：科学出版社，2010.
[15]王宏鑫，邱均平．21世纪文献计量学的发展趋势[J]．高校图书馆工作，2000(4)：9-16.
[16]王莉华．同行评议科研评价的运行管理：英国RAE案例的启示[J]．中国高教研究，2012(5)：53-57.
[17]王凭慧．科技项目评价方法[M]．北京：科学出版社，2003.
[18]王凭慧．科学研究项目评估方法综述[J]．科研管理，1999(3)：19-25.
[19]王志华．层次分析法在人畜给水工程中的应用[J]．地下水，1992(2)：103-107.
[20]文庭孝，张蕊，罗贤春等．信息咨询与决策[M]．北京：科学出版社，2008.
[21]文庭孝．科学评价对信息管理学科发展的意义[J]．图书情报知识，2005(2)：9-10.
[22]武汉林．价值·评价·认识[J]．河南师范大学学报(哲学社会科学版)，2000(3)：46-50.
[23]向若芝．硕士学位论文的模糊综合评价法[J]．重庆工商大学学报(自然科学版)，2014(7)：30-33.
[24]杨媛媛．基于模糊综合评价法的高校科研项目绩效评价[J]．河南财政税务高等专科学校学报，2012(2)：34-36.
[25]袁贵仁．价值学引论[M]．北京：北京师范大学出版社，1991.
[26]岳剑波．信息管理基础[M]．北京：清华大学出版社，1999.
[27]岳正华，蔡彬．基于综合评分法的高校财务风险评价分析[J]．四川教育

学院学报，2010(26)：9-11，19.

[28]张蕊．信息管理方法在科学评价中的应用[J]．图书情报知识，2005(4)：11-13.

[29]赵艳丽，顾发基．东西方评价方法论对比研究[J]．管理科学学报，2000(3)：87-93.

[30]朱庆华．信息分析：基础、方法及应用[M]北京：科学出版社，2004.

[31] Logsdon J M，Rubin C B. An Overview of Federal Research Evaluation Activities：Report[M]. Washington：George Washington University，1985.

第 5 章

信息分析应用

本章引言

信息分析作用和功能的充分发挥有赖于在各行各业的具体应用，唯有广泛的、全面的、深入的应用才能体现信息分析强大的实用性和生命力。在人类生产活动、社会活动的各个领域存在信息分析的需求，如政治社会、经济建设、文化教育、科学技术、交通通信、外交军事等。本章从科学信息、技术信息、专利信息和市场信息四个领域来阐述信息分析的具体应用，按照概念—方法—实例的架构分别对这四个领域的信息分析进行较为全面的介绍。

本章重点

- 科学信息分析的主要内容；
- 科学信息分析的可视化；
- 技术信息分析的主要方法；
- 专利信息分析的软件工具；
- 专利信息分析的主要方法；
- 市场信息分析的基本指标。

5.1 科学信息分析

5.1.1 科学信息分析概述

科学首先指对应于自然领域的知识，经扩展、引用至社会、思维等领域，如社会科学。《辞海》将其定义为：运用范畴、定理、定律等思维形式反映现实世界各种现象的本质和规律的知识体系。①

所谓"科学信息"，是指一切有关科学发展活动的信息的总称。在本书中，我们着重了解科学信息分析两个主要方面的内容：其一是有关学科结构和发展趋势的分析，这是科学信息分析的重点内容，主要为科学研究和科技政策的制定提供导向、依据和信息支持；其二是有关科研项目(课题)相关内容的分析，如对项目(课题)指南、项目(课题)申请与资助情况等的统计与分析，也可以在一定程度上揭示某一科学领域的研究现状、特点与趋势，为项目(课题)申请人和研究者提供借鉴和参考。

5.1.1.1 学科结构和发展趋势分析

学科结构的内容主要由两个方面组成：其一是以某一研究对象展开的知识结构和内容，包括反映特定研究对象的范畴、概念、原理及逻辑结构所构成的理论体系、研究内容及研究过程、研究方法论等；其二是以该研究对象和研究范围所组织的学科分支，使该学科的各个分支学科构成一个有机的整体，拓宽学科研究领域，丰富学科研究内容。近年来，对学科结构和发展趋势的分析，更多的是结合可视化分析方法，重点从研究主体、知识基础、研究进展三个方面来描述。

(1)学科研究主体分析。

学科研究主体一般指从事某一学科领域研究的研究者。对于文献来说，其研究主体就是作者，以及作者所在的国家(或地区)、单位(机构)等。对学科研究主体的研究，能够了解学科发展的一些基本信息和背景，有助于对学

① 辞海编辑委员会. 辞海[M]. 6版. 上海：上海辞书出版社，2009.

科未来方向的把握和相关交叉学科的形成。

(2)学科知识基础分析。

学科知识基础(文献内容、来源期刊)：学科知识基础一般包括两个方面——文献本身以及文献发表的期刊。一般来讲，一个学科的一些核心文献也就是该学科的奠基性文献，在学科领域处于很高的学术地位，并常常被后面的研究者引用；一个学科在逐步发展、成熟的过程中，其文献(特别是经典文献)往往会集中在与其上位学科主题相关的重要期刊中，并能够形成大面积的研究热点。

(3)学科研究进展分析。

学科研究进展(研究热点、研究前沿、研究趋势)：通过对文献关键词出现频次的统计分析，可以了解某个学科领域研究的主题分布和重点内容，从而揭示该学科的整体结构。因此，学界普遍认为，出现频率高的关键词能够反映某一学科的研究热点。“研究前沿”的概念最早由科学计量学家 Price 提出，用于描述某一研究领域的动态本质。Price(1965)将由 Burton 和 Kebler 早在 1960 年提出的猜想表达为期刊文献可能是由两种有着不同半衰期的文献——经典文献和过渡文献——组成，而过渡文献实质上对应于研究前沿。Price 认为，“研究前沿是基于新近研究成果的”；① 与研究热点不同，研究前沿更加强调新趋势和突变的特征。研究趋势更多的是在前面研究热点和研究前沿的基础之上，结合作者自己对相关领域研究情况的整体把握，对学科今后发展方向和重点领域的一种预测，略带有主观性。

5.1.1.2 科研项目(课题)内容分析

在我国，国家级科研项目(课题)主要包括国家自然科学基金(以下简称“自科基金”)、国家社会科学基金(以下简称“社科基金”)。

20 世纪 80 年代初，为推动我国科技体制改革，变革科研经费拨款方式，中国科学院 89 位院士(学部委员)致函党中央、国务院，建议设立面向全国的自然科学基金，得到党中央、国务院的首肯。随后，在邓小平同志的亲切

① Price D. Networks of scientific papers[J]. Science, 1965, 149(3683).

关怀下，国务院于1986年2月14日批准成立国家自然科学基金委员会。作为我国支持基础研究的主渠道之一，自科基金面向全国，重点资助具有良好研究条件、研究实力的高等院校和科研机构中的研究人员。按照资助类别，自科基金可分为面上项目、重点项目、重大项目、重大研究计划、国家杰出青年科学基金、海外、港澳青年学者合作研究基金、创新研究群体科学基金、国家基础科学人才培养基金、专项项目、联合资助基金项目以及国际(地区)合作与交流项目等。

社科基金设立于1991年，由全国哲学社会科学规划办公室负责管理，是我国在社会科学研究领域支持基础研究的主要渠道。社科基金设有马克思主义·科学社会主义、党史·党建、哲学、理论经济、应用经济、政治学、社会学、法学、国际问题研究、中国历史、世界历史、考古学、民族问题研究、宗教学、中国文学、外国文学、语言学、新闻学与传播学、图书馆·情报与文献学、人口学、统计学、体育学、管理学23个学科规划评审小组以及教育学、艺术学、军事学三个单列学科，已形成包括重大项目、年度项目、特别委托项目、后期资助项目、西部项目、中华学术外译项目六个类别的立项资助体系。

对科研项目(课题)相关信息的分析，使科学最新进展及所出现的新观念、新方法得到及时交流，也利于节省研究人员的时间。特别地，对促进重大课题研究攻关项目(课题)的突破具有重要的意义。具体来说，科研项目(课题)的内容分析包括指南解读与分析、申请与资助情况分析两个主要方面。

(1)科研项目(课题)指南解读与分析。

《国家自然科学基金条例》第七条规定："基金管理机构应当根据国民经济和社会发展规划、科学技术发展规划以及科学技术发展状况，制定基金发展规划和年度基金项目指南。基金发展规划应当明确优先发展的领域，年度基金项目指南应当规定优先支持的项目范围。"①同样，为了更好地发挥国家

① 国务院办公厅. 国家自然科学基金条例[A/OL]. (2007-03-06)[2019-12-15]. http://www.nsfc.gov.cn/publish/portal0/tab471/info70222.html.

社科基金的学科引导功能，从1999年开始，全国哲学社会科学规划办公室在开始申请社科基金时，发布国家社会科学基金项目课题指南(以下简称《社科基金指南》)，从宏观上限制课题的具体范围。《社科基金指南》条目一般只规定研究范围、研究方向和研究重点，申请人要自行设计具体题目，没有明确的研究对象或问题指向的申请一般不予受理。

由此可见，科研项目(课题)指南在某种程度上能够体现科研项目(课题)基金资助的导向性、广泛性与针对性。对科研项目(课题)指南进行解读，以及统计、分类和主题分析，有助于对当前某一科学领域的研究热点进行整体把握，从宏观上更加全面准确地分析研究热点和预测未来的研究趋向。

(2)科研项目(课题)申请与资助情况分析。

自科基金和社科基金是我国基础研究经费投入的两种重要渠道，它面向各类科研机构的科研人员，以自由申请、公平竞争的方式配置资源，这对于吸引科研人才、稳定基础研究的科研队伍发挥着十分重要的作用。高等院校和相关科学研究机构是从事和开展基础研究的主要单位，不同机构在基础研究中的竞争力往往可以从承担自科与社科项目(课题)的数量当中表现出来。对科研项目(课题)申请、受理与资助的分析，一般包括对不同科研单位的项目(课题)申请与资助情况、科研队伍中不同群体的项目(课题)申请与资助情况等数据的量化分析，这有助于从宏观上整体把握各分支学科和各类别项目(课题)申请的特点、态势和存在的问题，为科研人员后续的项目(课题)申请，和项目(课题)管理机构的有效控制提供参考和借鉴。

5.1.2 科学信息分析方法

在学科进展、动向与趋势的分析预测方面，传统的文献计量学与文献内容分析方法起到了很重要的作用。由于科学活动的产出和交流的主要形式之一是科学文献，因此对这类文献进行的定量分析既属于文献计量学，也属于科学计量学(Scientometrics)的研究范围。科学计量学产生于20世纪50年代中期，是指应用数理统计和计算技术等数学方法对科学活动的投入(如科研人员、研究经费)、产出(如论文数量、被引数量)和过程(如信息传播、交流网络的形成)进行定量分析，从中找出科学活动规律性的一门科学学分支学科。科学信息分析方法主要有共现分析、共引分析以及学科可视化分析。

5.1.2.1 共现分析

共现分析主要包括关键词共现分析、机构共现分析、学科共现分析、作者共现分析等几种方法。

关键词共现分析，又称为共词分析(Co-term Analysis)，其思想来源于引文耦合与共(被)引分析，最早在 20 世纪 70 年代由法国文献计量学家提出，之后通过 Law、Whittaker、Callon、Courtial 等学者不断修正、改进，共词分析方法日臻完善。共词分析指两两统计一组关键词在同一篇文献中出现的次数，以此为基础对这些词进行多元统计分析，从而反映出这些词之间的亲疏关系，进而分析这些词所代表的学科或主题的结构与变化。对文献第一作者所在单位进行共现分析，可以显现出某学科领域一些高产的研究机构。对某个学科与其上位学科中的其他子学科，或者与一般性相关学科的共现分析，可以显著地展现学科之间的相互关联性，对学科定位与学科划分起到提示作用。作者共现分析，一般称为合著者网络分析，是在某一学科研究领域中，一位作者与其他作者合著关系的网络化体现，合著者网络分析可以识别学科研究中的合作情况。

5.1.2.2 共引分析

共引(Co-citation)，又称为共被引、同引，由美国科学计量学家 Small (1973)提出，指两篇或两篇以上的文献同时被别的文献引用的现象。一般可以利用多元统计中的聚类分析和多维尺度分析对共引矩阵进行数据挖掘，从而得出某一学科的研究特点、研究方向的关联性以及该学科学者关注的热点问题等。之后，共引分析的概念和思想被推广到与文献相关的其他特征对象上，形成各种类型的共引概念，如：期刊共引分析、作者共引分析等，其原理及实施步骤与文献共引分析基本相似。

5.1.2.3 学科可视化分析

学科可视化分析，一般指的是对科学知识图谱的分析。科学知识图谱(Mapping Knowledge Domain)是以科学知识为对象，显示科学知识的发展进程与结构关系的一种图形。科学知识图谱具有“图”和“谱”的双重性质与特征：既是可视化的知识图形，又是序列化的知识谱系，显示了知识元或知识群之间互动、交叉、演化或衍生等诸多复杂的关系，而这些复杂的知识关系正孕育着新的知识的产生。学科可视化分析，是以科学为研究对象，以引文分析方法和信息可视化技术为基础，涉及数学、信息科学、认知科学和计算机科学诸学科交叉的领域，是科学计量学和文献计量学的最新发展。

以社会科学为例，孙晓宁等(2014)通过对 CSSCI 来源期刊中收录的学科可视化研究的相关文献进行了较为完整的统计，并按照数据来源、研究工具、研究方法、研究内容、应用领域 5 个方面将这些文献做了分类，如表 5.1 所示。

表 5.1　**国内学科可视化分析分类统计①**

类别	分　类
数据来源	Web of Science、CSSCI、CNKI(万方、维普)、CSCD 及其他
研究工具	CiteSpace、VOSviewer、SPSS、Ucinet(Netdraw)、Pajek、TDA、Bicomb、Bibexcel 及其他
研究方法	共现分析：关键词共现分析、机构共现分析、学科共现分析、作者共现分析
	共(被)引分析：文献共(被)引分析、期刊共(被)引分析、作者共(被)引分析
	多元统计分析：多维尺度分析、聚类分析、因子分析

① 孙晓宁，闫励，张强. 科学知识图谱在学科可视化研究中的应用[J]. 图书馆，2014(5)：87-91.

续表

类别	分　类
研究内容	学科研究主体：国家、机构、作者
	学科知识基础：文献内容、来源期刊
	学科研究进展：研究热点、研究前沿、研究趋势
应用领域	图书馆·情报与文献学，管理学，生物与医学信息学，以及教育学、体育学、经济学、统计学和工程技术领域等

因此，学科可视化分析并不是单一的、具体的一种研究方法，它集合了共现分析、共引分析和多元统计分析等多种具体科学信息分析方法，更像是一个“方法群”：既包括传统的文献计量方法，也有多元统计方法，所使用的研究工具以及与之相对应的数据来源也不尽相同。自然地，不同的研究方法生成的科学知识图谱及其体现的内容也相差甚远，但这些都能够整体或部分地体现某一科学领域的体系结构分布特征。

5.1.3 科学信息分析实例

5.1.3.1 基于文献的互联网经济发展趋势分析

互联网经济是近年来学界和业界都十分关注的话题。为更好地了解国际互联网经济研究的发展现状与趋势，我们对国际有关互联网经济的研究文献进行较为系统的梳理，从关键词、引文等方面对国际相关研究现状进行描绘与揭示，以期为互联网经济的研究提供一些参考。

(1)数据来源和处理方法。

选取 Web of Science 作为文献信息的检索平台。由于“网络经济”与“互联网经济”概念相近，在大多数情况下被研究者互通使用、并不加以区分，另外，考虑到针对“数字经济”的研究大多属于“互联网经济”的范畴，为提高检全率，从“互联网经济”“网络经济”和“数字经济”三个概念出发来考虑检索词。此外，考虑到互联网经济的实际发展情况，统一将发文年限设定在1998—2014年。

选取 Web of Science 核心集合集中的五大引文索引——包括科学引文检索扩展版(Science Citation Index Expanded, SCI-EXPANDED)、社会科学引文索引(Social Sciences Citation Index, 简称 SSCI)、艺术与人文科学引文索引(Arts & Humanities Citation Index, 简称 A&HCI)、科技会议文献引文索引(Conference Proceedings Citation Idex-Science, CPCI-S)和社会科学以及人文科学会议文献引文索引(Conference Proceedings Citation index-Social Science&Humanalities, CPCI-SSH)——作为数据来源，把主题词“internet econom *”“network econom *”“digital econom *”或运算后进行主题检索，于 2014 年 12 月底检索得到 991 篇文献。针对这 991 篇文献进行去重、剔除错检项和无关项等清洗工作后，最终保留 976 条文献信息。

将以上检索到的 976 篇国际文献数据和 2845 篇国内文献数据作为分析样本，通过文献计量学和统计学的方法，利用 SPSS、社会网络分析工具 UCINET、浙江大学刘启元开发的文献题录信息分析工具 SATI 和美国德雷塞尔大学(Drexel University)信息科学与技术学院教授陈超美博士用 Java 语言开发的可视化分析工具 Citespace 进行统计分析。

(2)基于关键词和引文的研究方向分析。

利用 SATI 工具的字段抽取功能，从 976 条国际文献信息中抽取出 2327 项关键词。将其中出现频次高于 3 的 74 项定义为高频关键词，并去除“digital economy”(55 次)、“network economics”(49 次)、“network economy”(41 次)、“internet economics”(23 次)和“internet economy”(13 次)这五项检索词，利用软件 UCINET 和 Netdraw 构建高频关键词的共现图谱，其中节点表示关键词，节点间连线表示关键词间关系。另外，以节点大小表现关键词重要程度，并以连线粗细表示权值大小(权值表示关键词间的共现次数)。保留权值高于 1 的连线，做整理后得到知识图谱如图 5.1 所示。

从图 5.1 中可以看出，国际上关于互联网经济的研究中，网络(internet、network)处于毋庸置疑的核心地位。围绕这一核心，各项研究又趋向了不同的研究角度与研究方向，其中，主要包括经济学、管理学、计算机技术三个方面。

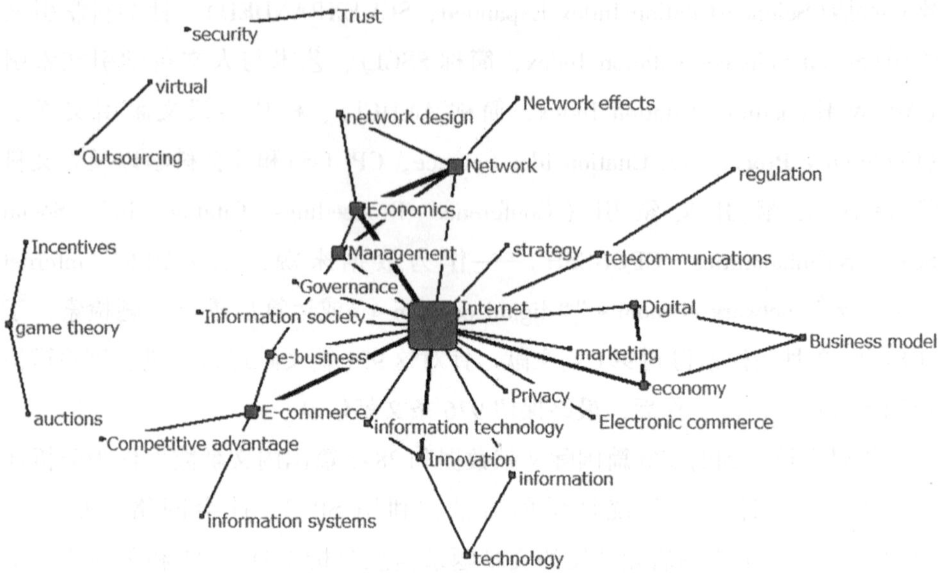

图 5.1 国际文献高频关键词共现图谱

①经济学方向(economy, economics, marketing 等)。计算机技术改变了传统经济，互联网背景下价值的生产、分配、流通、消费等规律的变化与发展，是学者们的重要研究内容，尤其以数字产品(digital product)、虚拟产品(virtual product)等新生概念为中心，研究者们对信息时代下的经济学进行了大量的研究。

②管理学方向(management, governance, competitive advantage 等)。在信息时代和网络经济的背景下，有学者指出国家应当尤其注重管理模式的转型，使管理和知识输入成为企业管理的中心，这充分提示了互联网经济背景与企业管理相关研究的重要性和必要性。而事实上，这一方面的文献确实占据了国际研究文献中的很大一部分。学者们将管理学理论与互联网经济迅速崛起的大背景结合，探讨企业在组织设计、绩效管理、成本管理以及企业创新等各方面的变革与适应。在这个过程中，除了对已有理论进行拓展，新的理论得到发展，博弈论(game theory)、外包(outsourcing)以及未出现在共现图谱

中的高频关键词虚拟企业(virtual enterprise)等相关理论受到了关注与发展。

③计算机技术方向(network design，information system，technology 等)。这部分的研究又可以分为两个方向：硬件设计和软件设计，包括信息系统的设计。计算机技术是互联网经济得以发展的基础，而迅速发展起来的互联网经济又反过来要求计算机技术的进步以适应其发展的脚步。如云计算(cloud computing)、Web2.0 等热点概念，既是互联网经济发展需求下的产物，也是推动互联网经济进一步发展的动力。

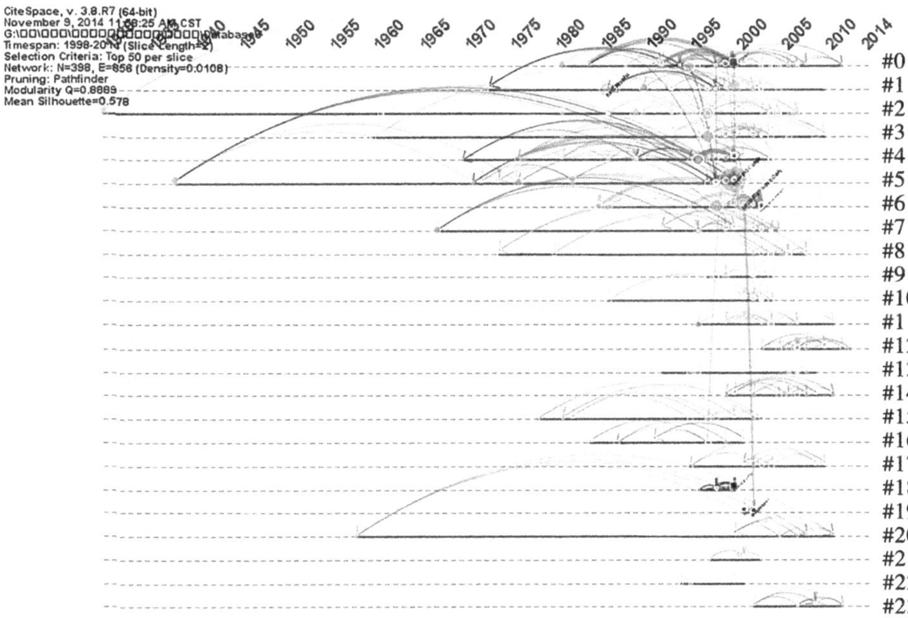

图 5.2　国际互联网经济研究文献共引聚类图谱

为进一步了解国际在互联网经济领域的研究热点与趋势，可以利用 Citespace 软件，按两年为一个时间片划分 1998—2014 年的文献，选择网络节点类型(node types)为共引文献(cited reference)，并按时间线(time line)生成聚类视图，结果如图 5.2 所示。软件共聚类得出 24 项(编号 0-23)研究前沿与热点，将这 24 项的聚类标签整理成表 5.2。

表5.2 国际互联网经济研究文献共引聚类结果

序号	聚类标签	
0	multi-level perspective	多层次视角
1	website	网站
2	strategic incompatibility	战略性不兼容
3	cities	城市
4	spurious spatial regression	虚拟空间回归
5	dynamic market	动态市场
6	trust	信任
7	customer knowledge	客户知识
8	result	结果
9	e-business	电子商务
10	internet system	互联网系统
11	interconnection settlement	互联结算
12	ixp	网络交换点
13	shapley value	Shapley 值
14	information good	信息产品
15	erlang capacity region	厄朗容域
16	digital economies	数字经济
17	distribution network	配电网络
18	electronic copyright management system	电子版权管理系统
19	willingness-to-pay	支付意愿
20	cosmopolitan star	世界明星
21	disaster recovery planning	灾难恢复计划
22	pricing	定价
23	software security	软件安全

5.1.3.2 基于国家自然科学基金项目的内容分析

国家自然科学基金作为我国支持基础研究的主渠道之一，面向全国重点资助具有良好研究条件、研究实力的高等院校中和科研机构中的研究人员。通过对自然科学基金项目申请和立项的数据分析，如对不同类型科研机构的项目申请与资助情况、科研队伍中不同群体的项目申请与资助情况等的量化分析，可以了解申请与资助的基本情况，从而把握学科发展态势。基于2014年度自科基金无机化学学科项目申请与资助的数据进行如下分析。

(1)主要项目类型的申请与资助分析。

无机化学学科面上项目、青年科学基金、地区科学基金申请和资助情况如表5.3所示，为了便于比较，作者将最近两年这几类项目的申请与资助数据一并列出，从申请和资助情况来看，不同项目类型呈现出不同的发展变化趋势：

表5.3 **2012—2014年面上项目、青年基金、地区基金的申请与资助情况(无机化学)**

项目	面上项目			青年科学基金			地区科学基金		
	申请数	资助数	资助率	申请数	资助数	资助率	申请数	资助数	资助率
2012	860	192	22.30%	676	185	27.40%	115	28	24.30%
2013	687	184	26.80%	686	201	29.30%	124	28	22.60%
2014	568	164	28.90%	735	218	29.70%	136	30	22.10%

青年科学基金的申请数呈现出较为明显的增长趋势，较之于前一年，青年基金申请数在2013年、2014年的增长率分别为1.5%和7.1%。青年科学基金资助数也有较快速的增长，较之于前一年，青年科学基金项目资助数在2013年、2014年的增长率分别为8.6%和8.5%。总体上，青年科学基金的资助率呈现出缓慢稳定增长的态势，近3年的资助率分别为27.4%、29.3%、29.7%。

地区科学基金的申请数也呈现出较为明显的增长趋势，较之于前一年，地区科学基金项目申请数在 2013 年、2014 年的增长率分别为 7.3%和 9.7%。与此同时，地区科学基金资助数在 2013 年、2014 年的增长率分别为 0%和 7.1%。故而，该类项目的资助率在总体上呈现出下降态势。

面上项目的申请数则呈现出显著下降趋势，较之于前一年，面上项目申请数在 2013 年、2014 年分别下降了 20.1%和 17.3%。同时，面上项目资助数在 2013 年、2014 年分别下降了 4.2%和 10.9%。由于面上项目资助数的下降幅度小于申请数的下降幅度，故而，面上项目的资助率实际上是不断提升的：近三年来，面上项目的资助率分别为 22.3%、26.8%、28.9%。

在这三类项目中，青年科学基金的资助率最高达到 29.7%，地区科学基金的资助率相对较低为 22.1%，虽然面上项目的申请数和资助数都有所降低，但其资助率呈上升趋势，达到 28.9%，略低于青年科学基金。

(2)不同研究领域的申请与资助分析。

无机化学学科包括 16 个子领域代码，按照学科代码分类，2014 年度无机化学学科主要项目类型的申请与资助情况如表 5.4 所示。统计发现，配位化学(B0103)和无机材料化学(B0107)是最为活跃的领域，这两个领域的项目申请与资助数量在总量中的占比超过 45%。

表 5.4 **主要项目类型按学科代码分类的申请与资助情况(无机化学)**

项目	面上项目			青年科学基金			地区科学基金		
	申请数	资助数	资助率	申请数	资助数	资助率	申请数	资助数	资助率
B0101 无机合成和制备化学	66	19	28.8%	81	16	19.8%	11	4	36.4%
B0102 元素化学	31	11	35.5%	35	13	37.1%	13	2	15.4%
B0103 配位化学	136	37	27.2%	186	60	32.3%	36	11	30.6%
B0104 生物无机化学	38	10	26.3%	48	17	35.4%	11	0	0.0%
B0105 固体无机化学	19	8	42.1%	13	6	46.2%	1	0	0.0%
B0106 物理无机化学	36	7	19.4%	21	3	14.3%	5	1	20.0%
B0107 无机材料化学	115	30	26.1%	179	48	26.8%	32	4	12.5%

续表

项目	面上项目			青年科学基金			地区科学基金		
	申请数	资助数	资助率	申请数	资助数	资助率	申请数	资助数	资助率
B0108 分离化学	14	3	21.4%	12	4	33.3%	6	3	50.0%
B0109 核放射化学	21	9	42.9%	36	11	30.6%	4	1	25.0%
B0110 同位素化学	0	0	0.0%	1	0	0.0%	0	0	0.0%
B0111 无机纳米化学	54	18	33.3%	68	19	27.9%	8	2	25.0%
B0112 无机药物化学	9	1	11.1%	14	7	50.0%	2	0	0.0%
B0113 无机超分子化学	4	2	50.0%	3	2	66.7%	3	0	0.0%
B0114 有机金属化学	6	1	16.7%	12	5	41.7%	2	1	50.0%
B0115 原子簇化学	3	2	66.7%	6	2	33.3%	0	0	0.0%
B0116 应用无机化学	11	2	18.2%	7	4	57.1%	1	1	100.0%
B01 其他	5	4	80.0%	13	1	7.7%	1	0	0.0%
合计	568	164	28.9%	735	218	29.7%	136	30	22.1%

从资助率来看，面上、青年、地区三类项目在元素化学(B0102)、固体无机化学(B0105)、核放射化学(B0109)领域中具有相对较高的资助率均值，而在物理无机化学(B0106)、无机合成和制备化学(B0101)领域中的资助率低于平均资助率。

(3)不同研究机构的申请与资助分析。

将依托单位分为高等院校、中国科学院以及其他科研机构三类。这三类科研单位具体所涉及的单位数、申请与资助项目的总体情况见表 5.5 所示。

表 5.5　**主要研究机构的项目申请与资助情况(无机化学)**

项目	面上项目			青年科学基金			地区科学基金		
	申请	资助	资助率	申请	资助	资助率	申请	资助	资助率
高校项目数	505	145	28.7%	603	176	29.2%	135	29	21.5%
高校单位数	205	90		299	133		65	25	

续表

项目	面上项目			青年科学基金			地区科学基金		
	申请	资助	资助率	申请	资助	资助率	申请	资助	资助率
中国科学院项目数	49	15	30.6%	81	30	37.0%	0	0	~
中国科学院单位数	15	9		22	13		0	0	
其他科研机构项目数	14	4	28.6%	51	12	23.5%	1	1	100%
其他科研机构单位数	9	4		24	7		1	1	

在面上项目和青年基金的项目上，以高等院校为依托单位的申请项目占比分别达到88.9%和82.0%，资助项目占比为88.4%和80.7%；以中国科学院为依托单位的申请项目占比分别为8.6%和11.0%，资助项目占比为9.1%和13.8%；其他科研机构单位的申请项目占比分别为2.5%和6.9%，资助项目占比为2.4%和5.5%。以高等院校为依托单位的项目申请与资助具有相当大的占比，充分说明高等院校是基础研究的主力军。从资助率上看，中国科学院的科研人员具有相对较强的竞争力。

5.2 技术信息分析

在当代科学、技术与社会三者的关系中，技术的核心作用越来越明显。科学是技术发展的基础，同时科学本身的发展也依赖于技术的发明。科学技术是第一生产力，高新技术是第一生产力的集中体现和主要标志，现代社会的发展离开高新技术是不可能的。技术信息分析主要关注技术发展与社会经济、政治和文化之间的相互影响和制约。

5.2.1 技术信息分析概述

对技术信息进行分析与综合的工作内容是多方面的，既包括对技术水平动向信息、专利技术信息等单纯技术信息的分析与预测，也包括对技术开发、技术改造、技术引进等技术经济信息的分析与预测。从实际情况看，上述各项技术信息分析的内容，有时相互交叉，难以截然分开。由于篇幅限制，本章主要介绍单纯技术信息分析。

5.2.1.1 技术信息分析的含义

"技术"一词，在英文中的本意是技能和熟练。《辞海》将技术解释为基于生产实践和自然科学原理而发展成的各种工艺操作方法与技能，广义上还包括相应的生产工具和其他物质设备，以及生产的工艺过程或作业程序、方法。① 技术是科学走向生产、科学研究成果进入实际应用的桥梁。

技术信息分析立足于技术本身的先进性、实用性与系统性。大到航天技术、激光技术、遗传工程，小到某项工艺改革、技术革新与节能措施，都需进行技术信息分析研究。具体来说，技术发明的背景，即该项技术是在什么环境中为解决什么问题而产生的、技术所遵循的科学原理、技术所需要的设备或实验手段、技术的发展沿革、某项技术的核心技术是什么且目前达到了什么水平、技术发展的速度与前景、技术的应用范围与条件、技术垄断与推广情况等，均属于技术信息分析范畴之列。

技术信息的特点在不同的研究层次有不同的表现。例如，基础研究人员趋向于在某一专门(通常是比较狭窄的)技术领域认识未知的事物，即在看来杂乱无章甚至毫不相干的因素间找到相互联系的纽带，因此要求这类技术信息具有全面性、抽象性的特点，能够从总体上反映该专门领域的历史演变、现状和发展动向；另外，基础研究人员在开始从事研究时，往往无法确切地知道所要找的信息是什么，更难料到其将来会如何，因此，这类信息又多半是定性分析的结果，是不具体的。应用研究和开发研究人员趋向于利用科学技术信息解决具体的技术应用和开发难题，因此要求这类技术信息具有目标明确、内容具体且综合性强的特点，另外在时效性方面也有比较严格的要求。

5.2.1.2 技术信息分析的内容

(1)高新技术的趋势与动向的分析与预测。

---

① 辞海编辑委员会. 辞海[M]. 6版. 上海：上海辞书出版社，2009.

技术预测是一种预言性工作，对未来较长时期的科学技术、经济和社会发展进行系统研究，基于历史数据来预言、推测未来的技术发展动向，其实质是通过把握高新技术的未来发展趋势，选择关键技术，为国家科技发展战略决策提供支持。从预测的方法来看，对未来技术的预测，传统的趋势外推法等方法已不能适应当今技术的发展，目前大多数国家如美、日、法、英等国在技术预测上采用最多的是大规模的德尔菲法(Delphi)法，还有一些国家采用了情景分析法。随着高新技术成为社会经济结构变革的决定性力量，进入21世纪以来，世界主要国家都组织了程度不同的技术预测工作，力图在正确把握未来科技发展趋势的基础上，选择适合本国发展的关键技术，提高国家竞争力和综合国力。因此，高新技术趋势与动向的分析预测成为技术信息分析的一个热点。技术预测的宗旨是从长远观点出发，对未来30年的技术发展进行预测，从众多有希望的技术发展成长点中比较科学地捕捉重点，为政府制定科技发展战略和科技政策提供依据，为产业界和广大社会公众提供未来科技发展的全面信息。

(2)技术实力及水平的比较与评价。

技术水平的比较与评价是多层次、多范围的。从层次上看，可分为国家水平、行业水平和企业水平三个层次。从范围上看，可以是单项技术、组合技术或整体技术等不同范围对象的评估。技术实力及水平的比较评估旨在通过对有关技术的水平比较，明确某一技术领域的领先者及其领先程度，从而把握技术力量的分布及其现状。从方法上来说，各种评估技术和评估方法都可以得到应用。

进行国家之间的科技实力的比较分析，是宏观管理中的一项重要的基础工作。由于科技活动涉及的因素和范围甚广，正确地反映国家的科技实力并进行比较，不是一件简单的工作。对国家科技实力作定量评估，能更准确具体地反映一般的状况和趋势，但由于各国国情、体制和指标定义等多方面存在的背景差异，定量评估的结果还应与深入的定性分析相结合。

(3)生产技术、产品技术、适用技术、关键技术等各种技术的跟踪与剖析。

生产技术信息作为技术信息的一大组成部分，其分析一般包括查新和单项技术的预测和评估这两类工作。查新主要考查是否为先进技术、水平状况如何。在专利申请、新产品开发以及技术引进过程中，查新是一项基础性的工作。适用技术的着眼点不是创新或突破，而是实际应用，对发展中国家来说，选择适合本国国情的适用技术和技术发展路径，将使有限的资源得到优化配置和利用，因此，适用技术对发展中国家具有尤为重要的意义。适用技术的信息分析主要是评估技术转移的条件和采用技术能获得多大的效益这两个方面的内容。

在生产技术、产品技术、适用技术及关键技术的跟踪剖析方面，专利信息分析是一种行之有效的方法和途径。一般来说，专利信息分析有两种做法：一为原文分析法，即通过阅读专利说明书，分析有关技术的开发动向与特点；二为统计分析法，即对专利检索工具中的大量专利条目，按单项或从不同角度进行组配统计，识别主要的技术开发主体，分析关键技术领域、技术空隙或技术的产品与市场开发方向等。具体的专利分析方法见本章第3节。

5.2.1.3 技术信息分析方法框架

技术信息分析方法的实际应用是基于专家的经验、知识和技能，对多个方面的数据、信息进行分析，解决相关的问题，据此来制定相关战略和进行相关决策。另外，人为因素对分析结果的影响会使得分析过程具有明显的主观性态度。参与分析活动的各个专家都以主观估计的方式表达他们的观点，然而在此过程中，他们应该尽可能依据客观性的知识，同时在此基础上对未来进行必要的假设和创造。

鉴于此，本章将技术信息分析方法分为基于客观性知识规律的方法和基于主观创造性假设的方法两大类(见表5.6)。前者以数据、信息为研究对象，属于知识管理的范畴，方法主要包括SWOT分析、技术跟踪及其结果的展示——技术路线图，以及基于专利文献的数据挖掘及其结果的展示——可视化技术等。后者是在人们主观想象、推测和判断基础上进行必要的假设和创造，其艺术性强于科学性，主要包括头脑风暴、德尔菲法、情景预测法、关键技术法等。

表5.6 技术信息分析方法的分类

分类	方法列举
基于客观性知识规律的方法	SWOT方法，技术跟踪，技术路线图，数据挖掘，可视化技术
基于主观性创造假设的方法	头脑风暴法，德尔菲法，情景预测法，关键技术法

5.2.2 技术信息分析方法

技术信息分析从手段上依赖IT技术以及人工智能、知识挖掘等前沿技术作为分析工具，因此研究者开发了许多以数据、信息为对象的分析方法，即基于客观性知识规律的方法；同时，技术信息分析尤其是技术前瞻，通常基于现有知识，可以使参与者充分表达个人观点，每个参与者根据自身经验和知识水平，就某个事件的未来做出主观判断的协同过程，这就需要基于主观性创造假设的技术信息分析方法。本节介绍4种具有代表性的技术信息分析方法——技术跟踪、技术路线图、情景预测法和关键技术法。

5.2.2.1 技术跟踪

(1)技术跟踪的基本内容。

通过对最新技术发展和商业运用方面各种数据资料的深度分析，技术跟踪能够提供针对新技术的战略性见解，从而帮助企业或研究机构发现新的收益链和持续增长的机会，做出在技术选择中的明智决策。从研究对象上看，技术跟踪可以是针对某科学研究领域或某项技术的国内外研发现状，某科学研究领域或某项技术的国内外专利、商业开发及产业远景，或者是本国或本单位研发重点、目标和竞争情报、技术机会，甚至可以是全球范围内政治、经济和军事态势，国际分工与合作，可获取技术的途径。

若进一步对研究对象进行分类，并按照研究对象的分类对技术跟踪进行分类，则可以包括针对显性知识的跟踪和隐性知识的跟踪两方面(见图 5.3)，前者主要是采用自然语言处理、数据挖掘、知识发现等方法对来自数据库中的文献信息进行跟踪；后者主要是采用德尔菲法、头脑风暴法等方法对专家的知识进行跟踪。技术跟踪的成果可以应用于科研立项决策、项目管理、成果评价等方面。

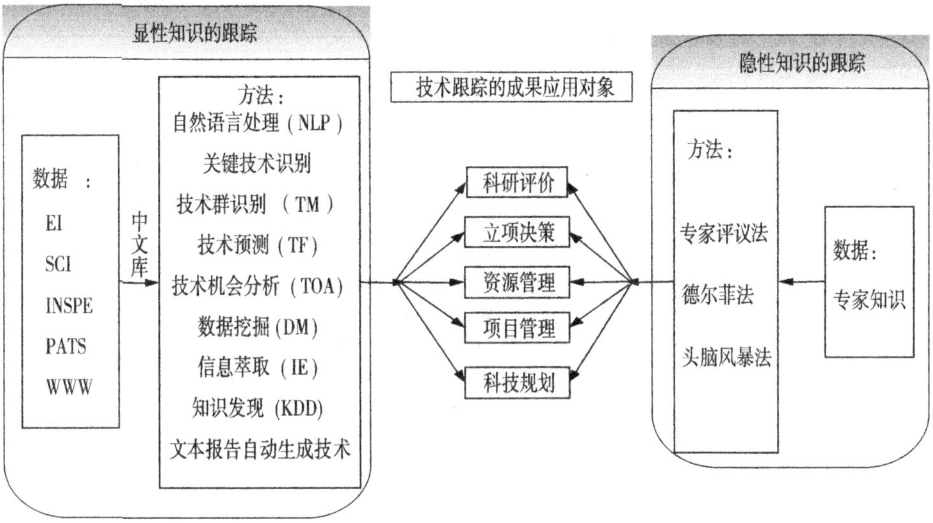

图 5.3　技术跟踪的应用

技术跟踪方法支持技术领域、机构领域、产品领域的信息分析。技术跟踪一般都通过智能分析平台来实现，该平台首先将来自万维网的非结构化科技信息以及来自 Ei、SCI、INSPEC 等结构化的信息，根据技术预测的需求进行数据集成，然后运用自然语言处理、技术组识别、关键技术识别等方法进行分析，最后通过文本报告生成器形成技术动态跟踪报告提供给有关人员。图 5.4 显示了这一过程。

(2)技术跟踪的特点。

技术跟踪具有如下特点：

①广。可以在世界范围内采集各种结构化和非结构化科技数据。

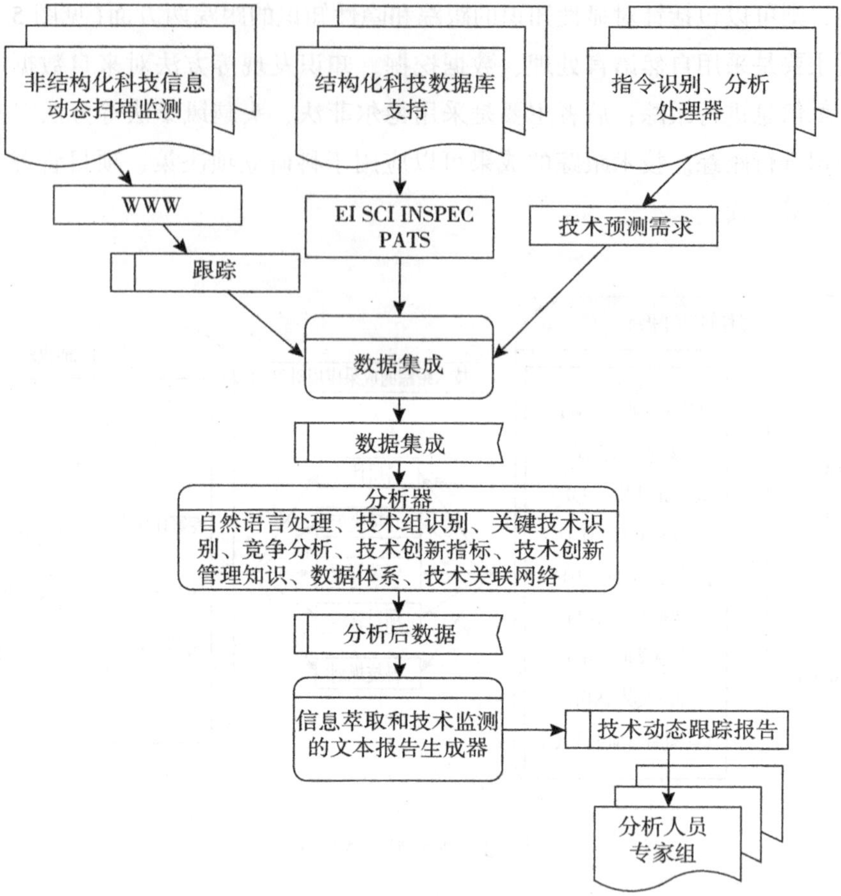

图 5.4　技术跟踪智能分析平台

②快。信息的最大价值体现在获取的即时性和反馈的及时性这两个方面，利用现代通信和信息技术，技术跟踪可以及时提供有价值的信息。

③精。关键的信息才是财富，而技术跟踪在信息爆炸的时代里，可以过滤大量垃圾信息，获得至关重要的信息。

④准。可以使科研管理决策者在较短的时间内从大量科技信息中挖掘出准确的、对技术管理有价值的数据、知识和情报。

⑤全。技术跟踪中采用的支持技术比较/预测/评价、技术机会分析、战略规划制定、立项管理的基本方法，也将扩展到科技统计、科学计量学、科

研管理信息系统等领域，并不断与情报学前沿技术相融合，成为科研管理领域新的重要基础。所以，技术跟踪必须做到全面、系统地掌握有关数据、信息和知识。

(3)技术跟踪中运用到的信息技术。

技术跟踪运用到的信息技术手段和方法有许多种，主要有：①科技信息的网络动态跟踪和信息获取技术；②基于搜索引擎的信息自动获取与检索技术；③信息萃取技术；④数据预处理技术，数据库技术，数据挖掘；⑤技术组(群)自动识别和分类技术；⑥技术群(组)关联关系的识别、测定和表达技术等。

5.2.2.2 技术路线图

(1)技术路线图的基本含义。

技术路线图是一种支持公司技术管理和规划的有效方法，已为工业界所广泛采用。实际上，更多的技术路线图已经被用来支持国家和部门的原创性技术前瞻活动，比如：半导体工业协会(SIA)、铝工业等。

技术路线图可以通过许多不同的方式加以表达，但最常见的方式还是由EIRMA提出的将其封装为类的形式。这种形式展示了技术是如何与产品和服务开发、公司战略以及市场机会联结在一起的。一般而言，在将路线图方法应用于特定环境时，有必要对其进行适当的调整以适应具体的情况。

(2)技术路线图的制作方法。

首先是明确目标。根据各路线图在结构和内容上的差异，可以将其目标分成以下的8个主要方面：产品规划、服务/能力规划、战略规划、长期规划、知识资产规划、进度规划、过程规划、综合规划(见图5.5)。

其次是选择形式。技术路线图的表现形式是多样的，以下8类图形是在观察的基础上总结出的技术路线图的主要形式：多层结构、栏结构、表格结构、图表结构、图像表征结构、流程图结构、单层结构、文本结构。

(3)技术路线图法的实现过程。

技术路线图的实现过程以T-计划方法为代表。借助T-计划方法可以帮助

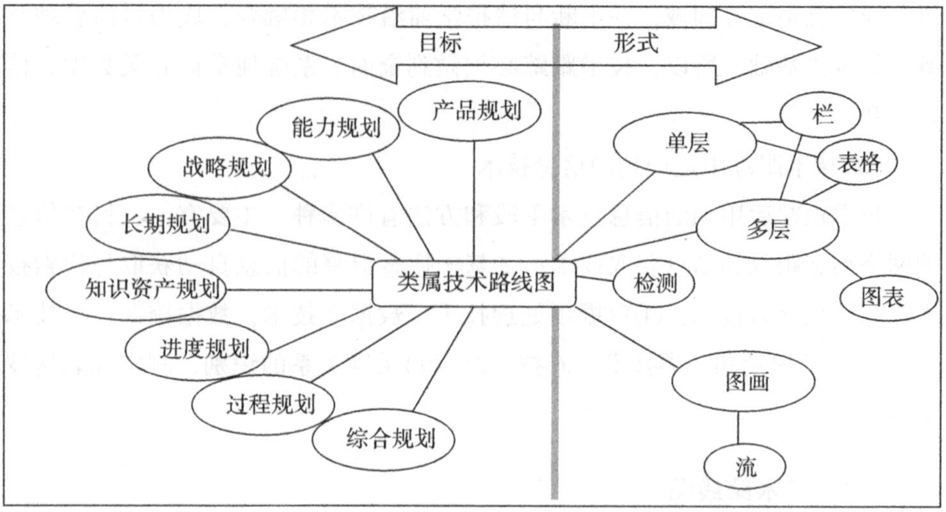

图 5.5 技术路线图描述：目标和形式

公司启动特定的技术路线图法；在技术资源与业务驱动之间建立关键联结；识别出市场、产品与技术情报之间存在的重要差距；开发出初步的技术路线图；支持企业的技术策略与规划行动；支持技术活动与商业活动之间的交流。

T-计划方法主要是由以下两个部分组成：①标准方法，用来支持产品规划；②定制方法，包括了将该方法进行广泛应用的相关指导，其中吸收了标准方法中的许多技巧。

标准的 T-计划方法包括了四个引导式研讨的过程，前三个过程主要关注于技术路线图的 3 个关键层(市场/业务，产品/服务，技术)，结合最后一个过程之后，将各个层次基于时间制作成图表(图 5.6)。

5.2.2.3 情景预测法

(1)情景预测法的内容与特点。

情景预测法又称前景描述法、脚本法，是假定某种现象或某种趋势将持续到未来的前提下，对预测对象可能出现的情况或引起的后果作出预测的方法。通常用来对预测对象的未来发展作出种种设想或预计，是一种直观的定性预测方法。

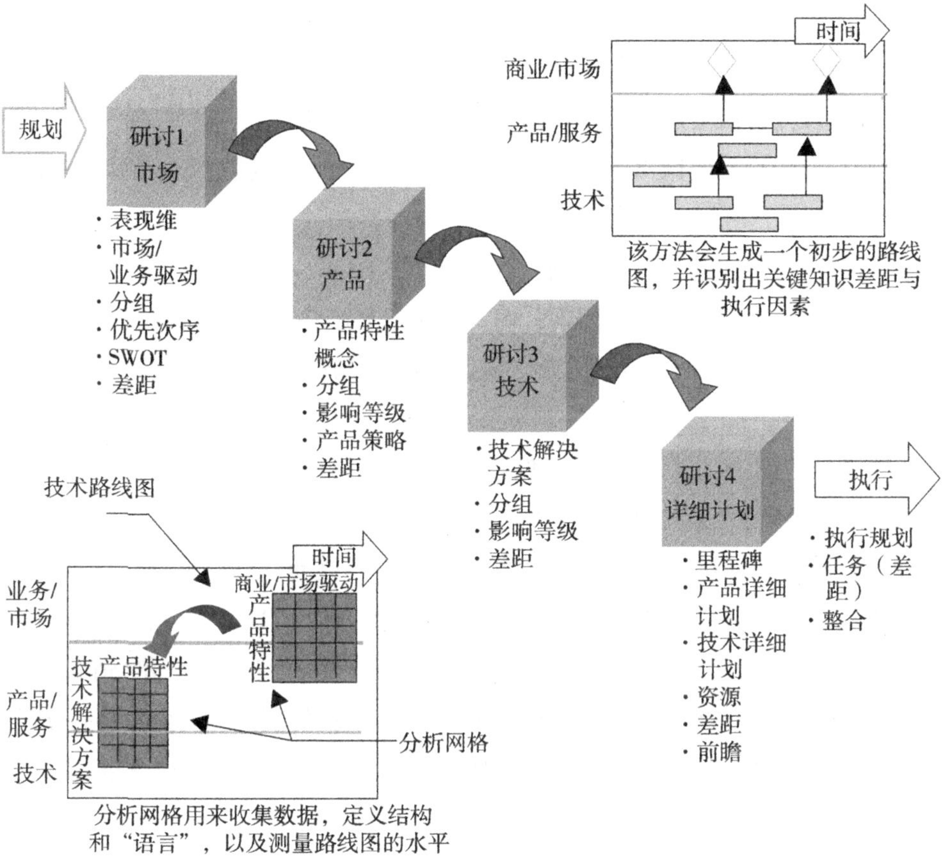

图 5.6　T-计划方法的步骤及关联分析网格展示

情景预测法是从现在的情况出发，把将来发展的可能性以电影脚本的形式进行综合描述。此方法所描述的不是未来某一时刻静止的图景，而是动态的发展图景。由于情景分析法采用一种类似故事描述的方法对未来进行分析，它比图表或者模型更能吸引人，因而情景分析法能够赢得更加广泛的人群参与到预测活动中来。

情景分析法的主要优点是能够对未来前途做出长期的和多种可能性的描绘，而且能够强调出其中的特征性现象，同时还考虑心理、社会、经济、政治等方面的状况，使人易于全面理解相互间的联系，因而有助于拟定解决问题的具体方案。

(2)情景预测法的步骤。

将情景分析法运用于技术预测中，通常分 4 个阶段：

第一，明确将要做出的判定，收集信息并向个人头脑中形成的固有观念挑战。

第二，进行详细分析，包括：确定社会、技术、环境、经济及政治驱动力量；确定先决要素和必然因素；确定影响未来趋势的关键因素。

第三，构建 3~4 个场景，分析场景的发展状况，进一步描述未来变化的整体情景。

第四，为跟踪监测计划目标确定最主要的参数。

情景预测法的关键技术是划定情景覆盖区域。方法是首先构造一个“无突变”主题情景，其假定是当前的主题趋势将不受重大干扰而延续到未来，也即当前的环境不发生重大变化而顺延，由此形成“情景 A”；其次就是对情景 A 的环境情景的参数作出上下限调整，由此产生了“情景 B”和“情景 C”，进一步演绎出 A、B、C、AB、AC、BC 6 种情景；然后假设“突发事件 D”，从而又产生了 AD、BD、CD、ABD、ACD、BCD 6 种情景，共 12 种情景。考虑到量的区别，还远不止 12 种情景，但其范围是确定的，分别是集合：$B\cup C$、$B\cup C\cup D$(见图 5.7)。

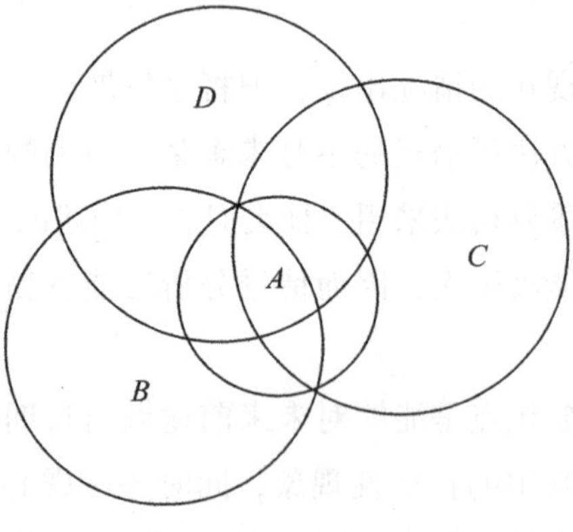

图 5.7　情景覆盖区域的划定

情景预测的具体步骤是：

①确定预测主题。必须界定主题范围及其指标。

②评价预测主题的内生变量，即主题因素。不必顾忌能否取得资料数据，充分评价影响预测主题未来发展的内部因素。

③评价预测主题的外生变量，即环境因素。同样不必担心是否能获取资料数据，充分评价影响预测主题未来发展的外部因素，注意不应忽略导致环境变量未来发展的各种因素。

④界定情景范围。通常时间序列分析法用以编制“无突变”情景；德尔菲法、头脑风暴法用以预计“无突变”环境因素的指标变量、预测环境新因素、假设“突发事件”因素。

⑤选择预测情景。在情景范围之内可组合出许多情景，宜用交叉影响法剔除可忽略的因素，从而选出有较大差异并最可能发生的若干情景组成情景预测的实施范围。

⑥实施情景预测。不考虑“突发事件”，运用各种预测技术对环境情景作出预测，根据每一种环境情景运用适宜的预测技术预测主题情景，比较每一个主题情景，调整干预外生变量(环境因素)和内生变量(主题因素)，得出预测结果——主题的未来状态和结构。然后，介入“突发事件”重复上述过程。具体步骤如图5.8所示。

用情景分析法分析未来发展趋势时，关键在于把握好未来变化过程中的主要驱动力量。

(3)情景分析的结果。

情景分析的结果有多种形式。典型的形式是产生研究报告，大体描述情景研讨会的结果(有时也需要包括一些背景研究的内容)。在正式的远景中，这种材料应被更广泛地使用。作为有效资源它们应该进入公共领域——在其他组织的过程中使用、作为组成部分投入进行中的远景训练，也许还可以被用于连续的研讨会。

在技术分析的运用中，对于情景预测方法的研究将会持续，且存在着更进一步的发展空间。例如计算机协助情景分析的方式、情景论结果的描绘和传播方式、能帮助使用者建立可运用到各种远景过程中的情景的方式等等。

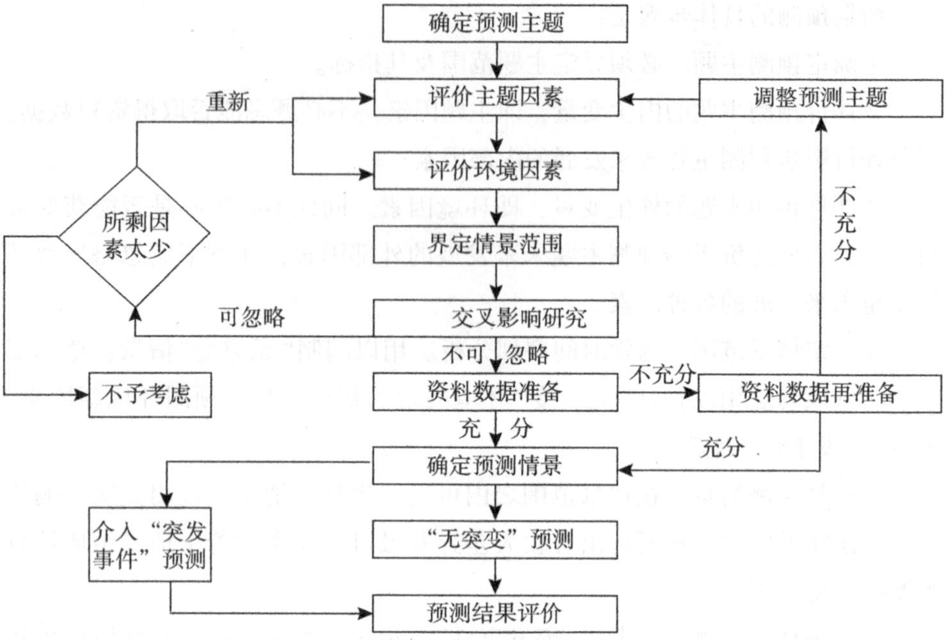

图 5.8　情景预测的步骤

5.2.2.4　关键技术法

各类预测项目研究的主题往往要求提出的优先政策能形成有利的经济发展与完善的社会需求，同时能最有效地利用公共基金。根据某种技术(研究方向)的“关键性”(重要性)，应用各种评价标准来确定国家研究优先性的方法即关键技术法就是这样的一种方法。关键技术法在许多国家得到广泛应用，比如法国、美国、捷克等。

(1)关键技术的含义。

某项技术被认为是关键的，它必须包含三个标准：

①与政策相关——技术列表应该考虑到政治干预对结果的影响。对研发过程、商品化、发布、对结果的利用等过程都应该特别注意。

②差别化——在关键与非关键技术中应该有很清晰的区别。普遍拥有的技术不是关键技术。应该特别注意不同种类技术的集合以防止将非关键技术放在关键技术的列表中。

③可复制性——那些即使没有直接参与项目的技术的排序也可以通过重复关键技术选择流程重获顺序。所使用的方法应该是透明的、有效的、公开的。

“关键技术”的概念不能与其他概念相混淆，比如：诀窍性技术——这些技术缺乏政策相关性，它们有时候能被包括在列表中是因为项目经理们可能会因将“普及的”技术排除在列表之外而犹豫不决；商品化技术——随着全球化的进程，有许多对国家很重要的技术(特别是在小国家中)可以从全球市场上买到。

(2)关键技术法的应用。

关键技术法的主要目标是准备一个清晰定义相关实施政策以保证结果顺利实施的关键技术的列表。现在有一种将目标从“简单”的技术优先性扩充到一个相对宽泛的国家创新性评估系统的趋势。

关键技术法在强调政治需求并需要提供结论建议的情况下特别有效。事实上，关键技术法在确立国家研发优先性的时候特别有用。原则上，关键技术法同样可以被用于确认“非关键技术”，但其缺陷是可能只有相对较少的专家小组参与到项目中。

(3)关键技术法的实施。

关键技术法含有一些典型的步骤(见图5.9)。

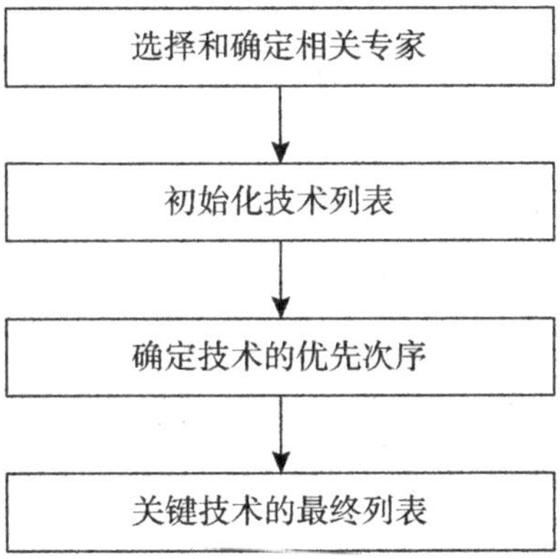

图5.9 关键技术法的典型步骤

①专家的选择。

专家的选择是关键技术法的重要环节。虽然可以混合考虑使用多种方法，但两种极端方法——小范围咨询与大范围咨询仍是最常见的。小范围咨询的优势是速度快而且运营成本低，劣势是结果很难保持公正，因为小团体的特殊利益是很相像的。大范围咨询利用中心管理小组来协调与管理整个项目，根据从外部专家、专家组层面中搜集到的外部信息，由专门的小组来寻找、挑选专家。

②技术的原始列表。

技术的原始列表可以从已经存在的列表中引出(例如从以前的技术预测研究中)或者从头脑风暴与专家小组的讨论中得到。除此之外，通过书目检索、专家讨论、采访生产专家、实地环境考查等方法也可以得到一个完整的列表。

③优先顺序。

优选过程是整个项目中最困难的一步。实际上，常常用投票程序来对最初的技术列表加以选择。需要注意的是优先性并不是专门根据关键技术法来确定的：如英国的技术预测项目使用了德尔菲法，澳大利亚联邦科学与工业研究组织 CSIRO 使用了吸引性和可行性指标，而联合国大学世纪计划项目则使用了重要性和可行性指标。各个标准可能在形式上有所不同，但它们都对新技术需产生经济效益或者满足社会期望这两点有所考量。

④关键技术的最终列表。

关键技术的最终列表是最终报告中的基本组成部分。它并不包含最终的决定，因为那是决策制定者的任务，但它包含着专家们的意见，将会为决策制定者提供很好的依据与帮助。关键技术最终列表可以包含一些“特征卡片(ID sheets)”，记录关键技术的特征，说明它们最主要的特点、应用领域与存在的主要问题。

对技术信息进行分析时，不能满足于发现静态差距，更重要的是要掌握这种差距在未来的动态发展趋势，即技术发展动向信息。因此，技术信息分析是一项经常性工作，要持之以恒，贯彻于平时，不能依靠突击完成。这就要求技术信息分析人员随时跟踪各个技术领域的发展情况，关注其发展动向，全面掌握有关信息资料。只有在长期跟踪和坚持的基础上，对所关注的领域才能比较熟悉，逐渐培养起对新事物、新现象、新思想的敏感性，从而能够及时发现问题，捕捉到技术发展的新动向和新趋势。

5.2.3 技术信息分析案例

5.2.3.1 技术路线图分析实例——英国汽车研究开发计划

作为一个产学合作系统，英国汽车研究开发计划得到了英国贸易与工业部(DTI)、工程与自然科学研究委员会(EPSRC)及其他的一些政府部门的支持。其目标是推动应用研究的开展，以实现英国工业界与政府在经济、社会和环境目标上的进步。在2001—2002年，该计划发起了一个技术路线图行动来推动产学合作系统的运行(吸收新成员)，其目标是确定为下一轮融资而需要解决的研究难题。这个行动过程吸引了来自60个组织的130多名参与者，在10个月的时间里经过10次研讨后，最终发布了一个1.0版本的路线图。该技术路线图的建构见图5.10所示，其路线图制作过程见图5.11所示。

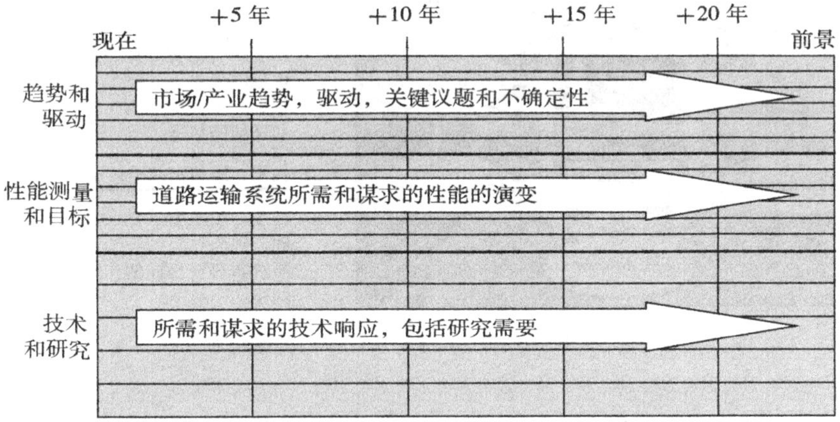

图5.10 英国汽车研究开发计划技术路线图的建构

在意识到道路车辆是一个更大系统的一部分之后，研究者采用了一种系统方法(见图5.12)，该方法确立了作为可持续发展三大基石的社会、经济与环境上的目标，同时也考虑到政治、技术与基础设施系统既能促进也能阻碍这些目标的达成。这6个主题(“STEEPI”)被用来构建路线图的最上面两个层次，涉及发展趋势、驱动因素和道路运输系统。由5个技术组所构成的路线图的技术层构成了英国汽车研究开发计划联盟的核心活动。

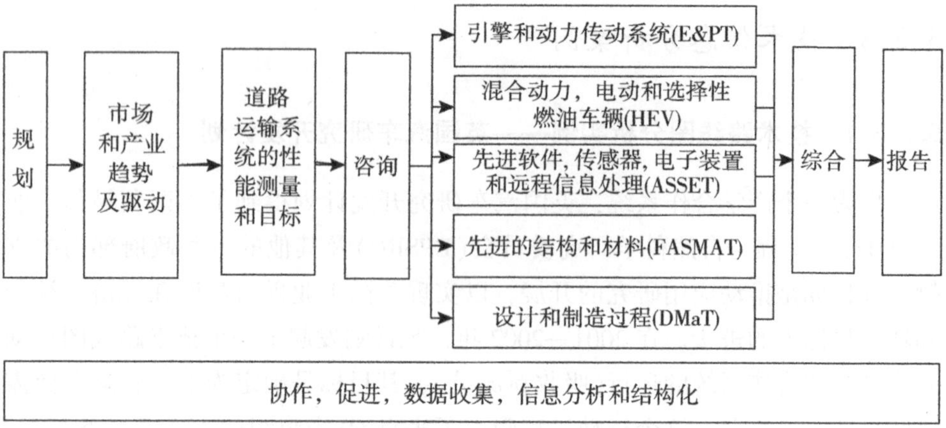

图 5.11 英国汽车研究开发计划技术路线图的过程

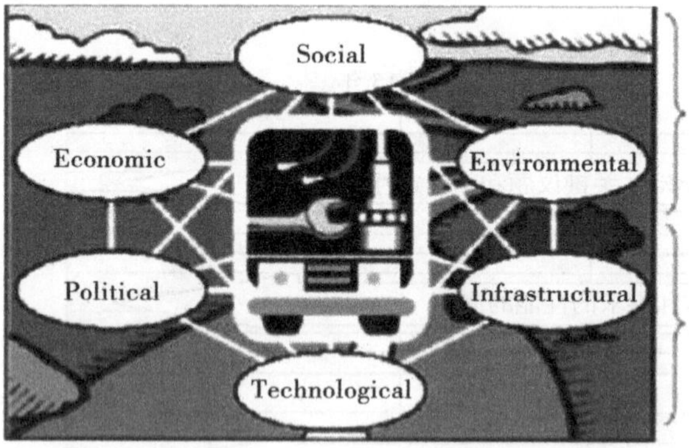

社会、经济与环境

社会、经济和环境的驱动反映了可持续发展的三大基石。总的目标是在确保生产与消费对环境所造成的负担是可控的条件下，满足社会需要。经济目标是重要的，因为财富能促成社会和环境的目标。

技术、政策和基础设施

技术、政策和基础设施与上述三者不同，因为这里的行为对主要的社会、经济和环境目标的作用不是促进就是约束。

图 5.12 英国汽车研究开发计划的系统观

英国汽车研究开发计划的技术路线图试图成为该网络中众多不同的利益攸关者的一个资源来源，这些利益攸关者包括了企业、大学和政府。基于这种原因，技术报告的撰写就需要尽量地消除偏见与“解释”，侧重对研讨时所获信息的表达，以及随后基于因特网并使用客观方法所进行的研究。由总共 28 张“丰富图画”型的路线图组成的报告的核心部分，与路线图的各种各样的子层以及报告的主体组成了一系列连续的信息，包括文本、表格以及简单的图表。基于这些原因，比之“路线图”，可能将其称为技术“风景”更为恰当。它不仅展示了 28 个“丰富图画”型技术路线图中的其中之一(其主题为社会发展趋势和驱动因素，见图 5.13 所示)，也展示了一个概要型的技术路线图(其主题为混合动力、电动和可选择性的燃料技术，见图 5.14 所示)。

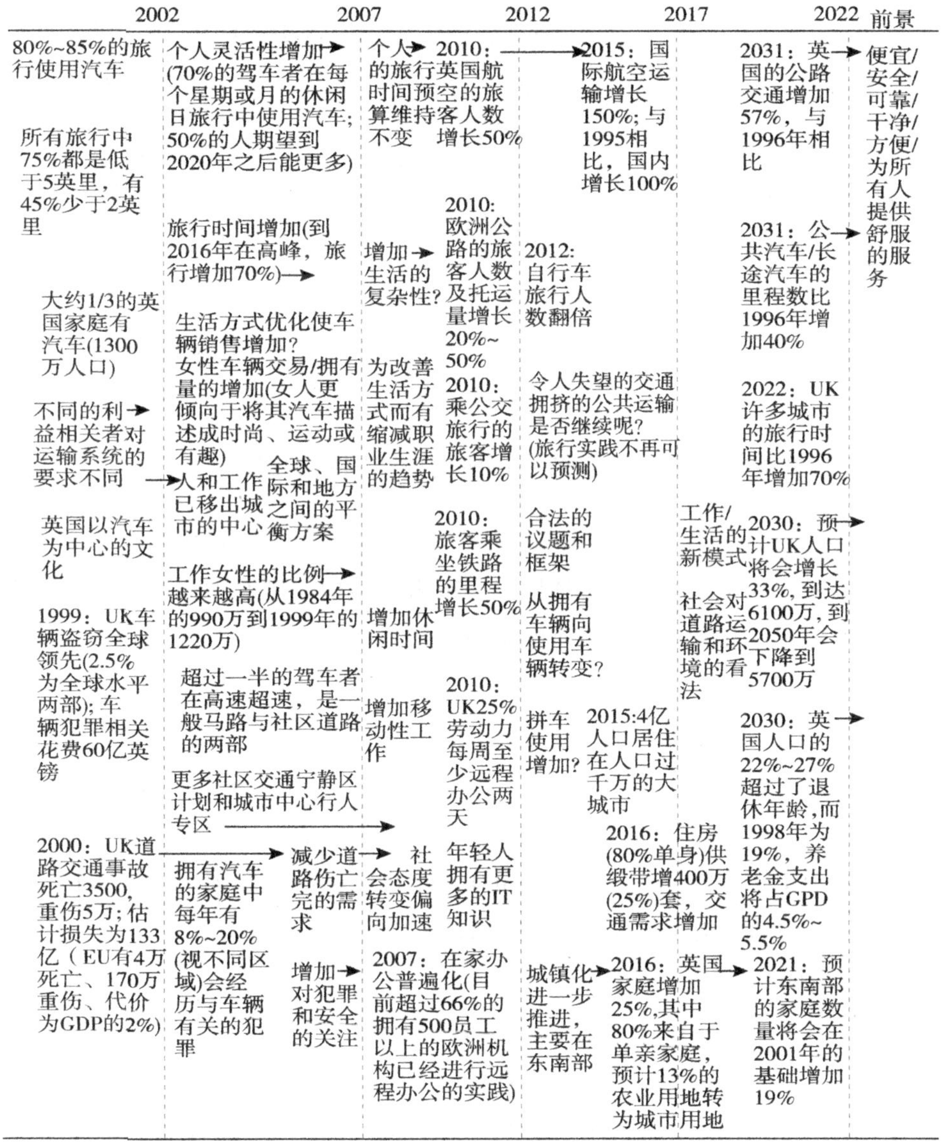

关键词：机动性&堵塞；生活方式&态度；人口统计；健康、安全&防护

图 5.13 社会发展趋势和市场驱动的“丰富图画”型技术路线图

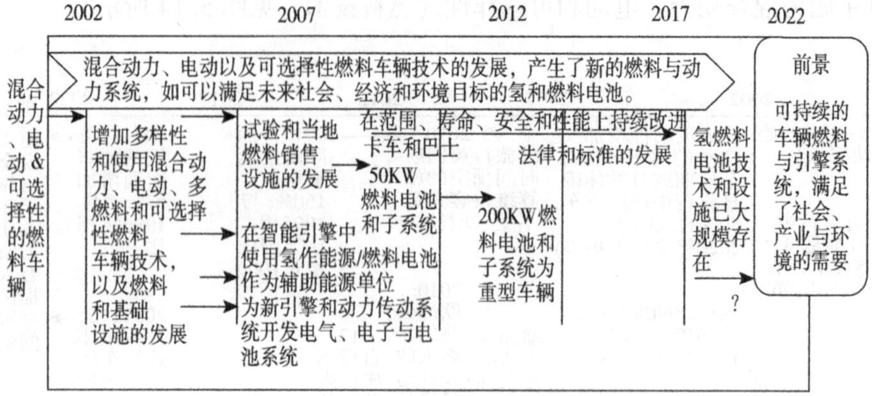

图 5.14　混合动力、电动与可选择性燃料车辆技术的概括性技术路线图

5.2.3.2　关键技术法分析实例——捷克共和国的实践

2000 年，捷克政府在应用关键技术法尽早确定科研项目优先性的研究上获得了经验，这个成功案例可加以修正或者直接应用到其他需要确定科研项目优先性以最优化利用有限科研资源的国家中。

(1)组织机构。

项目首先成立了完善的组织机构(如图 5.15 所示)。该组织结构包括协调委员会(Coordination Council)、项目管理小组(Project Management Group)、专家组(Expert Panels)、执行小组(Executive Team)、外部专家(External Experts)、国际专家组(International Panel of Experts)和参考组(Reference Panel)。其中的箭头表示咨询师的作用。

(2)选择专家。

项目实施需要全国几百个专家参与各个小组以完成各独立选定部分的分析。在项目的第一阶段，项目发起者邀请了国家主要科研机构、大学、企业、专业协会以及其他股东来提名参加项目的专家。最后提交了 500 个以上的名单。在第二阶段，被提名者会收到一份简要介绍项目目的的问卷。问卷是为了得到回答者的详细信息，他们主要研究的专业领域以及他们在选定部分的

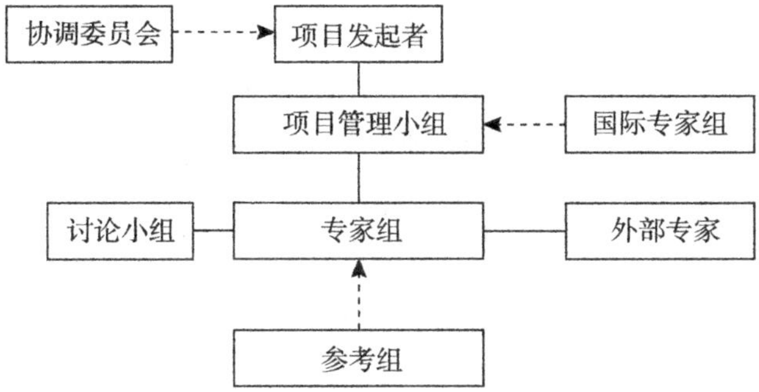

图 5.15 捷克技术前瞻项目的组织机构示意图

权威性。

(3)预备阶段。

专家小组组成了项目“创造性的主体”。在项目开始前会为他们提供一些信息以作为其工作的背景条件。这些信息主要由以下 3 个部分组成:

①应用领域的访谈结果。通过与公司负责研发的经理面对面交谈完成深入访谈。为了保证完全专业性的交流，任命外部专家收集此类数据。

②文献调研的结果。文献调研完全由执行小组收集各个部分基本的经济数据以及大众研究开支来完成。这些信息由各个政府部门的相关文献的缩略版汇编而成。

③部分的 SWOT 分析结果。这些分析结果是由特定领域的国家权威专家提供的，分析包括预测后十年的发展趋势。

(4)专家小组。

专家小组包含国内某一特定领域有代表性的 15~20 名专家。保证专家小组出色工作的先决条件之一是将不同背景和经历的人集中到一起，从“供应”与“需求”两个层面组合专业人员。经过与项目发起者、协调委员会与其他主要股东反复讨论，确立了 17 个小组，包括 13 个主题层面的小组和 3 个交叉层面的小组以及 1 个系统层面的小组。

(5)主题层面小组的工作与结果。

首先，实施 SWOT 分析的小组对各自部分进行分析。将 SWOT 分析结果与前面外部专家的分析相比较。应用头脑风暴法，小组被要求指出重要的研究方向，然后就各个方面进行讨论。每个小组重要研究方向的数量从 15～64 个不等，13 个主题层面中共有 612 种重要研究方向。由于前瞻活动的目的是为确定国家研究政策提供较简洁的清单，重要研究方向数量的减少将是主题层面的下一项任务。

图 5.16 显示了典型的投票结果(信息社会层面)。

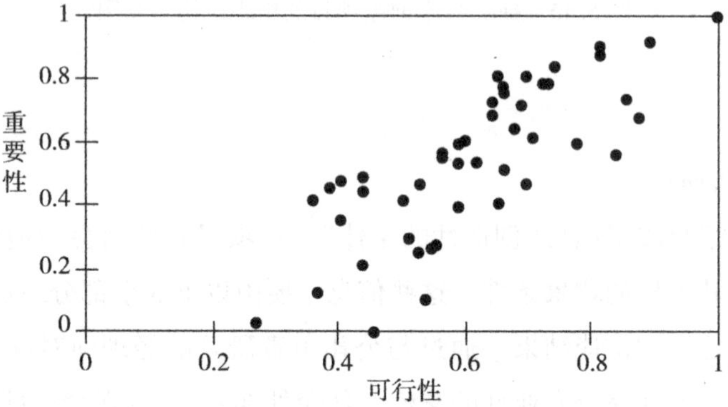

图 5.16　投票结果——信息社会层面

投票程序与各主题层面的讨论导致了 163 种关键研究方向。报告包含各个领域全部的 SWOT 分析结果、预测趋势(简要的介绍)、得出关键研究方向以及其优先性的流程的详细介绍。

(6)工作小组。

工作小组是在项目的最后阶段建立的，工作小组包含 17 个层面小组的领导人，另外一个人则代表层面中有关医药的部分(卫生保健与医药)。工作小组的主要任务是进一步缩减专家小组选定的 163 种关键研究方向。在代表确认交叉问题、完成全方位的讨论以后，工作小组最终将关键研究方向减到 90 个。

在选择主要研究方向的优先性时，关键技术法很适于评估多种技术(或者研究方向)。项目的输出结果不构成最终决策，但它们向决策制定者提供了专家的重要建议。这种方法可能倾向于将重点集中在技术层面而忽视社会层面。但通过对项目的细致管理与复杂的优先指标的设计可以将社会层面问题考虑进去，从而圆满地解决这个问题。

5.3 专利信息分析

随着信息社会的到来，专利文献也进入信息化时代。人们更多地谈论专利信息，研究专利信息的传播和利用。专利信息主要是指某一技术在谋取专利过程中的各种信息，这些信息不仅揭示了某一专利技术的内容及法律状况，同时也反映了企业界在争夺产品或技术的专利权及占领市场、战胜对手方面的意图和策略。我们通过对专利信息的分析，可以考察行业的技术走向和竞争对手的重点技术及市场战略等。因此，对专利信息进行深入、系统的分析研究是一项十分必要且有意义的工作。

5.3.1 专利信息分析概述

5.3.1.1 专利

“专利”(patent)一词来源于拉丁语 Litterae patentes，意为公开的信件或公共文献，是中世纪的君主用来颁布某种特权的证明。对“专利”这一概念，目前尚无统一的定义，如果从广义上理解“专利”，则包含专利权、专利文献、专利技术这三层含义，其中最核心的就是专利权。因此，较为人们接受并被我国专利教科书所普遍采用的一种说法是：专利是专利权的简称，它是由专利机构依据发明申请所颁发的一种文件。这种文件叙述发明的内容，并且产生一种法律状态，即该获得专利的发明在一般情况下只有得到专利所有人的许可才能利用(包括制造、使用、销售、许诺销售和进口等)，专利的保护有时间和地域的限制。我国专利法将专利分为 3 种，即发明、实用新型和外观设计。

5.3.1.2　专利文献

(1)专利文献的概念。

专利文献按一般理解主要是各国专利局及国际性专利组织在审批专利过程中产生的官方文件及其出版物的总称。从狭义上说，专利文献主要指专利局公开出版的各种专利申请说明书、专利说明书、专利证书，以及与专利申请批准有关的其他文件。从广义上讲，专利文献不仅包括以上内容，还包括各种专利公报、专利分类表及其专利年度索引等各种检索工具书。

一般说来，人们总是最先在专利文献中得知有关新发明、新工艺、新设备、新产品、新设计的情况。据统计，全世界的科技研究成果大约 25%是在公开的文献中发表的，其余绝大部分发表在专利文献中。有人对各种情报源的参考价值做过调查，结果显示在中文图书、中文期刊、外文图书、外文期刊、专利文献、会议文献、研究报告、技术标准、样本等九种情报源中，专利文献的参考价值仅次于外文期刊，列第二位。可见，专利文献是一种极其重要的信息源。及时准确地获取专利信息，不仅对于技术的研发至关重要，对于研究商业及法律也具有重要价值。

(2)专利文献的类型。

专利文献是专利制度的产物，它既是一种技术资料，又是一种法律文件。一般来说，按其内容可分为两大类型——一次专利文献和二次专利文献。一次专利文献是指各种类型的专利说明书。专利说明书有广义和狭义两种解释，就广义而言，是指各国工业产权局、专利局及国际(地区)性专利组织出版的各种类型的专利说明书的统称；就狭义而言，是指授予专利权的专利说明书及其相应的申请说明书。二次专利文献一般是指各工业产权局出版的专利公报、专利文摘出版物和专利索引。专利公报也有广义和狭义两种解释，广义是指专利公报、实用新型公报、外观设计公报或其总和——工业产权公报的统称，狭义仅指报道有关专利申请的审批状况及相关法律法规信息的定期出版物。

(3)专利文献的作用。

专利文献具有数量巨大、信息最新、内容完整、格式规范等特点。专利文献涵盖了绝大多数技术领域，从小到大，从简到繁，几乎涉及人类生活的各个领域；申请人在一项发明创造完成之后总是以最快速度提交专利申请，以防竞争对手抢占先机；专利申请文件一般都依照专利法规中关于充分公开的要求对发明创造的技术方案进行完整而详尽的描述，并且参照现有技术指明其发明点所在，说明具体实施方式，并阐明功能效果；专利文献有统一的编排体例，采用国际统一的专利文献著录项目识别代码(INID 码)，专利说明书也有规定的文体结构。

5.3.1.3 专利信息

(1)专利信息的概念。

专利信息和专利文献这两个概念辅车相依，从定义上泾渭分明地分开是不可能的，也没有现实意义。但是，从相互关系上加以说明却十分必要。从两者关系上说，专利信息是指以专利文献作为主要内容或以专利文献为依据，经分解、加工、标引、统计、分析、整合和转化等信息化手段处理，并通过各种信息化方式传播而形成的与专利有关的各种信息的总称。

专利信息可以分成基础性专利信息和增值性专利信息两种。基础性专利信息是国家专利行政部门所拥有的可向公众提供的基本专利信息，是未经加工(原始信息)或加工程度较低的公众有权获取的信息。其提供方式以公益性为特征。增值性专利信息是在基础性专利信息的基础上经过加工、分析和解读，具有增值性特质的专利信息。增值性专利信息的提供以市场经济机制为特征。

(2)专利信息的内容。

专利信息按内容可分为以下 5 种信息：技术信息、法律信息、经济信息、著录信息、战略信息，其中又以前三者为核心。

①技术信息：在专利说明书、权利要求书、附图和摘要等专利文献中披露的与该发明创造技术内容有关的信息，以及通过专利文献所附的检索报告或相关文献间接提供的与发明创造相关的技术信息。

②法律信息：在权利要求书、专利公报及专利登记簿等专利文献中记载的与权利保护范围和权利有效性有关的信息。

③经济信息：在专利文献中存在着一些与国家、行业或企业经济活动密切相关的信息，这些信息反映出专利申请人或专利权人的经济利益趋向和市场占有率。竞争对手可以通过对专利经济信息的监视，获悉对方经济实力及研发能力，掌握对手的经营发展策略以及可能的潜在市场等。

(3)专利信息的不足。

专利信息仍有一些不足之处。如信息重复量大、部分专利不具备真正的专利性以及专利文献文辞冗长、文字晦涩等。

在全世界每年公布的专利文献中，只有约 1/3 的专利文献记载原始发明创造，而约 2/3 的专利文献报道的是重复的技术内容，专利文献的重复给信息的管理、存储和检索带来一定的麻烦，使专利信息采集的工作量加大。

由于有些国家的专利机构仅对发明专利进行实质性审查，对实用新型专利和外观设计专利则采用登记制，而且对发明专利实行“早期公开、延迟审查”，发明专利申请公开文献公布于众时未经过严格的专利性审查，实用新型和外观设计文献出版时不需要经过专利性审查，因而这些专利文献所记载的发明创造并不一定都具备新颖性、创造性和工业实用性，其可靠性一般难以保证。

专利文献不单纯是一种科技文献，它同时也是一种法律文件，为了达到用法律保护发明创造的目的，通常在描述或定义发明时使用一些法律规范和上位概念。这种特殊的发明创造描述方式，在陌生者看来难以理解。另外，专利文献中有相当数量是翻译作品，各种语言文化之间的差异、翻译者素质的高低，都直接影响专利文献的翻译质量，进而直接影响对发明创造的理解。

5.3.1.4　专利信息分析

(1)专利信息分析的定义。

所谓专利信息分析就是从专利文献中采集专利信息，通过科学的方法对专利信息进行加工、整理和分析，最终形成专利情报和谋略的一类科学劳动的过程。

(2)专利信息分析的流程。

专利信息分析流程一般包括前期准备、数据采集、专利分析、完成报告和成果利用5个阶段。其中，前4个阶段包括成立课题组、确定分析目标、项目分解、选择数据库、制定检索策略、专利检索、专家讨论、数据加工、选择分析工具、专利分析和撰写分析报告这11个环节。有些环节还涉及多个步骤，例如专利检索环节包括初步检索、修正检索式、提取专利数据这3个步骤。另外，在项目实施前期准备阶段可根据需要加入调研环节。对于需要进行中期评估的项目，应当在项目实施流程的中期阶段组织实施。项目实施过程中，还应当将内部质量的控制和管理贯穿始终。

(3)专利信息分析的工具。

专利信息分析一般都通过专业性软件来实现，常用的如 Aurigin Systems Inc 公司推出的 Aureka IPAM 系统。作为知识产权管理的综合性系统，该系统集成了多个分析软件，其中专利分析工具功能强大，兼容性好。Aurigin 的数据平台上安装有专利数据库，数据范围包括美国专利(全文)、欧洲专利(全文)、PCT 国际专利申请的著录项目、日本专利(英文摘要)。专利数据定期更新。系统操作平台(Platforms Used)可以是 Client/server 或 Web access，检索算法(Searching Algorithms)有语言检索和布尔运算。系统自然语言算法使用了一种专门的字典，该字典包含了某一领域特定的技术术语。系统中的 ThemeScape Software 提供了一种相当有用的文本分析工具，应用聚类分析生成词汇地形图来描述专利技术主题分布情况；系统中的 Aureka 引文树软件(Aureka Citation Tree)利用专利引证信息构建双向引证树，形象化地显示出研究对象(所指定的专利)引用在先专利和被其后专利引证的信息；系统中的 Aureka 报告工具(Aureka Reporting Tool)可为客户提供各种研究报告或某一领域相关信息，以及某一专利或自定义专利组的专利期满和引文信息。

再如 VantagePoint 是开发商 Search Technology 开发的一种数据挖掘产品，能深层次挖掘专利信息。系统采用多种算法(Algorithms Used)如通过模型匹配、基础规则和自然语言加工技术等进行文本挖掘。VantagePoint 可以生成各种表格、显示前十名的数据等；利用时间序列可以及时发现新技术主题、新专利人或新的研究单位等；使用相关数据矩阵，用户可以了解专利公开的趋势。除了一维、二维的分析，还提供多维分析功能，以帮助用户在主题(概念)、专利权人、国家或各种关系中建立聚类或相互关系。

此外，汤姆森集团旗下有4家经营不同业务的子公司。其中汤姆森科技公司经营和管理与专利相关的产品和业务。Delphion专利检索与分析数据库、Derwent专利分析家、Current Patents系统和Derwent创新索引等是其主要的专利检索与分析产品。汤姆森科技公司在专利数据采集、加工、数据库建设和专利分析软件开发等方面处于世界领先地位。

5.3.2 专利信息分析方法

专利信息分析的方法一般可分为统计分析法(定量分析)、技术分析法(定性分析)以及两者相结合的相关分析法(半定量分析)三类。

不论采用何种方法，专利量始终是一个最基本的数据量。比如在定量分析中，通过每年专利申请量的变化情况来分析技术发展状况；利用对专利分类的统计来评价有关国家或企业的科技发展重点等。在定性分析中，按专业内容列表分析企业专利的技术特色时就需要进行数量上的统计。进行专利信息分析，主要应用技术、人、时间和地点4个主要要素，进行二维和多维的组配，然后进行定性、定量分析，从而获得隐含的技术信息、经济信息、法律信息。

5.3.2.1 定量分析方法

专利定量分析方法主要有专利技术生命周期法、统计频次排序法、布拉德福文献离散定律、时间序列法和趋势回归法等。由于篇幅限制，本节将重点介绍技术生命周期分析法。

技术生命周期分析是专利定量分析中常用的方法之一。通过分析专利技术所处的发展阶段来推测未来技术发展方向。它针对的研究对象可以是某件专利文献所代表的技术的生命周期，也可以是某一技术领域整体技术的生命周期。

人们通过对专利申请数量或获得专利权的数量与时间序列关系、专利申请企业数与时间序列关系等分析研究，发现专利技术在理论上遵循技术引入期、技术发展期、技术成熟期和技术淘汰期4个阶段的周期性变化。

(1)技术引入期。专利数量少，大多是原理性的基础专利，只有少数几个企业参与技术研究与市场开发，集中度较高。

(2)技术发展期。随着技术的不断发展，市场扩大，介入的企业增多，技术分布的范围扩大，表现为大量的相关专利申请和专利申请人的激增。

(3)技术成熟期。当技术处于成熟期时，由于市场有限，进入的企业开始趋缓，专利增长的速度变慢。由于技术的成熟，只有少数的企业继续从事相关领域的技术研究。

(4)技术淘汰期。当技术老化后，企业也因收益递减而纷纷退出市场，此时有关领域的专利技术几乎不再增加，每年申请的专利数和企业数都呈负增长。

基于专利技术生命周期理论上存在的4个阶段，人们利用多种方法来测算专利的技术生命周期。下面重点介绍专利数量测算法，主要用于研究相关技术领域的技术生命周期。

专利数量测算法通过计算技术生长率(ν)、技术成熟系数(α)、技术衰老系数(β)和新技术特征系数(N)的值测算专利技术生命周期。

所谓技术生长率(ν)是指某技术领域发明专利申请或授权量占过去5年该技术领域发明专利申请或授权总量的比率，如式(5.1)所示。

$$\nu = a/A \tag{5.1}$$

其中，a为该技术领域当年发明专利申请量或授予量；A为追溯到过去5年的该技术领域的发明专利申请累积量或授权累积量。如果连续几年技术生长率持续增大，则说明该技术处于生长阶段。

所谓技术成熟系数(α)是指某技术领域发明专利申请或授权量占该技术领域发明专利和实用新型专利申请或授权总量的比率，如式(5.2)所示。如果技术成熟系数逐年变小，说明该技术处于成熟期。

$$\alpha = a/(a+b) \tag{5.2}$$

其中，a 为该技术领域当年发明专利申请量或授予量；b 为该技术领域当年实用新型专利申请量或授权量。

所谓技术衰老系数(β)是指某技术领域发明专利和实用新型专利申请或授权量占该技术领域发明专利、实用新型专利和外观设计专利申请或授权总量的比率。如式(5.3)所示，如果 β 逐年变小，说明该技术处于衰老期。

$$\beta = (a+b)/(a+b+c) \tag{5.3}$$

其中，c 为该技术领域当年外观设计专利申请量或授权量。

所谓新技术特征系数(N)是由技术生长率(ν)和技术成熟系数(α)推算而来，如式(5.4)所示，在某一技术领域如果 N 值越大，说明新技术的特征越强。

$$N = \sqrt{\nu^2 + \alpha^2} \tag{5.4}$$

5.3.2.2 专利定性分析

专利定性分析是对专利信息内在特征进行质的分析，通过对专利文献的内在特征(专利技术内容)进行归纳和演绎、分析与综合以及抽象与概括等分析，探索某一技术的发展状况。它在专利信息分析中有广泛的应用领域。

(1)专利技术功效矩阵分析。

专利技术功效矩阵分析是指通过对专利文献反映的主题技术内容和技术方案的主要技术功能之间的特征研究，揭示它们之间的相互关系。这种研究方法的结果常常用功效矩阵图表形式表示。

专利技术功效矩阵分析的步骤是先对研究的技术内容进行分类，然后再按照技术功能分类，最后进行归纳和推理以及分析与综合。这种方法可以用来研究现有技术发展重点以及尚未开发的技术空白点。

(2)技术角度分析法。

专利技术角度分析法是专利功效矩阵分析方法的延伸。在专利信息定性分析中，分析人员常常会将采集的专利文献集合按材料(material)、特性(personality)、动力(energy)、结构(structure)、时间(time)5 个方面进行加工、整理和分类，构造 mpest 技术角度图，从技术分类入手，对研究对象进行分群来揭示被研究的技术领域的专利特征。

也有分析软件将采集的专利文献集合分为处理(treatment)、效果(effect)、材料(material)、加工(process)、产品(product)、结构(structure)6个方面，并且对每个方面也都做了一定的延伸，参见表 5.7。在实际工作中也可将类与类进行组合，如材料与处理方法、材料与产品等，形成多种矩阵图表来研究技术重点或技术空白点。

表 5.7　　**技术角度分类示意图**

	概念的延伸
处理(treatment)	温度(temperature)、速率(velocity)、时间(time)、频率(frequency)和压力(pressure)等
效果(effect)	目标(purpose)、履行(performance)和功效(efficiency)等
材料(material)	材料(material)、成分(component)、混合物或化合物(compound)和附加物(addition)等
加工(process)	制造方法(manufacturing)、系统(system)和程序(procedure)等
产品(product)	产品(product)、部件(parts)、结果(results)和产量(outputs)等
结构(structure)	结构(structure)、形状(form)、图样或装置(device)、组分(compound)和电路(circuit)等

(3)技术发展图。

在专利信息定性分析中，分析人员常常会按照技术发展的时间先后，将分析结果中专利文献的简要内容用图示的方式，直接展示给客户。在技术发展图中，根据研究目的的不同，用户可以自行设计展示的技术内容，以便为决策者提供简洁、直观的技术信息。

5.3.2.3　专利半定量分析

从本质上说定量分析和定性分析之间既有区别又有联系。在实际工作中将两者结合起来应用，可以更好地揭示事物的本质。专利信息分析也不例外。针对不同的分析目的，分析人员有时要采用定量和定性相结合的分析方法，即半定量分析方法。专利半定量分析通常由数理统计入手，然后进行全面、系统的技术分类和比较研究，再进行有针对性的量化分析，最后进行高度科学抽象的定性描述，使整个分析过程由宏观到微观，逐步深入进行。专利分析中比较常见的半定量分析方法有专利引文分析和专利数据挖掘等，它们是对专利信息进行深层次分析的方法。

(1)专利引文分析。

专利引文分析是指，利用各种数学和统计学的方法，以及比较、归纳、抽象和概括等逻辑方法，对专利文献的引用或被引用现象进行分析，以揭示专利文献之间、专利文献与科学论文之间相互关联的数量特征和内在规律的一种文献计量方法。专利计量研究的方法主要包含3个方面，即专利数量研究、专利引用分析研究和其他关联分析。

由于文献的引文分析可以由表及里地揭示出科学思想的相互关联、延续继承情况，并探索事物之间的结构与规律，所以得到了各种研究分析的广泛借鉴，同时也就被应用于各个方面。专利文献信息比较容易获得，并且数据类型十分规范，这就使得专利信息的分析变得简单方便。将文献中的引文分析应用到专利信息的分析中，可以使得专利引文分析更具可行性。

当然，专利引文分析区别于一般的文献引文分析，且具有自己的特点以及独特的分析方法与角度。一般来说，专利引文分析会从被引专利的国家、所属机构、发明人以及专利技术主题本身等多个方面进行定性分析，也会从专利数量、年份等数字形式的角度进行定量分析。专利引文分析的方法被广泛应用于预测竞争对手新产品、寻找技术空白点、评价开发的新技术价值等方面。专利引文分析具有以下几个明显的作用：

①利用专利引文来寻找一项技术发明的出处。专利文献与一般科学文献主要的一个共同功能都是进行技术的披露。借助技术的披露，后来的研发者可以在先前研究者的基础上对原有技术进行思想继承，并且进一步突破与创新。

②利用专利引文分析作为知识扩散的测度指标。以专利引用作为衡量知识扩散的工具，并假设专利相互引用会带来知识的扩散，揭示了专利引用在知识流动与扩散中的作用。这种知识的流动与扩散，不止是适用于地理间的知识扩散分析，也适用于不同领域间的知识流动分析。

③利用专利引用来衡量一项技术发明的价值。随着知识经济时代的到来，无形资产的价值日益重要。而在众多无形资产中，专利最能为企业带来明显的收益。据统计，用于产业中较为先进的专利技术，其被引用的次数比起一般专利来说能高出五倍多。而现阶段，大量的无形资产评估都是以几种基于期权和市场基准的基本方法为基础，适用于专利技术的评估方法尚不成熟，国外有大量学者从专利引用的角度来对专利技术这一特殊的无形资产进行评估。

(2)专利数据挖掘。

随着2018年中美贸易摩擦的不断升温，以专利为主的知识产权纠纷受到新闻媒体的争相报道，一时间“专利”“知识产权”“知识产权保护”等词汇不断进入人们的视野。这在一定的程度上，促进了全民的产权保护意识，同时也使人们认识到专利申请的重要性。在重视产权保护的社会大环境下，很多企业为了在竞争中获得先机，纷纷增加其在产品研发和专利申请方面的投入。因此，近些年专利申请数量不断增多。另一方面，专利申请的领域在不断拓宽，延伸到了人们生产生活的方方面面。最为突出的表现是新技术的出现催生了新的产业，而新的产业的出现会新增大量专利。例如，与我们生活密切相关的无线移动通信技术从2G发展到如今的5G，催生了一大批新的产业和专利。

综上所述，专利数量的增加和专利涉及领域的广泛性，使得专利之间的关系变得更加复杂，很难通过传统的数理统计方法发现大量专利之间深层次的关系。因此，数据挖掘作为一种新的专利分析方法被引入到专利分析领域。

专利数据挖掘是通过数据挖掘的方法找出大量专利之间的联系，把握专利的动态变化，为企业专利申请和技术改革提供参考依据。专利数据挖掘的主要方法包括：专利的关联分析、专利的聚类分析、专利的时间序列分析等。

其中专利的关联分析是通过对大量专利进行相关分析，找出专利之间的关联。专利的聚类分析是指把杂乱无章的专利按照专利之间的相似性分为不同的类，以便于我们对专利进行管理和进一步分析。专利的时间序列分析是按照时间发展的先后顺序对专利进行分析，以判断专利的发展变化趋势。

5.3.2.4　专利图表的应用

图表分析即列表作图，是信息加工、整理的一种处理方法和信息分析结果的表达形式。它既是信息整序的一种手段，又是信息整序的一种结果，具有直观生动、简洁明了、通俗易懂和便于比较等特点。随着信息技术的迅猛发展，计算机与网络的普及，图表分析被信息分析人员普遍采用。

在专利信息分析中，按不同的分类标准可将专利图表分为不同的类型。例如，按图形的形状，可以将专利图表分为：饼图、柱状图、散点图、动态曲线图、树形图、雷达图等。按空间纬度，可以将专利图表分为：二维图形和三维图形等。按处理数据的手段分，可以将专利图表分为：定性分析图和定量分析图。下面主要对清单图表、矩阵表、技术发展图进行介绍。

(1)清单图表。

这是一种最简单的专利信息分析图表。根据需要分析的内容要求，将采集到的专利信息一一列出，便得到专利分析清单图表。

(2)矩阵表。

在专利信息分析中，利用技术矩阵图表的形式，直观地反映技术要素之间的相互关系，从而对研究对象进行深入细致的分析。表 5.8 是较为常见的矩阵分析图表。

表 5.8　　**专利技术功效矩阵表**

目的 / 功能	发明目的(技术要素)			
	目的 1	目的 2	目的 3	目的 4
技术功能 1	*			

续表

目的 功能	发明目的(技术要素)			
	目的 1	目的 2	目的 3	目的 4
技术功能 2	*	*		
技术功能 3			*	
技术功能 4		*		*

注：* 表示一件专利。

通过矩阵形式，描述专利技术要素之间的相互关系，以便揭示影响某一技术领域发展的重要问题，如重点技术或空白技术等。有时，增加一个时间轴，不仅可以看出技术发展趋势，还可以了解每一个重点技术聚集的时间，从而有效把握技术变化的动态。

(3)技术发展图。

在专利定性分析中，分析人员常常会按照技术发展的时间先后，将分析结果中专利文献的简要内容用图示的方式，直接展示给客户。

通过技术发展图可以确定技术发展过程，了解技术起源，同时提供了相关技术领域专利权人在时间和空间上的联系和分布，为可能的专利权诉讼提供强有力的证据。如图 5.17 所示，是专利在某技术主题下随时间而变化的发展情况。要素 1、2、3 都是某技术主题下所要求的必不可少的技术，在这三种技术要素中产生了许多专利技术。可以看出，专利 P2 是要素 3 的技术产生的专利，然而这项专利技术的起源却是要素 1 的技术所产生的专利 P1，这说明了专利技术要素虽然不同，但是在一定程度上却是可以为后续专利或者其他要素技术提供借鉴的，也说明了要素 3 与要素 1 的技术之间有联系性。

5.3.3 专利信息分析实例

本节选取我国节能汽车的专利分析为代表，运用上节介绍的以及其他较为常用但未提及的方法，从专利技术层面、非专利技术层面等方面进行分析。

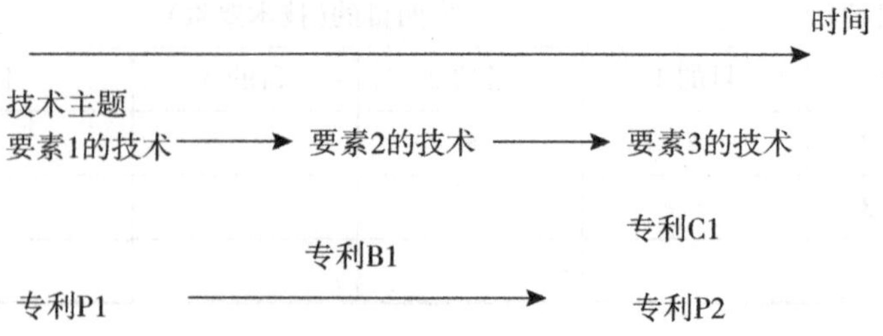

图 5.17　专利技术发展图实例

节能汽车的发展初期始于 20 世纪 80 年代，而我国国家知识产权局是从 1985 年 9 月 10 日开始提供国内专利信息检索服务的，所以主要分析从 1985 年到 2013 年 12 月 31 日前公开的节能汽车专利情况。对于节能汽车的专利信息搜集，主要采用了 SooPAT、上海知识产权(专利信息)公共服务平台检索系统和佰腾网信息检索网站进行专利信息的检索。三种专利信息检索和分析平台各有千秋，因此结合使用。

由于节能汽车涉及的汽车类型较多，所以专利信息搜集时选取的关键词也相对较多，有：电动汽车、混合动力汽车、太阳能汽车、燃料电池汽车、氢能源汽车、甲醇汽车、节能汽车和汽车节能。最终得到国内有关节能汽车的有效专利件数共计 9244 件，其中发明专利 2183 件，实用新型专利 5944 件，外观设计专利 1117 件。

5.3.3.1　节能汽车专利技术层面分析

专利技术层面是对技术内容的解读，主要为技术研发人员设计服务。通过分析，企业或国家既可以确定技术研发方向和选题，也可以了解新技术的开发动向，还可以对技术进行实时监测。

(1)专利技术生命周期图分析。

表 5.9 展示了 1998—2013 年节能汽车专利申请和申请人的数量统计数据。

表 5.9 **节能汽车专利统计数据表**

年份	专利申请量	申请人数量
1998	2	2
1999	5	5
2000	0	0
2001	8	8
2002	5	6
2003	15	14
2004	36	39
2005	90	76
2006	204	94
2007	347	133
2008	432	194
2009	639	263
2010	1027	582
2011	1705	837
2012	1980	1094
2013	2482	1307

根据上表作节能汽车专利技术生命周期图，如图 5.18 所示。

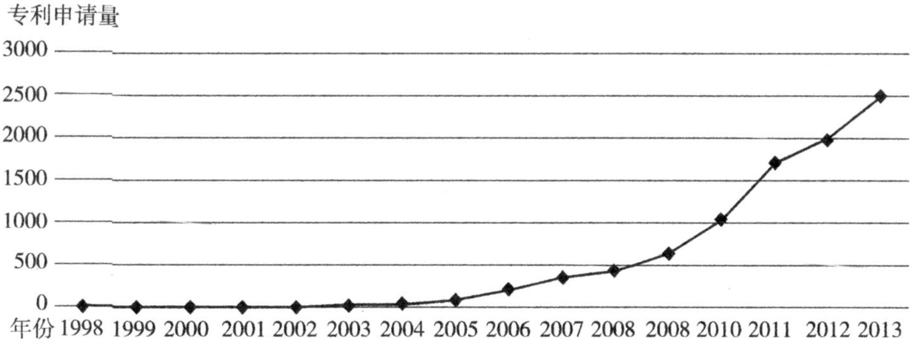

图 5.18 节能汽车专利技术生命周期图

结合表 5.9 和图 5.18，我们可以看出，从 1998 年到 2007 年，我国节能汽车专利技术一直处于技术引入期，即基础理论部分的出现和基本发明的诞生时期，专利申请量和专利申请人的数量都较少，且集中度较高。2008—2013 年是我国节能汽车专利技术的发展期，基本发明以横向及纵向两个方向发展，其应用发明专利也开始出现，节能汽车专利技术在引入期的推动下有了突破性的进展，介入该技术的企业逐渐增加，市场逐渐扩大，专利申请量和申请人数量急剧上升。

因此，我国的节能汽车专利技术目前仍处于发展期，虽然起步较晚，但是发展速度迅猛，且发展较为稳定。

(2) 专利技术类别矩阵分析图。

专利技术类别分析能够通过对某一特定技术领域的专利数量和相关技术情况进行分析，从而得出节能汽车的技术研究热点。我国节能汽车的主要技术研究领域和相关的专利数量如表 5.10 所示。

表 5.10　　**我国节能汽车主要技术类别及专利数量**

分类号		对应技术	专利数量	占该技术主题比重
B60J	B60J5/00	一种公共空调汽车车门防漏风装置	1	4.17%
	B60J9/00	车顶防晒反光膜	1	4.17%
	B60J11/00	带有辅助工具的车罩	7	29.17%
	B60J11/04	与车体相连的车罩	15	62.5%
B60K	B60K1	电力传动汽车	2	4.26%
	B60K6	混合动力节能汽车	8	17.02%
	B60K15	汽车节能减排油耗装置	3	6.38%
	B60K16	一种利用风能发电的汽车充电方法和所用的辅助充电装置	2	4.26%
	B60K17	杠杆省力节能汽车	13	27.66%
	B60K25	助力驱动汽车	14	29.79%
	B60K26	一种带电子开关的汽车电子油门踏板	5	10.64%

续表

分类号		对应技术	专利数量	占该技术主题比重
F01N	F01N1	汽车节能消声器	1	7.69%
	F01N3	热能与汽车节能装置的配合	4	30.77%
	F01N5	汽车内燃排气系统	7	53.85%
	F01N13	一种汽车节能环保装置应用配套系统	1	4.14%

从表5.10可以看出，我国节能汽车专利的申请技术主要集中在B60J 、B60K、F01N这3个类别的技术领域中。在B60J技术领域中，我国的主要研究方向是汽车外形技术，通过车罩、车顶或车门这些连接汽车内部和外部的“桥梁”，使汽车能够接收到来自外界的太阳能这样的资源，从而起到节能作用；在B60K这一技术领域中，我国主要研究的是车辆动力装置或传动装置，通过节能汽车的动力系统使汽车在缺少某个助动力时，一样可以正常工作，从而使汽车起到节能作用；在F01N这一技术领域中，我国的主要研究方向是汽车内燃排气系统和节能环保装置应用配套系统，通过对汽车排气系统和节能环保装置的改进，使汽车能够有效减少污染的同时提高能源利用率。

(3)专利技术时间发展趋势图。

通过统计历年专利的申请数量，可以得出在不同时期节能汽车技术的发展状况，从而得知节能汽车技术的纵向发展路线并能够预测出技术的未来发展趋势。我国对节能汽车的研究起步较晚，但是发展较迅速。篇幅所致，无法对所有技术进行分析，仅对数量较多的重点技术进行统计和分析，分析结果如图5.19所示。

通过图5.19可以看出，专利类目为H02J(供电系统、电能存储系统)的专利从2001年开始到2011年中旬，其数量走势一直处于急剧上升趋势，从2011年中间以后，专利数量不断减少；专利类目为H01M(化学能转电能的装置)的专利数量从1999年开始到2012年一直处于稳步上升的趋势，2012年以后，该类目下专利数量开始不断减少；专利类目为B60K(汽车动力装置)的专利数量从2003年到2010年缓慢增加，2010年到2012年间，该类目下专

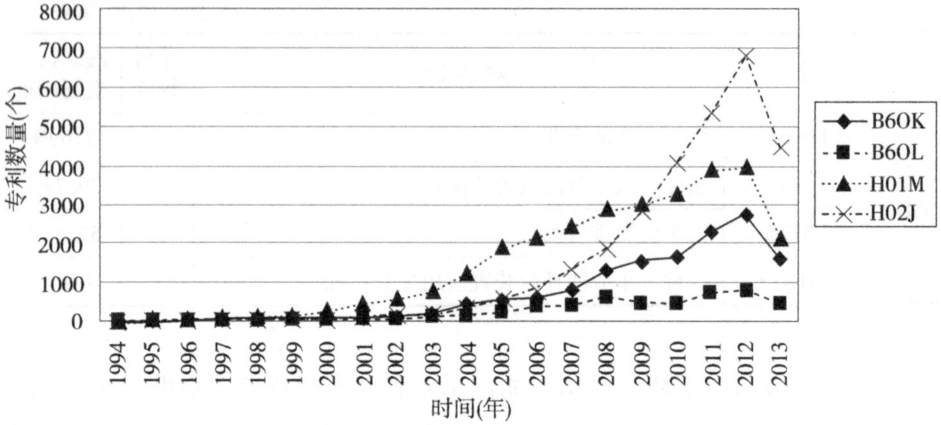

图5.19 我国节能汽车专利技术时间发展趋势图(以B60K、B60L、H01M、H02J为例)

利数量的增加速度开始加快，2012年以后，专利数量开始不断减少；专利类目为B60L(汽车外形技术)的专利数量从2003年开始到2013年一直较为平稳，但是专利数量相对于其他类目下的专利数量较少。

5.3.3.2 节能汽车非专利技术层面分析

如果说专利技术层面是对技术内容的解读，那么非专利技术层面的分析则主要是从专利申请人、专利法律状态等非技术层面进行的。

(1)发明人专利件数分布图。

发明人专利件数分布图，可以用专利地图中的气泡图表示。对发明人专利件数的分析，是对发明人在某一技术领域所做出贡献的评估，通过这一评估，我们可以明显地看出专利发明人的科研路线和主要科研成果。企业通过这一方法不仅可以挖掘掌握核心技术的优秀人才，还可以对竞争对手进行实时监测，及时开发新技术来适应市场的需求。本节以主要专利技术科研成果为B60J(汽车外形技术)的发明人为例，选取该专利类目下发明专利数量最多的10位发明人进行统计分析，分析结果如图5.20所示。

如图5.20所示，横向与纵向交叉点的气泡越大，说明该发明人在对应的年份中发明的专利数量越多，反之则专利数量越少。通过上图可以看出，赵

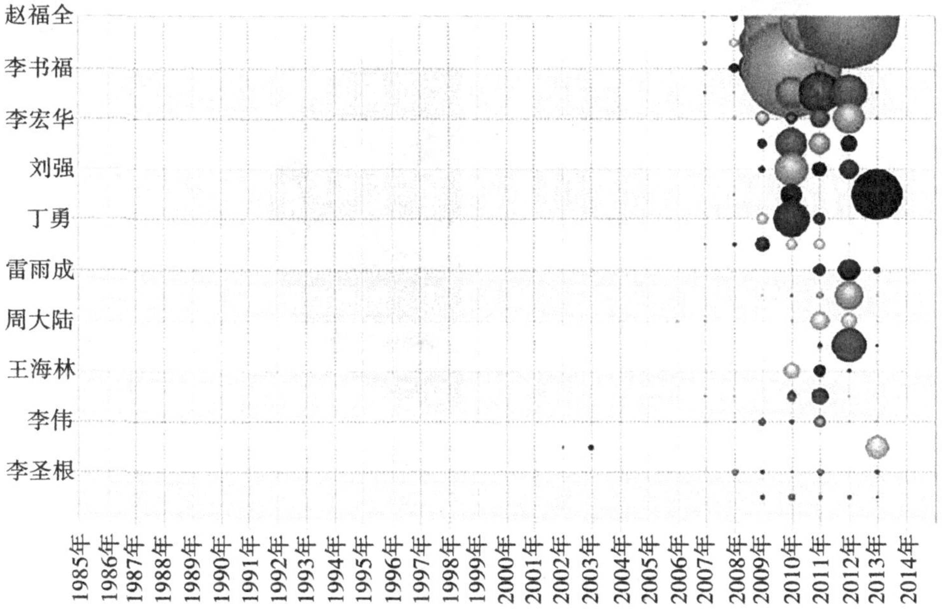

图 5.20　B60J(汽车外形技术)的发明人专利件数分布图

福全在 2012 年发明的 B60J 类专利最多；其次是李书福，该发明人在 2010 年发明的专利数量仅比赵福全在 2012 年发明的专利数量略少。

(2)专利法律状态解析图。

专利法律状态解析图是帮助企业或国家明确专利权人和专利有效性的直接途径。通过了解专利信息的法律状态，可以知道该项申请或授权的专利在某一特定时期内、某一特定国家的权利状态。对专利信息法律状态的把握，有助于了解该专利的有效性和权威性，相关的著录信息是否变更；有利于企业或国家对失效专利进行再利用，以及为企业或国家开发新技术提供法律依据和发展方向。通过在 SooPAT 专利信息检索系统进行检索和分析，分析结果如图 5.21 所示。

根据《中华人民共和国专利法》规定，有效专利是指在专利申请后，从其经过授权开始直到下一个缴费日，该专利为有效专利，受国家法律保护。失效专利是指在某专利授权后，由于专利权人未按日期及时缴纳相关费用、自

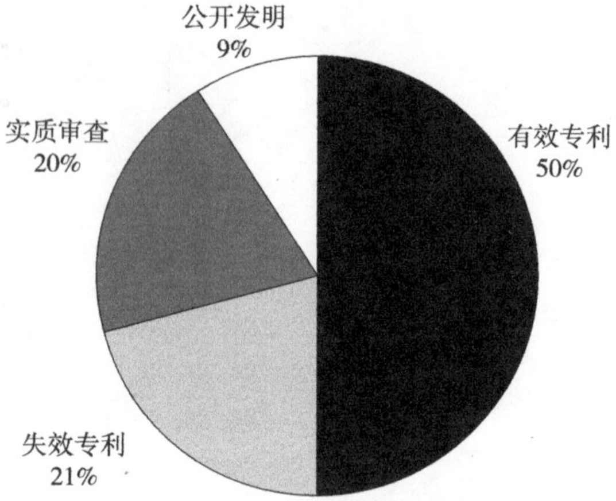

图 5.21 我国节能汽车专利的法律状态分析图

动放弃或是因为该专利已超过专利法的保护期限等的专利。实质审查是指对已有专利的二次审查，以评估该专利的实际效用。公开发明是指某专利经国家相关部门审查合格 18 个月后予以公布的专利。①

通过图 5.21 可以看出，我国在节能汽车专利技术领域中申请的专利，其中 50%的专利为有效专利，失效专利占全部专利的 21%，企业、国家或个人可以对失效专利进行合理利用，使新技术能够顺应社会发展，满足市场需求。

5.4 市场信息分析

市场信息分析是市场信息研究的重要组成部分，是在市场调查的基础上，运用科学的方法，对影响市场供需的各种因素进行调查和综合，由此分析和预测出市场的变化和未来趋势，为企业决策提供依据。

5.4.1 市场信息分析概述

在现代社会化大生产和商品经济高度发展的条件下，现代企业比以往任

① 中华人民共和国专利法(2008 修正)[A/OL].(2015-09-02)[2019-12-15]. http://www.sipo.gov.cn/zcfg/zcfgflfg/flfgzl/fl_zl/1063508.html.

何时期都更需要市场信息。一个企业想要使自己的产品在市场上顺利地销售出去，就要按市场需要进行生产，这样才能占领市场，获得经营成功。现金、原料、人力、机器、技术方法都是企业资源，而市场信息应是更具决定意义的企业资源。所以，现代企业都要从资源的高度来认识市场信息的重要性，要花大力气来收集和研究市场信息，要付出一定的代价来建立自己的市场信息系统，使企业具有“千里眼、顺风耳”的功能。

5.4.1.1 市场信息的概念

市场信息(marketing information)是指在一定的时间和条件下，同商品流通交换以及与之相联系的生产与服务有关的各种消息、情报、数据、资料总称，是商品流通运行中物流、商流运动变化状态及其相互联系的表征。由于市场是同商品经济相联系的经济范畴，市场信息也就属于社会经济信息的范畴，两者不能截然分开也不能完全等同起来。例如企业的生产活动一般不作为市场信息的搜索对象，但却是经济信息要反映的重要内容。当然，产品一旦进入市场，就与市场经济活动有关，也就成为市场研究的对象。市场信息必须产生于市场，即信源应产生于市场。

“市场”这一概念有狭义和广义之分，狭义的市场概念是指进行商品交易的场所，而广义的市场含义是指进行商品交换场所反映的各种经济关系和经济活动的总和，它不仅仅包括商品交换的场所，也涉及一定范围内商品交换中各种经济关系所引起的经济活动，它既可以是有形的，也可以是无形的，并不一定发生货币交换行为。因此市场信息也有狭义和广义之分。狭义的市场信息是指有关市场商品销售的信息，如商品销售情况、消费者情况、销售渠道与销售技术、产品的评价等。广义的市场信息包括多方面反映市场活动的相关信息，如社会环境情况、社会需求情况、流通渠道情况、产品情况、竞争者情况、科技研究、应用情况及动向等。市场信息不一定是指有交易行为的经济活动所产生的信息，市场上有大量经济活动属于非交易活动，如市场调研、商品实体运动、市场管理等方面的活动，主要与市场交易有关的那些数据和资料都是重要的市场信息。

5.4.1.2 市场信息的特征及其评价

(1)市场信息的特征。

市场信息是企业经营的外部环境的描述，而且是对企业所面临的竞争环境的描述。因此，市场信息有其本身的特征。其主要特征有：

①广泛性。从政府部门到普通消费者、从实物商品交换情况到消费者心理、从国内市场到国际市场、从产销到科研，凡是与市场或潜在市场相关的信息，都是市场信息的一部分，其广泛程度是可想而知的。

②权威性。市场信息中的“政法信息”，企业的上级部门的指令性信息，都是带有权威性的，是必须尊重的。

③隐匿性。市场信息中有关竞争对手的能力、弱点和意图的信息，或从情报部门获取的市场信息都是重要的机密。

④多变性。市场瞬息万变，市场信息不是固定的，也是经常变化的，不亚于其他任何一种信息变化的频率。市场如战场，战场态势也是千变万化的，市场信息犹如战场的军事情报一样多变。

(2)评价标准。

①准确性。搜集的市场信息必须是准确反映市场变化的客观实际，只有在准确的市场信息的基础上，企业才能够做出各种正确的市场经营决策。

②时间性。获得的市场信息必须是及时的，是最新的。如果在市场变化以后很长一段时间里才获得信息，那么就失去了市场信息的时间价值，即失去了时效性。

③适用性。市场信息是为企业经营服务的，因此，搜集的市场信息必须符合企业经营活动的需要。与企业经营没有直接关系的信息，就无适用性。

④可比性。口径不一的市场信息，要调整口径与单位的换算，统一口径单位，使之具有可比性，才能比较后进行最终决策。

⑤经济性。市场信息的搜集、整理、传递、编组、存储、管理等工作，都要花费人力、财力、物力。因此，获取市场信息的成本，也是评价市场信息的一个标准。

我们在制定研究市场信息的工作规划时，应该考虑上述评价标准，降低市场信息投入成本，提高市场信息的效用。

5.4.1.3 市场信息分析的主要内容

进行市场信息收集的目的是为了认识需要了解的新问题。但由于市场收集的原始资料较为零散，且类型多样，只有通过加工整理才能便于分析研究；只有分析研究才能搞清楚问题，改进工作，取得成效。在对市场信息进行加工整理之前，首先要了解市场信息分析的主要内容。

(1)分析研究宏观因素。

科技的进步、经济建设的发展、人们经济收入的增加、人口素质的提高、交通投资的扩大、农业的丰歉、社会风尚的改变等都会直接影响市场需求的变化。因此，要充分了解市场需求，就得研究工农业生产的发展趋势、基本建设规模、积累与消费的比例变化、积累基金与消费基金的分配方式以及它们的使用方向、人民生活水平的提高程度、历年结余的购买力等，以此判断市场需求的变化。

(2)分析研究购买力投向。

由于人们生活水平的不断提高和变化，商品的更新换代，商品比价和差价的调整与变化等种种原因，消费者对需求商品的品种和数量需求是不断变化的。对有些商品需求量多一些，对有些商品需求量少一些。因此，在一定时期内，购买力的投向必然引起社会商品需求量以及各种商品的消费构成比例的变化。随着人们生活水平的提高，对同类商品的档次比例也随之不断变化，中、高档日用商品的比重越来越大，高级营养食品和嗜好品的需求也越来越大。目前，商品需求构成总趋势由低转高、由粗转精、由将就到讲究，向高档化、多样化、微型化、高级化方向发展。

(3)销售分析与预测。

市场需求预测是宏观预测；而销售预测却是微观预测，它是指企业本身商品销售量和商品品种、花色、规格、式样的预测。如何使商品适销对路，满足消费者的需要，从企业经营来讲，必须对所经营的商品在某一时期内的市场商品需求量进行分析预测。如同一商品，要分析本地和外地进货比例，消费者欢迎哪一种，从而选择进货渠道和为生产部门提供市场信息。通过销售预测，可以了解消费者的具体要求，并可以找出商品销售在市场上存在的问题。商品的市场需求量是一个可变量，它会随着价格、包装、宣传、新产品的出现等各种因素的变化而变化。因此，通过销售预测，深入地分析影响市场需求量的各种因素，判断商品需求变化的趋势，可以有目的、有计划地开展商品的购销活动。

5.4.2 市场信息分析方法

5.4.2.1 市场信息分析方法的类型

(1)顾客需求直接调查法。

顾客是市场信息的重要来源。顾客需求直接调查法就是调查产品用户的意见，分析用户的需求，参照市场的变化趋势，预测产品在某一时期的销售量，了解用户需求情况。具体方法多种多样，包括发放调查表典型调查法、进入商场接触顾客询问法，还可通过订货会议、产品展销会、用户联谊座谈会等方式，向用户了解产品的需求情况。这种方法是在直接了解用户要求情况的基础上进行的，提供的信息往往比较准确，故分析预测销售量实现的可能性比较大。

(2)经理人员评判预测法。

这种方法即由分管的经理(或厂长)召集产品销售、市场研究、生产管理以及财务部门的主管人员广泛交换意见，分析预测产品的销售量。这种方法可汇集各方面主管人员的意见，并在已有的内外资料基础上，充分考虑那些可能影响销售的因素，进而决定本企业生产方向，确定营销策略。

(3)销售人员意见综合法。

销售人员直接接触市场和客户，比较了解顾客和竞争厂家的动向，尤其是对自己的辖区，往往比其他人员了解得更清楚。所以，销售人员所做的销售分析和预测是有相当价值的。在一般情况下，销售人员为数众多，综合他们的意见所做的分析与预测具有较大的现实性和可靠性。

(4)市场因子推演法。

这种方法是通过分析市场因子来推算市场潜量。所谓市场因子，就是市场中存在的能引起对某种产品需求的实际事物。例如，每年新建立的家庭数目是住房需要的市场因子。市场因子通常取决于产品的使用者，这就要求对用户的情况作深入分析。

(5)季节变化分析法。

由于季节变化，消费者对产品的需要随之而变化。这种变化是因气候原因或社会习惯而产生的，所以带有规律性，通常是一定变动形式的年度循环，以后每年同期的具体营销数字可能不同，但其变动形式却相类似。所以可根据过去的资料预测未来年度的季节变化趋势，来确定不同类型产品旺季和淡季的供需情况。

5.4.2.2 市场信息基本指标分析方法

可以从不同的研究角度将市场信息分析的指标分为三个部分：目标市场分析、企业行为分析、竞争对手分析。

(1)目标市场分析。

目标市场分析是对整个宏观市场的一个认知，主要包括市场集中度、规模经济和销售结构三个方面。

①市场集中度。

市场集中度是度量市场结构的主要指标，反映了市场卖者或者买者对产品的垄断程度。一般情况下，市场上卖者或者买者的数目越少，市场集中度就越高，市场就越容易垄断。度量集中度的指标分为绝对集中度指标和相对集中度指标，其中绝对集中度指标是最基本的集中度指标，通常用在规模上处于前列的企业的生产、销售、资产或职工的累积数额占整个市场或行业的该类指标总量的比重来表示。计算公式如5.5所示：

$$CR_n = \frac{\sum_{i=1}^{n} X_i}{\sum_{j=1}^{N} X_j} \tag{5.5}$$

式中 CR_n 为某一行业中规模最大的前 n 家企业的市场集中度，N 为行业中的企业数，X_i 为第 i 家企业的数额。

②规模经济。

所谓规模经济就是当生产要素同比例增加时，产量的增加比例将会超过生产要素的增加比例。这是由于随着产量的增加，单位产品的固定成本降低，而单位变动成本不变，从而单位产品的总成本下降。

③销售结构。

销售结构分析主要包括销售的产品结构、地区结构和销售渠道结构等。

a. 产品结构分析。

可以从不同的角度来反映，比如：新产品销售额占全部销售额的比重，老产品销售额占全部销售额的比重，新老产品的销售额之比，优质产品销售额占全部产品销售额的比重等。

对于一个企业来说，新产品的比重过高就容易影响本期的盈利；如果新产品的比重过低，企业的发展后劲则不足。通过产品销售结构分析，可以使企业及时调整产品结构，以便在市场竞争中保持良好的发展势头。

b. 地区结构分析。

销售的地区结构可以从不同层次来分析。首先把产品销售分成国内与出口两大块，然后可以按分析目的采取不同的分组，如沿海地区与内陆地区、农村市场与城镇市场等。

地区按不同标志分组后，就可以着手计算一系列结构指标：不同地区产品销售额占全部产品销售额比重，不同地区产品销售额对全部产品销售额增长率的贡献份额等。通过这些指标，可以明确企业产品市场开发的重点和不足。

c. 渠道结构分析。

企业的产品可以有不同的销售渠道，有的通过中间商，有的直接进入市场销售等。分析不同渠道的销售结构，计算不同渠道销售额的比重及变化情况，可以明确哪些渠道比较畅通，哪些渠道还存在问题。

(2)企业行为分析。

衡量企业行为的指标主要指绩效分析，即通过一些指标考察企业的成绩和效益，主要包括产品销售额分析和销售额增长率分析。

①产品销售额分析。

就产品而言，为了反映一定时期内全部产品的销售水平，需要计算全部产品的销售额。

$$产品销售额 = \sum(产品销售数量 * 产品销售单价) \tag{5.6}$$

产品销售额表示反映产品销售总规模、总水平的重要指标。产品的销售额越大，说明企业的产品销售对路，能满足社会需求；反之，则说明企业的产品滞销，会影响企业再生产的正常运行。

②销售额增长率分析。

在市场统计分析中，对销售额的动态考察是很重要的一个方面。通常企业是通过销售额随时间变化的折线图来观察其增长趋势。在分析时，经常要计算以下几种比率指标：

a. 销售额增长率。

$$销售额增长率 = 本期销售额/上期销售额 * 100\% - 100\% \tag{5.7}$$

其取值有三种情况，当本期销售额大于上期时，它为正值；反之就为负值，也就是经济学中常说的负增长；当两期销售额相等时，它为零，表示没有增长。

b. 人均销售额增长率。

分析销售额增长率时，有时需要注意消除企业规模变动对它的影响。比如企业人数的变化就会对销售额产生影响。此时，可以计算人均销售额增长率，其计算公式为：

$$人均销售额增长率 = 本期人均销售额/上期人均销售额 * 100\% - 100\% \tag{5.8}$$

c. 相对销售额增长率。

企业的销售额增长率往往受行业销售额增长的影响。一般来说，行业高速发展，企业也容易发展；行业发展不景气，企业的发展也会受阻。因此有必要将本企业的销售额增长率与行业的销售额增长率进行对比。相对销售额增长率的计算公式为：

相对销售额增长率=本企业销售额增长率/行业销售额增长率＊100%-100%　(5.9)

(3)竞争对手分析。

对竞争对手的分析也称为对竞争环境的分析，常用分析工具是波特竞争模型(见图 5.22)。该模型认为，形成竞争战略的实质就是将一个公司与其环境建立联系。尽管公司环境复杂，包含着政治、经济、社会等因素，但最直接影响公司的就是公司所涉及业务所在的行业环境：行业结构强烈地影响竞争规则的确定以及潜在的可供公司选择的战略；行业外部力量影响企业内部的所有部门。因此，关键在于这些公司对外部影响的应变能力。

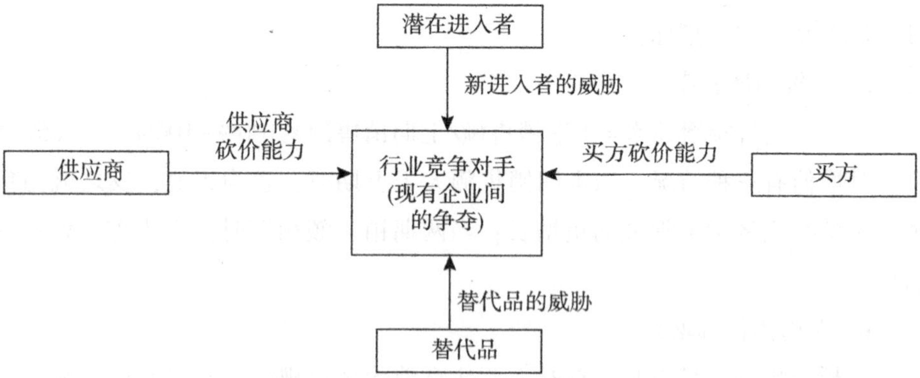

图 5.22　竞争环境分析：波特竞争模型

具体的分析指标可以有：

①财务能力分析。

财务能力分析就是从资产、资金的角度去分析竞争对手的竞争能力，包括资金筹措能力的分析，资产运营状况的分析，企业盈利能力的分析等。竞争对手的筹资能力越强、资产运营状况越好、盈利能力越强，则其竞争能力就越强，威胁就越大。财务能力的分析主要应从竞争对手的财务报表以及金融市场上竞争对手股票、债券的发行和交易情况这几个方面开展。

②生产能力分析。

对竞争对手生产能力的分析可以从竞争对手的生产规模着手。因为竞争对手的生产规模直接决定了其能向市场推出多少产品。生产规模大，则向市场推出的产品数量就多，从而为取得较大的市场占有率提供了可能。如果竞争对手企业生产规模大，形成规模效益，则会降低产品成本，使其产品在市场上具有价格优势。

5.4.3 市场信息分析实例

本节选取我国二手汽车市场为例，分析市场需求并预测未来趋势。

5.4.3.1 二手汽车车型分类

道路上行驶的汽车造型和性能等差别很大，我国汽车分类的国家标准(GB9417—89)按其用途分为了八大类，各类别又可以各自细分，具体分类如表5.11所示。

我国二手汽车交易中交易量较高的类型为轿车、客车、载货车、越野车等，因此交易以乘用车为主。

5.4.3.2 二手汽车交易现状

根据《中国汽车工业年鉴》的统计数据，表5.12显示了2007—2013年我国汽车产销量。经过换算可得出结论，新车几乎产销平衡，市场趋于稳定。新车与二手汽车每年的销售都呈增长趋势，二手汽车交易额与交易均价也是逐年增加，近几年二手汽车与新车销量比值一般在1/4~1/3之间。像美国等二手汽车较为成熟的国家，其二手汽车的交易量一般为新车销量的3倍左右，可见我们国家的二手汽车市场还不够成熟，还处于初级阶段，二手汽车市场还有较大的发展空间。

表 5.11 二手汽车按用途分类

轿车(V 发动机排量)	客车(L 车长)	越野汽车(GA 最大总质量)	载货汽车(GA 最大总质量)	自卸汽车(GA 最大总质量)	牵引车	专用车	半挂车(GA 最大总质量)
微型轿车(V≤1L)	微型(L≤3.5m)	轻型越野车(GA≤5t)	微型货车(GA≤1.8t)	轻型自卸汽车(GA≤6t)	半挂	厢式车	轻型半挂车(GA≤7.1t)
普通轿车(1L<V≤1.6L)	轻型(3.5m<L≤7m)	中型越野车(5t<GA≤13t)	轻型货车(1.8<GA≤6t)	中型自卸汽车(6<GA≤14t)	全挂	罐式车	中型半挂车(7.1t<GA≤19.5t)
中级轿车(1.6L<V≤4L)	中型(7m<L≤10m)	重型越野车(13<GA≤24t)	中型货车(6t<GA≤14t)	重型自卸汽车(GA>14t)		起重举升车	重型半挂车(19.5t<GA≤34t)
高级轿车(V>4L)	大型客车(L>10m)	超重型越野车(GA>24t)	重型货车(GA>14t)			仓棚式车	超重型半挂车(GA>34Tt)
	特大型客车(铰接和双层客车)					特种车	

表 5.12 **2007—2013 年我国汽车产销量(单位：万辆)**

年份	2007	2008	2009	2010	2011	2012	2013
新车							
产量	888.24	934.51	1379.10	1826.40	1841.90	1927.20	2211.70
产量增长率	22.02%	5.21%	48%	32.44%	0.80%	4.60%	14.80%
销量	879.15	938.05	1364.40	1806.10	1850.50	1930.60	2200.00
销量增长率	21.84%	6.7%	46.00%	32.37%	2.50%	4.30%	13.90%
二手车							
二手车交易量	265.76	273.73	333.8	385.19	433.22	480.51	520.49
交易额(亿元)	1069.07	11862.60	1488.30	1741.30	2108.80	2636.30	2916.50
交易均价(万元)	4.02	4.32	4.46	4.52	4.87	5.49	5.60
二手车与新车销量比值	1∶3.3	1∶3.4	1∶4.1	1∶4.7	1∶4.3	1∶4	1∶4

(1)总体交易量。

近几年二手汽车的交易整体呈上升趋势。表 5.13 是 2009—2013 年及 2014 年第一季度的二手汽车市场月度交易量数据，图 5.23 是根据表 5.12 中所列举的数据绘制而成的直观的交易量走势折线图。通过对表 5.13 和图 5.23 的分析发现二手汽车市场每年 12 个月都会呈现不同程度的交易量浮动。

表 5.13 **2009—2014 年二手汽车月度交易量(单位：万辆)**

月份 年份	1	2	3	4	5	6	7	8	9	10	11	12
2009	18.86	21.31	30.41	29.32	25.72	28.45	27.44	28.45	28.21	28.03	29.60	37.02
2010	28.15	18.59	34.35	33.48	31.76	32.96	30.15	32.96	33.30	31.86	36.18	41.90
2011	28.98	19.21	38.90	35.71	35.29	37.32	35.24	37.32	36.80	37.91	43.52	47.23
2012	25.50	35.09	40.07	40.36	41.63	39.18	40.21	38.06	39.30	38.14	43.64	47.97
2013	40.98	28.59	48.70	46.24	44.84	40.62	44.94	44.80	43.52	44.28	48.12	44.86
2014	46.14	33.86	51.37									

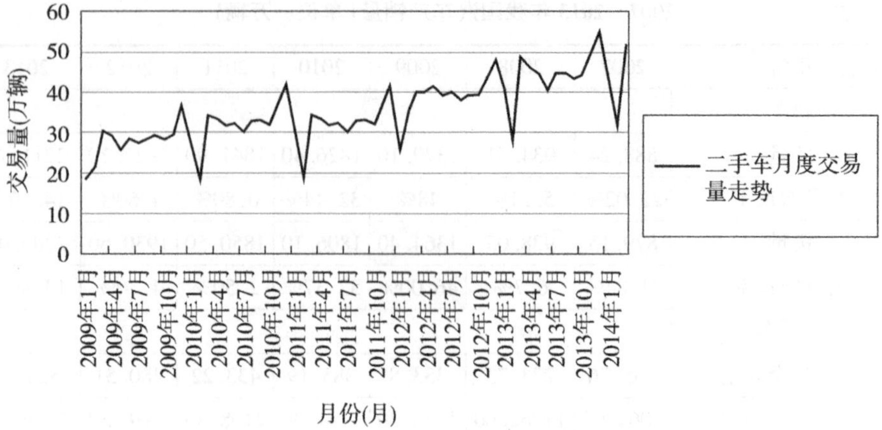

图 5.23 二手汽车月度交易量走势图

(2)交易价格。

由图 5.24 可知，目前我国二手汽车车龄 60%集中在 3~7 年，相比较前几年，二手汽车车龄整体有减少趋势。由图 5.25 可知，二手汽车车龄越大，价格则越低。由图 5.26 与图 5.27 可知，近几年二手汽车整体交易价格呈上升趋势，平均交易价格也逐年上升，月度变化也是在合理变化范围内。说明我国汽车更新换代速度加快，更新周期变短。

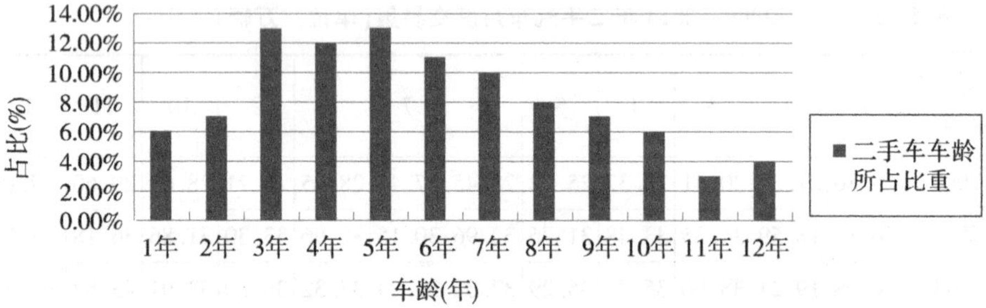

图 5.24 二手汽车车龄所占比重图

(3)区域交易量。

沿海地区二手汽车交易比内陆发展态势略好，南方相对北方态势较好。

如图 5.28 所示，二手汽车的交易主要发生在华东、中南、西南地区，华东、中南、西南、华北所占比重依次减少，东北、西北比重相差无几，比重相对于其他区域最少。

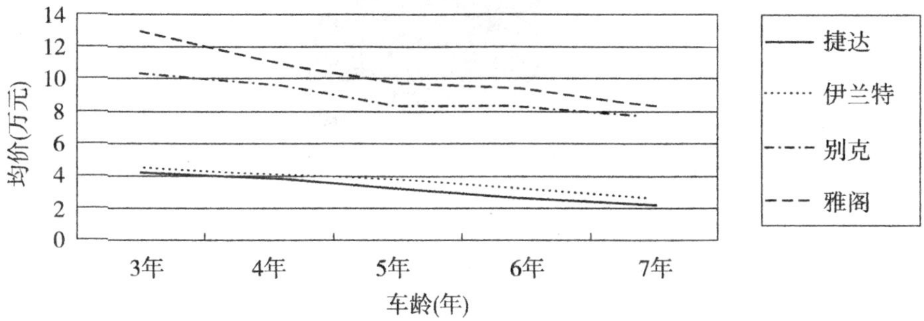

图 5.25　二手汽车网上拍卖价格走势图(按车龄)

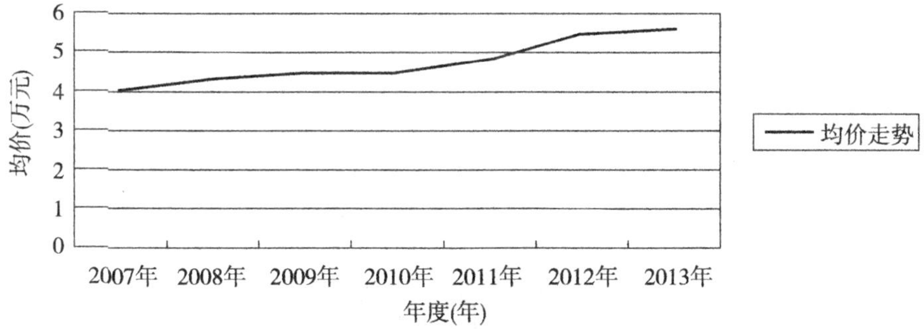

图 5.26　2007—2013 年二手汽车交易年度均价走势图

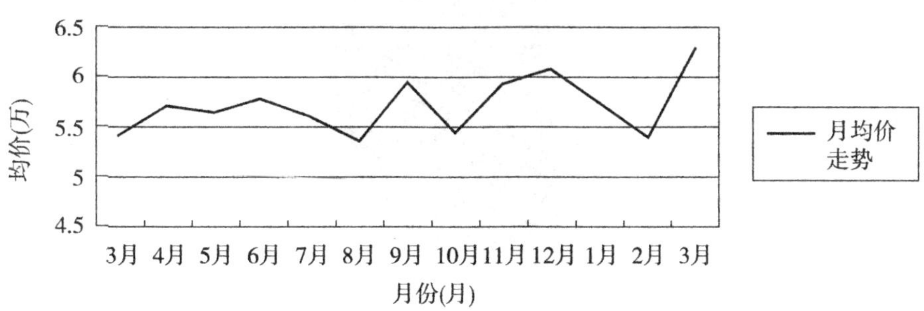

图 5.27　2013—2014 年二手汽车单月平均交易价格

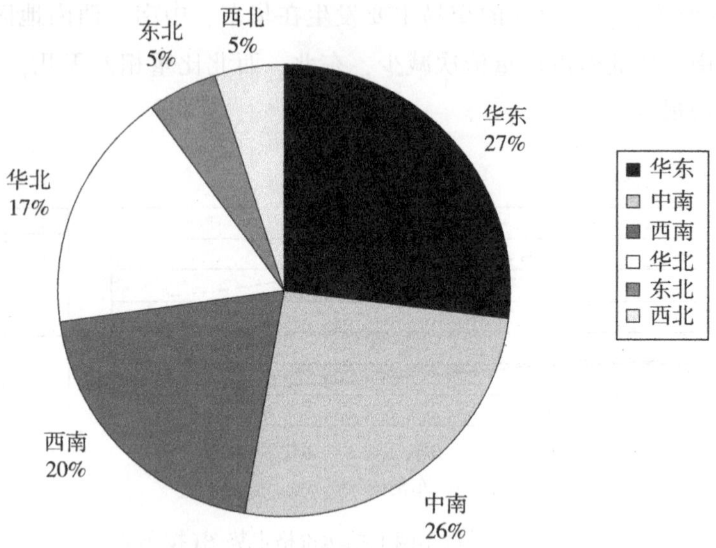

图 5.28　二手汽车区域交易量比重图

(4)交易车型。

二手汽车市场目前的车辆交易类型以乘用车为主。如图 5.29 所示，在二

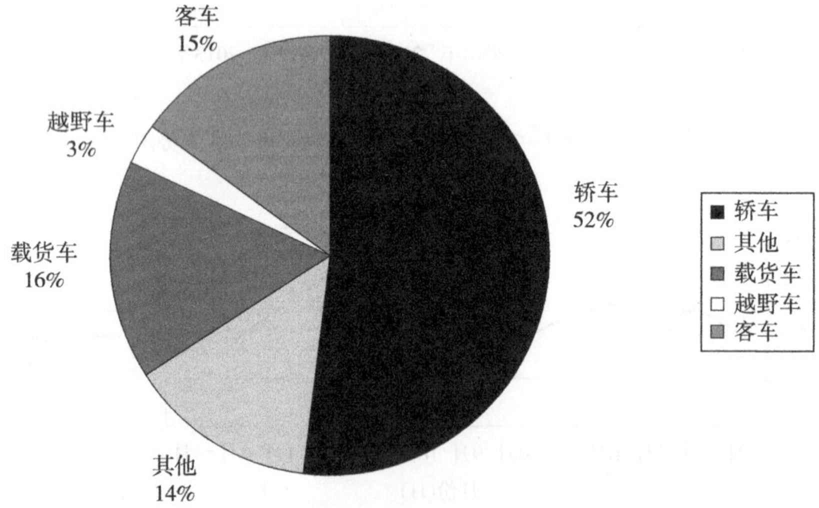

图 5.29　各种二手汽车总交易量比重图

手汽车市场交易中轿车、载货车和客车的交易量所占比重达到80%以上。其中所占比重最大是轿车，其次是载货车和客车，其他种类的车每年的交易量较少。

5.4.3.3 二手汽车需求预测

我国二手汽车2005—2013年年交易量如表5.14所示。

表5.14 **2005—2013年二手汽车交易量** （单位：万辆）

年份	2005	2006	2007	2008	2009	2010	2011	2012	2013
交易量	145.23	191.18	265.76	273.73	333.86	385.19	433.22	480.51	520.49

据此可转化为如图5.30所示的走势图，总体上看二手汽车交易量呈现逐年增长态势。且交易量随时间变化大致成线性增长，因此采用一元线性回归方程对未来几年二手汽车市场的交易量进行简单的预测。得出具体模型为：

$$y = 46.924x + 101.96 \tag{5.10}$$

将其与二手汽车交易数据曲线进行拟合，如图5.31所示。

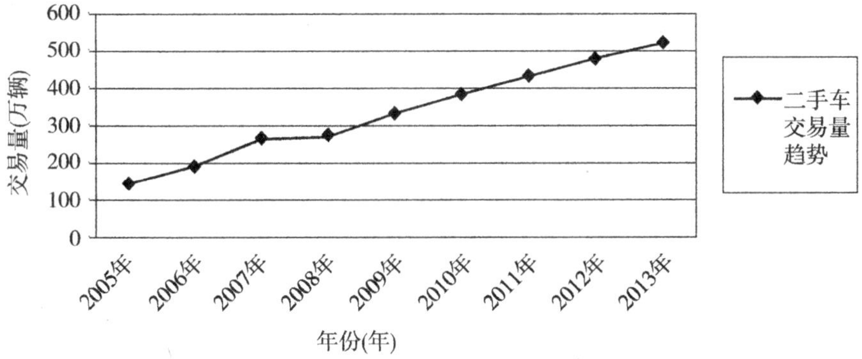

图5.30 2005—2013年二手汽车交易量走势图

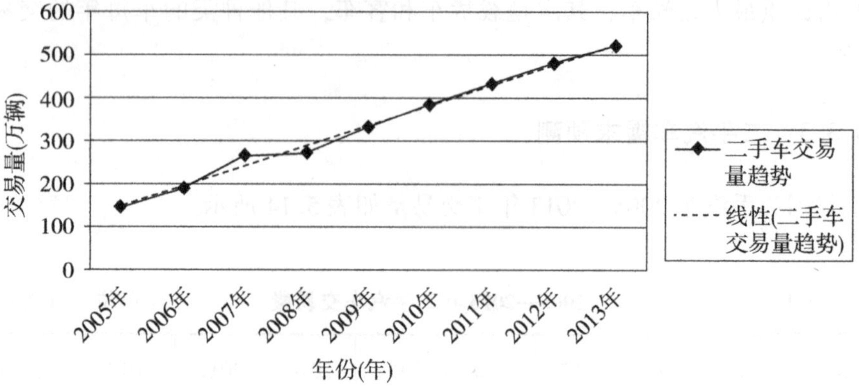

图 5.31　一元线性回归模型与二手汽车交易量拟合曲线图

由图 5.31 中的一元线性回归模型可以预测出 2014—2018 年五年二手汽车交易量的结果分别为：

$y_{2014}=557.41$(万辆)

$y_{2015}=617.34$(万辆)

$y_{2016}=667.26$(万辆)

$y_{2017}=717.19$(万辆)

$y_{2018}=767.11$(万辆)

二手汽车的交易量在将来五年会保持较高的增长趋势，市场需求巨大。随着我国汽车保有量的不断增长，二手汽车的供给量将会保持很好的增长趋势，人们对二手汽车的需求量也在逐年持续增长中，这带动了二手汽车市场的发展。因此，我国二手汽车市场还处于发展的初级阶段，未来会逐渐向成熟阶段发展。在此期间，二手汽车的交易量必然会逐年增长，这与未来 5 年二手汽车的需求预测结果相符。

本章小结

本章选择了科学信息、技术信息、专利信息和市场信息 4 个不同领域来阐述信息分析的具体应用。在科学信息分析部分，介绍了科学信息分析的两个主要内容，即学科结构和发展趋势分析以及科研项目(课题)内容分析，着重剖析了学科结构和发展趋势分析中经常用到的共现分析、共(被)引分析和学科可视化分析三大类科学计量方法。在技术信息分析部分，首先概述了技术信息分析的一般概念、内容和框架，然后介绍了四种具有代表性的技术信息分析方法——技术跟踪、技术路线图、情景预测法和关键技术法。在专利信息分析部分，从专利的基本概念入手，引入专利信息和专利信息分析的概念，介绍了专利信息分析的定量、定性和半定量分析方法，包括技术生命周期分析、专利技术功效矩阵分析、技术发展图分析、专利引文分析、专利图表分析等。在市场信息分析部分，介绍了市场信息的含义和特征、市场信息分析的主要内容，论述了市场信息分析方法的类型和基本指标。每个领域的具体应用都通过一个实例展开，充分理解这些例子有助于掌握本章所介绍的信息分析应用的基础知识和基本技能。

问题讨论

1. 可以从哪些角度对科学信息进行分析?

2. 选择一种科学知识图谱绘制工具，对某一学科的知识基础、研究主体或研究热点进行分析。

3. 技术信息分析有哪些常用的方法?

4. 如何用关键技术法进行技术信息分析?

5. 专利信息分析流程有哪些步骤和环节?

6. 专利信息分析有哪些主要方法?

7. 市场信息的特征和市场信息分析的内容有哪些?

8. 市场信息分析有哪些基本指标？请获取某一产品的相关数据进行市场信息分析。

本章参考文献

[1]陈燕. 专利信息采集与分析[M]. 北京：清华大学出版社，2014.

[2]甘绍宁. 重点产业专利信息应用指南[M]. 北京：知识产权出版社，2013.

[3]高洁等. 信息分析与预测[M]. 济南：山东教育出版社，1995.
[4]江三宝，毛振鹏. 信息分析与预测[M]. 北京：清华大学出版社；北京交通大学出版社，2008.
[5]刘则渊，陈悦，侯海燕. 科学知识图谱：方法与应用[M]. 北京：人民出版社，2008.
[6]卢泰宏. 跨国公司行销中国[M]. 贵阳：贵州人民出版社，2002.
[7]卢小宾. 信息分析[M]. 北京：科学技术文献出版社，2008.
[8]沙勇忠，牛春华. 信息分析[M]. 北京：科学出版社，2009.
[9]查先进. 信息分析与预测[M]. 武汉：武汉大学出版社，2000.
[10]查先进. 信息分析[M]. 武汉：武汉大学出版社，2011.
[11]朱庆华. 信息分析：基础、方法及应用[M]. 北京：科学出版社，2004.
[12]朱庆华等. 技术前瞻的理论、方法与应用[M]. 南京：南京出版社，2012.
[13]白岚. 二手车市场分析及进入研究[D]. 西安：长安大学，2014.
[14]李强. 企业市场分析的理论与方法研究——以大连实德为例[D]. 辽宁：辽宁工程技术大学，2002.
[15]鲁晓笛. 我国节能汽车的专利分析研究[D]. 长春：东北师范大学，2014.
[16]宋丹. 基于“I-P专利引证模型”的专利技术发展研究[D]. 上海：华东理工大学，2010.
[17]张小翠. Intelligence范式下的情报学学科体系研究[D]. 上海：华东师范大学，2009.
[18]Chen C. CiteSpace II：Detecting and Visualizing Emerging Trends and Transient Patterns in Scientific Literature[J]. Journal of the American Society for Information Science and Technology，2006，57(3)：359-377.
[19]Price D. Networks of Scientific Papers[J]. Science，1965，149(3683)：510-515.
[20]Small H. Co-citation in the Scientific Literature：A New Measure of the

Relationship Between Two Documents[J]. Journal of American Society for Information Science, 1973(24).

[21]陈悦，刘则渊．悄然兴起的科学知识图谱[J]. 科学学研究，2005，23(2)：149-154.

[22]崔雷．专题文献高频主题词的共词聚类分析[J]. 情报理论与实践，1996，19(4)：49-51.

[23]董京，王维懿，陈荣．2014年度国家自然科学基金无机化学学科项目申请与资助分析[J]. 中国科学基金，2015(2)：135-138.

[24]郜正亚，刘晓荣．我国情报学学科研究热点透视——基于2011年国家社科基金项目及课题指南的分析[J]. 情报杂志，2012，31(2)：62-66.

[25]孙晓宁，闫励，张强．科学知识图谱在学科可视化研究中的应用[J]. 图书馆，2014(5)：87-91.

[26]Chen Z, Wang H. The Network Economy and the Transformation of Management for Traditional Enterprises in Developing Countries [C]. Proceedings of the 2001 International Conference on Management Science & Engineering, 2001.

[27]Phaal R, Farrukh C J P and Probert D R. Characterisation of Technology Roadmaps: Purpose and Format[C]. Proceedings of the Portland International Conference on Management of Engineering and Technology (PICMET "01), Portland, 29 July-2 August 2001: 367-374

[28]Phaal R. Foresight Vehicle Technology Roadmap—Technology and Research Directions for Future Road Vehicles [J]. UK Department of Trade and Industry, URN 02/933, 2002: 933.

[29]United Nations Industrial Development Organization (UNIDO). UNIDO Technology Foresight Manua[J]. Vienna, 2005(1).

第6章

计算机辅助信息分析

本章引言

数字化、网络化时代的到来，尤其是Internet技术的广泛应用更加凸显了人类信息分析的局限性，信息分析中的数据量、速度、精度要求已经超出人脑的正常计算能力范围，需要由人机协同完成。因此，计算机辅助信息分析成为当前信息分析理论研究和实践应用的重要发展趋势之一。本章主要介绍计算机辅助信息分析的三种典型方法，即数据挖掘、联机分析处理和社会网络分析，并分别给出了核心概念、基本过程、主要方法和常用工具等关键性知识。通过本章的学习，我们可以掌握计算机辅助信息分析的主要类型、基本思路和常用方法，能够进一步提高自己的信息分析素质和能力。

本章重点

- 数据挖掘的特征、类型、过程、主要方法和常用工具；
- 联机分析处理的核心概念、基本操作、主要类型和常用工具；
- 社会网络的三个基本类型和两种常用表示方法；
- 社会网络分析的基本概念以及主要分析方法。

6.1 基本思路

计算机辅助信息分析是一种人机协同处理过程。人与计算机在信息分析中具有可互补性优势。人类在分析开创性、主观性、非结构化、非程序化问题，适应环境、逻辑推理方面的能力高于计算机。计算机在分析重复性、客观性、结构化、程序化问题，在数据运算、信号处理、数据记忆方面的能力高于人类。因此，信息分析中需要充分发挥二者的互补性优势，使人和计算机各自执行自己擅长的工作，取长补短、共同感知、共同学习、共同决策、相互制约和相互监督，共同组成一种"超智能系统"，达到人或计算机都无法独立完成的信息分析效果。

计算机辅助信息分析的典型方法有 3 种：数据挖掘、联机分析处理和社会网络分析。数据库(Database)和数据仓库(Data Warehouse)是上述三类计算机辅助信息分析中常用的数据管理工具。数据仓库是用于支持组织机构的经营决策分析处理的，面向主题的、集成的、稳定的、随时间不断变化的数据集合。数据仓库的数据处理过程如图 6.1 所示。数据仓库以抽取、清理和转换的方式从不同数据源(包括数据库)中的数据集成存储，并为联机分析处理(On-line Analytical Processing ，OLAP)提供服务。

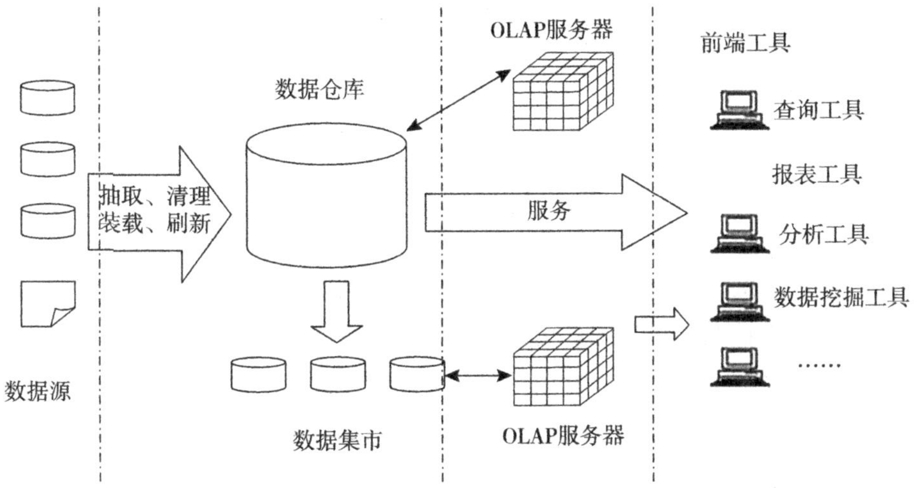

图 6.1　数据仓库系统的数据来源及应用模式

从上述定义和流程可以看出，相对于数据库，数据仓库技术的特殊性体现在：

(1)主题性。数据仓库中采用的是面向主题的数据组织方式，而并不采用数据库中的面向事务的数据组织方式。因此，数据仓库常用于联机在线分析，而不是联机在线事务。

(2)集成性。数据仓库中的数据是根据主题，从不同数据源中抽取、筛选、清理、转换和汇总后集中存放在一起的，数据仓库的数据往往来自多个数据库。数据集成是建设数据仓库的难点。

(3)相对稳定性。数据仓库主要用于查询操作，很少进行修改和删除操作。然而，数据库中则频繁进行查询、修改和删除操作。另外，数据仓库的修改操作并不是直接修改数据内容本身，而是以追加形式进行。因此，数据仓库中存放的往往是数据的历史值(并不实时更新)，而数据库中存放的是数据的当前值。

(4)反映历史变化。数据仓库的内容需要定期进行更新和管理。从长远看，数据仓库中的内容可以更好地反映数据内容的历史变化过程。

6.2 数据挖掘

术语“数据挖掘”(Data Mining，DM)中的“数据”并不是挖掘的“目的”，而是被挖掘的“对象”。因此，数据挖掘的目的并不是“挖掘出数据”，而是“从数据中挖掘出隐含的信息、知识、模式和规律”。掌握这一点是正确理解数据挖掘的关键。数据挖掘的定义方法有很多种，但是其内涵是一致的，即从大量数据中抽取和发现有意义的规律和模式的过程。

从数据挖掘的含义可以看出，其基本特征有：第一，挖掘对象——数据量大。数据挖掘的对象往往是存放在数据库、数据集市或数据仓库中的大规模数据，数据量一般会超出人的正常分析和计算能力。数据挖掘的数据量大的特征决定了它与传统信息分析之间的本质区别。第二，挖掘目的——发现未知的、有用的规律或模式。数据挖掘的目的是发现未知的、潜在的而且有用的规律或模式，而不是找出某一条数据本身。数据挖掘的这一特征决定了数据挖掘与信息检索的根本区别。第三，挖掘过程——数据挖掘并不是一种工具、软件或算法，而是一个有目的的、不断螺旋推进的人机交互和协同处理过程。

数据挖掘理论是一门综合性较强的新兴学科，目前主要涉及数据库技术、人工智能、机器学习、统计学、系统论、可视化技术、模式识别等多个学科领域。随着数据挖掘理论与实践的不断深入，其所涉及的学科领域可能不断增多。在实际工作中，数据挖掘的分类方法有很多种，例如：

(1)按照数据集分类：关系型数据挖掘、面向对象数据挖掘、多媒体数据挖掘和事务型数据挖掘等。

(2)按照所采用的技术和方法分类：统计分析类数据挖掘、发现驱动的数据挖掘、交互式数据挖掘和机器学习类数据挖掘等。

(3)按照目的分类：关联规则挖掘、特征规则挖掘、分类规则挖掘、聚类规则挖掘和孤立点挖掘等。

(4)按照应用领域分类：电信业的数据挖掘、金融业的数据挖掘、零售业的数据挖掘和互联网数据挖掘等。

6.2.1 基本过程

1996年，SPSS、NCR和DaimlerChrysler等公司提出了数据挖掘跨行业标准过程CRISP-DM(Cross-Industry Standard Process for Data Mining)特别兴趣组，将数据挖掘过程定义为6个阶段。从图6.2可看出：

第一，数据挖掘是一个不断循环的过程，而并不是一次性完成的工作(如最外层的循环所示)；

第二，数据挖掘过程中的步骤与步骤之间并不是严格的顺序关系，有必要时需要进行回溯(如内层箭头所示)；

第三，数据挖掘的主要步骤有6个：业务理解、数据理解、数据准备、建模、评价和部署。

(1)业务理解(Business Understanding)。

数据挖掘工作不能脱离于业务，正确理解业务需求是数据挖掘的重要前

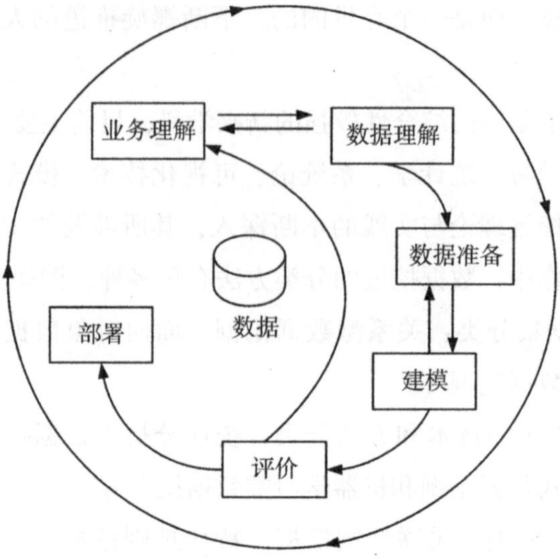

图 6.2 CRISP-DM 数据挖掘步骤

提。信息分析师需要从业务视角理解数据挖掘项目的目标和要求，并将业务需求转换为数据挖掘任务。业务理解所涉及的主要工作有：确定业务目标、现状评估、确定数据挖掘目标和制定数据挖掘计划。

(2)数据理解(Data Understanding)。

在正确理解业务及需求的基础上，信息分析师需要在数据层次理解被挖掘的数据集，包括其格式、数量、模式、位置等。数据理解是选择恰当的数据挖掘算法的关键，可以避免数据算法的盲目选用。数据理解所涉及的主要工作有：收集原始数据、描述和探索数据、检验数据质量等。

(3)数据准备(Data Preparation)。

数据准备的目的是对目标数据集进行清理、整理和归并等处理工作，以便采用具体数据挖掘技术进行信息分析。数据准备的质量将直接影响数据挖掘算法的运行效果和效率。数据准备工作包括：选择、清洗、构建、集成和格式化数据等。

(4)建模(Modeling)。

在数据准备的基础上，采用各种建模技术，建立分析模型，选择或设计具体的数据挖掘算法，确保数据挖掘方法与目标之间的一致性。建模阶段所涉及的主要工作有：选择建模技术、产生检验方案、建立数据挖掘模型和设计评价模型。

(5)评价与解释(Evaluation and Explanation)。

对数据挖掘结果和过程的评价和解释是数据挖掘的重要环节，缺少此项工作，基于数据挖掘的信息分析的质量难以保证，用户无法准确理解数据挖掘的结果。如果评价结果无法满足业务需求，那么应返回到之前的步骤甚至重新开始工作。评价与解释阶段的主要工作有：给出评价结果、评价数据挖掘过程等。

(6)部署(Deployment)。

模型建立并经验证通过后，可以继续应用于两个地方：一种是提供给分析人员做参考，由分析人员通过查看和分析模型后提出行动方案建议；另一种是把此模型部署到不同的数据集或业务环节中，根据应用反馈结果进行调整模型设计。部署阶段的主要工作有：发布部署计划、制定监测与维护计划、撰写数据挖掘最终报告和给出最终评价。

6.2.2 主要方法

基于数据挖掘的信息分析方法有很多种，可分为五大类，即分类分析、预估分析、聚类分析、关联分析和预测分析。需要注意的是，不同方法的应用领域不同，在实际工作中应根据应用场景和目的的不同，选择适当的数据挖掘方法。

(1)分类分析。

通过分类分析，从历史数据中“训练”出初步的分类模型，并支持新增数据的分类工作。常用的数据分类方法有：Bayes 分类方法、决策树方法、基于规则的方法(AQ、C45 rules 和 RIPPER 等算法)、支持向量机、神经网络方法、粗糙集方法等。

(2)聚类分析。

分类与聚类分析之间的不同在于分组的数目。在分类中，分组的数目是事先确定的，分类的目的是把一条新的观测分配到其中的某一个分组。但是，聚类分析中的分组的数目是事先未知的，由聚类分析结构决定。聚类分析的主要算法有层次聚类(如单一连接法、完全连接法、平均连接法、Ward's方法和重心法等)、密度聚类(如K近邻方法、统一核密度方法等)和分割聚类(如K均值方法、Wong's Hydride聚类方法等)。

(3)关联分析。

在数据挖掘中，关联分析的动机可以有多种，包括发现数据之间的关联，判断数据之间的关联的强弱程度、分析数据之间关联的变化过程。关联分析可以分为三种：

①关联发现：关联发现的目的是发现数据之间存在的各种、多层次的关联关系，常用算法有Apriori算法、FP-Growth算法等。

②序列模式分析：序列模式分析的目的是在一个序列数据集中发现频繁的序列，常用的算法有GSP(Generalized Sequential Pattern，通用序列模式)算法、PrefixSpan算法等。

③时间序列分析：时间序列分析的目的是按照时间间隔相同的方式将数据排列成数值序列，在此基础上，发现数据的变化特征、发展趋势和演化规律。常见的时间序列模型有：自回归(Auto Regression，AR)模型、移动平均(Moving Average，MA)模型、指数平滑(Exponential Smoothing，ES)模型、自回归移动平均(Auto-Regressive Moving Average，ARMA)模型、自回归综合移动平均(Auto-Regressive Integrated Moving Average，ARIMA)模型等。

(4)预测分析。

预测分析主要用于根据已知的数据集，预测一个或一组未知的量。预测分析的方法有线性回归、非线性回归和多元回归等。值得一提的是，从理论角度看，数据挖掘技术中有两类预测建模任务，一类是分类，用于预测离散的目标变量(分类操作可以理解为预测分类编号)；另一类是回归，用于预测连续的目标变量。这两项任务的目标都是训练出一个预测模型，使目标变量预测值与实际值之间的误差最小化。

6.2.3 常用工具

数据分析工具有很多，如 SPSS Statistics、IBM SPSS Modeler、IBM SPSS Analytic Server 、IBM SPSS Catalyst、SAS Enterprise Miner、IBM DB2 Intelligent Miner、DBMiner 、Oracle Data Mining、Microsoft SQL Server Data Mining、Angoss Knowledge Studio 和 Weka 等。值得一提的是，数据科学语言(如 R、Python、Scala、Clojure 和 Haskell 等)、大数据计算技术(如 Spark 和 Hadoop 等)和大数据管理技术(如 NoSQL、NewSQL 和关系云等)的高度融合正成为数据分析工具的主流技术。

(1)SPSS Statistics。

统计分析软件是一款广泛应用于调查统计行业、市场研究行业、医学统计、政府和企业的数据分析工具，1984 年 SPSS 首先推出了世界上第一个统计分析软件微机版本 SPSS/PC+，极大地扩充了它的应用范围，并使其能很快地应用于自然科学、技术科学、社会科学的各个领域，世界上许多有影响的报刊杂志纷纷就 SPSS 的自动统计绘图、数据的深入分析、使用方便、功能齐全等方面给予了高度的评价与称赞。在国际学术界有条不成文的规定，即在国际学术交流中，凡是用 SPSS 软件完成的计算和统计分析，可以不必说明算法。

(2)IBM SPSS Modeler。

IBM SPSS Modeler 是一个数据挖掘工作台，用于快速直观地构建预测模型，而无需进行编程。其精密的数据挖掘技术能够对结果进行建模，了解哪些因素会对结果产生影响。它有两个版本：IBM SPSS Modeler Premium 和 IBM SPSS Modeler Professional，并且每个版本都有桌面版本和服务器版本。主要特点：使数据挖掘更轻松快捷；使用所有数据来制定更佳决策；轻松集成到用户的现有系统中。

(3)IBM SPSS Analytic Server。

IBM SPSS Analytic Server 支持 IBM Predictive Analytics Plat-form 通过使用 IBM SPSS Analytic Catalyst 和 IBM SPSS Modeler，利用来自 Hadoop 版本的数据

改善决策和成果。可获得大数据分析功能(包括对来自 Hadoop 环境的非结构化或半结构化预测性分析的集成支持)，避免了迁移数据的需求，支持实现各种大量数据的最优性能，而无需编写复杂的代码和脚本。IBM SPSS Analytic Server 可提供：使用大数据系统的以数据为中心的开放式集成架构；支持各种流行的 Hadoop 版本，例如，IBM InfoSphere BigInsights、Cloudera、Hortonworks 和 Apache Hadoop；已定义的接口，以合并旨在用于数据的新统计算法；熟悉的 IBM SPSS 用户界面，隐藏大数据环境的详细信息，以便分析人员可以专注于数据分析；可通过扩展来解决几乎任何规模问题的解决方案。

(4)IBM SPSS Catalyst。

IBM SPSS Catalyst 是与 Analytic Server 集成发布的组件，通过集成统计和数据挖掘的专家知识，能够将复杂的大数据分析工作自动化地完成，使得大数据分析能够被毫无预测分析知识的用户使用。主要特点：IBM SPSS Catalyst 可提供基于浏览器的访问界面，客户端无须安装任何软件；自动进行预测分析任务，用户除指定数据外无需参与任何分析过程；以丰富易懂的展示方式向用户解释分析结果；通过平板电脑访问。

(5)SAS Enterprise Miner。

SAS Enterprise Miner 是 SAS 公司研发的一种数据挖掘工具，属于 SAS 统计软件的一个重要模块。SAS Enterprise Miner 较好地支持关联、聚类、决策树、神经元网络和经典的统计回归技术。此外，它还提供了很多应用工具，包括数据获取、数据取样、数据筛选、变量转换、数据挖掘过程、回归分析、决策树数据剖分与浏览、人工神经元网络和数据挖掘评价。SAS Enterprise Miner 中的数据挖掘工作一般分 5 个部分完成，即采样、探索、修改、建模和评估。

(6)IBM DB2 Intelligent Miner。

IBM DB2 Intelligent Miner 是 IBM 公司针对其 DB2 产品研发的一种数据挖掘工具。Intelligent Miner 支持多种统计方法和挖掘算法，如单变量曲线、双变量统计、线性回归、因子分析、主变量分析、分类、分群、关联、相似序列、序列模式、预测等。同时，它还支持多种数据类型，包括结构化数据

(如：数据库表、数据库视图、平面文件)和半结构化或非结构化数据(如：顾客信件、在线服务、传真、电子邮件、网页等)。Intelligent Miner 可以实现自动生成典型数据集、数据选择、数据转换、发现关联、发现序列规律、概念性分类和可视化表示等功能。

(7)DBMiner。

DBMiner 是 SimonFraser 大学在 DBLearn 的基础上研发出的一种多任务数据挖掘系统。DBMiner 不仅可以支持多种知识的发现操作，包括泛化规则、特性规则、关联规则、分类规则、演化知识、偏离知识等，而且还支持很多数据挖掘技术，如面向属性的归纳、统计分析、逐级深化发现多级规则和元规则引导发现等方法。此外，DBMiner 还支持一种交互式的类 SQL 语言——数据挖掘查询语言 DMQL。

(8)R 语言与 Python 语言。

目前，R 和 Python 是数据科学中的主流语言工具。表 6.1 给出了 R 和 Python 的主要区别与联系。此外，Scala、Clojure 和 Haskell 等也是受欢迎的数据科学语言工具。①

表 6.1　**R 与 Python 对照表**

	R	Python
设计者	Ross Ihaka 和 Robert Gentleman(统计学家)	Guido Van Rossum(程序员)
设计目的	方便统计处理、数据分析及图形化显示	提升软件开发的效率与源代码的可读性
设计哲学	(功能层次上)简单、有效、完善	(源代码层次上)优雅、明确、简单
发行年	1995	1991
前身	S 语言	ABC 语言、C 语言和 Modula-3 语言

① 朝乐门. 数据科学理论与实践(第二版)[M]. 北京：清华大学出版社，2019.

续表

	R	Python
主要维护者	The R-Core Team(R-核心团队) The R Foundation(R 基金会)	Python Software Foundation(Python 软件基金会)
主要用户群	学术/科学研究/统计学家	软件工程师/程序员
可用性	可以用简单几行代码即可实现复杂的数据统计、机器学习和数据可视化功能	源代码的语法更规范，便于编码与调试
学习成本曲线	入门难，入门后相对容易	入门相对容易，入门后学习难度随着学习内容逐步提升
第三方提供的功能	• 以“包”的形式存在 • 可从 CRAN 下载	• 以“库”的形式存在 • 可从 PyPi 下载
常用包/库	数据科学工具集：tidyverse； 数据处理：dplyr，plyr，data.table，stringr； 可视化：ggplot2，ggvis，lattice； 机器学习：RWeka，caret	数据处理：pandas； 科学计算：SciPy，NumPy； 可视化：matplotlib； 统计建模：statsmodels； 机器学习：sckikit-learn，Tensor Flow，Theano
常用 IDE (集成开发环境)	RStudio、RGui	Jupyter Notebook(iPython Notebook)/Spyder/Rodeo/Eclipse/PyCharm
R 与 Python 之间的相互调用	在 R 中，可以通过包 rPython 调用 Python 代码	在 Python 中，可以通过库 RPy2 调用 R 代码

6.3 联机分析处理

联机分析处理(On-line Analytical Processing，OLAP)是由关系型数据库之父 E. F. Codd 于 1993 年提出的一种利用专门的数据综合引擎和直观的数据访问界面，能够在很短的时间内响应用户复杂的查询的方法与技术。OLAP与数据挖掘的区别是：前者是决策支持的一部分，主要应用于验证性信息分析；后者是以在数据集中发现新的知识、规律和模式为目的，主要应用于挖掘性信息分析。

E. F. Codd 在提出 OLAP 理念的基础上，还给出了 OLAP 产品的 12 条评价准则。E. F. Codd 的 12 条评价准则不仅给出了 OLAP 产品的评价标准，而且还为 OLAP 的理论研究和实践应用指明了发展方向。

(1)多维概念视图准则：OLAP 模型必须提供多维概念视图。

(2)透明性准则：分析工具位置对用户透明。

(3)存取能力准则：开放、高效、异构。

(4)稳定的报表功能准则：报表能力和响应速度不应有明显降低。

(5)C/S 准则：两层或三层 C/S 结构，智能化服务。

(6)维的等同性准则：每一维在结构和操作功能上等同。

(7)动态的稀疏矩阵处理准则：OLAP 服务器的物理结构适用于特定的发现模式，能提供优化的稀疏矩阵处理(有效存储数据)。

(8)多用户支持能力准则：并发访问、数据完整性、安全性。

(9)非受限跨维准则：所有维的生成、处理平等，能处理维间相关计算。

(10)直观的数据操纵准则：数据操作直观易懂。

(11)灵活的报表生成准则：操作、分析、综合、查看数据按需要依次排列。

(12)不受限维与聚集层次准则：通用分析模型至少 15 个维，任意定义聚集和聚集层次。

6.3.1 核心概念

一些常用术语在 OLAP 领域中具有特殊含义，信息分析师需要掌握这些术语之间的区别与联系。

(1)变量。

变量是数据的实际意义，它主要描述数据“是什么”。例如“人数”“单价”“销售量”等都是变量。

(2)维。

维是人们观察数据的特定角度，如时间维、地理维等。一般情况下，维具有层次性，可以进一步分解或聚类。如：日期、月份、季度、年等是时间维的层次；城市、地区、国家等是地理维层次。

维的一个取值称为该维的一个维成员。如果一个维是多层次的，那么该维的维成员是在不同维层次的取值的组合。如时间维具有日期、月份、年这三个层次，因此需要分别在日期、月份、年上各取一个值组合起来——时间维的一个维成员，例如“2019 年 9 月 11 日”。

(3)多维数组。

多维数组是 OLAP 的核心，又称立方体或超立方。多维数组是由一组维和度量组成的，可以用一个多维数组来表示：(维 1，维 2，…，维 n，度量)。例如，按时间、地区、职称类型组织起来的教师数量多维数据集可以表示为：(时间，地区，职称类型，教师数量)，如图 6.3 所示。

(4)数据单元。

多维数组的取值为数据单元。当在多维数组中的每个维上都选中一个维成员以后，这些维成员的组合就唯一确定了度量值。数据单元可表示为：(维 1 成员，维 2 成员，…，维 n 成员，变量值)。例如，在图 6.3 中时间、地区和职称类型维上分别选取维成员“2018 年”“北京”“教授”，则可以唯一确定观察度量“教师数量”的一个取值 30000 位，这样该数据单元可表示为：(2018 年，北京，教授，30000)。

6.3.2　基本操作

为了实现多维数据的快速分析功能，OLAP 中定义了一些多维分析的基本操作，主要包括：

(1)切片(Slice)。

在多维数组的某一维上选定一维成员的动作称为切片，即在多维数组(维 1，维 2，…，维 n，变量)中选一维，并取其一维成员(设为“维成员

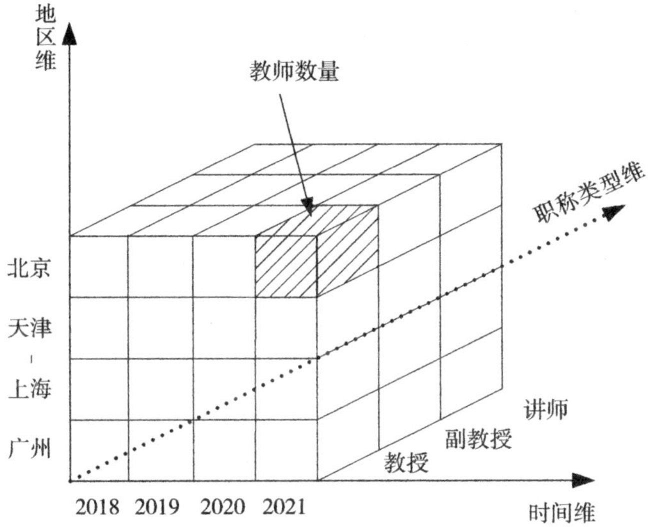

图 6.3 多维数据集

v_i”)，所得的多维数组的子集(维 1，⋯，维成员 v_i，⋯，维 n，变量)称为在维 i 上的一个切片。

对于图 6.3 所示的三维数据集，我们选定职称类型维上的一个维成员(设为“教授”)，即可得到在职称类型维上的一个切片，如图 6.4 所示。

显然，每次切片使原来的维数减一，切片结果的维数取决于原来的多维数据集的维数。

(2)切块(Dice)。

在多维数组的某一维上选定某一区间的维成员的动作称为切块，即限制多维数组的某一维的取值区间的操作称为切块。当区间只取一个维成员时，即得到一个切片。如果将时间维上的取值设定为一个区间(例如取“2018 年 1 月至 2020 年 12 月”)，就得到由 2018 年 1 月至 2020 年 12 月的 36 个切片叠合而成的数据切块。

(3)钻取(Drill Down / Roll Up)。

钻取分为向下钻取(Drill Down)和向上钻取(Roll Up)。下钻操作是由不

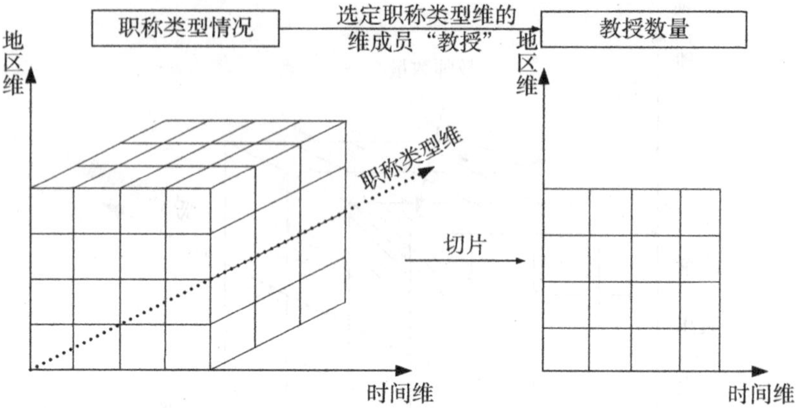

图 6.4　OLAP 切片

太详细的高层次汇总数据分解为更详细的低层次数据。上钻是下钻的逆操作，它是通过一个维的概念分层向上攀升，或者通过维归约，在多维数据集上进行聚集。

在图 6.5 中，(a)的例子是对时间维中的维成员“2018 年”下钻以获取 2018 年各月的教师职称数据。(b)的例子是对按月汇总数据的报表上钻以获取按年汇总数据的报表。

(4)旋转(Pivot)。

旋转是指变换维的方向，即在表格中重新安排维的放置，如行列互换。旋转操作可以将多维数据集的不同维进行交换显示，从而使用户更加直观地观察数据集中不同维之间的关系。

图 6.6 的例子是把一个横向为地区、纵向为时间和职称类型的报表旋转成为横向为时间和地区、纵向为职称类型的报表。

6.3.3　主要类型

OLAP 的实现方式有 3 种：基于关系型数据库的实现、基于多维数据库的实现以及基于关系型数据库与多维数据库的混合方式实现。针对不同的实现方式，OLAP 技术分为 ROLAP(基于关系型数据库的实现)、MOLAP(基于

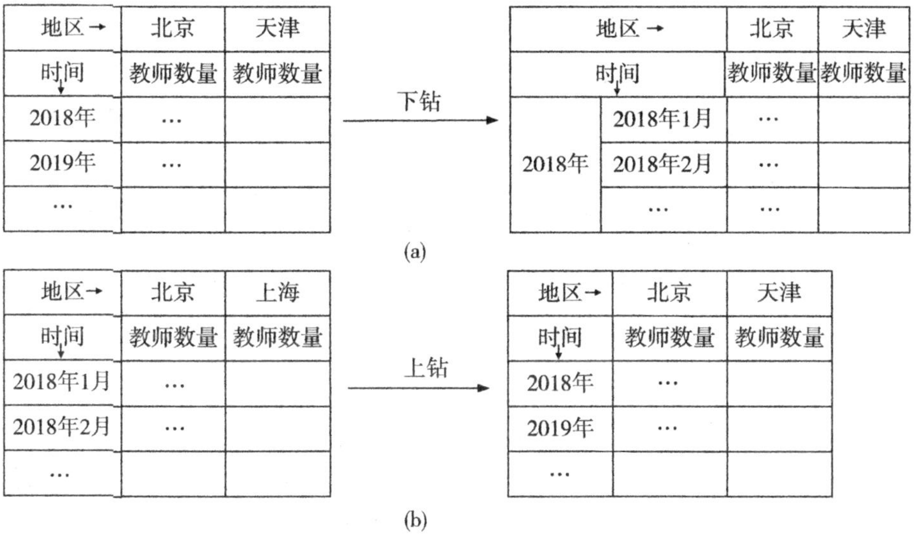

图 6.5　OLAP 钻取

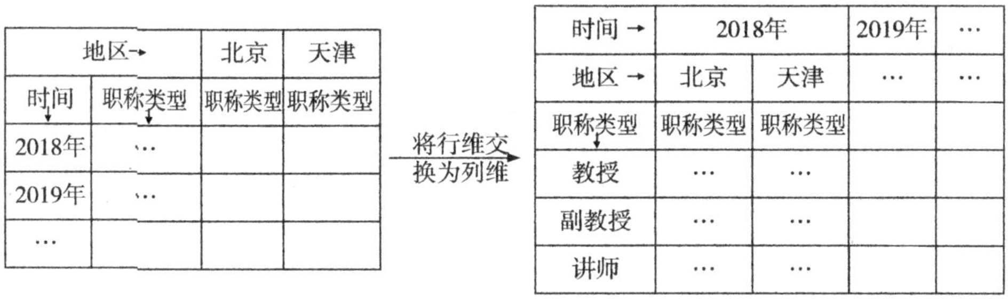

图 6.6　OLAP 旋转

多维数据库的实现)、HOLAP(基于关系型数据库与多维数据库的混合实现)三大类。

(1)多维联机分析处理(Multidimensional OLAP，MOLAP)。

MOLAP(Multidimensional OLAP)是基于多维数据组织和存储的 OLAP 技术，如图 6.7 所示。多维数据库可以用一个多维数组表示。例如，包含时间维度、地区维度、职称类型的数据模型通过多维数据集合可表示成：(时间维度，地区维度，职称类型)。通过这种方式表示数据可以极大提高查询的性能。

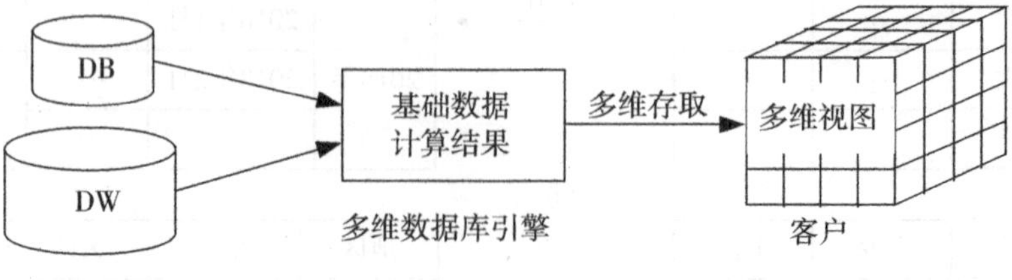

图 6.7　MOLAP 的结构

(2)关系联机分析处理(Relational OLAP，ROLAP)。

ROLAP(Relational OLAP)是基于传统关系型数据库实现的 OLAP 技术，如图 6.8 所示。每一个 ROLAP 分析模型都基于关系型数据库中一些相关的表。这些相关的表中有反映观察角度的维度表，有含有指标值的事实表，这些表在关系型数据库中通过外键相互关联。典型的组织模型有星型模型与雪花型模型。星型模型的组织形式是一张包含指标项与维度编码的事实表与一些维度表，事实表在中间通过维度编码与周围的维度表关联；雪花型模型较星型模型更规范，将维度表中非主属性键码分离出来形成一张新的维度信息表关联到维码信息表(精减后的维度表)，再通过维码信息表关联中间事实表。雪花型模型是星型模型的扩展。

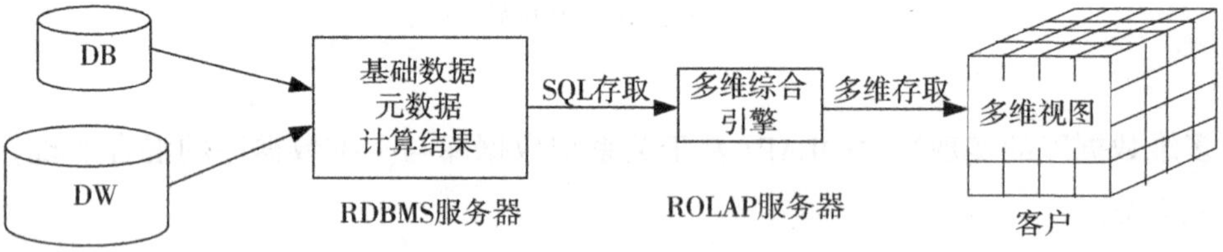

图 6.8　ROLAP 的结构

(3)混合联机分析处理(Hybrid OLAP，HOLAP)。

一般情况下，ROLAP 查询性能较 MOLAP 慢，存储却较 MOLAP 节省。

基于 ROLAP 或 MOLAP 实现方式的 OLAP 技术各有利弊，为了同时兼有 MOLAP 与 ROLAP 的优点，出现一种 HOLAP 将数据存储混合，粒度较大的高层数据存储在多维数据库中，粒度较小的细节层数据存储在关系型数据库中，称之为 Hybrid OLAP(HOLAP)。HOLAP 具有更好的灵活性。

6.3.4 常用工具

可用于联机分析处理的工具有很多，如 Hyperion Essbase、Oracle Express、IBM DB2 OLAP Server、Sybase Power dimension、Informix Metacube、Microsoft Plato、Brio、Cognos、Business Object 和 MicroStrategy 等，下举两例。

(1)Hyperion Essbase。

Hyperion Essbase OLAP server 采用以服务器为中心的分布式体系结构，可根据产品、客户、地域、时限等各项常见商业数据，进行复杂的查询分析，并让用户直接阅读和使用分析结果。用户可以 Hyperion Essbase 为基础，开发适合自己使用的分析应用程序。该系统遵循了多种财务标准，与其他类型软件的兼容性较好。

(2)Oracle OLAP。

Oracle OLAP 内嵌在 Oracle Database 11g 中，其安全性和可伸缩性较强，可以集中管理数据和业务规则。Oracle OLAP 支持的分析度量包括时序计算、财务模型、预测、分配、回归等内容。Oracle OLAP 使用星型模式设计来表示 Oracle OLAP 多维数据集，维视图像星星一样分布在多维数据集(或者事实)视图的周围。OLAP 数据的这一标准表示，使得所有报表和分析工具或应用程序能够以简单、高效的方法利用 Oracle OLAP 的功能。

6.3.5 OLTP 与 OLAP

联机事务处理系统(On-Line Transaction Processing，OLTP)是传统的关系型数据库的主要应用，主要是基本的、日常的事务处理，例如银行交易。但是，OLAP 主要是关于如何理解聚集的大量不同的数据。它与 OLTP 应用程序不同，OLAP 包含许多具有复杂关系的数据项。OLAP 的目的就是分析这些数据，寻找模式、趋势以及例外情况。OLAP 是数据仓库系统的主要应用，支持复杂的分析操作，侧重决策支持，并且提供直观易懂的查询结果。表 6.2 列出了 OLTP 与 OLAP 之间的比较：

表 6.2 **OLTP 与 OLAP 之间的比较**

	OLTP	OLAP
用户	操作人员，低层管理人员	决策人员，高级管理人员
功能	日常操作处理	分析决策
DB 设计	面向应用	面向主题
数据	最新的，细节的，二维的，分立的	历史的，聚集的，多维的，集成的
存取规模	读/写数条(甚至数百条)记录	读上百万(甚至上亿)条记录
操作频度	非常频繁(以秒计)	比较稀松(以小时甚至以周计)
工作单位	严格的事务	复杂的查询
用户数	数百个~数千万个	数个~数百个
DB 大小	100MB~100GB	100GB~100TB

6.4 社会网络分析

社会网络分析是对社会关系结构及其属性加以分析的一整套规范和方法。虽然这种信息分析最初出现在社会关系结构的分析之中，但是目前已经发展成为分析社会、行为、经济、营销、市场、通讯等不同领域数据集的重要工具。通过社会网络分析，不仅可以发现目标数据集的整体结构特征，而且还可以分析特定观测变量在整个数据集中的角色和位置以及数据变量之间的内在联系。

社会网络分析中的“社会网络”是指社会行动者及它们之间关系的集合，可分为三种：

（1）个体网（Ego Network），即一个个体及与之有关的多个个体构成的网络，主要研究其相似性、规模、关系的类型、密度、关系的模式、同质性、异质性等。

（2）部分网（Partial Network），即在个体网的基础上，再增加一定数量的与个体网络成员有关联的其他个体后形成的网络。根据部分网所涉及的范围，可以分为1-模网和2-模网。其中1和2代表的是社会行动者集合类型的数量。例如，由班级群体和任课教师群体两个不同集合组成的社会网络就是一种2-模网。

（3）整体网（Whole Network），即由一个群体内部所有成员之间的关系构成的网络。一般情况下，主要研究图形性质、密度、子群、位置与角色等。①

6.4.1 基本概念

社会网络最基本的数学表达形式有两种，即图论法和矩阵法。前者适用于描述小型群体的关系，能够直观表现出社会网络的结构特征；后者可以用来分析更大规模的群体，直接进行数学计算。下面我们结合这两种方法学习社会网络分析的基本概念。

6.4.1.1 图论法

在社会网络分析中，图 G 是社会关系（或结构）的数学表达，由非空的结点集 $V(G)$ 和有限的边集 $E(G)$ 构成，如图 6.9 所示。

①$G=\{V(G), E(G)\}$。

②$V(G)=(n_1, n_2, \cdots, n_N)$，其中，$N$ 为节点数（即行动者个数）。

③$E(G)=(l_1, l_2, \cdots, l_M)$，$M$ 为边数（即行动者之间的关系个数）。

① 刘军. 社会网分析讲义[M]. 上海：格致出版社，2009.

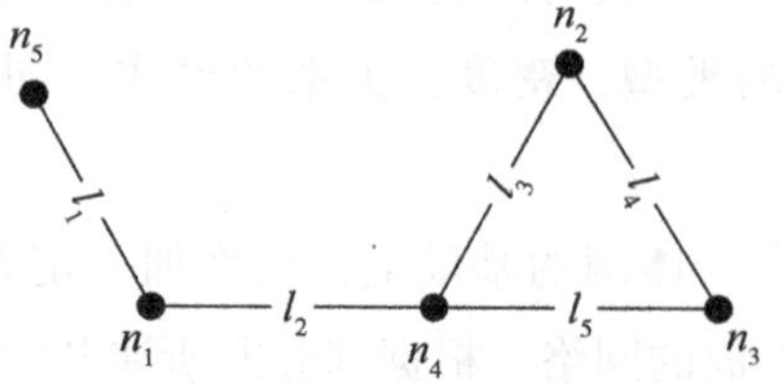

图6.9 社会网络示例(一)

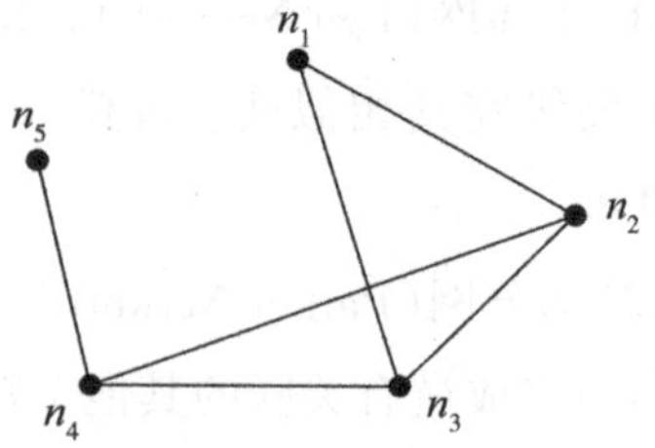

图6.10 社会网络示例(二)

以下术语是社会网络分析中常用且容易引起混淆的概念。

(1)途径(Walks)、步径(Trails)、路径(Paths)和旅程(Tours)。

途径(Walks)是指从起点到终点的各个点线，如图6.9中的 $W=n_1l_2n_4l_3n_2l_3n_4$ 就是节点 n_1 和 n_4 之间的一个途径。需要注意的是，途径中线条是可以有重复的。如果图 G 中每一对节点 (u, v) 都有一条 (u, v) 的途径，则称 G 为联通图，否则称为非联通图。

步径(Trails)是一种特殊的途径，其中的线条不能重复，但节点可以重复，例如图6.9中的 $T=n_4l_3n_2l_4n_3l_5n_4l_2n_1$ 是结点 n_4 和 n_1 之间的一条步径。

路径(Paths)是一种特殊的步径，但其中的点和线都不能重复，例如图6.9中的 $P=n_1l_2n_4l_3n_2$ 是节点 n_1 和 n_4 之间的一条路径。

旅程(Tours)是指一种闭合途径，其中的每一线条至少用一次。闭合通道(又称回路)是指起点和终点为同一个节点的通道。

(2)捷径(Geodesics)、距离(Distance)和直径(Diameter)。

在无向图中，捷径(Geodesics)是指两个节点之间的最短路径。

距离(Distance)是指两个节点之间的捷径长度，又称为捷径距离。可记为 $d(n_i, n_j)$ 或 $d(i, j)$。在图6.10中，节点 n_3 和 n_5 之间的距离 $d(n_3, n_5)$ 为2，即 $d(n_3, n_5)=2$。

直径(Diameter)是一个图中的任何两个节点之间的最大捷径的距离，可记为 $\max(n_i, n_j)$ 或 $\max(i, j)$，如图6.10中，$\max(n_1, n_5)=4$。

需要提醒的是，上述例子是在无向图的基础上给出的。在有向图的分析中需要考虑节点之间边的方向。

(3)度(Degree)、入度(in-Degree)和出度(out-Degree)。

度(又称节点度)是指与某一个节点直接关联的节点个数，如图6.10中，节点n_4的度为3。

在有向图中，根据边的方向可以分为“入度”(in-Degree)和“出度”(out-Degree)两种。一个节点的入度(in-Degree)指的是直接指向该节点的节点个数，而出度(out-Degree)则为该节点所直接指向的其他节点的总数。

6.4.1.2　矩阵法

社会网络分析中常用的矩阵有三种，即邻接矩阵、关联矩阵和距离矩阵。

(1)邻接矩阵(Adjacency Matrix)。

邻接矩阵(又称社群矩阵，Socio Matrix)是指矩阵中的元素$a_{i,j}$是从节点i到节点j的边的条数。有n个点的图G的邻接矩阵$A=(a_{ij})$是一个$n \times n$矩阵。其中，若n_i邻接n_j，那么$a_{ij}=1$，否则$a_{ij}=0$。因此，有n个点的简单图与对角线元素为零的n阶对称二元矩阵之间是一一对应关系，且元素取值为0和1。

如果所对应的社会网络关系为无方向，那么对应邻接矩阵为对称矩阵。如用矩阵表示图6.11的网络关系则：

$$
\begin{array}{c} \\ n_1 \\ n_2 \\ n_3 \\ n_4 \\ n_5 \end{array}
\begin{array}{c}
\begin{array}{ccccc} n_1 & n_2 & n_3 & n_4 & n_5 \end{array} \\
\begin{pmatrix}
- & 1 & 1 & 0 & 0 \\
1 & - & 1 & 1 & 0 \\
1 & 1 & - & 1 & 0 \\
0 & 1 & 1 & - & 1 \\
0 & 0 & 0 & 1 & -
\end{pmatrix}
\end{array}
$$

图6.11　邻接矩阵

由此矩阵可以看出，邻接矩阵表示的是行动者之间有无关系(1，0)，但不能表示其关系强弱。在此对称阵中，自左上角到右下角的对角线没有数值，表示各个行动者与自身的关系。其他数值有实际意义，即1表示有关系，

0 表示无关系。而且对角线上下两部分的数值分布是对称的，因此也可以分析其中的任何一部分。

(2)关联矩阵(Incidence Matrix)。

关联矩阵是关于无圈图 G 的点与线的矩阵，记作 $B=(b_{ij})$。关联矩阵是一个 0-1 矩阵。其中 i，j 元素取 1 当且仅当节点 i 与边 j 关联。对于有向图，如果节点 i 是边 j 的头部，则 (i, j) 取 -1；如果节点 i 是边 j 的尾部，则矩阵 i，j 取 1，其他情形取 0。关联矩阵不定是方阵，常用于分析二型网络。例如图 6.12 的矩阵为：

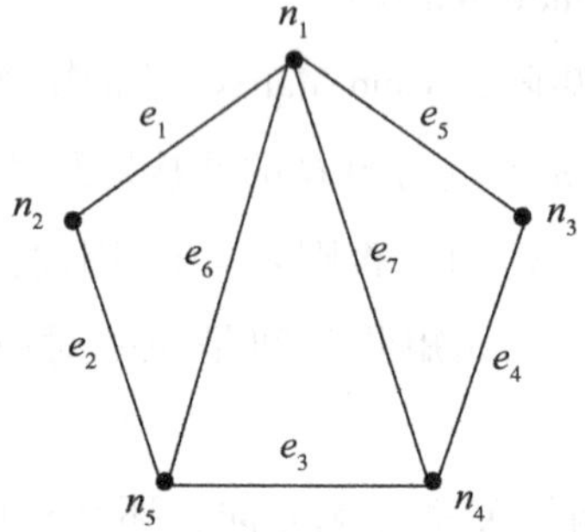

图 6.12　社会网络示例(三)

$$
\begin{array}{c} \\ n_1 \\ n_2 \\ n_3 \\ n_4 \\ n_5 \end{array}
\begin{array}{c}
\begin{array}{ccccccc} e_1 & e_2 & e_3 & e_4 & e_5 & e_6 & e_7 \end{array} \\
\begin{pmatrix}
1 & 0 & 0 & 0 & 1 & 1 & 1 \\
1 & 1 & 0 & 0 & 0 & 0 & 0 \\
0 & 1 & 1 & 0 & 0 & 1 & 0 \\
0 & 0 & 1 & 1 & 0 & 0 & 1 \\
0 & 0 & 0 & 1 & 1 & 0 & 0
\end{pmatrix}
\end{array}
$$

(3)距离矩阵(Distance Matrix)。

距离矩阵是根据节点间的距离形成的矩阵。对一个 n 阶图 G，$V(G)=\{n_1, n_2, \cdots, n_N\}$，定义 $n\times n$ 的距离矩阵 D 满足 $d_{ij}=d(n_i, n_j)$。对于 $i=1$，

2，…，n，有 $d_{ii}=0$；$d(n_i,\ n_j)=d(n_j,\ n_i)$，即 $d_{ij}=d_{ji}$。由此可判断 D 为对称矩阵 $D'=D$。例如图 6.13 及其矩阵为：

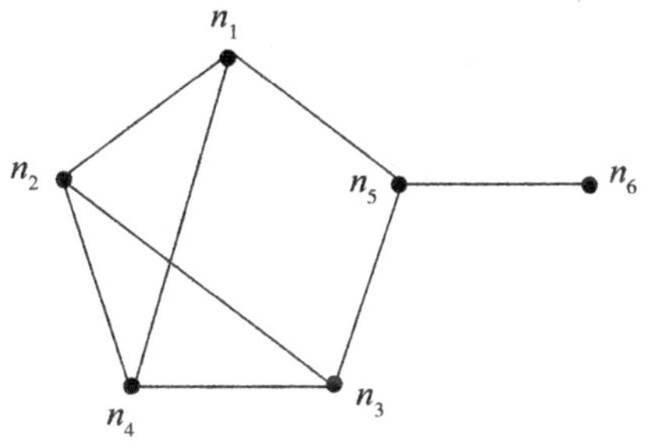

图 6.13　社会网络示例(四)

	n_1	n_2	n_3	n_4	n_5	n_6
n_1	-	1	2	1	1	2
n_2	1	-	1	2	2	1
n_3	2	1	-	1	1	2
n_4	1	2	1	-	1	3
n_5	1	2	1	1	-	3
n_6	2	1	2	3	3	-

6.4.2　距离分析方法

距离代表着节点之间的相似度或关系密切程度。社会网络分析中，计算两个节点之间的距离的方法有很多种，例如曼哈顿距离法、切比雪夫距离法、明科夫斯基距离法和欧氏距离法等。

(1)曼哈顿距离距离法。

曼哈顿距离(Manhattan Distance)法或称绝对值距离法，是指两个节点之间距离为其值差的绝对值和，计算公式为：

$$d = \sum_{k=1}^{n} |x_{ik} - x_{jk}|$$

式中，d 为所求的行动者之间的距离；

x_{ik}为行动者 i 到行动者 k 之间的单一关系的值；

x_{jk}为行动者 j 到行动者 k 的单一关系值。

(2)切比雪夫距离法。

切比雪夫(Chebychev)距离法，它是两个变量差中的绝对值的最大者，计算公式为：

$$d_{ij} = \max_k |x_{ik} - x_{jk}|$$

式中，

d_{ij}为所求的两个行动者之间的距离；

x_{ik}为行动者 i 到行动者 k 之间的单一关系值；

x_{jk}为行动者 j 到行动者 k 之间的单一关系值；

max 为取数值中的最大值。

(3)明科夫斯基距离法。

明科夫斯基(Minkowski)距离法是一种绝对幂的度量，计算公式为：

$$d_{ij} = \left(\sum_{k=1}^{n} |x_{ik} - x_{jk}|^{r} \right)^{\frac{1}{r}}$$

式中，

x_{ik}为行动者 i 到行动者 k 之间的单一关系的值；

x_{jk}为行动者 j 到行动者 k 的单一关系值；

$|x_{ik} - x_{jk}|$为两者差的绝对值。

可见，该公式是一种通用的距离计算公式，即当 r 为 1 时，变为绝对值距离公式；当 r 为 2 时，变为欧氏距离公式。

6.4.3 密度分析

在社会网络分析中，密度被定义为所有可能关系除以所有关系的总和

(即实际存在的关系与所有可能存在的关系的比例)。密度反映的是社会网络关系的一种结构特征。一般情况下，密度越大，网络成员之间的关系越密切。

(1)无向图的密度。

无向图的密度计算公式为：

$$D=\frac{L}{N(N-1)/2}=\frac{2L}{N(N-1)}$$

(2)有向图的密度。

在有向图中，最多可能的连线为 $N(N-1)$。若实际的连线数为 L，则密度计算公式为：

$$D=\frac{L}{N(N-1)}$$

6.4.4 桥分析

如果一个节点在两个分离的节点中间形成了连带，该节点就是一个桥(又称为切点)。桥一方面可以带来中介利益，包括信息利益和操控利益，但另一方面也会夹在两个团体之间，行动受到限制。因此，自由行动的独立性会因不同的桥而有所不同。

(1)协调者(Coordinator)。

协调者存在于群体之中，在交互双方之间起到中介作用。协调者往往操控交互双方的利益，可以容易获得更多信息。同时，协调者会一般受到该群体的规范和约束。图 6.14 中节点 b 就是一个协调者。

(2)中介者(Broker)。

中介者来自群体之外，其行动自由度往往比协调者高，原因在于中介者不属于交互双方所在的群体，而来自群体外部，一般不严格遵循该群体规范的约束。图 6.15 中节点 b 是一个中介者。

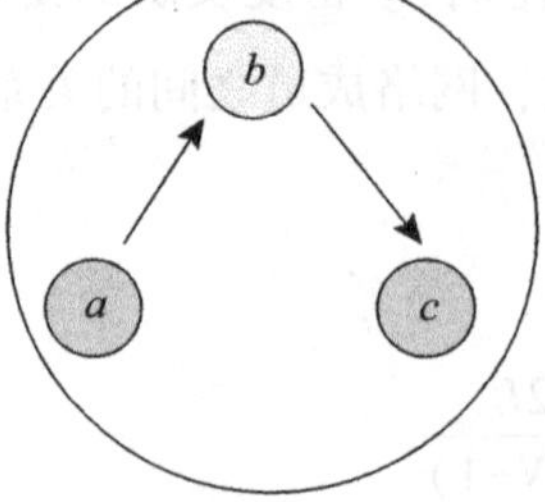

图 6.14　社会网络中的协调者

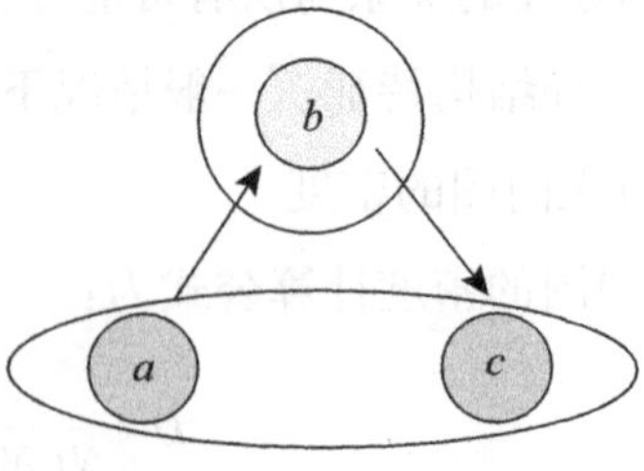

图 6.15　社会网络中的中介者

(3)守门人(Gate Keeper)。

守门人处于群体之内，是群体与外界联系的重要渠道，操控着该群体的对外信息交流。图 6.16 中节点 b 就是一个守门人。

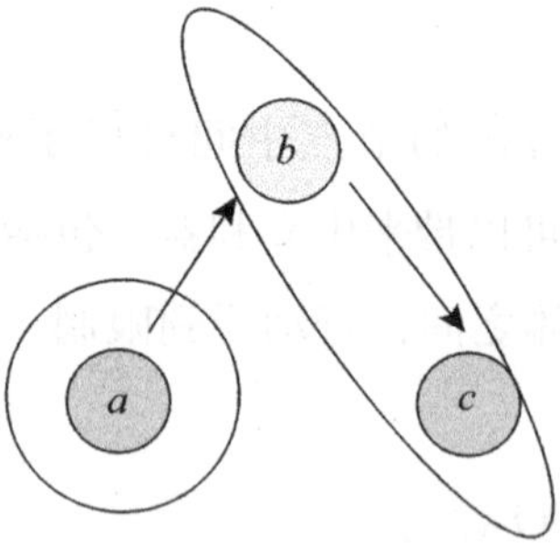

图 6.16　社会网络中的守门人

(4)发言人(Representative)。

发言人是一个群体的对外代表，控制了对外协调的门槛。图 6.17 中节点 b 就是一个发言人。

(5)联络官(Liaison)。

联络官不属于任何群体，可以不受任何群体的行为约束，其自由度最高，是最具有操控两个团体能力的人，又可以不受双方规范的约束。图 6.18 中节点 b 就是一个联络官。

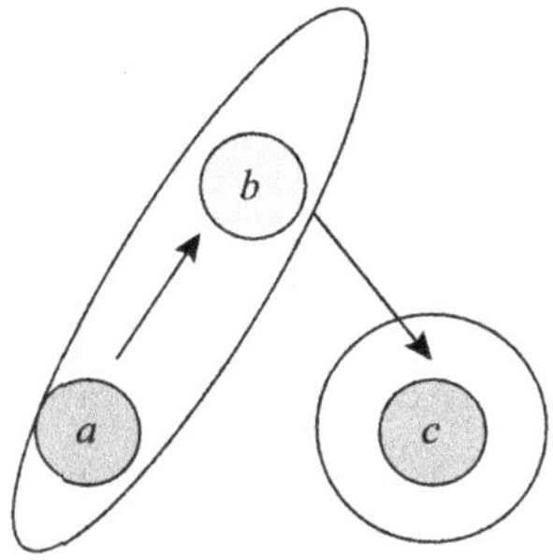

图 6.17 社会网络中的发言人

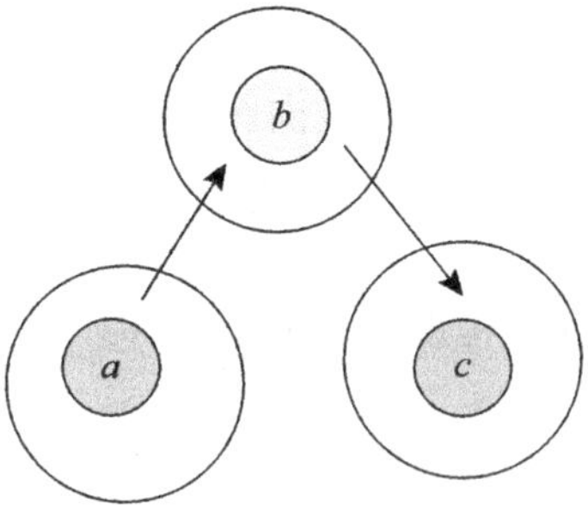

图 6.18 社会网络中的联络官

(6)齐美尔连带(Simmel Ties)。

齐美尔连带是社会学家齐美尔提出的概念,是指一座桥被其中介的两个网络都认为是自己人,要求其代表该群体的利益,遵守该团体的规范,以至于“桥”没有任何自由度,两面难讨好。图 6.19 中节点 i 就是一个齐美尔连带。

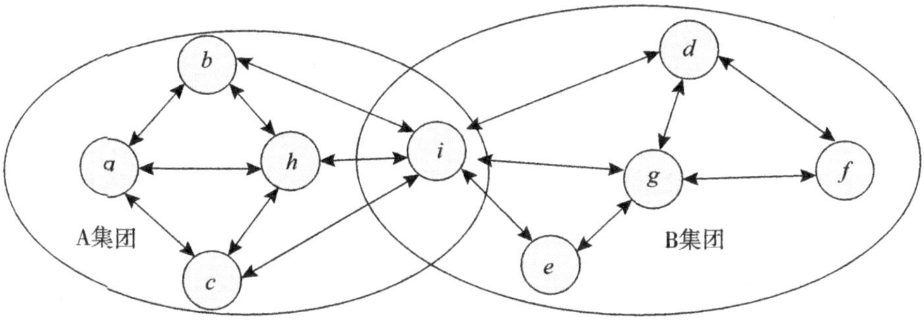

图 6.19 社会网络中的齐美尔连带

6.4.5 中心性分析

通过中心性(Centrality)分析不仅可以测量某个行动者在整个社会网络中的地位与作用,而且还可以计算社会网络的整体紧密程度。中心性分析方法有很多种,大致可以分为三大类,即程度中心性(Degree Centrality)、亲近中心性(Closeness Centrality)和中介中心性(Betweens Centrality)。根据图论法中图的分类方法(如有向图/无向图、加权/无加权等)，可以把这三大类进一步分解成更多的子类方法。

6.4.5.1　程度中心性分析

程度中心性分析是一种以节点度为主要依据，分析个体或整体的紧密程度的方法。程度中心性分析的主要指标为程度中心度。根据具体计算方法可以分为绝对中心度和相对中心度；从分析对象看，可以分为个体中心度和整体中心度。

(1)个体绝对中心度。

$$C_D(n_i)=d(n_i)=\sum_j x_{ij}=\sum_j x_{ji}$$

式中，

n_i 表示第 n_i 个节点；

x_{ij}是 0 或 1 的数值，代表行动者 j 与行动者 i 之间是否又直接联系；

d 为节点数；

C_D 为中心度。

在矩阵形式表示中，邻接矩阵某一行(或某一列)所有元素之和是节点的绝对中心度。需要注意的是，有向图中计算绝对中心度时，需要考虑关系的方向，可分为内中心性(in-Centrality)和外中心性(out-Centrality)分别计算。

(2)个体相对中心度。

相对中心度是指某节点的节点度与连线总数据之比。与绝对中心度不同的是，相对中心度的结果为标准化数据，可直接应用于同一个网络中的不同节点之间进行对比分析。在无向图中，计算相对中心度可以采用以下公式：

$$C'_D(n_i)=\frac{d(n_i)}{N-1}$$

式中，

n_i 表示第 n_i 个节点；

d 为节点数；

N 为网络规模；

C'_D 为中心度。

节点度是指与某节点相关联的线条的数目，又称关联度。在有 N 个节点的网络图中，任意节点的度为[0~(N-1)]。

(3)整体中心度。

与个体中心度不同的是，群体中心度反映的是整体网络的集中程度，与网络密度具有互补作用。整体中心度的计算方法如下：

$$C = \frac{\sum_{i=1}^{n}(C_{\max} - C_i)}{\max\left[\sum_{i=1}^{n}(C_{\max} - C_i)\right]}$$

式中，

C 为群体中心度；

$C_{\max}$ 为最大中心度；

C_i 为 i 点的中心度。

该公式表明，整体中心度的计算过程如下：首先找到图中的最大中心度数值；然后计算该值与任何其他点的中心度的差，从而得到多个“差值”；再计算这些“差值”的总和；最后用这个总和除以各个差值总和的最大可能值。

6.4.5.2 亲近中心性分析

亲近中心性分析是根据节点之间的距离来计算个体或整体的紧密程度的方法。亲近中心性分析的主要指标为亲近中心度。亲近中心度可以分为个体亲近中心度和总体亲近中心度。

(1)个体亲近中心度。

个体亲近中心度的计算方法如下：

$$C_C = \left[\sum_{j=1}^{n} d(n_i, n_j)\right]^{-1}$$

式中，

n_i 为点 i；

n_j 为点 j；

d 为 n_i 与 n_j 之间的捷径距离；

C_C 为行动者亲近中心度。

一个点的亲近中心度是图中该点与其他各节点之间的捷径距离之和。$d(n_i,\ n_j)$ 为 n_i 与 n_j 之间的捷径距离。但式中负 1 次幂的意义在于，亲近中心度的数值越大，该点越不是中心。

(2) 总体亲近中心度。

总体亲近中心度的计算方法如下：

$$C_C = \frac{\sum_{i=1}^{n}(C'_{C_{\max}} - C'_{c_i})}{(N-2)(N-1)}(2N-3)$$

式中，

C'_{c_i} 为点 i 的亲近中心度；

$C'_{C_{\max}}$ 为最大的相对亲近中心度；

C_C 为总体亲近中心度；

N 为网络规模。

6.4.5.3　间距中心性分析

间距中心性分析是一种分析网络中某节点与其他各点之间相间隔的程度的方法，表示该节点在多大程度上是图中其他节点的中介。与其他两种中心性分析方法类似，间距中心度也分为两种：

(1) 个体间距中心度。

个体间距中心度计算的公式如下：

$$C_B = \frac{\sum_{j<k} g_{jk}(n_i)}{g_{jk}}$$

式中，

g_{jk} 为点 j 和 k 之间存在的捷径数目；

n_i 为行动者 i；

C_B 为间接中心度。

g_{jk}表示点 j 和 k 之间存在的捷径数目，那么所有这些捷径被同等地选作各种点沟通路径的概率为$1/g_{jk}$，用$g_{jk}(n_i)$表示包含行动者 n_i 的两个行动之间的短线程数目。

(2)总体间距中心度。

总体间距中心度计算的公式如下：

$$C = \frac{2\sum_{i=1}^{n}(C_{B_{\max}} - C_B)}{(N-1)^2(N-2)}$$

式中，

$C_{B_{\max}}$为最大的间距中心度；

C_B 为个体间距中心度；

N 为节点度数。

6.4.6 其他社会网络分析技术

除了上述分析方法外，社会网络分析中还可以进行子群分析、位置与角色分析等。

(1)子群分析。

小团体是社会网络中普遍存在的现象。一般情况下，群体成员之间的共同活动越多，交流次数越多和(或)具备更多的共同兴趣爱好，越容易形成小团体。子群分析是分析社会网络中的多种小团体现象的重要方法。子群分析的方法有：核分析(如 k-核、m-核分析等)、团伙分析(如 n-团伙、n-宗派、k-丛和社会圈分析等)、隶属群体分析(如参与率、事件规模分析等)。

(2)位置与角色分析。

位置(Position)和角色是社会网络分析中的两个不同概念。位置指的是具有类似关系的节点集合，是由关系网络中处于同等地位的个体所形成的集合体；角色是指两个行动者或两个位置之间存在的关系模式。位置与角色分析的方法有等价性分析(结构等价性分析、自同构等价性、正则等价性等)和聚类分析等。

6.4.7 常用工具

目前，可应用于社会网络分析的软件工具有很多，例如UCINET、Pajek、NetMiner、STRUCTURE、StOCNET、Iknow、NetDraw、KlipFinder 等。其中，UCINET和Pajek是最常用的两种社会网络分析软件。

(1)UCINET。

UCINET是Steve Borgatti、Martin Everett 和 Lin Freeman 等合作开发，并由 Analytic Technologies 公司负责发布的一种社会网络分析软件。目前，此软件支持社会网络分析中的距离分析、密度分析、桥分析、中心性分析、子群分析、位置与角色分析等功能。由于UCINET集成了其他图形化显示软件(如NetDraw等)，可视化显示效果较好。另外，UCINET支持Excel、Pajek等多种数据格式，并具备较强的数据转换和预处理功能。

(2)Pajek。

Pajek是主要由Vladimir Batagelj 和 Andrej Mrvar Pajek 开发的一种社会网络分析工具。Pajek支持将大型网络分解成几个较小的网络，以便使用更有效的方法做进一步处理。Pajek的可视化显示功能比较好，它还提供执行分析大型网络的有效算法。

6.5 案例分析

为了分析父亲与儿子身高之间的相关性，现抽取了12对父子的身高样本，数据如表6.3，请对其进行相关性分析(显著性水平取 $\alpha=0.05$)。

第一步，业务理解与数据理解：身高是连续变量，可以采用 Pearson 相关系数来衡量。

第二步，数据的组织与结构定义：在“数据编辑窗口”的“数据视图”中，将数据分成两列，一列是父亲的身高，对应的变量名为father，另一列是儿子的身高，对应的变量名为son，输入具体数据，并在“变量视图”中定义变量

father 和 son，如图 6.20 所示。

表 6.3　　　　**父亲与儿子身高调查数据**

父亲身高	65	63	67	64	68	62	70	66	68	67	69	71
儿子身高	68	66	68	65	69	66	68	65	71	67	68	70

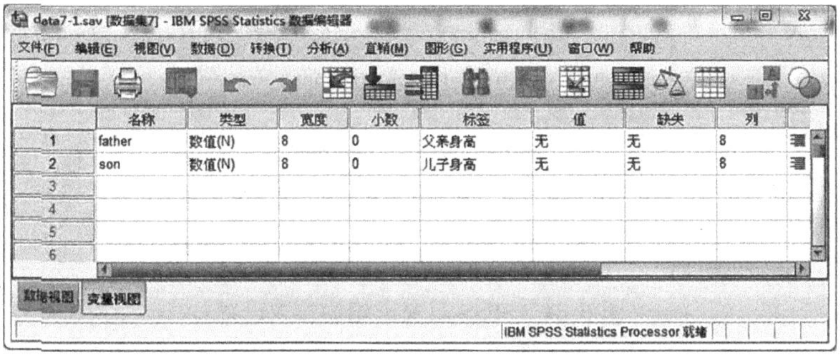

图 6.20　SPSS 变量定义

第三步，选择菜单“分析→相关→双变量”，打开如图 6.21 所示的对话框，将“father”和“son”两个变量移入“变量”框中；“相关系数”选择 Pearson；在“显著性检验”中选择“双侧检验”。

点击按钮“选项”，将弹出的对话框的标签“统计量”下的两个选项均改为选中状态，目的是在输出结果中显示均差、标准差、叉积偏差和协方差，如图 6.22 所示 。

第四步，结果查阅与理解。点击确定后系统将显示计算结果，如图 6.23 所示。

从图 6.23 中可以看出，相关系数为 0.703，大于 0，说明呈正相关，而相伴概率值 Sig. =0.005<0.05，因此应拒绝零假设(H0：两个变量之间不具相关性)，即说明儿子身高是受父亲身高显著性正影响。

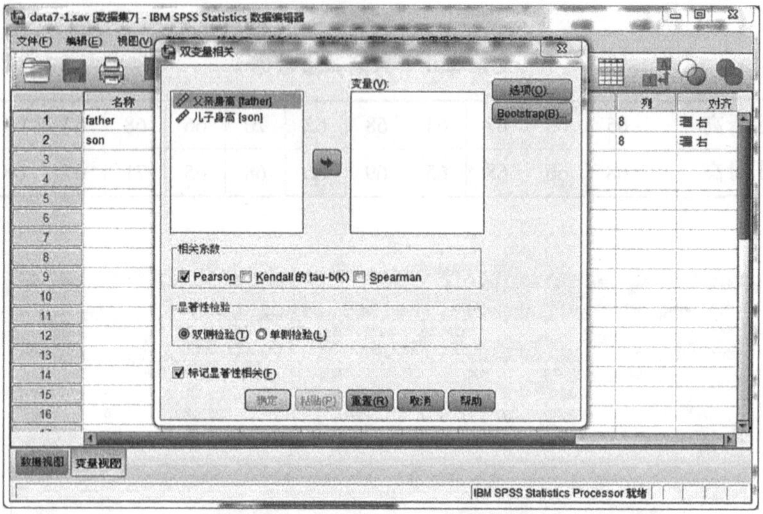

图 6.21 SPSS 双变量相关参数设置

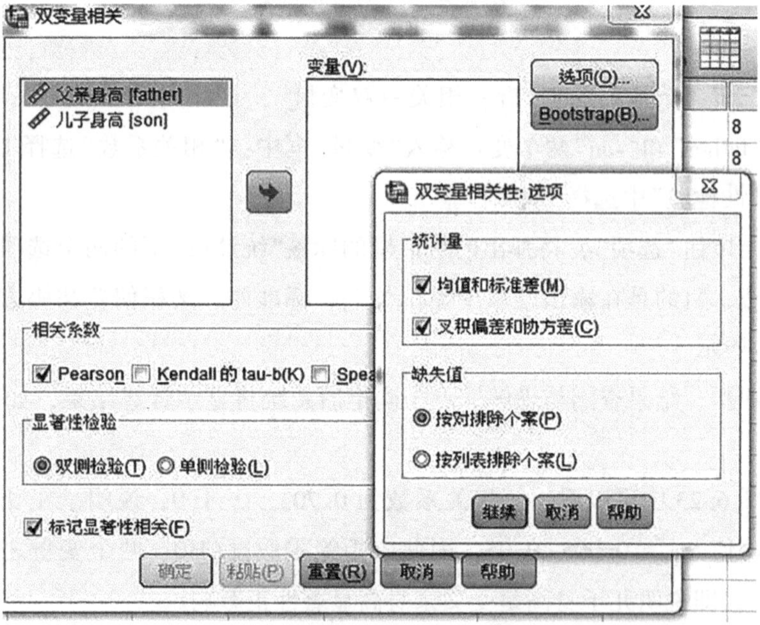

图 6.22 SPSS 双变量相关性选项

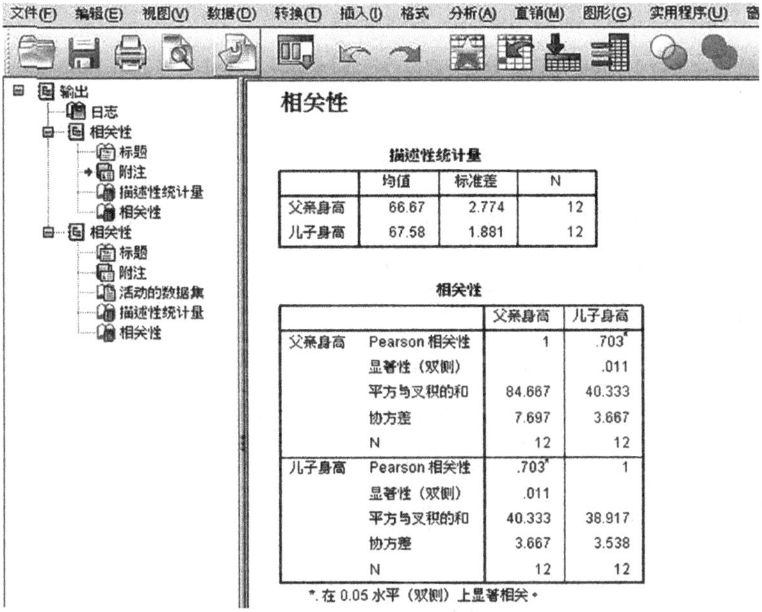

图 6.23　SPSS 分析结果

本章小结

本章主要介绍了计算机辅助信息分析的特点和三种关键技术：数据挖掘、联机分析处理和社会网络分析。掌握这三种信息分析方法的过程、类型、方法和工具是学习计算机辅助信息分析的基础。我们在掌握好本章知识的基础上，还应自主学习其他新兴的计算机辅助信息分析技术，如大数据分析、语义分析、智能分析领域的知识，拓展和丰富自己的知识结构。

问题讨论

1. 数据挖掘、联机分析处理和社会网络分析之间的区别与联系是什么？
2. 数据挖掘的主要方法和常用工具有哪些？
3. 联机分析处理的基本操作和主要类型有哪些？

4. 社会网络分析中的途径(Walks)、步径(Trails)、路径(Paths)、旅程(Tours)、捷径(Geodesics)和直径(Diameter)等概念的区别是什么?

5. 社会网络分析中常用分析方法及其计算公式是什么?

本章参考文献

[1]W H Inmon. Building the Data Warehouse[M]. Wiley Publishing Inc, 2006.

[2]Jiawei Han, Micheline Kamber, Jian Pei. Data Mining: Concepts and Techniques[M]. New York: Elsevier Inc, 2012.

[3]Stanley Wasserman, Katherine Faust. Social Network Analysis: Methods and Applications[M]. Cambridge, UK: Cambridge University Press, 1994.

[4]廖开际. 数据仓库与数据挖掘[M]. 北京: 北京大学出版社, 2008.

[5]刘军. 整体网分析讲义: UCINET 软件实用指南[M]. 上海: 格致出版社, 2009.

[6]罗家德. 社会网分析讲义[M]. 北京: 社会科学文献出版社, 2010.

[7]林聚任. 社会网络分析: 理论、方法与应用[M]. 北京: 北京师范大学出版社, 2009.

[8]刘世平. 数据挖掘技术及应用[M]. 北京: 高等教育出版社, 2009.

[9]胡可云, 田凤占, 黄厚宽. 数据挖掘理论与应用[M]. 北京: 清华大学出版社, 北京交通大学出版, 2008.

[10]韩秋明, 李微, 李华锋. 数据挖掘技术应用实例[M]. 北京: 机械工业出版社, 2011.

[11]朝乐门. 数据科学理论与实践[M]. 北京: 清华大学出版社, 2017.

第7章

竞争情报

本章引言

当今信息时代，经济全球化成为世界经济发展的主流趋势，世界各国的经济既相互渗透、互相依存，又竞争激烈，共同纳入统一的世界经济体系之中。在此大环境下，市场竞争日益激烈，竞争情报已逐渐成为企业参与竞争、获取竞争优势的重要支柱，继资金、技术和人才之后，被认为是企业的“第四种生产要素”。本章在阐述竞争情报特点与功能的基础上，探讨了竞争情报的搜集原则、需要注意的问题和主要信息源，介绍了竞争情报的主要方法，分析了国内外竞争情报实例。

本章重点

- 竞争情报的特点；
- 竞争情报的功能；
- 竞争情报的搜集；
- 竞争情报的分析方法。

7.1 竞争情报的含义及特点

随着经济的多元化与全球化，市场影响因素变得越来越多，越来越复杂。

企业要想在如此复杂与动荡的环境中立稳脚跟，就必须通过合法手段开展一切有关竞争对手、竞争环境等竞争情报的收集与分析工作。

竞争情报是人类社会在信息化基础上向情报化和智能化方向发展的重要标志。如何及早发现企业的机会与威胁、减少市场反应时间、避免市场中的意外、提高企业竞争优势，如何在强手如林、变幻莫测的市场竞争中站稳脚跟，缩短与竞争对手的差距，已经成为管理者特别是决策者关注的焦点话题。

7.1.1 竞争情报的含义

“二战”后，特别是20世纪60年代开始，经济竞争成为国家和地区之间竞争的主要领域。世界经济格局发生重大变革，石油危机、新技术革命、新兴工业化国家崛起、竞争对手迅速增加、经济全球化、贸易保护日益严重、社会价值观等企业外部经营环境的剧变，导致产业结构、产品结构随之骤变，企业原有管理思想和管理方式难以为继。在新的经营环境下，旨在提高企业外部环境适应性的战略管理思想应运而生。而以企业外部竞争环境信息和竞争对手监测、分析为主要内容的竞争情报随之浮出水面。竞争情报产生和发展的一个重要外因，是国外一批曾从事军事和国家安全的情报工作者相继进入经济领域，这些具有特殊背景和技能人员的“军转民”，有力推动了竞争情报活动的开展，并为竞争情报增添了神秘和高深的色彩。

竞争情报崛起于20世纪80年代，以1986年美国竞争情报从业者协会(Society of Competitive Intelligence Professionals，SCIP)的成立为标志，其影响已经遍及世界各地，是人类在社会信息化基础上向情报(智能)化发展的重要征兆，将对全球的经济发展与社会进步产生重要的影响。竞争情报简称CI，英文为Competitive Intelligence，也有人称为BI，即Business Intelligence。竞争情报的相关定义有几十种，目前没有一个被广泛接受的定义。比较有代表性的定义有以下几种：

美国竞争情报从业者协会SCIP将竞争情报定义为：竞争情报是一种过程，在此过程中，人们用合乎职业道德的方式搜集、分析和传播有关经营环境、竞争者和组织本身的准确、具体、及时、前瞻性以及可付诸行动的情报。

包昌火研究员将竞争情报定义为关于竞争环境、竞争对手和竞争策略的信息和研究。认为它既是一种过程，又是一种产品。过程，是指对竞争情报的收集和分析；产品，是指由此而形成的情报或策略。①

查先进教授将竞争情报概括为关于竞争对手、竞争环境和竞争战略的研究。竞争情报是为竞争目的而专门进行采集的，并且经过浓缩和提炼而发生了增值。充分开发和利用竞争情报有助于企业赢得和保持竞争优势。②

中国竞争情报学会(Society of Competitive Intelligence of China，SCIC)对竞争情报的定义是：一个组织感知外部环境变化，并做出反应，使之更好地适应环境变化的能力，即获取环境信息并与之适应的能力，也就是情报能力和对策能力。

综上所述，竞争情报是在道德法律允许范围内开展的、经过搜集整理、加工分析帮助组织进行决策的一种工作流程。

7.1.2 竞争情报的特点

竞争情报的产生与发展源于企业战略管理的需要。与传统的信息、情报相比，竞争情报具有多重特性，主要特性有以下几个方面：

(1)对抗性。

竞争情报起源于军事政治领域，如今广泛应用于市场竞争环境中。这些领域均要了解竞争对手，识别竞争者，收集竞争者的基本情况，分析竞争对手的竞争策略，从而为企业带来更大的经济利益。竞争之间即产生了强烈的对抗性。可见，对抗性是竞争情报的本质特点。③

(2)时效性。

时效性是情报的显著特点，竞争情报也具备这个特点。激烈的竞争导致环境瞬息万变，抓住机会及时地进行信息的搜集和分析，就能使企业及时调整，抓住时机。

---

① 包昌火等. 竞争情报导论[M]. 北京：清华大学出版社，2011.

② 查先进. 企业竞争情报[M]. 武汉：武汉大学出版社，2012.

③ 查先进. 企业竞争情报[M]. 武汉：武汉大学出版社，2012.

(3)谋略性。

竞争情报是一种主动的带有谋略性的情报活动。竞争双方都必须在角逐中制定自己的战略和策略，运筹异计，出奇制胜。

(4)合法性。

竞争情报活动完全是合乎法律规范意义上的情报活动，它强调职业道德，在合法的前提下进行，禁止损害国家和他人利益，不允许用欺诈、胁迫等一切不正当手段来获取情报。竞争情报的合法性是国家法律和社会伦理、道德的必然要求。

7.2 竞争情报的功能

在20世纪80年代，世界500强中有10%建立了竞争情报系统；到20世纪90年代500强中有80%以上建立了竞争情报系统；现阶段，500强中已经有90%以上的公司建立了竞争情报系统，竞争情报在企业中的应用表现出了强劲的生命力和蓬勃发展的势头。竞争情报的功能主要体现在危机预警和决策支持两个方面。

7.2.1 危机预警

竞争情报通过密切监测企业外在环境及竞争对手的情况，对各种因素进行综合分析，及时跟踪市场环境变化，帮助企业快速而准确地掌握政治、经济等变化对企业产生的影响，预测对手的战略，洞悉对企业产生影响的技术动向，了解政府政策对竞争产生的影响，发现新的或潜在的竞争对手，快速做出积极正确的反应，规划成功的营销计划。

案例：中国苹果汁出口反倾销

2003年，中国苹果汁企业应诉美国反倾销案胜诉，美国商务部签署反倾销令，决定执行美国国际贸易法院2003年做出的支持中方的判决。至此，中美之间从1998年10月开始，历时5年多的苹果汁反倾销案，以中方的最终获胜宣告结案。这是我国加入世贸组织后，中国农产品首次推翻美国商务部不公裁决的案例。在此过程中，竞争情报起到了至关重要的作用。

20世纪90年代，一些地方政府为帮助农民脱贫而鼓励种植苹果，苹果产量大幅上升。与此同时，国际市场对浓缩苹果汁的需求极为旺盛。由于中国浓缩苹果汁成本低廉，出口增长较快，因而引起了美国这一最大苹果汁进口国的苹果种植商和加工企业的不满。在这种背景下，代表苹果种植商和加工企业利益的美国苹果协会，准备组织提起对中国输美浓缩苹果汁反倾销调查的请求。陕西一家果业公司率先获得了这一情报，将情报发回国内，使得我们事先得到了对方将提起反倾销调查申请的信息，这非常有利于我方提前做好应诉准备。更为重要的是，我国浓缩苹果汁一半以上靠出口。如果失去美国这个最大的出口市场，不仅会使苹果汁行业大伤元气，而且对成千上万付出辛勤汗水渴望脱贫的果农来说，更是难以承受。权衡利弊之后，我国苹果汁生产企业和出口企业下定决心，积极应诉。

经过充分研讨和沟通，苹果汁生产企业终于放下各自的成见，第一次坐在一起共谋发展大计。在此期间，适逢欧洲苹果汁减产，我国出口美国的苹果汁数量开始逐步回升。此后，我国苹果汁企业又纷纷规范自己的出口行为，使出口秩序进一步好转。价格的回升，打乱了诉方的部署，使诉方的起诉时间一推再推。这一方面为我方企业赢得了宝贵的调整准备时间，另一方面也使得调查期相应延迟。价格的回升，提高了我方企业应诉的起点，使局面逐渐向有利于我国企业的方向转移。最终，美国海关退还向相关企业征收的反倾销税(包括利息)。此外，中国应诉企业在应诉过程中不断提高产品竞争力，这些中国果汁企业不仅没有被挤出美国市场，反而壮大起来。这个成绩是各方面提早精心准备、团结一致、积极应诉的结果。这起案件的胜诉，竞争情报在其中即体现了对企业进行危机预警的功能。

中国苹果汁企业应对反倾销诉讼能够获得彻底胜利的一个重要原因就是，中国企业及早获悉了美国苹果汁行业对其提起反倾销诉讼的意向，使中国抢在美国商务部立案之前搜集到了足够的证据证明自己并非低于成本倾销，并采取了一系列针对性活动，最终获得了胜诉。

7.2.2　决策支持

竞争情报在企业经营管理中扮演着智囊团、参谋部的作用，为企业进行科学决策提供依据，为技术研发提供支持，将搜集并分析整理的情报提供给决策者，帮助管理者评估竞争对手和供应商，帮助决策者制定正确的决策，提高竞争的效率和效益。决策情报是对组织具有深远意义的情报。

案例：SG 公司并购失败

"并购是一项竞争情报活动"——这是国外竞争情报界研究并购很有影响的美国杨百翰大学保罗·迪什曼(Paul Dishman)博士惯用的演讲标题和开场白。SG 公司是我国一家名列前茅的特大型钢铁公司，多年来一直是我国钢铁企业的领头羊。1992 年该公司怀着壮志雄心和美好的愿望，在没有充分开展竞争情报工作的情况下，决定购买南美洲的一家铁矿企业 B。B 公司当时招标的底价为 4000 万美元，SG 公司报出了 1.18 亿美元的高价，报价之高远远超过了同时参加竞标的国外竞争对手。SG 公司收购 B 公司后，经过了一年多短暂的美好时光，问题接踵而至，SG 对 B 公司的经营管理逐渐陷入泥潭。其中最让 SG 公司头疼的是 B 公司工会不断组织接二连三的罢工行动。在 SG 公司领导看来，B 公司工会和国内工会没两样，主要工作是组织一些文体活动。后来 SG 公司才明白，国外企业工会的核心工作只有一个：为员工争取福利。一年后，B 公司已经成为 SG 公司的噩梦。可见，没有充分的竞争情报做决策支持，贸然做出重大战略决策，只能是悲剧的结局。

7.3　竞争情报的搜集

7.3.1　竞争情报的搜集原则

竞争情报的搜集是非常重要的一项工作，也是非常耗费时间和资源的。

在此过程中需要遵循一定的原则。

7.3.1.1 科学性原则

竞争情报的搜集首先应遵循科学性，采用科学的方法进行搜集。对文献信息源，应在充分了解各种信息源的信息分布和变化规律的基础上根据实际需要进行恰当选择；对非文献信息源，应当按照齐普夫“省力法则”来设计信息搜集的路线、对象等。

7.3.1.2 新颖性原则

搜集的竞争情报，需要是当时所处领域最新的情报，而且相对于特定的竞争情报活动而言也要符合新颖性要求。

7.3.1.3 伦理性原则

为了提高竞争力和生存能力，公司必须有效地搜集和利用有关竞争对手的战略信息。搜集竞争情报的过程须遵循伦理规范，竞争情报人员要警惕搜集数据的过程中不要逾越法律和道德的防线。竞争情报不同于工业间谍，如果工业间谍活动变得规范，很可能许多其他内部化公司职能会受到不利影响。比如，如果组织的市场营销组从事不道德的情报搜集而且受到了奖励，这可能是暗示会计部门也可以使用相同可疑的行为增强报告的收益。这样的结果最终可能带来更多的政府管制和企业自主权的减少。

战略与竞争情报从业者协会 SCIP 规定了竞争情报道德规范准则：(1)不断促进社会各界承认和尊重本地区、本州、本国各级竞争情报工作；(2)在保持最高水准的职业作风和避免任何不道德行为的同时，热情积极地履行自己的职责；(3)切实遵守自己公司的制度、目标和准则；(4)按照本国及国际现行法律行事；(5)在所有采访前，向被采访者准确无误地介绍所有相关信息，包括采访人员及其所属机构的身份；(6)完全尊重对信息保密性的要求；(7)在本公司、所有合同第三方及全行业的范围内，促进并鼓励充分遵守以上这些伦理规则。

案例：“力拓间谍门”敲响信息安全警钟

2009年力拓集团4名中国员工被捕，据上海市国安局称，起因为在中外进出口铁矿石谈判期间，其采取不正当手段，通过拉拢收买中国钢铁生产单位内部人员，刺探窃取了中国国家秘密，对中国钢铁行业带来高达7000多亿元的经济损失。国家安全部门调查后有了惊人的发现：力拓上海办事处的一台计算机内竟然存有数十家中国钢铁生产企业的详细资料，包括企业详细采购计划、原料库存、生产安排等数据，甚至连每月的钢铁产量、销售情况也非常明晰。这为中国的企业信息化敲响了警钟。它反映出我国企业的信息安全特别是信息内部安全控制还处于非常初级的阶段。事实上，电子化办公易传播、易扩散的特性在给信息传输带来极大便利的同时，也给信息安全埋下了隐患。《财富》杂志统计，全球排名前100的企业中，每次由电子文档泄露所造成的平均损失高达50000美元。特别是在经济危机时期，市场竞争加剧、企业员工关系不稳固，通过窃取机密信息等手段进行不正当竞争以及内部员工出卖机密的事件时有发生。据德勤公司对世界前100家全球性金融机构高层的调查，就公司信息安全而言，36%的受访者担心机构内部员工行为失当，而担心来自外部攻击的受访者则仅有13%。这表明，今天企业面对的最大信息安全威胁，已经从外部入侵转为内部人员使用信息的不可控上。

7.3.1.4 系统性原则

要从大量零散的信息中搜集有用的情报，就要完整地、连续地收集各种资料，由此得出的信息才有意义。系统性的要求包括了综合运用各种信息源。竞争情报不是单一学科、专业和技术情报的研究，而是集技术、市场、经营管理于一体的信息整合。不仅需要收集信息，更多的是要求投入研究者的智力去把握整体与部分、部分与部分间互相依存、互为因果的密切联系。

7.3.1.5 全面性原则

搜集到的情报不仅要有强相关的情报，还需要有一般性相关的情报；不仅要有组织内部的情报，而且要有组织外部的情报，包括二手信息源和一手信息源；不仅要有非公开的信息，而且也要搜集公开的信息，只有在公开的信息无法满足需要时才转向非公开信息源。

案例：美国中央情报局竞赛反映出来的情况

1995 年美国中央情报局举行了一次竞赛，试题是谁能搜集到最多的关于布隆迪的信息。中央情报局也让一些私人企业参与了此次比赛。结果出乎意料，一家私人公司把中央情报局队远远甩在后面，其名称为公开信息咨询公司(OSS)。它在 24 小时内搜集了大量有关布隆迪的信息，包括重要的统计资料和有关专家需要阅读和接触的材料清单。可见搜集情报的全面性非常重要。

7.3.2 竞争情报搜集需要注意的问题

(1)信息与情报的区别与联系。

信息(Information)是情报处理的原材料，是一种未予以评估和分析的数据资料；情报(Intelligence)是一种信息，或者说是一种特殊的信息，是由信息转化和加工提炼出来的。两者在特性和获取过程方面是有区别的。按竞争情报工作的要求，搜集的是信息，产出的是情报。

(2)竞争情报与商业秘密的区别与联系。

商业秘密在企业所需竞争对手的所有信息中占比非常低。公司所需的战术信息和战略信息并不在明确界定的商业秘密文件中，而是隐含在大量其他的信息源中，需要情报人员去挖掘、分析。获取商业秘密不是成功的保证，比如获取可口可乐配方，仍无法代替对其销售网络、市场战略、定价策略等的了解。

(3)了解管理者的需求。

情报人员要经常与管理人员进行沟通，了解他们到底需要和使用什么情报，并应就情报人员与决策者的沟通方式和方法进行研究培训。

(4)分析数据和信息。

竞争情报工作不能仅采集数据，还需要对数据进行分析。情报人员只有提供分析性的情报，才能对决策者有所帮助。不提供建议和可供实施的方案，会导致决策者较少利用这些情报。

(5)鉴别情报真伪。

在搜集情报的过程中，要做到真、快、多、准。情报搜集不仅需要数量多，同时对情报的鉴别也是一项非常重要的任务。美国情报部门采用信息快速评级表，如表7.1所示。

表7.1　**美国情报部门采用的信息快速评级表**

信息源的可靠性	信息的准确度
A-完全可靠	1-经其他渠道证实
B-通常可靠	2-很可能是真实的
C-比较可靠	3-可能是真实的
D-通常不可靠	4-真实性值得怀疑
E-不可靠	5-很不可能
F-无法评价其可靠性	6-无法评价其真实性

7.3.3　竞争情报搜集的主要信息源

7.3.3.1　公开资料

要善于从公开资料中发现线索，找到“产生方向感的微弱信号”。情报的95%来自公开资料，4%来自半公开资料，仅1%或更少来自机密资料。竞争情报是以分析公开资料为主要基础的情报搜集工作，要有善于在公开资料中找到部分有用的信息的能力。公开资料主要有：企业名录、产品样本、公开的图片资料、报纸杂志、行业性期刊、专利文献、上市公司年报、政府机构出版物等。

(1)企业名录。

企业名录中的信息如企业规模、产品、产量、销量、销售额等信息不仅有助于初步确定竞争对手，了解其产品等一般情况，还可以借助统计年鉴等其他资料加工出所需的新信息，如产品的市场占有率、市场覆盖率、市场销售增长率、市场扩大率、竞争产品分布、竞争结构、同类企业实力比较等。

(2)产品样本。

产品样本是对定型产品的型号、技术规格、原理性能、技术参数所作的具体介绍，也附有结构图和照片；产品说明书的内容更详尽，往往还列出产品的工作原理、用途、效率、结构特点、操作规程、使用、保养和维修方法等。产品说明书和单项产品样本直观性强、数据多，是从事计划、开发、销售、外贸专业人员了解产品、掌握市场情况的重要信息源。通过产品样本汇编，还可以知道产品生产厂家的情况、该产品与同类产品相比的优缺点，从而推测该企业的技术实力、产品开发能力和水平、销售状况。

(3)企业公开的图片资料。

企业内部活动、产品包装、检验设备和生产设备、物流仓储以及品牌形象等方面的图片以及宣传光盘图像，都或多或少地透露出了他们的企业文化、设备情况、管理水平、经营理念、公司战略等方面的实际内容。尽管这些东西是用来宣传的，故意美化的成分很大，但是如果细心观察，还是能够发现大量对我们有价值的真实情况。此类图片一方面可以从企业的网上去寻找，另一方面可通过搜集宣传品、展示品获得。

(4)报纸杂志。

行业报纸、经济信息类报纸和地方性报纸，是了解行业竞争态势的重要窗口。刊登有上市公司股票交易简况、上市公司年度报告、工业企业规模/实力排序、竞争产品名单；专家对某行业或产品竞争状况的分析，如价格战、商战的报道是许多报纸的热点，通过“点评”“现象透视”“热点追踪”“访谈”等专栏分析文章可以了解许多极有用的竞争性信息。

(5)行业性期刊。

行业性期刊集中了行业方面的企业动态、竞争态势、市场状况、各种消息、人员情况。有学术性期刊、评述性期刊、通讯性期刊、资料性期刊。

(6)专利文献。

专利文献内容详尽、广泛，且专利说明书既是技术文件又是法律文件。

(7)上市公司年报。

上市公司的年度报告是极为有用的竞争情报信息源，几乎囊括了所有作为商业秘密的工业普查资料上的企业财务信息——营业收入、净利润、总资产、股东权益、每股收益、每股净资产、股东户数、持股数、名列前几名的股东情况、股本变化及股本结构、资金运用、会计政策、原材料、投资、负债、债券、库存等，以及客户情况、内部管理、人事等信息，不仅有数量指标，还有质量指标供分析时参考。

(8)政府机构出版物。

政府机构出版物包括统计局、主管厅局部委的出版物；行业协会；信用调查机构；行业和地方报纸等。

7.3.3.2 电子信息源中的竞争情报

(1)数据库。

数据库可以提供更多的检索入口，情报人员可以用任何一个反映竞争对手特征的有检索意义的词作为检索入口，可以把多个字段结合起来检索出一系列满足特定需要的公司。

(2)企业网站。

由于互联网发布信息容易，许多公司在网上公布大量信息，因此，竞争情报工作常从监测竞争对手的网页开始。通过监测对手的网页，可了解其产品种类的增减；查询其新闻发布内容，可知道他们是否在进行新的促销活动，是否得到了新的顾客或新的联盟；企业的公开招聘信息也是一个非常重要的情报源。透过一个企业的招聘信息，能够分析出一个企业的内部管理情况、人员变动情况、企业的战略重点变化情况以及他们准备欣赏的项目和开拓的所有市场。如果一个企业的招聘信息显示从高管到中层到基层的职位都在招聘之列，则说明企业内部已经发生集体跳槽等重大人事动荡，或者该项目属于公司新上马的项目，要不就是企业经营出现重大损失，前景相当恶劣。定期监测包括监测竞争对手网站、行业协会网站、政府机关网站。

(3)从网上讨论获得信息。

可以从电子邮件、新闻服务和一些查询工具进入各种讨论小组，从而获得一些有价值的情报。Internet 上的电子论坛一般是专题讨论，相当一部分电子论坛为公司所有，主题围绕其产品和服务，利用它就可以对行业内产品及服务进行讨论，了解供应商、销售商及消费者对产品的反映，获得竞争对手对本企业产品的评价，还可以了解参加讨论的人的情况，利用网上工具获取作者信息，建立资料库，必要时长期联系，跟踪获得有用情报。

案例：外国企业利用 Internet 的调查

美国印第安纳大学图书与信息科学系在 1994 年对企业界在竞争情报工作中应用 Internet 的现状作了调查，发现企业在利用如下 Internet 功能：①传统竞争情报活动；②营销、客户联系、发展客户；③节省时间；④非正式技术诀窍的交易；⑤信息提供；⑥获取免费软件。其中第一项主要包括通过网络快捷、方便而且廉价地获取各种信息，尤其是同行新产品的发布、用户对本公司和竞争者产品的任何评论意见，从网络上套录外部企业的成就业绩，作为自己的内部发展目标，即“定标比超”(Benchmarking)信息。

7.3.3.3 组织内部的竞争情报源

信息的离散分布规律表明，大量竞争情报约有 80%来自于组织内部。不少本组织成员通过各种渠道有意或无意地掌握了这些信息，且具有分析信息的知识和能力。他们的专业知识、实践经验、业务和社会关系本身就是宝贵的信息源。

(1)组织内部的信息源。

组织不论大小，都有可供利用的信息源。一些公司有大批训练有素的专家成天在市场中观察。这些专家包括科学家、销售人员、采购经理等，他们大多拥有相关竞争对手的资料。公司内部常常有情报人员所需要的资料，在某人的档案柜里、办公桌抽屉里、电脑里。有关人员为了完成自己的工作，长期以来一直在搜集这些信息，但这些信息只供少数人使用。

(2)未联网的计算机数据库资料。

能否连续地、系统地把那些零散分布在人们抽屉里、档案柜里和头脑里的信息搜集起来，汇集到决策部门，关键在于能否建立一套信息交流机制。

搜集本公司内部信息还有一些方法，如建立内部专家库、布告板、会议、讲演、搜集和保存所有贸易展览文献，包括近期竞争对手的图片、小册子、样本和样品、提高信息意识和提供激励机制。

7.3.3.4 人际关系网(第三方)信息源

企业在运营过程中，必然要同许多组织和个人打交道。第三方，指与本企业和竞争对手都发生联系的个人和机构的总称，包括用户、律师、经纪人、注册会计师、股评家、市场调查机构、银行、广告公司、咨询机构、经销商、供应商、行业主管部门、行业协会、宣传媒体、消费者组织、质量检验部门、储运部门等。

(1)关键客户。

许多公司的客户既买本公司的产品也买竞争对手的产品，这些客户直接关系到公司的销售业绩。因为他们是同行的争夺对象，结果他们对同行展示的新产品非常了解，是公司的重要信息源。有时客户愿意如实告诉你竞争对手的产品、服务及定价，是因为这有利于他处于更好的议价地位。向客户了解情况的另一个有效的方法是密切参与客户的活动而从中获取有价值的信息。

案例：英特尔公司通过客户获得竞争情报

1979年英特尔公司听说摩托罗拉公司正在生产一种它也正在生产的微处理机集成电路块。英特尔公司认为摩托罗拉公司一定会向一些客户出售其集成电路块，于是派遣其工程师同某些客户设计机构接触，结果证实了传闻，并摸清了摩托罗拉集成电路块的细节。于是英特尔公司展开了一场销售战，让客户使用它的产品，结果英特尔公司赢得大部分设计合同，包括 IBM 等大公司的设计合同。

(2)供应商。

供应商可以提供的信息包括对手的生产产量或生产计划安排、供应商向对手供货的数量，从而间接推算其产量，根据供应商的生产效率和能力以及本公司的需求数量，间接推算竞争对手的需求量和生产规模。

(3)竞争对手。

打电话或索要其销售宣传资料；把自己的名称登入邮寄品名单中，以便定期得到销售手册和直接邮寄的东西来监测竞争对手。

(4)查找企业的招投标、供需信息。

现在的互联网以及分类广告提供了重要的情报来源。对某个企业的供需信息和分类广告信息进行搜集整理，便可以分析出其主打的产品、战略主攻区域以及供需和企业实际生产情况。这类信息搜集起来相对来说比较容易，如专门服务于一些行业的行业门户网站、行业报纸、杂志以及个别综合性 B2B 网站。此类信息单独使用效果不是非常理想，常需要结合行业和企业动态性信息进行综合判断。

案例：百事可乐通过竞争情报发展印度市场

众所周知，百事可乐和可口可乐一直是两大强劲的竞争对手。百事可乐把工作重点放在了竞争情报分析研究上。它通过了解竞争对手，分析外部环境寻找机遇。百事可乐进行世界人口环境分析，发现年轻一代正在崛起，他们有着与父辈不同的价值观念、生活方式，他们寻求新鲜的、刺激的事物，不满于现状，他们乐观进取，充满朝气。于是，百事可乐放弃了原可口可乐的忠实用户，发展了“new generation”新的受众。百事可乐通过竞争情报的研究分析制定了一套进入印度市场的战略。它充分掌握了印度政治、经济、文化、法律和地理环境等方面的信息。采取的策略是“上层路线”。百事可乐通过和印度农业合作，帮助印度农产品出口的同时，将自己的产品渗透到印度农村市场，并垄断了广大的农村饮料市场。可以说通过这场战役，百事可乐完全打败了可口可乐，并使得可口可乐不得不放弃当时大举进入印度市场的计划。

7.3.3.5 会议信息

各种经济类会议已成为企业搜集市场信息的主要来源之一。例如技术交流会、产品鉴定会、专题讨论会、展览会和展销会、技术贸易会、招标会、信息发布会、洽谈会、科技集市、各类交易会等。

通过参加会议，除了可以得到论文、产品说明书、产品目录这类文献外，还有各展台的文字图片介绍、有参考价值较高的科技或市场信息手册，同时还有在技术招标、咨询服务和人才交流活动中产生的大量文件，以及更多的洽谈、经验交流、录音录像等非文字信息。这种产品密集、商家密集、同行密集的场合是获取技术信息、市场信息和人才信息的最好机会。通过搜索引擎，键入“会讯”或“商展”，可以从网上搜索到数以千计的会讯或商展信息。专业会讯可以从专业网站获取。

案例：宝洁通过不正当途径获得竞争情报

2001年初，宝洁公司和联合利华公司之间爆发了情报纠纷事件。2001年4月，面对主要竞争对手联合利华的强烈质疑，宝洁公司公开承认，该公司员工通过一些不太光明正大的途径获取了联合利华的产品资料，而这80多份重要的机密文件中居然有相当比例是宝洁的情报人员从联合利华扔出的“垃圾”里找到的。后来，宝洁公司归还了那些文件，并保证不会使用得来的情报，沸沸扬扬的“间谍案”就此结束。

7.4 竞争情报方法

综合以上论述，各种信息搜集、分析、表达等方法原则上可应用于竞争情报研究领域，这些方法可划分为定性研究方法、定量研究方法以及半定量研究方法三大类。本章将从竞争情报的搜集和分析两个角度阐述竞争情报方法。

7.4.1 竞争情报搜集方法

竞争情报的搜集方法主要有调查法、人际情报交流法、咨询法、反求工程、竞争情报的四分卫法等。

7.4.1.1 调查法

调查法包括文献调查法、实地调查法与现场调查法。

(1)文献调查法。

文献调查法是通过搜集公开出版物、灰色文献信息以及保密文献信息，以获取竞争对手的情报，具体有：

①从公共图书馆、档案馆、情报信息中心等公共信息服务机构查询与借阅相关书籍、期刊、杂志、报纸、政府出版物、行业出版物、行业年鉴、研究报告等文献信息，摘取、复制有关竞争对手信息；

②通过采购、索取与本行业相关的正式出版物与非正式出版物，订阅与浏览相关的报纸、杂志、行业协会出版物获取竞争对手信息；通过到相关部门查阅对外公开档案、工商企业的注册资料、上市公司的业绩报表、竞争对手的产品介绍、企业招聘广告；

③通过购买第三方机构生产的资信调查报告、行业研究报告、竞争情报研究报告等获得竞争对手信息；

④通过参加展览会、招聘会、研讨会等方式获取有关竞争对手的宣传资料、产品介绍、广告资料等各类文献信息；

⑤通过查询有关政府主管部门、金融证券市场统计资料、法定信息披露资料获取竞争对手情报；

⑥通过专利文献检索获取竞争对手技术研发信息。

案例：胡雪岩与盛宣怀

红顶商人胡雪岩是商界奇才，头脑灵活，胆大心细，善于捕捉商机。他白手起家，短短十几年迅速发达，成为商家巨贾，并有强大的政治靠山，似乎其商界巨头的地位无可撼动。但另一位商界英豪盛宣怀登场挑战了。胡雪岩和看似与自己远不在一个量级的盛宣怀过招，结果是以胡雪岩惨败身死告终。盛宣怀之所以能够斗垮胡雪岩，一个重要原因是其下足了竞争情报工夫，对胡雪岩的业务运转全过程、各个环节点的衔接、致命的风险了然于心。此外，当时刚刚兴起的电报业务牢牢掌握在盛宣怀手里，依靠强大的竞争情报系统和过人的谋略，盛宣怀找准了胡雪岩的命门，给了胡雪岩致命一击，使胡雪岩的商业帝国轰然垮塌。

(2)实地调查与现场调查法。

实地调查与现场调查法是竞争情报最主要的搜集方法，很多情报信息通过公开的信息源无法获得，需要针对具体的情报需求进行专项调查。调查方法主要有：现场调查、访问、发放调查表、样品搜集等。

①观察法：观察法是常用的一手信息获取方法，是在自然的条件下，从一旁观察竞争对手的方法，可以通过感官观察或借助一些仪器与技术。观察法主要应用在观察实际行动、语言行为、表现行为、空间关系和地点、时间、文字记录等方面。例如观察竞争对手公司办公地点是在繁华地带还是郊区、观察厂房大小与布局、观察竞争对手公司上下班的人流量、停车场的车辆数量和种类等来推测竞争对手公司的经济实力等。

案例：体育赛事中的竞争情报

瑞典名将瓦尔德内尔曾是中国乒乓球国手夺冠的最大障碍。瓦尔德内尔在比赛中稳如泰山的状态让人印象深刻。他的软肋到底在哪里？经过对比赛录像的反复研究，中国教练们终于发现瓦尔德内尔有一个习惯性动作：比赛紧张时会下意识地提一下袜子。于是，教练们根据这一发现制定了应对策略。世界冠军王涛回忆说：后来我们和他打比赛时，只要看到他提袜子，立刻就有招了，而且很灵。

②现场调查法：通过实地参观、参加会议、展览会、学术研讨会、贸易洽谈会、博览会、经验交流会、竞争对手公司新闻发布会等，深入现场获取第一手信息。例如，通过参观访问掌握先进技术、工艺等有价值的情报。

③访问调查法：通过面谈、电话交流等方式获取信息，例如通过与竞争对手的用户接触，询问与获取竞争对手产品信息以及该用户对产品的信誉评价，与竞争对手的供应商、经销商接触获取原材料供应情况、经销情况、竞争对手原材料购买情况等。这是一种重要的人际情报获取方法，一般而言，在进行访问调查前，需要做好访谈计划，制订访谈提纲，对提问的对象、时间、方式以及各种可能的情况与应对措施进行设计，需要掌握大量的访谈技巧。

④样品调查法：搜集实物信息是获取竞争对手信息常用的方法，通过购买、租借、互换等方式获取竞争对手产品实物，通过拆卸、重组、试用、观察、测量、试验等方法挖掘竞争对手的产品信息。

⑤问卷调查法：通过向竞争对手员工、行业领域的从业人员、专家学者、客户等发放调查问卷搜集情报信息。问卷调查法的关键在于问卷调查表的设计与调查对象的选定。问卷问题内容、提问方式都直接影响到信息搜集的效果。

案例：美国肯德基通过调查进入中国市场

为了进入中国市场，肯德基把竞争情报中用户的调查放在了首位。该公司的竞争情报人员站在北京主要的商业街道，用秒表计算人流量，同时把样品送给人们品尝，并搜集人们对味道、价格和店堂布置等方面的重要信息。同时，他们还对北京的原材料市场做了调查，并带回鸡、油、面、盐、菜等进行研究。竞争情报部门通过仔细分析、研究得出了结论：北京是一个蕴藏着巨大机会的市场，在北京开店是个正确的决策。结果肯德基在北京市场获得了巨大成功，原计划五年收回的投资在两年内就完全收回。在这一案例中，调查法对于开辟市场、进行科学决策起了重要的作用。

7.4.1.2　人际情报交流法

通过人际关系网络往往能得到公开渠道所无法获得的信息，例如通过亲戚、朋友、同学、老师、老乡等各种人际关系及时了解竞争对手或潜在竞争对手的规划信息，及时了解潜在竞争对手的价格策略、销售策略和推广策略等。这种方法发挥巨大效力的关键在于人际关系网的构建与积累，广泛地与本行业相关的部门、机构、人员建立起良好的关系是获取大量高质人际情报的前提与基础。

7.4.1.3　咨询法

(1)专家咨询法。

向业内的资深人士、专业教授、相关媒体撰稿人、专栏作家等人群咨询，他们往往对本行业的情况非常熟悉，并且他们消息来源渠道广泛，更重要的是企业的竞争对手也非常愿意与他们接触，以期获得专家学者、媒体人士在话语权与宣传上的支持。因此，这些资深人士能够深入全面地掌握行业竞争环境与竞争态势，并能准确分析企业当前和潜在的竞争对手有哪些，以及这些竞争对手对本企业构成了竞争和挑战。因此，这是一种非常重要的情报信息的获取方法。

(2)委托咨询法。

通过委托市场调查公司、资信调查公司、信息咨询公司、剪报服务机构等专业的情报搜集与分析机构帮助搜集与分析竞争对手情报，购买他们的情报产品。当前从事市场调查、竞争情报研究与服务的咨询公司越来越多，有的提供媒体监测服务、媒体信息分析服务，有的提供市场调查、资信调查、用户调查、企业安全调查、竞争对手调查、产业调查与研究等各种服务。在适当的情况下，企业可以委托这些专业的情报调查与咨询机构进行对竞争对手信息的搜集与分析。

案例：委托咨询公司了解竞争对手

国内空调行业经过十多年发展，竞争态势由初期泥沙俱下、群雄并起逐步走向行业集中。在这过程中一大批品牌衰落甚至企业都倒闭了，而生存下来的企业分化也很严重，逐渐形成两个品牌脱颖而出、其他品牌紧跟其后的格局。其中一个品牌生怕在以后的竞争中落后，于是找到赛立信咨询公司提出要研究另一家对手。

赛立信竞争情报服务人员经过初步分析和判断，认为这不是一般的竞争对手研究，因为空调行业前两位同处珠江三角洲，本身已经十分熟悉和了解，双方的产品、人员、架构，包括互相的策略、营销等都清楚。那么，研究对手什么？竞争对手有什么可以学习的地方？经过与客户反复讨论和沟通，赛立信决定放弃一般性议题，包括产品、技术、研发，市场策略、营销推广以及人力资源财务情况等，集中资源研究管理流程，试图从细节着手，研究企业的管理流程有何异同，从而达到提高企业管理水平的目的。确定方向后，调研人员针对这一大型空调生产企业的特点，经过初步摸底研究，提出了需要清晰了解的五大主要业务流程：供应链管理流程、品质管理流程、产品企划流程、计划管理流程、销售管理流程。

调研结果提交客户后，这家企业召开了中层经理以上的会议进行研究，老板布置了内部流程的改进调整工作。这是一次企业在居安思危的情况下进行的竞争情报活动。几年过去了，目前空调行业的竞争格局是两大巨头旗鼓相当，年产销量各达到1500万台左右，而其他品牌则远远被抛在后面，排在行业第三名和第四名的企业年产销量已不足500万台。这两大巨头就是本案例的两个主角，当年的研究者和被研究者。

7.4.1.4 反求工程

“反求工程”是指从已知事物中(如硬件、软件、照片、流程、服务等)反推，寻求事物的本质、组成和发展规律，这项最先从施乐公司开始的竞争情报分析方法被很多企业采用，是向竞争对手学习最直接的方法。反求工程主要应用在获取竞争对手情报和开展反竞争情报两个方面。一方面，利用反求工程可以通过购买竞争对手的产品，对产品进行试用、试验、拆卸等方法进行研究，获取竞争对手产品信息。另一方面，按照国际惯例，用反求工程解析竞争对手的产品是合法的，并且由反求工程解析出的技术秘密可视为己方财富而加以保护。只要不违反专利法、商标法的有关规定，就可以无偿地通过反求工程获得信息。现在反求工程方法已扩大到对竞争对手的服务的了解。如了解投资工具、通过购买保险合同以了解对手服务政策、报价等。反之，企业就需要防范竞争对手利用反求工程，获取本企业的核心技术情报。

案例：比亚迪应用反求工程

2003年，比亚迪通过并购秦川汽车进入汽车业，对于一个一直以手机电池为核心业务的企业来说，如何才能快速有效地进入全新的行业？比亚迪采用反求工程的做法，向国际领先的汽车制造企业学习。比亚迪把先进的汽车样车买来拆开，加以测量、分解、检测，研究其结构，试验其性能，分析其零部件，没有专利的照着做，有专利的根据情况进行修改规避。虽然比亚迪的反求工程在国际上还有各种争议，但比亚迪真正的核心技术是高度组合与复杂的，它的集成创新能力远不限于此。

7.4.1.5 竞争情报的四分卫法

四分卫法是一种典型的会议、会展竞争情报搜集方法，实施过程紧密围绕商贸会展活动及会议信息搜集而展开。这种方法是由美国中央情报局和华盛顿研究公司专门开发和应用的，对行业会议和展览会进行有组织的情报搜集方法。在会议情报搜集中，四分卫指的是在会议上领导一个搜集小组实施情报搜集活动的人。此外，会议情报搜集团队中还包括分析人员、搜集人员、信息源。作为搜集活动的组织者，四分卫处于核心地位，负责制订会议搜集计划，分析搜集机会，辨别搜集目标，确认能接近目标的搜集人员，创造让搜集目标和搜集人员接触交流的机会。运用四分卫法搜集情报时须采用合乎商业道德且合法的手段。

案例：美国汽车公司利用四分卫法搜集竞争情报

美国汽车公司 A 和法国汽车公司 B 都是国际知名的高档豪华轿车生产商，是几十年的竞争对手。2000 年世界汽车博览会在德国举办，B 公司派遣了阵容强大的代表团参加展览。为了收集 B 公司最新动态的竞争情报，A 公司制定了周密的搜集竞争情报方案。A 派遣了一个由 6 人组成的竞争情报团队，由一位队长负责，这位队长的作用相当于橄榄球队的组织核心——四分卫，在队长的指挥下，每位成员的分工和人物都很明确，有的负责索取所有公开资料，有的负责询问获取情报，有的负责询问技术，有的负责询问营销与销售、财务、生产、管理、后勤、公关等，甚至询问的时间、对象、环境、时机的选择都经过仔细的安排。最后的结果是，A 得到了所有需要的竞争情报。

7.4.2 竞争情报分析方法

竞争情报分析方法是竞争情报人员在管理分析和情报研究实践中探索总结出来的，将数据、信息转换为情报的过程中所采用的一些工具和技术。由于竞争活动涉及的范围非常广，研究内容纷繁复杂，目前竞争情报分析方法也是非常之多。John J. McGonagle 和 Carolyn M. Vella 合著的 *Bottom Line Competitive Intelligence* 一书里，列举了常见的竞争情报分析方法，如表 7.2 所示。

表 7.2 **常用的竞争情报分析方法**

竞争者分析	市场分析	财务分析	组织分析	技术评估	环境评估	预测	行业分析
SWOT	输赢分析	现金流和变化分析	组织评估	专利地图分析	法规分析	统计和计量经济学分析	“五力”模型
投资组合分析	价值链分析	成本分析	文化评估	研发、生产和制造过程分析	政策和经济评估	趋势分析和预测	结构和趋势分析
计划和目标分析	供应链分析	比率分析	个人档案评估	技术预测	国家和地区风险分析	情景研究和分析	关键成功因素
标杆管理、竞争分析和影子战略		资产流转		反求工程	危机管理评估	定性、定量和其他分析方法	关系地图
差距分析		借贷分析		标杆管理			区域战略分析
响应模型		可持续发展分析					BCG 矩阵

此章介绍几种有代表性的竞争情报分析方法。

7.4.2.1 财务分析法

财务分析法是指经济业务活动完成后，对经济业务活动的经济性作出分析判断，使下一轮经济业务活动达到更加经济合理的要求的一种技术方法。通过各种方法收集研究对象的财务报表，来分析其经营状况、融资渠道以及投资方向等情报。财务分析的目的受财务分析主体和财务分析服务对象的制约。从财务分析的服务对象看，财务分析不仅对企业内部生产经营管理有着重要的作用，而且对企业外部投资决策、贷款决策、赊销决策等有着重要作用。①

财务分析法的分析内容：

(1)资金运作分析：根据公司业务战略与财务制度，预测并监督公司现金流和各项资金使用情况，为公司的资金运作、调度与统筹提供信息与决策支持；

(2)财务政策分析：根据各种财务报表，分析并预测公司的财务收益和风险，为公司的业务发展、财务管理政策制度的建立及调整提供建议；

(3)经营管理分析：参与销售、生产的财务预测、预算执行分析、业绩分析，并提出专业的分析建议，为业务决策提供专业的财务支持；

(4)投融资管理分析：参与投资和融资项目的财务测算、成本分析、敏感性分析等活动，配合上级制定投资和融资方案，防范风险，并实现公司利益的最大化；

(5)财务分析报告：根据财务管理政策与业务发展需求，撰写财务分析报告、投资财务调研报告、可行性研究报告等，为公司财务决策提供分析支持。

有效的财务分析必须包括以下 5 个相互关联的步骤：

①确定企业所处特定产业(或行业)的经济特征；

②确定企业为增强竞争优势而采取的战略；

① 王延飞. 竞争情报方法[M]. 北京：北京大学出版社，2007.

③正确理解和净化企业的财务报表；

④运用财务比率和相关指标评估企业的盈利能力与风险；

⑤为管理决策作出相关的评价。

财务分析方法的局限性：

财务分析较常用到比较分析法，在比较分析时，必须要选择比较的基础，作为评价本企业当前实际数据的参照标准，包括本企业历史数据、同业数据和计划预算数据。例如，以本企业历史数据作为比较基础，并不代表具有合理性，历史数据代表过去，由于经营环境的变化，今年比去年利润提高了，不一定说明企业经营管理水平提高了。同理，以同业数据和计划预算数据作为比较基础，也不一定合理。

7.4.2.2 普赖斯科特模型

美国竞争情报从业者协会前主席、创始人约翰·E. 普赖斯科特(John E. Prescott)教授于1999年8月在安徽黄山召开的“全国竞争情报技能和案例分析”学术研讨会上做了题为“竞争对手跟踪分析”的专题报告，提出了竞争对手跟踪的金字塔模型。普赖斯科特的金字塔模型提供了一条“竞争信息如何形成竞争决策”的工作线索，建构了竞争对手和竞争环境的预警系统框架，如图7.1所示。

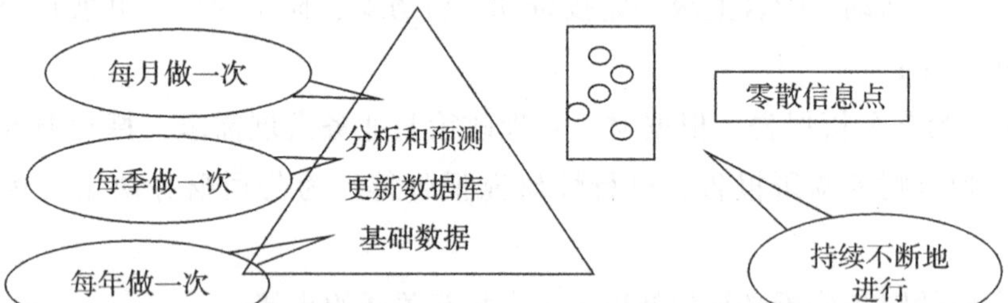

图7.1 竞争对手跟踪模型

普赖斯科特模型内容分析：

金字塔模型的最底层，是竞争对手基础数据库，存放竞争对手关键性的历史数据和企业在过去形成的关于该对手的分析结果，是企业掌握的竞争对手的基础知识。

中层记录的是企业持续跟踪竞争对手的每一个新动作，定期取得的对手近期动向和当前状况，还有初步的分析判断，形成了关于对手的新知识。

最上层的分析和预测，是在综合了下层基础认识和最新动态后，得到的竞争对手状况评估和行动预测。企业决策就是以最上层的分析和预测结果为依据，由此实现了由竞争信息形成竞争决策的提炼和升华。图中分散在金字塔外部的竞争对手信息被称为“点的竞争信息”，是企业获得的零散的、突发性的竞争对手信息。由于这些点信息出现得非常规性，企业更有必要对之进行去伪存真、由表及里的深入分析。点的竞争信息经过处理之后，常常作为激发因子直接和最上层的评估预测即时联系起来，激活最上层的分析行为，同时亦作为最新知识加入已有的竞争对手知识。

底层的基础数据库一般每半年或一年系统地整理一次；中层内容可每个季度整理一次导入基础数据库；最上层的分析或预测一般每月进行一次，但随时有被激发因子激活的可能；外围不间断的竞争对手监测和动态处理分析则是持续进行的。在这个金字塔模型中，从底层到顶层，是竞争对手信息升华为竞争对手战略战术的提炼之路，也是企业实施竞争对手跟踪的日常工作之法。正是信息的点滴积累、丝缕分析才形成了最后正确而全面地分析竞争对手的基础。

7.4.2.3 多点竞争模型法

多点竞争战略的理论和技术由美国宾夕法尼亚大学沃顿商学院陈明哲教授提出，他在长期从事动态竞争条件下竞争对手之间进攻和反击的策略研究中总结得出。

多点竞争中的“点”就是一个“市场”，其含义包括：(1)区域市场或者国家市场，例如湖南市场、日本市场；(2) 细分市场，例如高档市场、中档市场和低档市场；(3)一个产品线或者一个经营单位，例如冰箱或者专门生产冰箱的子公司；(4)以上各个部分的不同组合，例如华南地区-冰箱市场。从这个意义上说，如果一个企业具有多个区域、多种产品线或者多个行业性的二级子公司，那么相对而言，这个企业就具有了多点竞争的优势，反之，则只有多点竞争的劣势。

从简单多点竞争的模型可以看到，假定TCL公司和康佳公司有至少两个区域市场或者两个产品是相同的，并且存在着竞争的关系，那么这两个企业之间实际上存在着互相制约的关系。正是因为TCL和康佳之间存在着潜在的"跨市场/产品"报复的可能性，所以采用多点市场竞争可以避免你死我活的竞争。如果这两个企业在同一个行业竞争，其中TCL在市场I的份额大，而康佳在市场II的份额大，双方就处在暂时的均衡状态。如果TCL采用降低价格的方法在市场II上攻击康佳，那么康佳为了保护本地市场或者主要市场就有两个选择：一是可以以同样的策略在市场II上进行反击，那么在市场II的价格竞争中，企业能够得到的最好结果也就是保住份额，但是失去了大量的利润和自己的价格定位；二是在市场I对TCL降低价格的进攻，进行针锋相对的反击，夺取TCL在市场I的市场份额。这样TCL也不敢在市场I做正面回击，否则它也会失去大量利润和自己的价格定位。假如两个企业的竞争力是一样的话，没有一个企业能够在这个回合中获得优势，最后双方只好决定放弃这个回合的价格竞争，重新回到均衡的状态。正是因为两个企业在受到攻击的时候，都没有正面回击，所以两个企业才可能在价格竞争结束后重新回到原来的价格水平。在简单多点竞争模型的基础上，可以进行一些变化以说明多点竞争战略可以达到的目的。

案例：区域市场的竞争反击

Maxwell House公司在美国咖啡市场上是一个市场占有率很高的老企业，而P&G公司是这个行业的新的进入者，它所生产的Folger牌的咖啡主要在南方市场上销售。为了扩大市场占有率，P&G公司决定采用大量送赠品的方法进攻美国北部的克利夫兰。Maxwell House公司考虑到P&G公司是一个非常认真和强大的竞争对手，所以立即采用同样的方法攻击美国南部的堪萨斯。但是P&G公司并没有就此停手，而是立即在北方的匹兹堡开始第二个回合的进攻。Maxwell House公司没有其他的选择，只能够对等地选择南方的另一个城市——达拉斯进行回击。经过第二个回合以后，双方才结束了这场战斗，与此同时，P&G公司以违反反垄断法的理由起诉Maxwell House公司，但是没有成功。

案例：为保护主要市场做出竞争反击

吉列公司主要是生产一次性剃须刀的企业，而BIC公司是专门生产一次性钢笔的企业。吉列公司为了增加产品，决定进入一次性钢笔的行业，从而成为BIC公司的竞争对手。BIC公司如果不反击，就会让这个强大的竞争对手长驱直入。采用降低价格、正面阻止吉列公司的办法是可以的，但是这样就会降低整个行业的毛利率，吃亏最大的是自己。BIC公司最后所采用的办法就是采用多点进攻的战略，开发或者采用一次性剃须刀去回击吉列公司，把同样的问题放在了吉列公司面前。最后吉列公司为了自己和行业的利益，决定放弃进入一次性钢笔市场，而BIC公司因此也决定放弃一次性剃须刀。

7.4.2.4 核心竞争力分析模型

1990年，美国著名管理学者加里·哈默尔和普拉哈拉德的核心竞争力(Core Competence)模型是一个著名的企业战略模型，其战略流程的出发点是企业的核心力量。核心竞争力分析(Core Competence Analysis)模型是分析企业有效竞争和成长的重要工具。企业核心能力是指提供企业竞争能力和竞争优势基础的多方面技术、技能和知识的有机组合。企业核心能力是企业持续竞争优势的源泉。

核心竞争力的识别标准有4个：

(1)价值性。这种能力首先能很好地实现顾客所看重的价值，如：能显著地降低成本，提高产品质量，提高服务效率，增加顾客的效用，从而给企业带来竞争优势。

(2)稀缺性。这种能力必须是稀缺的，只有少数的企业拥有它。

(3)不可替代性。竞争对手无法通过其他能力来替代它，它在为顾客创造价值的过程中具有不可替代的作用。

(4)难以模仿性。核心竞争力还必须是企业所特有的，并且是竞争对手难以模仿的，也就是说它不像材料、机器设备那样能在市场上购买到，而是难以转移或复制。这种难以模仿的能力能为企业带来超过平均水平的利润。

案例：沃尔玛的核心竞争力分析

沃尔玛从建店伊始经过多年的发展，已经成为美国最大的私人雇主和世界上最大的连锁零售商。沃尔玛在长期的经营过程中，形成了自己独特的经营之道，并逐渐形成了自己的核心竞争力。其核心竞争力及其培育之道，可以归纳为以下几个方面：

天天平价——低成本核心竞争力的培育。零售业的关键是顾客满意度。“天天平价”作为沃尔玛长期奉行的经营宗旨，也正是沃尔玛着眼于顾客的举措。这里的平价不是定期或不定期的减价促销活动，而是长期稳定的保持商品低加价率。要保证低价格竞争战略的实施，关键是低成本核心竞争能力的培育，其前提就是要从各个环节降低成本。

顾客至上——优质服务能力的培育。沃尔玛的顾客关系哲学是：顾客是老板，顾客永远是对的。每个初到沃尔玛的员工都被谆谆告诫：你不是在为主管或者经理工作，其实你和他们没有什么区别，你们共同拥有一个“老板”——那就是顾客。为使顾客在购物过程中自始至终地感到愉快，沃尔玛要求其员工的服务要超越顾客的期望值：要主动把顾客带到他们找寻的商品前，而不是仅仅给顾客指一指；主动与顾客热情打招呼，询问其是否需要帮助；员工要熟悉自己部门商品的性能优点、特点和价格高低，保证顾客乘兴而来，满意而归。正是这种时刻把顾客需要放在第一位的优良服务品质，使沃尔玛赢得了顾客的信任，从而带来了巨大回报。

高效的物流配送系统。有效的商品配送是保证沃尔玛达到最大销售量和最低成本的存货周转及费用的核心。作为一种经过长期培育而形成的核心竞争力，高效快捷的物流配送系统为沃尔玛赢得了竞争优势，是沃尔玛成功的保证。沃尔玛的核心竞争力正是扎根于顾客至上、员工满意上。为顾客提供“天天低价”的优质产品，而且能以最快速度对顾客需求变化做出反应，从而在竞争中形成明显的竞争优势。

7.5 国外竞争情报实例分析

国外竞争情报主要以日本与美国为例进行分析。

7.5.1 日本的竞争情报

日本是最早进行竞争情报研究和应用的一批国家之一。日本的竞争情报主要是从“二战”之后发展起来的，战后日本经济迅速崛起并发展成为资本主义第二大经济强国，得益于日本政府及日本企业对信息产业的极大重视与支持。日本政府引导、鼓励、支持企业建立信息服务系统，并为企业提供信息支持。日本的竞争情报系统主要有三大块：综合商社、企业情报部和政府机构。这些组织和机构每天在全世界搜集信息，然后传送给国内公司总部处理、分析和使用。

7.5.1.1 综合商社的情报网络

强大的情报网络对贸易公司的商品交易特别重要，因为即使在很偏远的地方发生的危机都可能对商品价格产生深刻的、直接的影响。综合商社是以贸易为主体，集贸易、金融、信息、综合组织与服务功能于一体的跨国公司组织形式，是集实业化、集团化、国际化于一身的贸易产业集团。目前，日本有六大财团，三井、三菱、住友、三和、富士和第一劝银。这六大综合商社都不遗余力地建立强大的情报系统。它们在全世界有180多个办事处，一万多名雇员，每天搜集约10万条信息。来自全球的信息每天24小时不停地送到日本，在日本进行选择、分解、分析，然后向各从属公司扩散。每家综合商社每年在情报上的支出约6000万美元。日本各大综合商社被誉为集贸易、金融、信息功能于一体的"情报机构"。

六家综合商社中搜集情报最多的是三菱商社。它在全世界有200多个办公室，1.3万多专门人员，每天搜集的商业和竞争信息超过3万条。它将搜集到的资料加以过滤、分析之后传送到三菱家族的各公司。竞争情报是三菱家族全球竞争的有力武器。搜集有关中国的情报最多的是第一劝银的伊藤忠商社。他们利用在中国获得的大量竞争情报为其他日本公司提供咨询，伊藤忠商社声称他们在中国的情报资源超过许多国家政府的情报资源。综合商社搜集的信息除了供其下属企业使用外，还供日本政府使用。日本的海外大使馆在从事某些项目研究时向所在城市的综合商社的办事处请求帮助是经常的事。日本政府在"二战"期间也利用了综合商社的情报功能，三井广泛的情报网络被用来为日本的战争机器搜集情报，1991年日本外交部也利用三井的网络随时了解苏联发生的试图推翻戈尔巴乔夫的政变的情况。最具有代表性的例子是日本三菱商社的CI工作。日本三菱商社拥有世界一流的情报收集和传递系统，每年在情报搜集上的花费达到6000万美元，其情报人员以"旅游者""摄影家""投资商"等身份遍布全球，他们对各自周围的一切，甚至一张报纸、一本杂志、一幅广告都要研究个透，并能在5分钟内将世界各地的相关情报传至公司总部，素以高速度、高效率著称。在20世纪80年代，三菱商社的情报专家曾根据从欧美各国汇集的综合情报作出预测，当时正遭受西方国家严厉制裁的伊朗会在短期内获得全面解禁。据此，三菱商社加大了对伊朗环境CI的分析研究并实行了重大举措：就在以美国为首的西方国家宣布取消对伊朗实行经济制裁和贸易禁运之前的一个月，由三菱商社总裁率领的代表团秘密飞往伊朗，立即请伊朗商业、工程、运输、机械等部门进行贸易或投资合作协商，并以"防止美国人阻挠"为由要求谈判秘密进行，饱受多年制裁和禁运之苦的伊朗人欣喜若狂，在谈判中全面合作，并提供了各种优惠条件，仅一个星期，双方就签署了数十亿美元项目的协议。这正是三菱商社开展环境CI、先声抢占伊朗市场而使世界商界为之震动的典型范例。

7.5.1.2 大公司的情报系统

日本的企业情报机构被认为能媲美美国中央情报局。日本企业家把信息看成企业的生命线，日本的松下电器、索尼公司重视竞争情报的工作，总能在竞争中把握最佳时机，在竞争中出奇制胜，后来居上。他们对情报收集的态度是："无论收集信息、了解行情、从事销售都必须亲自掌握第一手资料。"这些公司的工作人员不是为征求订货而访问用户，而是为收集用户的信息进行访问。无论有无业务性工作都经常接触用户、顾客，收集信息。索尼公司总裁说："本公司之所以名扬全球，靠的是两手：一是情报，二是科研。"三井物产负责人认为：人才是企业的支柱，信息是企业的生命。松下电器总经理山下俊彦说："自己动手搜集、判断信息是铁的原则。"

日本丰田汽车公司是最早成功进入美国市场的日本汽车公司，并取得了骄人的成绩。他对美国汽车市场竞争格局有了全面的分析与充分的把握，成功地叩响美国汽车市场大门。丰田汽车公司能成为全球大型汽车企业之一，并成为全球最受人尊重十大品牌中亚洲唯一的品牌，也与其在美国市场的成功分不开。通过对竞争情报的研究，丰田公司准确地把握着全球汽车市场。

20世纪60年代，日本的大公司纷纷建立自己的竞争情报部门来弥补综合商社提供的情报的不足。佳能、NEC、东芝和丰田都有很好的竞争情报部门。从驻日本近20年的美国情报官员卜奎恩讲述的一个故事中可看出日本公司竞争情报的深度：有一天我代表客户去拜访东芝公司，同他们讨论我代表的客户想同他们联盟生产远程会议系统的事。我给他们发去传真，告诉他们我在星期四上午11点同他们见面，当我到达见面地点时，看见我发去的传真上面有一段文字："此人在日本已待了很长时间，会说流利的日语，妻子是日本人，某某大学毕业等。"美国另一位在东京的计算机公司总裁说，日本公司员工在见了外国人员以后，便要举行汇报会，人们把他们获得的信息记下并加以分析。重要的资料被印出来在公司内自由传阅，资料通常都附有美国技术杂志上的相关文章或技术会议的报告。简单的活动在他们那里变成了一门科学。这个例子很好地说明了为什么日本公司在同竞争对手谈判时能占上风。

日本公司对竞争情报的投入很大。比如日产汽车公司在总部建立了日产企业研究图书馆，其所属的5个分馆收藏的书籍、文件和报告超过10万种。公司的每一个人都可以使用，联网以后，职工使用该馆的信息尤其方便。东芝内部研究开发图书馆的藏书超过4万卷。其内部网络名为TOSFILE，每日从图书馆、有线服务、报纸和其他信息源向500多个决策人员提供信息。其卫星全球传递信息的方式也通过了检验。该公司有20多名专职情报人员处理信息流，信息工作是所有人的工作。在美国的日本经理为日本公司剪辑当地报刊文章，用传真发回日本总部是常见的事。事实上，驻在海外的所有雇员都要定期按周或按月向公司竞争情报单位提交报告。公司竞争情报单位对信息进行分类，然后向全公司分发。如遇到关键的或紧急的信息，员工将把信息直接通过电话或传真送给有关人员，以尽快得到反应。一般而言，公司总部专门从事竞争情报工作的有10~20人，他们一律属战略规划部或研究部管辖。这些竞争情报人员多在政府培训机构——产业保护学院接受过培训。日本政府在20世纪60年代建立的产业保护学院，名字看起来好像是为了保护产业安全，但实际上这只是其部分工作。在保护学院经过4个月训练的毕业生进入企业之后，许多都从事商业信息的搜集和分析工作。

日本还有100多家被称为"智囊公司"的私人公司，专门从事情报搜集、分析和扩散工作，许多雇员超过数百人。比如成立于1965年的野村研究所有雇员500多人，其中半数以上是研究员，在纽约、伦敦、香港、巴西等地都设有办事处或分支机构。其他较有名的智囊公司还有三菱、三井、大和等。在日本，竞争情报工作不是秘密。1993年日本出版的称作"Kigo Gaiko"的书籍是为在纽约、芝加哥和亚特兰大经营的1300个日本公司编写的情报指南。书中列出了每一个公司的背景、地址、雇员数量和所从事的业务。

7.5.1.3 政府的情报活动

除了综合商社和大公司以外，日本政府也积极参与竞争情报工作。同日本大企业联系密切的政府部门是日本通商产业省(简称“通产省”)。通产省负责制定促进产业发展的政策，确定日本企业的发展计划，决定哪些领域为发展重点，应得到研究基金、税收优惠、关税保护等。最近一些年，通产省挑选了计算机(特别是软件开发)、生物技术、机器人和半导体作为优先发展领域，要求在这些领域的日本企业努力做到全球领先。政府积极给企业提供帮助，其中一项重要内容就是为这些产业的公司提供信息。为达到这一目的，政府利用了日本对外贸易组织(JETRO)。对外贸易组织成立于 1958 年，是一个半官方组织。其官方的使命是促进日本和其他国家的贸易，但其主要作用是为日本综合商社和单独的公司提供竞争情报。JETRO 中的 E 原先代表“出口”(Export)，20 世纪 80 年代改成了“对外”(External)，因为当时日本已有大量的对外顺差。

JETRO 的主席曾在一本小册子中指出：“JETRO 早就在进行全球经济和国际贸易的分析和量化工作了，它的这些工作在全世界都出了名。JETRO 目前正在努力建立世界一流的经济信息数据库，数据库收录内容包括日本和其他国家的经济信息。”他所说的经济信息显然就是竞争情报。事实上 JETRO 是世界上唯一受政府支持的大型竞争情报机构。JETRO 发表大量的信息，任何愿意花时间和精力的人都能得到这些信息。信息大部分是日文，但英语译文正日渐增加，尤其是在美国的 JETRO 中心的信息资料。然而，不懂日文，要充分利用 JETRO 信息是不可能的。

JETRO 的总部在东京，在日本国内有 32 家办事处，在海外 57 个国家和地区有 79 个办事处。此外，JETRO 在美国各州还有 20 名高级贸易顾问，其全球员工总数达 1300 人。JETRO 的人员利用大使馆为通产省人员提供几个工作岗位从事情报工作是常有的做法。要了解 JETRO 信息的深度，可到东京图书馆看一看。书架上陈列了几乎世界每一个城市的每一种电话簿。在 JETRO 的日本人的办公室里，总会看到人们在研究大堆的资料、图表和有大量数据的文件。

JETRO 的许多信息是通过自己的出版物公开发表的，其出版的刊物有《日本新技术》《日本聚焦》等。前者是关于日本的产业和技术的月刊，后者是有关日本经济、贸易和产业趋势的新闻月报。JETRO也发表有关中国的经济和贸易趋势的双月刊——《中国通讯》。尽管JETRO的资料许多是公开发表的，比如50美元便可买一份日本通产省指南，从中可了解到日本高科技研究的目标，也有许多东西是不公开的。JETRO为日本客户提供它所谓的“用户报告”，其中的信息是一般人得不到的。JETRO也编制针对具体主题的保密报告。要得到这种报告，你必须在日本贸易公司工作或同日本的企业界关系密切，一般而言：你必须是日本公民。这一信息通常不向海外竞争对手提供。保密的报告经济是由JETRO的“领域专家”撰写的。所谓“领域专家”是指某些产业部门的专家，如半导体部门或石油部门。

尽管对大多数人而言，通过分别了解日本的三大信息搜集部门来了解日本的信息系统比较容易，但我们必须明白，日本文化是信息共享文化。日本的企业系统内部所有公司之间有着分享信息的传统。为了对付共同的敌人，不同企业系统之间的竞争对手也时常交流信息。信息的综合商社、大公司和政府这三大块之间自由流动，三大块都是日本竞争情报机器的一部分，都为一个共同目标而运行。

7.5.1.4 日本搜集情报的方法

日本搜集情报的方法包括系统地监测各种发表的信息、实地采访、逆向工程分解、现场参观、发展同竞争对手的顾客和供应商的联系等。聘请竞争对手的前雇员提供内部信息、支付专门的咨询费、雇用第三方人员来获取对手的专有信息等方法也经常采用。日本公司还通过派遣工程师和在海外设立联络处的方法来搜集情报。据估计，在20世纪80年代初，日本为了在计算机软件方面缩短同美国的差距，派遣了1500多名软件专家前往美国，每年花费的资金约2500万~3000万美元。这些专家通过公开和隐蔽的手段大规模搜集情报，他们购买新工具及仪器样品运回日本，他们搜集产量、生产率及远景规划资料。竞争情报使国内通常需要耗费巨资、花费一年的时间才能完成的研究开发项目，有可能通过在硅谷的一次谈话就解决了。

日本在美国派驻的机构也是最多的。美国司法部在20世纪80年代的一份报告中列出的外国驻美机构名单，联邦德国占17页，英国占23页，而日本竟占了44页。吉恩·别林斯基1978年在美国《财富》杂志上发表的一篇文章对日本公司在硅谷的“联络处”有详细的描写：联络处的人员大多是专家，包括半导体线路设计师。他们进行复杂的情报搜集活动，其组织之严密不亚于军事行动。许多搜集活动都是公开的，比如参加学术会议、展览会和听课。他们也利用当地的资源进行技术和市场研究，但有一些活动则不完全令美国半导体行业的总裁们容忍，比如，联络处的人在当地许多公司内部发展泄密联络人员关系网……联络处密切跟踪总裁和工程师的工作变动，下的工夫不亚于战争中的情报机构对敌方军事人员调动的监视。由于硅谷半导体公司的人员经常有跳槽的习惯，跳槽率每年达15%~20%，这使日本公司有大量的技术人才可供挑选，结果行业秘密不久便不再是秘密。一旦发现了掌握有关信息的人员，日本人便以提供丰厚的咨询费的方式引诱他们，短期咨询费可达500美元一天。这种咨询实际上是要咨询人员把他过去工作的公司的信息充分挖掘出来。对于长期咨询，咨询费可达6万美元一人。这还是20世纪70年代末的报酬。

日本公司的竞争情报工作曾引起了一些司法官司。20世纪80年代初，IBM公司曾指控日立公司非法获取IBM的情报。事情是这样的：一家由IBM公司的前雇员成立的名为帕尔恩协会的咨询公司提出愿意为日立提供有关研究IBM3081计算机的结果，谁知日立公司的代表告诉他们，日立早已获得了IBM的内部文件(工作手册、指南等)。帕尔恩公司认为日立非法获取了IBM的机密，于是告诉了IBM，IBM进行了长达8个月的调查，最后向联邦法院起诉了日立。

7.5.1.5 日本竞争情报产生的效益

日本对竞争情报的大量投入为日本带来了什么实际成果呢？据估计，竞争情报工作对日本的超大规模集成电路(VLSI)在世界的领先地位，以及其今日仅次于美国的计算机技术作出了很大的贡献。VLSI是由日本通产省协调、为期4年、耗资2.8亿美元的项目，该项目在1979年完工。竞争情报工作提供了不少于项目35%~40%的基本资料。根据这些资料，日本得以制订计划并于1979年完成计划。日本的集成电路贸易在1978年以前一直是赤字，1978年赤字变成了盈余，到1984年盈余已高达5500亿日元(约合当时的36亿美元)。

7.5.2 美国的竞争情报

美国作为竞争情报实践和理论的发源地之一，其企业开展竞争情报活动源于经济全球化的发展和日本等外国企业的激烈竞争。20世纪五六十年代，随着日本企业在全球范围内的迅速崛起，美国公司在很多传统优势产业的全球霸主地位受到巨大的挑战，通用汽车、IBM、摩托罗拉、柯达、施乐等美国王牌企业在强劲的竞争对手面前纷纷败北，有的甚至被竞争对手彻底打垮。后来美国企业界和经济学家经过认真研究，惊奇地发现日本企业在激烈的商战竞争中取得成功的关键在于，从政府到企业都对竞争情报高度重视，而美国企业则把竞争的失败归结于政府没有采取行政干预措施，对国外企业设置相应的关贸壁垒，以保护美国企业的利益，从根本上违背了市场经济“优胜劣汰”的基本规律。通过认真的反思和总结经验教训，20世纪70年代以来，美国一些公司如IBM、施乐、惠普、摩托罗拉、柯达等先后认识到竞争情报在市场竞争中的重要性，纷纷建立了企业自己的竞争情报研究部门，有效地搜集、分析和利用竞争情报，使得企业在与竞争对手进行的市场争夺战中，重新占有先机，陆续夺回了竞争的主动权，在此列举三个具有代表性的企业：摩托罗拉、IBM和施乐公司。

7.5.2.1 摩托罗拉公司依靠竞争情报确立发展新领域

摩托罗拉公司创建于1928年，最初生产汽车收音机，1965年进入彩色电视机市场，并于1967年开发推出美国第一台全晶体管彩色电视机，很快成为美国著名的电视机制造商。但是到了20世纪70年代，美国彩色电视机市场需求已向高质量便携式和台式机型发展，但该企业忽视市场竞争环境的变化和新的竞争对手已迅速崛起的情况，仍然集中力量生产落地式电视。而索尼、松下等日本企业在认真研究国际市场彩电竞争态势及其发展趋势，以及美国顾客需求新变化的基础上，准确把握顾客消费心理，迅速研制开发高质量的便携式彩电，并不断增加产品品种和功能，以满足美国用户的要求，与摩托罗拉公司在彩电市场上展开了激烈竞争。摩托罗拉公司由于拒绝改变自己的经营发展模式以迎接索尼、松下等竞争对手的挑战，最终在竞争中失败。摩托罗拉公司于1974年退出电视机市场，被迫将国内电视机业务卖给了日本松下公司。

进入20世纪80年代后，摩托罗拉公司开始认识到竞争情报研究与系统建设在企业经营发展中的重要作用，将精力从单纯指责日本企业、寻求政府保护转移到通过研究竞争情报来深层次了解日本企业如何获得全球领先地位。首先，摩托罗拉公司成立了专门的竞争情报研究部门，设立企业信息主管（CIO），专门聘请了曾担任过美国联邦政府科技情报执行官的简·赫林先生任公司竞争情报部主任，加强了以竞争情报为核心的信息管理，先后通过运用竞争者动态分析、Benchmarking等竞争情报分析技术将自己的运行方式与日本业内最好的公司进行对比，重新审视自己产品的质量和生产程序，同时针对日本索尼、松下等竞争对手企业的优势、运营状况及其销售态势进行情报研究。发现尽管摩托罗拉等美国企业在彩电产品生产核心技术方面仍然拥有较大竞争优势，但日本竞争对手企业在生产规模、经营管理和产品价格及售后服务等方面都具有很强的竞争优势，已经能够以很有竞争力的生产成本生产出很高品质的产品，并且迅速推向世界市场，其企业总体水平已在全球同业中占据领先地位，美国企业在彩色电视方面与日本企业相比已不可能取胜。因而果断地决定充分发挥摩托罗拉公司半导体集成电路芯片制造核心技术的特长，迅速将主要产品开发重点转移到移动通信领域方面，并且与一些美国公司和政府合作成立了一个名为Sematech的机构，专门从事针对日本企业的竞争情报研究工作，为制定竞争策略提供依据。同时，摩托罗拉公司还集中力量重点跟踪诺基亚、爱立信和西门子等竞争对手的发展动向，加强新产品研制、开发和营销环节等的信息集成管理，通过20多年的不懈努力，从而确定了摩托罗拉公司作为世界顶级移动通信产品生产商的地位。

正是由于摩托罗拉公司依靠竞争情报，在竞争情报投入上居全美第二位，从而保障了公司能够及时准确地了解全球竞争环境的变化和竞争对手的实力，果断地重新确定新的发展重点，使其电子通信主要产品，如寻呼机、移动电话等产品在世界范围的市场上有着杰出的表现。

7.5.2.2 IBM公司通过建立竞争情报体系实现扭亏为盈

在20世纪80年代末期，由于IBM公司对市场竞争趋势的判断出现重大失误，忽视了当时迅速发展的个人电脑革命，仍然认为大型主机硬件设备的研制开发会给公司带来持续的繁荣。而且面对瞬息万变的市场，IBM集权化的组织结构和官僚化的管理体制，加快了公司经营危机的来临，到20世纪90年代，公司终于陷入严重的困境，1991—1993年，IBM公司的亏损超过147亿美元，成为美国公司历史上最大的净亏损户，其在全球电脑市场上的销售排名在1994年下降到第三位，股票价格下跌了50%，公司的发展和生存面临严峻的挑战。1993年1月，IBM董事会决定辞退公司总裁，并由曾任职于麦肯锡管理咨询公司的原美国RJR食品烟草公司总裁Louis Gerstner先生临危受命，担任IBM新的董事长兼首席执行官。面对如此严峻的局势，这位蓝色巨人的前任总裁Gerstner认为其行业地位“受到了竞争对手的实质性侵害”。

为此，他审时度势，决定对公司的最高决策层和管理层进行改组，以完善具备战略性的领导体制，成立了IBM中长期战略决策组织，即政策委员会和事业运营委员会。并认识到建立一个公司层面统一和正式的竞争情报体制的重要性，提出要立即加强对竞争对手的研究，建立一个协调统一的竞争情报运行机制，将可操作的竞争情报运用于公司战略、市场计划及销售策略中。多次召开CI方面的会议。IBM公司启动了一个建设和完善竞争情报体系的计划，并建立了一个遍及全公司的竞争情报专家管理其全部运作的核心站点。IBM公司的决策层希望通过该计划，及时准确地判断企业的竞争对手拉拢IBM公司客户的企图。为了对付这些竞争对手，公司组织实施了“竞争者导航行动”竞争情报项目，重点针对IBM在市场中的12个竞争对手，对每一个竞争对手公司都指派一名高级经理作为专门负责该对手的“专家”，其责任是确保 IBM 公司掌握竞争者的情报和经营策略，并在市场上采取相应的行动，在此基础上建立公司的竞争情报体系。该竞争情报体系包括完善的管理信息网络和监视竞争对手的常驻专家和与之协同工作的 IBM 公司的竞争情报人员，以及生产、开发、经营和销售等职能部门的代表，由这些人员构成一个个专门的竞争情报工作小组，负责管理整个计划中相关方面的竞争情报工作。分布在整个公司的各个竞争情报工作组每天对竞争对手进行分析，通过基于 Lotus 公司 Nores 软件的系统为工作组提供在线讨论数据库，能够使 IBM 公司全球各地的经理和分析家们通过网络进入竞争情报数据库，并作出新的竞争分析。竞争情报小组还使用 IBM 公司的全球互联网技术获取外界信息，利用 IBM 公司的内部互联网技术更新企业内部的信息。随着这一体系的不断完善，竞争情报开始融入 IBM 公司的企业文化，在经营过程中发挥越来越重要的作用。

通过调整竞争情报工作重点及建立新的竞争情报体系，IBM 公司各部门的竞争情报力量能够有效地集中对付主要的竞争对手和主要威胁，并提供各种办法提高各竞争情报小组的协作水平，优化了原有的情报资源，增强了公司适应市场变化和对抗竞争的能力，最大限度地满足了全球市场上客户们的需求，公司销售收入持续增长。竞争情报在 IBM 公司经营改善中的作用也逐步显现出来。据调查，1998—2000 年，竞争情报对整个公司业绩增长的贡献率分别为 6%、8%和 9%。IBM 高速增长的商业利润再次受到公众的关注。

7.5.2.3 施乐公司运用竞争情报加强竞争对手分析

美国施乐公司作为世界复印机行业的巨头之一，于 20 世纪 60 年代在世界首次推出办公用复印机，从而改变了人们的工作方式，施乐公司也因此垄断世界复印机市场长达十多年之久。后来，随着理光、佳能等日本企业先后进入复印机市场，该行业的竞争日益激烈，但是施乐公司忽视了全球性的竞争威胁情报研究，不能及时对经营战略进行调整，最后被迫进入防御状态。到 20 世纪 80 年代初，施乐公司的复印机全球市场份额由 82%下降到 35%。这时施乐公司才开始分析日本的产品和价格，结果令他们大吃一惊。日本佳能公司竟然采取了以施乐公司的成本价销售复印机。起初与其他美国企业一样，施乐公司怀疑日本产品质量差，但事实证明并非如此；施乐公司又认为日本产品采取低价倾销策略，价格如此之低肯定赚不到钱，结果又错了。经过对日本产品深入细致的竞争情报分析对比后，施乐公司才发现竞争对手企业在产品导入市场的时间和投入的人力都只有本公司的1/2，而且设备安装时间仅是本公司的1/3，这就是竞争对手可以大幅度降价的关键原因。

为了夺回已失去的市场份额，施乐公司加强了对竞争对手情报的搜集、处理和分析工作，决定以公司市场调研部为基础，成立了专门的竞争情报研究部门，协调和领导整个公司的竞争情报工作。为了时刻获得情报信息，施乐公司在三个层次上开展了竞争情报研究：(1)全球性，由施乐公司的营业部负责收集和分析影响公司长期计划或战略计划的信息；(2)全国性，由美国顾客服务部收集美国国内的竞争情报；(3)地区性，充分利用公司遍布美国的37个销售服务网点，要求通过各自的市场经理收集和分析所在地区的信息，并在此基础上建立“竞争数据库”和“顾客数据库”。

而且为了实施竞争情报分析，施乐公司还成立了竞争评估实验室，组织实施反求工程(Reverse Engineering)，专门用以剖析竞争对手的产品或有竞争威胁的产品。情报专家们通过合法渠道将这些产品买来并拆开，对其进行非常细致的分析，包括每一个细节、每一个特点、每一个优点和每一个缺点，尤其是公司可能面临的专利技术和秘密技术的应用及其特点，以了解竞争对手降低产品成本、提高产品质量的实用方法和制造原理，而后将分析报告传送给设计师和工程师，使他们能够了解竞争对手的产品开发动态。这些竞争策略的实施使施乐公司最终从日本佳能公司那里夺回了其应有的市场份额。

实践证明，由于运用竞争情报，施乐公司在面对众多的对手，特别是不断有强大的新对手加入的情况下，能够处之不惊，从大局着眼把握竞争形势，始终保持竞争的主动性。关于竞争情报的重要性，施乐公司的副总裁Judity M. Vezmar认为：“竞争情报应成为企业营销活动的一部分，每一项受竞争影响的活动都需要竞争情报，而且最重要的是要确保将正确的信息在正确的时间里传递给正确的人。”

7.6 我国竞争情报实例分析

2010年美国《商业周刊》评选的全球最具创新的50家企业中，有3家中国企业入围：比亚迪第8位，海尔第10位，联想第30位。与此同时，华为公司获得了英国《经济学人》杂志的公司创新大奖。这4家中国企业在创新上赢得全球尊敬与荣誉并非偶然，它们的竞争情报工作在国内都堪称标杆。

7.6.1 海尔：技术与市场并重

海尔早期的竞争情报工作从手工卡片时代开始。1988年海尔建立了简便易查、全面实用的检索专利卡片系统，该系统搜集了自1974年至1986年世界25个主要工业国家有关冰箱的1.4万条专利文献题录。1990年，海尔订购了三种中国专利公报和制冷领域的专利说明书。1995年，海尔建立了中国家电行业专利信息库，定期提供最新的专利信息，跟踪研究发达国家和国内同行的技术水平、发展状况和市场需求，紧紧抓住了进入欧美市场的切入点、时机、销售方式和海外销售商。

专利情报如何增强产品和技术研发能力？海尔的秘诀是重视专利情报分析。海尔对已有产品项目进行国内外技术动态信息监控，从相关专利和技术领域对国内外目标公司从不同角度进行专利跟踪，形成强大的综合专利情报资料库，做到随查随用。海尔的专利情报分析报告在产品创新决策中起着决定性作用。在对某个技术领域有一个基本认识后，科研人员利用专利情报分析进一步评估技术热点和前景，寻找某些领域内的技术空隙，并在研发项目的实施中进行技术创新和回避设计，通过专利组合分析方法辅助确定研发方向。专利组合分析方法有助于企业确立专利技术所处技术生命周期的具体阶段，以及判断是否有继续大规模投入开发的价值。

海尔情报系统的一大特点是技术情报与市场情报并重。海尔有一个核心理念：市场是创新的起点。这一理念明确了竞争情报工作的方向，专利情报不能只追求技术，更要为市场服务。因此，专利技术的发展方向与市场结合成为海尔创新的核心动力。正是基于大量对专利和市场情报的分析，海尔开发出了适合美国大学宿舍使用的冰箱、可以清洗农作物根茎的洗衣机、韩式双动力洗衣机、酒柜、便携式洗衣机和可当工作台的洗碗机等产品。

海尔中央研究院是该公司最重要的情报中心，伴随着海尔的国际化战略，公司在洛杉矶、东京、悉尼、里昂和香港都设立了信息站，及时搜集国内外的科技和市场情报，监测竞争对手的发展趋势和变化。海尔中央研究院的核心工作包括：(1)动态跟踪、采集、分析全球经济、市场和技术动态，为集团决策提供依据；(2)为集团在全球制造、采购和服务部门提供研发能力和技术支持；(3)整合全球科技资源，实现超前技术项目的商品化，为公司国际化发展提供源源不断的技术支持。

同时，海尔还在国内构建了深入县级市场的情报网络，情报站点将搜集到的国内外市场需求和情报快速反馈到总部，技术转化部负责对专利情报的分析，并快速将情报分析结果以专项报告、情报课题的形式呈送给高层管理者，同时反馈给彩电和冰箱事业部负责人，中层管理者也能收到行业内最新信息和重要的情报分析。海尔竞争情报工作以情报分析和情报分享为重点，大大提升了情报价值的利用。

此外，海尔还与国际知名企业进行合作，通过双方技术优势获得一种“增值效应”。海尔已与多个企业建立了不同的技术联盟，如从日本引进三菱重工空调技术，从意大利梅洛尼公司引进滚筒洗衣机技术。海尔与国内外知名企业以项目牵头的形式成立了若干研究中心进行联合研究，这些对海尔的情报网络都是难得的延伸机会。

7.6.2 华为：以专利为核心，注重反情报

华为的情报工作以搜集国际竞争对手和领先企业的最佳实践，以及国际领先的管理方法和专利技术为主。早年资金短缺时，华为采纳“压强原则”，对核心技术和专利研发进行重点投入，目的是在局部核心技术领域有重点突破。在专利技术情报搜集、分析和专利保护上，形成了一整套方法论和情报体系。具体包括：(1)情报搜集与研发定位，华为运用定量、定性分析方法，

结合国际竞争需要和企业需求及能力，将专利文献中的技术内容、人(专利申请人、发明人)、时间(专利申请时间、专利公告日)和地点(受理局、指定国、同族专利项)进行系统的调查和统计分析，为制定企业研发重点和战略提供决策支持；(2)情报整合和价值判断，根据专利申请量盘点技术发展史、技术发展趋势和目前所处阶段以及成熟度，以判断研发该技术的价值含量；(3)情报分析和决策支持，华为根据对全球专利的系统搜集和分析，预测未来新技术的发展方向和市场趋势，为公司发展策略的制定提供参考。同时，对可能与竞争对手产生竞争关系的专利进行识别和确定，并提出具有针对性的规避、无效、撤销等策略，以避免侵犯他人专利权。2008 年，华为在海外申请的专利数量为世界第一，获得全球公司创新奖，其先进的无线射频拉远技术(Remote Radio Head)改变了世界认为中国企业只能模仿、不会创造的传统印象。

随着华为研发能力与创新能力的不断增强，华为的反竞争情报及商业秘密保护工作也做得非常出色。这些研发成果绝大部分以商业机密的形式存在，华为公司的信息安全部门有近 200 人，主要工作内容就是商业机密的保护。据华为高管介绍，其商业机密保护制度比美国企业严格得多。华为的商业机密和信息安全保护有三层：一是制度设计，二是管理授权设计，三是技术设计。在制度设计上，华为有一整套管理文件，并赋予该管理文件以最高权力，如果有工程师触犯相应的管理规定，就要承担非常严重的后果。在管理授权方面，华为建立了基于国际信息安全体系架构的流程和制度规范。举例来说，在“进驻安全”和授权的控制上，华为采取“相关性”原则和“最小接触”原则，所有的文档和技术根据其保密的分级分层来进行不同的授权，只有一个完全必要的人才能接触相关技术，而且接触是在相应的控制和监督的情况下进行的。为此，华为的《信息安全白皮书》对该过程做出了明确的规定和约束。在技术设计的手段方面，华为的研发网络与互联网是断开的。在全球化异域同步开发体系中，研究人员开发的成果并不在本地的计算机上，而是在一个设控状态的服务器上，任何从该服务器发出的信息都有备份，如果有问题可以回溯和检查。

华为还设立了强大的知识产权部门，不但囊括了国内知识产权界的精英，而且其从业人数的比例甚至超过了国际企业对法务人员要求的比例，足见企业对知识产权的重视。华为除了严格保护企业的核心知识产权，也尽最大努力将其软件发明硬件化，通过这种方式实现知识产权的价值，提高竞争对手模仿、复制和可能偷窃的成本。华为认为，软件只有跟硬件捆绑才能生存。因此，虽然华为70%的研发成果都是软件，但华为就是靠专用设备跟硬件捆绑，提高了侵权门槛。

7.6.3 联想：一切围绕“复盘”

联想公司前总裁柳传志多次谈到将“复盘”作为联想的核心方法论，并认为复盘是联想取得成功的重要因素。所谓复盘，就像下围棋或象棋之后，无论输赢都要重摆一遍的方法。联想之所以这样做，是为了搞清楚在企业整个行动过程中，导致成功或失败的真正原因是什么，是由于幸运，还是因为自身能力？复盘会让你发现很多事情夹杂着偶然因素，下次再这样操作未必行得通，也就是要发现真正具有规律性的东西。

在联想，复盘工作包括三个环节：第一，要不断检验和校正目标是否正确；第二，在每一个小的里程碑节点中，检验当初决定的正确与否和执行情况；第三，在过程中总结规律。在联想文化中，复盘有一套规范的流程。公司成立了一个复盘项目小组，根据公司的项目前后梳理；复盘一开始就有详细的文档，小组会根据所有项目的历史情况、现在的结果以及小组对事情的反思和总结写出复盘报告。在十年时间里，联想已经总结出复盘文档达240多个。

复盘的价值主要体现在4个方面：(1)找到假设中对因果关系的认知偏差、决策失误和行动缺陷，发现问题并改变行为。在竞争情报工作中，复盘有助于确认情报的哪些来源是更准确和更真实的，它对鉴别不同情报的价值是非常重要的工具。(2)复盘过程是行动的直接参与者发现问题、分析问题与解决问题的过程，由亲自参与实践的人提出关键性的建议，并让参与复盘的人们把经验教训带回到实践中，知识转移的距离最短，效率更高。(3)在单一情景下所获得的经验或教训并不一定正确，复盘可以不断修正或减小在认知和行动中的错误，在知识与行动者之间高度关联。(4)组织之间阅历的分享，复盘把失败或试错当作最有价值的老师，避免类似的错误重犯。虽然复盘是一种“秋后算账”，但它有利于竞争情报系统的调节、修正和改进，尤其是情报人员纠错意识的强化。

7.6.4 比亚迪的“对标”法

“对标”是企业竞争情报能够有效落地的一种重要做法。比亚迪的对标是从早期进入门槛较低的二次充电电池入手的。由于当时企业资金匮乏，只能自己动手做一些关键设备，然后把生产线分解成若干工人完成的工序，以尽可能地代替机器。当时由王传福亲自配料，公司高管亲自生产、亲自制作安装设备、挨家挨户推销，最后获得客户广泛认可。没想到以工人为核心的工作流程对标与日本企业靠数千万资金引进生产线相比，显现出独特的优势。为了进一步推进对标工作，2007 年，比亚迪请来丰田公司的咨询顾问，推行品质文化。王传福认为，比亚迪的管理模式更接近丰田这样的日资企业，强调造物先造人，强调在所有体系的关键节点都要靠人来执行。核心竞争力是企业依托并独特运用要素资源，形成远远超越于竞争对手的，使对手在短期内难以替代的竞争优势。基于资源的有限性，核心竞争力建设的原则是或统一于技术，或统一于市场，二者不可兼得。统一于技术不是不做市场；统一于市场也不是不要研发，这里指的是资源配置的战略导向。

中国车市竞争激烈，汽车企业，特别是自主品牌车企要在“后发”地位上战胜“先发”的强大对手，必须要深刻研究市场、理解市场，准确把握市场的需要和竞争的变化趋势，要在竞争变化趋势上先行一步，要在竞争套路上有所创新。商场如战场，要取胜，一是要自己变强大，使自己无懈可击；二是寻找对手的弱点加以进攻；三是重心由产能转移到品质。如今，产能过剩局面下的竞争是质量和价格的竞争，必须做“物美价廉”的产品。中国自主品牌车企完全可以向合资品牌发起强力进攻，赢得市场。

本章小结

本章系统介绍了竞争情报的含义、功能、特点，以及搜集竞争情报的注意事项、方法等，并进行了中、日、美三国竞争情报实例分析。竞争情报是在法律道德允许范围内开展的、经过搜集整理、加工分析帮助组织进行决策的一种工作流程，具有对抗性、时效性、谋略性、合法性等特点，以及危机预警、决策支持等功能。竞争情报的方法有很多，本章按搜集方法与分析方法分别列举了几种有代表性的竞争情报方法，并附以典型案例让竞争情报更容易被理解。

问题讨论

1. 竞争情报具有哪些特点？
2. 竞争情报搜集方法有哪些？
3. 中、日、美三国竞争情报的特色是什么？

本章参考文献

[1]陈峰．竞争情报理论方法与应用案例[M]．北京：科学技术文献出版社，2014.
[2]沈固朝．竞争情报的理论与实践[M]．北京：科学出版社，2008.
[3]包昌火等．竞争情报导论[M]．北京：清华大学出版社，2011.
[4]查先进．企业竞争情报[M]．武汉：武汉大学出版社，2012.
[5]王延飞．竞争情报方法[M]．北京：北京大学出版社，2007.
[6]樊泳雪．竞争情报实践与方法研究[M]．成都：四川出版集团，2010.
[7]沙勇忠等．信息分析[M]．北京：科学出版社，2009.
[8]Kirk W M Tyson. 2004. 竞争情报完全指南[M]．王玉等译．北京：中国人民大学出版社，2005.
[9]卢小宾，孟玺．我国竞争情报研究文献的共引分析[M]．北京：科学技术文献出版社，2010.
[10]陈翔宇等．企业竞争情报研究[M]．北京：兵器工业出版社，1995.

[11] D L Wiley. Super Searchers on Competitive Intelligence: The Online and Offline Secrets of Top CI Researchers[M]. Online, 2004.

[12] Jorge Izquierdo, Sergio Larreina. Collective SME Approach to Technology Watch and Competitive Intelligence: The Role of Intermediate Centers[M]. Knowledge Mining, 2005.

[13] McGonagle J J, Vella C M. Bottom Line Competitive Intelligence[M]. London: Quorum Books, 2002.

[14]刘红光，吕义超．专利情报分析在特定竞争对手分析中的应用[J]. 情报杂志，2010，29(7)：35-39.

[15]陈峰，梁战平．构建竞争优势：竞争情报与企业战略管理的互动与融合[J]. 情报学报，2003，22(5)：632-635.

[16]王知津，张丽丽．竞争情报四分卫法实施及案例分析[J]. 情报科学，2008，26(3)：528-332.

[17]黄晓斌，马芳．情景分析法在竞争情报研究中的应用[J]. 情报资料工作，2006(6)：22-26.

[18]李映州，张宇．论竞争情报的特点[J]. 情报学报，1996(6)：60-66.

[19]杨桂荣．基于网络条件下的竞争情报搜集策略[J]. 图书馆论坛，2005(6)：235-237.

[20]刘高勇等．大数据时代的竞争情报发展动向探析[J]. 图书情报知识，2013(2)：105-111.

[21]C V Priporas, L Gatsoris, V Zacharis. Competitive Intelligence Activity: Evidence from Greece[J]. Marketing Intelligence & Planning, 2005, 23(7): 659-669.

[22]Norman Older. The Competitive Intelligence Opportunity[J]. Library Journal, New York, 2001(4): 42-44.

[23]Prescott J. How Business Uses Intelligence[J]. Business Review, 1991(8): 59-60.

第 8 章

信息分析机构管理

本章引言

信息分析机构是通过开展各类信息分析活动为其服务对象提供建议与咨询的机构。信息分析机构在信息服务业中，是从事信息资源的深加工部分的组织，也是具有研究性质的、较富创造性的机构。信息机构通过信息创建、信息采集、信息组织、信息存储、信息利用、信息处理手段形成专业化、差异化的信息分析组织，促进信息分析事业的发展。信息分析机构管理是对信息分析机构的生产经营活动进行计划、组织、指挥、协调和控制等一系列职能的总称，在信息分析机构的日常运转过程中起着重要的作用。本章重点探讨了信息分析机构的内涵、类型、宏观管理和微观管理等信息分析机构管理的核心内容。

本章重点

- 信息分析机构的基本概念；
- 我国信息分析机构的类型；
- 信息分析机构的宏观管理；
- 信息分析机构的微观管理。

8.1 信息分析机构概述

信息分析机构是对情报进行定向浓缩收集和科学抽象的一种组织。在这类组织中，信息分析机构的工作人员根据一定的课题，广泛系统地搜集文献、实物等情报，对内容进行去伪存真的鉴定和由表及里、由此及彼的推理，以及对数据进行统计和计算等工作，然后，按照实际需要和工作深度，编写出不同形式的信息分析成果。①

8.1.1 信息分析机构的概念界定

当前我国信息分析的主体已经逐渐实现多元化，从传统的科技情报机构向社会各行各业渗透，依据其服务方式，可以将其划分为两大类：一是营利性信息分析机构，包括金融证券投资信息分析机构、市场调查与分析公司、信息分析公司等；二是非营利性信息分析机构，主要由政府部门的信息研究机构，公益性事业单位如情报所、图书馆，企业内部信息分析机构等组成。由于信息分析活动渗透于社会生产生活各个领域，所以，信息分析活动的服务对象遍及各个领域主体，主要有各级政府部门、企业、科研机构、事业单位，此外，在当今这个竞争日益激烈的社会，个人也成为信息分析机构的主要用户之一。②

虽然人们对信息分析机构的社会地位给予了认可，但是业界对信息分析机构并没有一个普遍认可的定义。目前，社会上对信息分析机构存在一种广义的理解，即所有从事有关信息分析活动的、能够为决策者提供特定问题解决方案的组织机构都属于信息分析机构。这个广义的理解除了涵盖专门从事信息分析的机构外，还包括管理信息分析公司、技术信息分析公司、工程信息分析公司等一切与信息分析有关的机构。为了明确本章研究的范围，根据

① 侯人华. 我国信息分析活动的现状和发展趋势[J]. 图书馆学刊，2009(4)：5-7.

② 田树林. 我国信息分析活动现状及其发展对策研究[J]. 现代情报，2008，28(3)：92-94.

信息分析活动的主要过程和内容，对信息分析机构进行狭义的界定，即信息分析机构是指能够独立承接客户委托的信息分析项目，根据双方达成的协定内容，由专业信息分析人员运用各种信息分析工具和分析技术，采用不同的分析方法，对已知项目的各种信息进行分析、综合和预测，最后以信息分析报告的形式完成客户委托项目的专业组织，具体包括信息研究机构、政策研究中心和市场调研机构等。

8.1.2　信息分析机构的历史沿革

现代意义的信息分析机构在欧美已有 120 多年的历史，一个多世纪以来，我国信息分析机构经历了从萌芽、形成到繁荣和提高的过程。①

8.1.2.1　信息分析机构萌芽期(19 世纪末—20 世纪初)

如果说，1876 年美国伍斯特公共图书馆馆长塞缪尔·斯威特·格林强调对寻求知识信息的读者提供个别帮助的重要性的《图书馆员与读者的个人关系》一文，被认为是成立现代信息分析机构的最早倡议，那么，1895 年中国资产阶级改良主义者康有为的《上清帝请大开便殿广陈图书书》，则可看成我国近代成立信息分析机构的最早呼吁。

8.1.2.2　信息分析机构形成期(20 世纪 20 年代前夕—20 世纪 30 年代)

我国现代意义的信息分析机构成形于 20 世纪 20 年代前夕。原为圣约翰大学图书馆馆长、后为清华大学图书馆馆长的戴志骞，自美国学习归来，乃改弦更张，把清华大学图书馆办成学校参考图书馆。清华大学图书馆参考部的设立，被公认为我国信息分析机构成立的开端。②

实际上，“五四”运动前后的中国，由于东西洋文化的传入、马克思主义

① 詹德优. 20 世纪中国参考咨询服务：发展历程、成就与局限[J]. 高校图书馆工作，2000(01)：1-7.

② 李凡. 我国图书馆参考工作起源及相关问题考辨[J]. 图书情报工作，2012，56(23)：36-42.

的传播和新文化运动的兴起，文化学术界已异常活跃，各种研究会和书社等分析机构如雨后春笋般涌现。1919 年，革命先驱李大钊在北京高等师范学校图书馆两周年纪念会上的演说中已经蕴涵着把图书馆办成自学的场所、帮助学生利用好图书馆的主张。由此，信息分析机构的雏形已经形成。

8.1.2.3 信息分析机构复兴期(20 世纪 50 年代)

中华人民共和国成立以后，由于国民经济和文化教育事业的恢复与发展，以及学习了苏联的工作经验，信息分析工作很快得到恢复并有了较大的发展。20 世纪 50 年代初期，北京、重庆、陕西、江苏、浙江、山东等地，分别成立了信息分析机构，有力地配合了国家经济建设、抗美援朝运动和教学科研工作。

8.1.2.4 信息分析机构繁荣期(20 世纪 70 年代末—20 世纪 80 年代)

党的十一届三中全会以来，有关信息分析机构的会议和工作条例，明确指示要进一步加强信息资料工作。从 20 世纪 70 年代后期起，我国的信息分析机构加快自动化进程，对信息分析工作的繁荣起到了重要的保障作用。

8.1.2.5 信息分析机构提高期(20 世纪 90 年代)

随着社会主义市场经济体制的确立和社会经济与科学技术的飞速发展，社会信息化程度日益提高，社会对信息的需求日益迫切。信息分析机构有了进一步的发展。信息分析机构自动化程度的日益提高促进了信息分析工作能力的提升。

另一方面，由于信息资源封闭，个体信息分析企业为满足用户多样化需求而提供各种服务项目，导致我国信息分析业总体上全面平庸、缺乏特色。

8.1.2.6 大数据时代的信息分析机构(21 世纪初叶)

自 2012 年大数据的概念被美国政府提出以来，信息分析机构发生了巨大的改变。

图书情报领域较早进行的与大数据相关的研究为《自然》杂志在 2008 年刊出的系列论文，如《大数据：欢迎进入拍字节处理中心》《大数据：你的数据如何增长》《大数据：生物物种保护的未来》等，这些研究构成了对大数据关注的起始阶段，研究内容主要包括对大数据分析与情报分析关系的辨析，大数据对情报研究带来的影响和挑战的梳理，大数据时代的情报工作模式的探讨等。大数据的快速发展，为信息分析机构未来的发展指明了方向。信息分析机构必须理解大数据环境下计算社会科学范式的转变，以及将信息分析作为服务看待，关注基于服务的架构和云计算对数据、信息和分析的潜在影响。①

8.1.3 信息分析机构的地位作用

信息分析机构在各层级中的地位作用显著，在国家层面上主要涉及国家重大决策的制定，在社会层面指导查新、预测、辅助消费等功能，在企业层面指导企业快速、准确地做出决策和产品转型。

8.1.3.1 国家层面

全球互联网络的出现，使信息分析研究的领域不断扩大，为各国之间信息分析研究的横向联合、协作研究奠定了基础。在政治方面，信息分析机构的发展为国家重大战略决策提供了支持，在经济方面，信息分析机构的发展能够促进经济结构转型升级。世界各国政府正处在从管理型向服务型政府转变的过程中，这种职能转变要求政府做出的决策既要符合广大民众的利益，又要适应社会经济的发展。在这样的前提下，需要政府的每一项决策都要体现出民主性和科学性。然而，单靠政府部门的力量难以实现这一要求，特别是当决策涉及政治、经济、社会和科技等领域发展的长远规划，以及地区性的综合开发、能源、资源、环境、城市和交通等重大问题时。于是，借助于专门为政府决策服务的信息分析机构便成为有效地保障决策科学化、民主化

① 官思发，朝乐门. 大数据时代信息分析的关键问题、挑战与对策[J]. 图书情报工作，2015(3)：14-20.

的必然选择。这类机构首先根据政府决策项目的特点，组成跨学科的专家项目组；然后在完善的信息搜寻、分析机制下，专家们利用信息管理系统对决策项目进行独立、客观的分析；最后提出综合性的信息分析报告，为决策的出台提供参考依据。

8.1.3.2 社会层面

随着各种现代信息技术的问世，尤其是全球化的深入，人们可以很方便地从网上获取各种信息源。由于信息源的不断扩大以及科技、经济的紧密结合，我国信息环境正在发生重大变化，进一步促进了信息分析研究领域的扩大。在社会层面，信息分析机构有如下作用：

一是查新。任何理论研究或技术开发都是站在前辈的肩膀上进行的，因此，科研人员在理论研究与技术开发前需要了解已有的成果水平、成果形式和领军人物等信息。通过委托专业的信息分析机构进行信息查新服务，方可使科研人员从复杂、繁重的查找资料的劳动中解脱出来，专心研究；另一方面，由于是专业信息分析人员进行检索，可以最大限度地避免资料遗漏，降低因查新不全所造成的各种损失。

二是预测。信息分析机构通过专门的信息分析、预测技术可以帮助科研人员对所进行的研究或开发项目做应用效果预测。通过这种预测使科研人员提前对研究或开发成果的应用价值有所了解，避免盲目研究与开发所造成的大量人力、物力和财力的浪费。

三是辅助消费者掌握市场信息。当前，市场经济已经进入买方市场阶段，这种转变一方面意味着消费者在购买商品时有更多的选择，另一方面也使消费者面对的市场信息环境更为复杂，处于严重的信息不对称状态，因而其在购买商品之前需要做大量的信息分析工作，尤其是购买贵重的耐用消费品，如房屋、汽车和文物收藏等。但是，当消费者面对自己不熟悉的商品领域时，凭借其个人经验或简单的信息分析往往无法实现与卖家信息对称，这时只有借助专业的信息分析机构对所购商品进行信息分析，才有可能实现买卖双方信息的对称，从而将决策失误风险降到最低。

8.1.3.3 企业层面

当前，世界各国的市场经济体制已经日趋成熟，企业所处的竞争环境比以往任何时期都更加激烈，与此同时，消费者对商品的个性化需求也在增强。这些变化要求企业在做出经营、管理决策前必须认真分析产品(服务)所处的生命周期阶段、与同类产品相比具有的优势之处，密切注意主要竞争对手、市场环境和消费者需求等信息的变化，使决策有利于企业发掘并创造出消费者接受的、与众不同的产品，赢得消费者，战胜竞争对手，获得更大的市场份额。鉴于这个工作专业性强、难度大，国际上通行的做法是交由为企业服务的信息分析机构如信息分析公司、市场调研公司等来完成。信息分析机构将通过专业的市场信息分析人员，运用专业化、科学化的信息分析理论与技术为企业在新产品研发、产品推广、消费者群体调查、市场营销和品牌定位等方面的决策提供参考。

8.1.4 我国信息分析机构的类型特征

我国现有的各类信息分析机构按照不同的分类标准，可以划分为不同的类型。

8.1.4.1 按主体性质分类

信息分析机构的类型按主体性质可以分成国有、外资、私营三个类型。

国有信息分析机构直接由政府部门管辖，是政府机构中的一个职能部门。例如，中科院文献情报中心，它隶属于中国科学院，又名中国科学院图书馆，是集文献信息服务、情报研究服务、科学文化传播服务和图书馆学情报学高级人才培养功能于一身的研究型国家科学图书馆。例如，国务院发展研究中心是从事综合性政策研究和决策咨询的国务院直属事业单位，在组织机构、人事管理等方面与所属的行政部门一致，经费主要来源于政府拨款，无营利性质。国际上判断一个信息分析机构是否为官办性质，主要看它每年签订的信息分析项目合同总数中来自政府部门的数量，如果 80%以上是政府部门委托的项目，就属于官办性质的信息分析机构。

外资信息分析机构是指经由我国政府相关部门审批或审核的，由国外技术、资金和办公人员主导的，拥有有限公共地点的信息分析组织。例如，埃森哲(Accenture)是全球最大的管理咨询、信息技术和业务流程外包的跨国公司。埃森哲通过企业策略、业务流程、信息技术和人员组织的战略制定，帮助客户实现具有深远意义的变革，提高客户的绩效水平，并以出众的领导能力、对成功的巨大决心、专业服务和质量承诺在客户中享有盛誉,① 其客户包括《财富》世界500强企业、各国政府机构以及军队。再如，合益集团于1943年在美国费城成立，是一家全球性管理信息分析公司，在全球47个国家和地区设有86个办事处。包括IBM、联合利华等众多"世界500强"在内的全球知名企业正在使用合益的服务。其中，全球最受推崇的50家企业中，有35家是合益的客户；全球前十名的企业中，有9家在使用合益的体系。合益是世界有影响力的信息分析公司，也是全球范围内历史悠久的管理信息分析公司。一般来说，外资的分析机构发展的历史越长，工作经验就越丰富。

私营信息分析机构是指实行公司化管理，自主经营、自负盈亏，完全以其提供的信息分析产品或信息分析服务来获取利润、维系生存并保证能够适度发展的机构。例如，北京市长城企业战略研究所(简称"长城战略咨询")，成立于1993年8月，率先拓展中国本土的战略咨询服务，已逾二十年，是中国领先的战略与管理信息分析机构。又如，北大纵横管理咨询集团成立于1996年，是国内最早按照公司法注册成立、按现代企业制度规范来运作的专业管理信息分析公司。集团先后为国内千余家企业提供一流管理咨询服务，其中约1/3为国内500强或上市公司，具有丰富的管理咨询经验，并系统建成连锁经营、消费品及零售行业、金融、石油化工、医药、电子、煤炭、冶金、IT、房地产、通信、电力等一百多个行业和国内五百强企业研究数据

① 周兆怡. A公司东盟地区报销流程再造研究[D]. 大连：大连理工大学，2017：7-9.

库。[①] 私营信息分析机构的服务对象包括各级政府部门，但更主要的是为各类企业提供服务。随着市场经济体制改革的深入与信息服务业的飞速发展，中国在 20 世纪 90 年代中后期，产生了一批公司性质的信息分析机构。随着互联网的高速发展，截至 2014 年初，一大批管理顾问公司、信息分析公司快速发展，抢占了大量私营信息分析机构的市场。

8.1.4.2　按业务范围分类

继科技情报机构以后，中国又相继出现了软科学研究机构、经济信息机构和专业信息分析机构，它们是中国信息分析机构的主体，也是中国信息分析业发展的基本力量。中国的信息分析工作在借鉴国际上许多国家先进经验的基础上，也以自己的创新实践使世界信息分析活动更加精彩纷呈。

(1)中国科技情报研究机构。

国家科技情报系统的组织结构体系，分为国家级、部门和省(市)级以及地(市)级，包括各级科技情报职能管理机构，各级综合性和专业性科技信息分析机构，各地区、各专业科技情报网(站)，从事部分重要科技情报活动的文献中心、科技图书馆、设有情报专业的院校部系与培训中心，国营、集体、私营科技信息机构，以及从事情报活动的社会力量如兼职情报人员、离退休科技人员、翻译人员和个体信息户以及情报用户等。

国家科技情报系统的主要组成部分和主体力量。从事情报活动的社会力量是依附于国家科技情报机构的辅助力量。用户是情报系统的服务对象。现在尽管大部分科技情报机构更名为科技信息机构，但是这套体系仍然和以前没有根本性的区别。

(2)中国软科学研究机构。

软科学是科学技术与社会生产大规模发展的产物，同时又是科技发展的推动力。我国软科学研究兴起于 20 世纪 80 年代，并于 20 世纪 90 年代逐渐发展成为一门独立的学科，自 21 世纪初以国家中长期科学技术发展规划的制

① 王雪. S公司管理咨询业务在华拓展策略研究[D]. 北京：对外经济贸易大学，2014：6-9.

定为标志，开始进入成熟发展阶段。软科学研究的介入在进行决策咨询与支持、提高决策的科学性和预测的可靠性，以及对科技与经济社会重大问题的预警上作出了重要贡献。

国务院发展研究中心是我国软科学领域的代表性机构，它是直属国务院的政策研究和信息分析机构，以此举例说明我国软科学研究机构的研究情况具有一定的权威性。国务院发展研究中心的主要职责是研究国民经济、社会发展和改革开放中的全局性、综合性、战略性、长期性问题，提供政策建议和咨询意见。

(3)中国经济信息分析机构。

自20世纪80年代中期以后，随着信息成为重要生产要素，我国建立并基本完善了国家经济信息系统。其中最重要的是以国家信息中心牵头，会同省、直辖市、自治区、计划单列市、中心城市，以及地、县级信息中心构成国家经济信息系统和以国家计委经济研究中心牵头会同省、直辖市、自治区、计划单列市、中心城市，以及地、县级经济研究中心构成的国家级经济研究系统。

国家信息中心是全国经济信息分析机构的领头羊。国家信息中心坚持以科学发展观为指导，以决策咨询、信息内容服务、信息技术服务三大业务为支柱，以“两网一金”建设、重大问题研究和信息资源开发利用为重点，全面提升国家信息中心的综合服务能力，为信息化建设作出新的贡献。①

8.1.4.3 按服务对象分类

由于信息分析活动渗透于社会生产生活各个领域，所以信息分析活动的服务对象遍及各个领域主体，主要有各级政府部门、企业、科研机构、事业单位。此外，在当今这个竞争日常激烈的社会，个人也成为信息分析成果的

① 马腾跃. 辨析涨价压力，管理通胀预期——访国家信息中心副主任李凯[J]. 中国金融家，2011(4)：46-47.

主要用户之一。①

(1)为政府服务的信息分析机构。

这类机构主要业务是为政府的各项决策提供信息分析报告，例如，我国的国务院发展研究中心是直属国务院的政策研究和信息分析机构，其主要职责是研究国民经济、社会发展和改革开放中的全局性、综合性、战略性、长期性、前瞻性以及热点、难点问题，为党中央、国务院提供政策建议和咨询意见。此外国务院研究室、中国政府改革和发展研究中心等也都属于这一类信息分析机构。②

(2)为企业服务的信息分析机构。

这类机构的服务对象是各种类型的企业，主要侧重于企业的经营方针、发展战略、产品市场等环节的信息搜集、整理、综合和分析，如目标消费者群体的信息分析、产品市场的信息分析、各种行业发展的信息分析等。中国的零点研究咨询集团、赛迪顾问公司等就属于这一类信息分析机构。

(3)为个人服务的信息分析机构

这类机构的服务内容主要对关系到公众切身利益的一些问题开展信息分析，如环保、能源、健康和城市建设等方面的信息分析。随着社会对公众服务的关注，这类信息分析机构将越来越受到重视，其发展空间十分广阔。

案例

全球最大的信息分析公司——埃森哲(Accenture)

埃森哲是全球最大的管理咨询、信息技术和业务流程外包的跨国公司。埃森哲通过将企业策略、业务流程、信息技术和人员组织紧密结合，帮助客户实现具有深远意义的变革，提高客户的绩效水平，并以出众的领导能力、

① 卢小宾，黄祥芸. 我国信息分析活动的现状分析与发展对策[J]. 情报资料工作，2006(3)：9-12.

② 张辉菲，刘佐菁，陈敏，等. 关于我国智库人才创新管理与培养的研究[J]. 科技管理研究，2018，38(4)：140-148.

成功决心、专业服务和质量承诺在客户中享有盛誉，其客户包括《财富》世界500强企业、各国政府机构以及军队。

其产业的发达程度表现在以下6个方面：

规模大。例如，在信息分析业发达的美国，2012年，其大型信息分析公司将近4000家，其中，智囊团类型的综合咨询研究机构约为500家，仅从事管理咨询的人员就有4万多人。2012年，埃森哲一家公司全球员工达23.6万人；波士顿公司在全球拥有4000多名咨询顾问。

技术水平高。如，埃森哲每年投入2.5亿美元用于研发新咨询技术；波士顿研发了常见的咨询分析工具(如经验曲线、波士顿矩阵等)。为了实现策略、人员、流程和技术的完美结合，埃森哲建立了自己的知识管理系统——全球知识共享网络。埃森哲以先进技术架构为依托构建的全球知识管理系统，构建于LotusNotes平台上。埃森哲分布于全球的服务器上，装载着数以千计的资料库。

人才队伍素质高、人才结构合理、类型广泛、复合型人才较多。2010年，埃森哲公司720名专业研究人员中61%拥有博士学位(其中1%为法学博士、2%为医学博士)、28%拥有硕士学位、10%拥有本科学历。埃森哲的IT人员对资料库实现全天候(24×7)的技术支持。

经济效益好。大型信息分析公司年收入高达上百亿美元。例如，全球25强的国际会计信息分析公司，在2005年总收入为1023亿美元，而埃森哲公司业务年收入达279亿美元。良好的经济效益为公司未来发展提供了强大的动力。

市场占有率高。例如，埃森哲服务的客户对象遍布全球120个国家；波士顿目前在全球45个国家设有81家办公室。埃森哲分布于全球47个国家的110个办事处共有75000个LotusNotes用户。为了便于员工分享知识，埃森哲在全球范围实施了标准化工作站配置和技术基础架构。

品牌影响力大、业务范围广。国外大型信息分析公司拥有成熟的品牌管理和定位。在埃森哲的战略目标指导下，为了全方位地满足客户的需求，正在不断拓展自身的业务服务网络，包括管理及信息技术咨询、企业经营外包、企业联盟和风险投资。除了以产品制造业、通信和高科技、金融服务、资源、政府机构等不同行业划分服务内容之外，还将精力集中在客户关系管理、企业业务解决方案、电子商务、供应链管理等方面。

埃森哲能够成为全球最大的信息分析机构，原因是多方面的。一是信息分析产业正处于高速、持续发展阶段。二是政府很重视。为了促进信息分析业的快速发展，西方各国发达的咨询行业的协会组织为行业发展提供了强有力保障。三是产业发展很成熟。正是以上这些原因的共同作用，才造就了埃森哲公司今天的辉煌。①

8.2 信息分析机构宏观管理

信息分析机构的宏观管理是指由政府相关部门实施的，对各类信息分析机构整体发展进行规划、组织、协调和控制的全过程。

信息分析机构宏观管理是对全社会的信息分析需求从总体上进行控制和调节，为信息分析的微观活动创造必要的条件，促进整个国民信息分析水平的发展。信息分析机构宏观管理包括政策的导向、经济的调控、市场的监管、法律的规范等方面。其战略价值在于使机构工作符合宏观规律，确保在道德、经济、法律等层面走上预期的正确轨道。

8.2.1 信息分析机构宏观管理的原则

信息分析机构宏观管理需要遵循以下原则：

(1)市场规律原则。

在市场经济环境下，协调信息分析行业的信息分析活动主要靠市场机制，即市场机制是信息分析机构资源优化配置、经营活动运行的基础。因此，宏观管理的一个基本原则是遵守市场规律，管理的主要目标是弥补单纯市场机制调节的缺陷。所以，要将宏观管理的范围严格限制在市场机制失灵的领域。

① 王斋. 美国埃森哲公司企业文化[J]. 石油政工研究，2015(4)：86.

通过宏观管理消除“市场失灵”现象，使市场机制发挥其最大效用，使信息分析市场主体的交易活动符合宏观经济政策的要求，从而推动信息分析行业健康、快速地发展。

(2)稳定性与灵活性相结合原则。

宏观管理的政策、法规关系到信息分析行业的整体发展，要求其具有一定的稳定性，即宏观管理的政策、方针、法律和法规在一定历史时期内应保持稳定，不能朝令夕改。但是，在宏观管理过程中也要求所制定的政策、颁布的法规具有一定的灵活性。这是因为市场经济是快速发展的经济形态，随着经济的发展会出现宏观管理计划之初所没有遇到的现象，这就要求政策和法规的条款有一定的应变性，使宏观管理的主体能够根据实际出现的情况，本着促进信息分析行业发展的基本原则，运用现有的政策、法规处理新出现的问题。

(3)平衡优化原则。

进行信息分析行业宏观管理要坚持的一个重要原则是平衡优化原则，即要坚持信息分析的社会总需求和社会总供给之间的平衡和行业结构的优化。供给平衡、行业结构优化能够使社会信息资源发挥最大效用，使信息分析行业的经营活动处于良性循环状态并保持长期的健康发展。实现这一原则的前提是国家的宏观管理部门对整个国家、甚至世界范围内的供给与需求的总体情况有所了解，在此基础上通过政策、法律调节实现本国信息分析行业的平衡优化。

(4)适度原则。

对信息分析行业的宏观管理要坚持适度的原则。如果宏观管理过度就会变成计划管理，使整个信息分析行业陷入僵死状态；如果过于宏观，就会使信息分析行业完全处于市场机制的调控之下，政策与法规起不到应有的调节作用。宏观管理适度原则的核心是了解市场机制无法进行调节的领域，并重点对这样的领域进行管理。

(5)及时原则。

政府在进行信息分析行业宏观管理时要坚持及时原则，尤其是政策制定的时机一定要把握好，否则不但不能促进信息分析行业的发展，还可能使发展中的、处于低谷的信息分析行业向更加恶化的方向发展。

8.2.2　信息分析机构宏观管理的内容

信息分析机构宏观管理的基本内容主要涉及政府调控和行业协会管理两个方面。

8.2.2.1　政府调控

在信息分析机构的宏观管理中，政府从政策和法律两个方面进行宏观调控十分重要，以确保信息分析机构不偏离预计的发展轨道。

(1)政策导向。

政府进行信息分析机构宏观管理的一个基本内容就是制定有关信息分析行业发展的政策与法规。宏观管理者不可能指挥信息分析机构的生产与经营活动，而信息分析的整个行业是由许多独立的信息分析机构组成的，每个信息机构的微观上的具体运营由其管理者负责。因此，信息分析行业管理的部门必须通过执行国家相关政策与法规，才能规范信息分析机构的行为，使其在政府预期的正确轨道上运行。

(2)法律规范。

法律手段是政府依靠立法和执法来宏观管理信息分析机构的行为措施。它的特点是具有权威性、规范性、强制性、程序性。信息分析行业的宏观管理立法在发达国家对行业监管中是最有效的手段。各国在信息分析行业宏观管理的各个领域都在努力实现法治管理，具体包括有关宏观调控的法律规范、有关市场秩序的法律规范和有关市场主体的法律规范等。

8.2.2.2　行业协会管理

行业协会作为介于政府与企业之间的自律性社团组织，其在社会管理及政府和企业之间发挥着桥梁作用，承担完成政府和企业在发展市场经济中的部分社会职能，某种程度上可以影响政府的经济政策，帮助政府和企业开拓国际市场、协调企业竞争关系、促进行业和谐共赢发展。所以行业协会对于保证市场经济的高效运行和有效协调处理社会矛盾、促进社会公正、应对社会风险、规范行业行为、维护企业正当权益、保持队伍稳定、促进持续发展有着极其重要的作用。同时也决定了行业协会必须具备自主性、自律性、代表性、协调性、服务性及公共性等基本特征和社会功能。①

(1)良性竞争。

为维护公平合法的市场经营权益，促进行业诚信守法，发挥好协调企业之间关系、创造良好有序市场竞争秩序的行业自律管理作用。行业自律管理重在加强信用体系建设，培育企业诚信文化。因为，在市场经济条件下，行业之间、企业之间的激烈竞争是市场经济规律的内在体现。企业在追求利益最大化的经营活动中，必然遇到一些影响公平竞争的不诚信行为和各种各样的交易纠纷等，在法律裁决和政府监管的同时，行业协会出面公正、快捷、方便、正确地解决这些矛盾，这也正是协会的优势和职责。这就需要行业协会来充分发挥协调、处理、规范行业、企业之间的竞争关系的作用，并通过整合行业资源，推动企业公平竞争，协调利益冲突，督促企业诚信守法，包括对不诚信企业经营行为进行惩戒，协助政府健全法律保障、经济制衡、信用约束、行业自律等综合防范机制，达到协调和维护企业之间合理有序竞争的目的，从而促进行业诚信健康发展。②

(2)合作交流。

为维护企业的合法权益，打造信息交流平台，发挥好沟通政府与企业的关系、营造良好的市场经营环境的协调促进作用。我国社会主义市场经济运行方式，是国家宏观管理与调控下的市场资源配置方式，这种经济运行的基本形式，逐步向“小政府、大社会”模式发展。一方面决定了政府的职能主要集中在立法、监督、协调、服务、调控等间接性的管理工作方面，政府不能

① 吴涛. 科学定位、优质服务、创新发展，充分发挥行业协会在国家社会管理中的作用[J]. 建筑，2011(20)：10-15.

② 吴涛. 科学定位、优质服务、创新发展，充分发挥行业协会在国家社会管理中的作用[J]. 建筑，2011(20)：10-15.

再包揽或直接管理企业的各项具体事务。另一方面，也要求企业必须是具有自主经营、自负盈亏、自我约束、自我发展的完全独立的经营主体。而企业在具体经营过程中，特别是在当前转变行业发展方式中所遇到的权益、矛盾、困难及市场问题等，往往因其能力不够、权力有限、实力单薄等原因无法解决。因此，介于政府和企业之间的行业协会有义务、有责任帮助企业与政府之间通过及时、有效的沟通、对话、协商来解决问题。为企业转型升级创造条件，为促进政府转变职能、提高工作效率、完善市场监管体制，建设责任政府、法制政府、服务政府以发挥作用。①

8.2.3　我国信息分析机构的宏观管理

在中国特色社会主义市场经济的背景下，我国信息分析机构根据其不同性质，在宏观管理的现实水平上存在着较大的差异。为此，需要针对这些差异和存在的问题，参考美、英、俄、日、韩等发达国家信息分析机构的宏观管理，采取因地制宜的解决方案。

8.2.3.1　现实水平

我国信息分析机构的整体水平处于快速发展阶段，整体态势良好，然而涉及各个领域和各个地区也仍然存在一些不平衡的状况。

(1)大型综合性国防科技信息分析机构：主要面向全军国防科技决策，开展多层次、全方位的研究与咨询服务。基本状况是实体规模、财力投入总量和个量大，研究产出量大、质量高，支撑条件好。在宏观管理上，要求由上级下达，人力组织较合理，经费有保障，成果水平高。

(2)大型军工行业信息分析机构：面向全行业科技和工业的重大问题，开展多层次、全方位的研究与咨询服务。基本状况是实体规模、研究产出量大、质量高，人力结构较合理，支撑条件较好。在宏观管理上，课题以纵向为主，人力资源较合理，经费有保障，成果水平较高。

---

① 吴涛. 科学定位、优质服务、创新发展，充分发挥行业协会在国家社会管理中的作用[J]. 建筑，2011(20)：10-15.

(3)大型综合性科技信息分析机构和实力强的全国性行业信息分析机构：面向社会、行业，开展多层次、全方位的研究与咨询服务。基本状况是实体规模较大，人力和产出素质高，支撑条件较好。在宏观管理上，横向经费占一定比例，人力较合理，课题经费有保障，成果水平较高。

(4)一般行业综合性信息分析机构：面向本行业，进行文献和实地调研，为宏观决策服务。基本情况是实体规模一般、人力结构较合理、支撑条件一般、投入产出不甚匹配。在宏观管理上，信息分析项目来源和经费不稳定，成果水平较高。

(5)直辖市科技信息分析机构：面向省、市、地方政府的决策需求提供咨询服务，从事宏观科技、经济的政策、规划和社会发展研究。基本状况是实体规模一般或偏小、人力素质高、人员结构较合理、支撑条件一般。在宏观管理上，项目来源基本稳定，研究成果水平高，部分机构基础设施略显不足。

(6)一般省、市综合性信息分析机构和部分部委下属地方信息分析机构：面向省、市、地方政府和当地社会需求，提供咨询服务。基本状况是有一定规模但人力结构稍差、支撑条件一般、课题量少。在宏观管理上，项目来源和经费不足，人均收入少。

(7)实力较弱的地方科技信息分析机构和部委下属行业信息分析机构：面向地方政府和当地社会需求提供咨询服务，近年来有较大发展。基本状况是实体规模偏小、财力平均投入低、高级研究人员少、支撑条件差。在宏观管理上，项目来源少，人均投入少，基础支撑差，研究手段在改进中。

(8)大型企业(公司)内的信息分析机构：面向企业和科技、经济、市场问题，从事技术经济论证和营销策划，正在成为企业决策的支持系统。基本状况是实体规模大、人均投入大、人力素质较高、支撑条件一般。在宏观管理上，项目来源和经费有保障，研究更侧重于务实。

(9)一般企业内部的信息分析机构：主要面向企业现实问题提供信息和咨询服务。基本状况是实体规模小或一般，投入、人力素质和支撑条件较弱或一般。在宏观管理上，项目来源有困难，经费不足，面临危机。

8.2.3.2　存在的问题

随着整体化规模的不断推进，一些问题也随之暴露。不可否认的是我国信息分析机构在地域差异、决策信息来源和监督体制等方面仍然存在一些有待改进之处。

(1)地域差异影响极大。

我国信息分析机构规模差距在地域差异上表现明显，传统老牌强省(市、自治区)主要有 6 个，依据规模大小依次为北京市、辽宁省、上海市、四川省、陕西省和天津市，其机构数占全国总数近 60%。自 2014 年贵州省人民政府发布《关于加快大数据产业发展应用若干政策的意见》，贵州省信息分析机构的数量、规模、实力激增，是典型的后来居上式的发展。但在研究人员最少的青海省、江西省、福建省、宁夏回族自治区和广西壮族自治区等地区，仍与先进城市存在较大差距。

这种差距也反映出我国信息分析在机构层次上呈现“倒塔式”结构。其中，中央、部委的研究机构(主要集中在北京)总体规模大大超过了地方系统。与此同时，一些资料还表明，地方系统的信息分析机构正以较大幅度增长，发展速度相对较快，这种趋势有助于减少机构分布明显的地域差异。这些差异与不同地区的信息分析机构宏观管理水平、法律法规的制定、政策的落实密不可分。

(2)决策者对信息分析工作的重要性认识不足。

市场经济体制确立后，信息尤其是信息分析成果对于决策者进行决策越来越重要。但受我国长期以来的计划经济体制和抑商、重权等传统文化的影响，许多决策者对信息的重要性认识不足，对信息分析工作的性质更是缺乏正确的理解，或者少数决策者即使意识到了信息的缺乏和不足，但尚不知向信息分析机构寻求帮助。信息分析机构中，直接面向企业、服务于企业决策的也为数甚少。

(3)科学决策的体制不健全、缺乏监督程序。

当前，决策工作尚无严格的制度和规定程序，还未做到决策责任化。一方面，信息分析和研究对于决策活动似乎可有可无，许多问题的决策还只是由决策者主管决定的；有些决策者，虽然在决策时经过了论证，却颠倒了决策的程度。另一方面决策者个人对决策后果并不负任何责任，且在决策过程中也没有任何监督程序可以为其决策的后果提供社会责任保证，以致执行系统实施决策的后果，无人也无法对其进行监督和评价。

改革开放不断深入，信息分析机构自主性逐步增强。一方面，造成了信息分析行政主管部门再也无法单纯地采用行政手段来监管信息分析机构工作，而只能依靠法律法规和执法监督即宏观管理方式来实现，这一转变直接导致外部行政机关对信息分析机构工作的监督力度开始减弱。另一方面，部分专业主管机关放开了对信息分析机构的管理权力，致使部分信息分析机构失去外部主管机关。自此，"以条为主"的信息分析机构管理体制在一些信息分析机构已名存实亡。① 为此，国家信息分析行政管理部门也在积极寻求解决问题的方法。

"信息分析机构工作在信息分析行政管理部门的宏观管理下，依靠现有的信息分析机构主管部门，形成信息分析行政管理部门与信息分析机构管理部门密切配合、分级管理与属地管理相结合的管理体制。"自此，在市场经济建立过程中，信息分析机构工作的外部管理体制也就出现了"条块"结合、以"块"为主的趋向，即国家信息分析行政管理部门和中央各级专业主管机关都有责任对信息分析机构工作进行指导、监督及检查，信息分析机构主管机关对本专业系统的信息分析工作实行领导和指导。②

8.2.4 国外信息分析机构的宏观管理

基于文献和智能的现代信息分析工作兴起于二次世界大战期间，盛行于美、英、俄、日、韩等发达国家，对于国际社会的科技进步和经济发展作出

---

① 张斌，高大岭，计红胜，等. 现代企业档案管理体制与模式研究[C]// 创新：档案与文化强国建设——2014年档案事业发展研究报告集，2014：46-51.

② 张斌，高大岭，计红胜，等. 现代企业档案管理体制与模式研究[C]// 创新：档案与文化强国建设——2014年档案事业发展研究报告集. 2014：46-51.

了历史性的贡献。以下从国际视野出发，通过对发达国家(美国、英国、俄罗斯、日本、韩国)信息分析活动中的宏观管理，揭示这些国家信息分析活动的基本现状和主要特点，从而把握发达国家信息分析的大的发展态势，总结发达国家政府层面在信息分析中的重要经验，以便为改革和发展我国的信息分析工作提供借鉴。

8.2.4.1　美国信息分析机构宏观管理的经验

在美国，负责具体执行宏观管理各项政策、法规的主体是信息分析行业协会，并不总是政府的某个部门，行业协会对信息分析业实行统一规划和管理。美国政府对信息分析业的宏观管理主要是制定有利于整个行业发展的经济政策和法律。

(1)宏观政策。

美国有关信息分析机构的宏观政策所体现的借鉴意义主要包括：

①针对信息分析业的税收、保险金政策。政府对信息分析业的管理依据机构的性质和类型进行分类管理。对于从事公益性服务的非营利性的信息分析机构，政府免征所有税种。对营利性信息分析机构实行登记制度，并依法纳税。对这类信息分析机构在税收方面没有特别优惠政策，但会根据其所属类型实行不同的税收政策，如有限责任公司与合伙人或个人信息分析公司相比，交纳的税金相对多一些，他们要纳双重税，既交纳公司税，又交纳个人税，而合伙人公司和个人公司只交纳个人税；在交纳保险金方面，有限责任公司交纳的保险金额一般只占其营业额的3%～4%，而合伙人和个人公司则要交纳较高的保险金。①

②鼓励进行咨询消费的政策。在美国，政府对信息分析机构并不采取特殊的扶持政策，但是它通过采用刺激咨询需求的政策来拉动信息分析业发展。例如，政府规定企业的咨询费用可打入成本，不计征所得税；由政府招募信息分析机构为中小企业提供信息搜集、分析和咨询服务；政府各项决策的制定必须进行咨询，并将咨询作为决策过程的法定程序等。

---

① 张萍，尹贻林. 中美工程咨询业比较研究[J]. 工程造价管理，2004(1)：43-46.

③资金扶持政策。2012年，美国奥巴马政府在白宫网站上发布《大数据研究和发展倡议》，旨在提升利用大量复杂数据集合获取知识和洞见的能力，六大联邦政府机构达成一致，宣布将为此投入2亿美元以上经费支持，大力发展数字化数据的接入、组织和挖掘的工具和技术，并进一步扩展，形成了包括联邦政府12个部门或机构在内的多项研究计划。大数据的研发为信息分析行业的发展提供了有力的基础保障。①

(2)法律。

美国非常重视运用法律手段对信息分析机构进行管理，从20世纪60年代开始，陆续颁布了一系列涉及信息分析业的法律，目前已经形成了比较完整的法律体系。1967年的《信息自由法案》、1972年的《行政公开法》、1976年的《国家科学技术政策、组织和重点法案》、1978年的《联邦信息中心法》等法律的颁布、实施有利于信息分析机构获取政府信息资源，做出正确的信息分析报告，更好地为政府和企业服务。此外，《公司法》《小企业法》《合同法》和《专利法》等一般企业法律的很多条款也适用于信息分析机构，一方面能够对信息分析机构的不良行为进行约束，另一方面也可以对其合法利益进行保护。2012年纽约市颁布《开发数据法案》规定政府部门须在规定时间内公开数据，为机构进行信息分析工作提供有力保障。

总之，美国信息分析业中咨询管理的特点就是美国政府对信息分析业的管理实行政府宏观调控、行业协会微观约束的体制，并且不以信息分析企业的规范为依据，而是依信息分析机构的性质和公司类型进行分类管理。政府通常会对信息分析业进行宏观调控，例如，对信息分析业进行总体规划，制定咨询产业发展计划；制定与信息分析业有关的法律、政策和标准；以合同方式促进政策的实施。咨询协会的微观约束有：将政府的法规、政策转化为具体的行业制度，约束会员行为，对行业实行自律性管理；② 负责与政府及

① 官思发，朝乐门. 大数据时代信息分析的关键问题、挑战与对策[J]. 图书情报工作，2015(3)：14-20.

② 保全. 发达国家信息咨询业的发展特点及其对我国的启示——以美、英、德三国为例[J]. 周口师范学院学报，2011(1)：154-157.

有关团体联系协调，为信息分析机构服务，维护信息分析机构的权利。美国政府对信息分析公司虽然没有特殊的扶持政策，但是采用的是刺激企业需求的方法，即企业的咨询费用可纳入成本，不征收所得税，以此来鼓励信息分析业的发展。

8.2.4.2　英国信息分析机构宏观管理的经验

英国的信息分析工作在英国的政治、经济和社会生活中起着举足轻重的作用，是社会、经济和科技发展的重要推动因素。纵观英国信息分析的发展，我们可以发现，英国的政治变化和经济发展为信息分析的发展开拓了生存环境，其宏观管理经验尤其值得我国信息分析的借鉴。

(1)宏观政策。

英国针对信息分析机构制定的宏观政策所体现的借鉴意义主要有：

①保障经费充足。英国信息分析机构大多有稳定的资金来源。伦敦国际战略研究所是一所具有国际影响的软科学研究机构，近年来每年大约有 60 万英镑的收入。其中半数来自会员的会费和出版物的收入，其余则来自美国福特基金会、洛克菲勒基金会、德国克鲁伯基金会，以及瑞典、英国、法国、意大利、日本等国的基金会和私人团体、企业的赞助。[①]

②保障教育人力资源。英国大学历史悠久，像牛津大学和剑桥大学都是在 12 世纪和 13 世纪创建的。英国共有大学 45 所，大专院校 30 所。其中牛津大学、剑桥大学、伦敦大学和爱丁堡大学的学生注册人数都在 1 万以上。长期以来，这些学校培养出了很多科技精英，剑桥大学的卡文迪什实验室曾经培养出 26 名诺贝尔奖获得者。根据 2014 年最新数据显示，英国仅有世界 1%的人口，研究经费只占全球的 3%，却贡献了全球科研文献的 6%，占据 12%的科研文献引用率，其中高引用率的论文占比达到 16%。[②] 2014 年初，英国大学与科学国务大臣威利茨(D. Willetts)表示，英国政府计划投资 7300 万英镑资助 55 个政府数据分析项目。这些资金除了用于在地方大学建立 4 个

---

① 秦铁辉. 英国信息研究工作探微[J]. 情报探索，1996(4)：25-28.

② 秦铁辉. 英国信息研究工作探微[J]. 情报探索，1996(4)：25-28.

大数据研究中心，还用于分析解决运输及医疗保健等领域存在的问题，而这份资金的投入对英国信息分析领域的发展的基础建设，起到了极大的推动作用。

在英国的大学教育和科学研究中，有一种重基础研究、轻工程技术的倾向。因此，研究生、大学生毕业以后，都不愿意去企业工作，他们的首选职业是大学教师、研究人员和政府官员。作为科学研究一部分的信息分析，可以使广大研究人才充分施展其才能。因此，有志于此的学生们都乐意去信息分析部门工作。在如此丰厚的人才土壤中，英国咨询学会对入会者规定了比较严苛的条件：要有大学毕业的学历；必须在企业工作10年左右，积累了一定的经验；有时还需要通过专门考试。在英国信息分析部门，不单信息分析公司人才济济，其他类型的机构也同样如此。①

③创造良好的信息环境。为了做好信息分析工作，经费充足和人员素质高固然重要，但如果没有一个良好的外部环境，也很难达到预期的理想效果。信息分析需要处理大量数据和资料，英国的微电子、计算机、通信等行业发展很快，这就为快速处理数据和资料提供了便捷条件。② 截至2014年，英国电信监管部门宣布超高速宽带(大于30Mbps)覆盖率已达78%，宽带覆盖率达100%，良好的信息硬件为信息分析机构的发展提供了有力保障。但在互联网时代，英国的高速宽带网络建设正在被世界上其他先进国家赶超，导致信息分析行业发展滞后，英国社会协会(BSG)已经开始呼吁将英国全境的宽带网络全部升级为光纤网络，预计将耗资100亿到150亿英镑。

(2)法律法规。

此外，英国政府还提供法律保障。英国政府在1998年颁布了《数据保护法》(DPA，1998)，该法令在2000年3月生效。该法令增加了对手动和电子数据记录的保护，扩展了1984年的法律，并且该法令赋予"数据保护委员会"以强大的权力监督法律的实施。该法律的另一部分是对个人权利的加强，

① 秦铁辉. 英国信息研究工作探微[J]. 情报探索，1996(4)：25-28.

② 秦铁辉. 英国信息研究工作探微[J]. 情报探索，1996(4)：25-28.

如禁止不经个人允许将个人数据用于直接销售。① 英国社会素来有保守文化传统，对隐私权的保护在一定程度上阻碍着数据分析能力的发展。但 2014 年 7 月 15 日，英国议会下院使用紧急立法程序投票通过《数据保留及调查权法案》，批准电信及网络公司保留用户的信息记录，英国政府面对信息分析的态度转变将促进英国信息分析机构的进一步发展。

8.2.4.3　俄罗斯信息分析机构宏观管理的经验

俄罗斯曾经是世界上集中型信息管理体制的典型，并形成一套相当完整的理论和工作体系，尤其在科技信息系统内部开展广泛的信息分析工作上，与美英等国相比独树一帜。而且，我国的信息分析系统在很大程度上是模仿俄罗斯原有体系的理论和工作而建立的。分析俄罗斯信息分析机构的发展仍具有重要的现实意义。深入剖析俄罗斯的信息分析宏观管理中的宏观政策与机构划分对我国当前信息分析工作具有重大意义。

(1)宏观政策。

俄罗斯针对信息分析机构制定的宏观政策所体现的借鉴意义主要包括：

①按统一格式生产各种形式的情报产品，包括印刷型情报出版物、各种数据。

②提供多种方式的信息服务，包括定题情报服务、回溯检索服务、问答式联机检索服务等。而以科学家和专家个人为其主要服务对象的定期定题情报服务的周期不超过两周。

③提高信息加工的质量，加快把情报送到用户手中的速度。

④在对数据综合分析加工的基础上提供高质量的新的情报服务项目，如综合性科技情报数据库，以及为编制和审查国家科技进步规划提供情报依据等。

⑤对基础设施建设的完善，迈入 21 世纪，俄罗斯的宽带速度一直居于世界中等水平，其中莫斯科和圣彼得堡两个城市 2011 年的平均网速每秒 16.5

---

① 孙美丽. 美国和欧盟的数据隐私保护策略[J]. 情报科学，2004(10)：113-115.

兆，其他地区平均网速达到每秒 6.4 兆。而据 FTTH 欧洲委员会(FTTH Council Europe)发布的数据显示，2012 年，俄罗斯光纤到楼用户数量占全部用户数量的 12%左右，光纤到户用户数量占比约为 1%。①

(2)机构划分。

俄罗斯自动化科技信息系统为 4 级结构：全国子系统、中央部门(专业)的子系统、地区性的子系统和基层单位的子系统。

第一子系统由 12 个全俄性情报机构组成。每个机构按文献类型和专业特点分工，承担全国主要数据库的建设任务。所以，最重要和最完整的数据库文档都集中在莫斯科的数据库中。

第二子系统由 90 多个部门的专业情报机构组成。中央部门情报机构收集处理某一专业内尚未出版发行的资料，按照本专业各方面的需要编制自己的回溯检索文献数据，并负责建立反映本专业部门生产的产品规格和执行专业发展规划所需信息的事实数据。

第三子系统由地区性情报中心组成。系统中的信息主要是根据本地区的需要如收藏和使用由全俄性情报机构和中央部门情报机构生产的专题和文献类型数据库的复制品，并根据地区特点收集、加工、存储信息，为本地区用户服务。

第四子系统包括 88000 个科研所、企业、工厂的情报机构。这些情报机构有两种类型：一种是根据本单位的需要特点积累和传播信息，既是某专业范围内数据库的生产者，也是数据库的服务者；另一种是只进行信息服务，不生产数据库。②

8.2.4.4 日本信息分析机构宏观管理的经验

日本政府有效的宏观管理为推动信息分析业的发展起到了重要作用。甚至可以说，在发达国家中，由政府制定完善的政策和法律，大力推动信息分

① 鲁章. 苏联情报所情报加工自动化进程[J]. 情报理论与实践，1991(5)：43-45.

② 张凤楼. 苏联的自动化科技情报系统[J]. 情报学报，1991，10(1)：16-25.

析业的发展，日本政府做的是最好的，其效果也是最为显著的。①

(1)宏观政策。

日本政府高度重视信息分析业的发展，所采取的宏观政策包括：

①推动、培育信息分析市场。政府鼓励企业进行咨询，对购买咨询服务的企业在税收方面有一定的优惠政策；政府还以身作则，积极参与，成为信息分析市场的重要客户。政府的示范效应对信息分析市场的进一步扩大起到了积极的推动作用。

②对咨询研究在经济上给予资助。政府规定每年全日本科研经费的 1%要用于咨询研究。

③政府鼓励本国信息分析机构在国外承接业务，例如，规定本国信息分析机构向国外提供服务所得收入的 20%，与该企业年度(包括国内外)全部所得金额的 50%相比，取两者之中的较低者作为“亏损”金额，在纳税计算收入时可不计算在内。此外，还特别建立了海外咨询专项奖励金。

(2)法律法规。

日本政府对信息分析业的立法与其他发达国家相比是最完善和细致的，使信息分析业的运作、发展做到有法可依，有章可循。20 世纪 50 年代，政府颁布了《中小企业本断实施基本纲要》《企业合理化促进法》《中小企业指导法》和《科技信息中心法》等；60 年代，政府颁布了《建设信息分析业务登记条例》《建设咨询人员注册登记章程》和《中小企业法》等法律；70 年代，政府颁布了《综合研究开发机构法》《信息处理振兴事业协会及有关法律》《特定机械、信息产业振兴临时措施法》等法律。这些法律对信息分析机构的社会地位和在国民经济中的作用给予明确的定位，尤其是《综合研究开发机构法》明确规定了“日本综合研究开发机构(NIRA)”的日本脑库“总管”地位，使其成为日本政府联系、协调、控制各民间信息分析机构的中间组织。同时，这些法律也对信息分析机构的行为做了严格法律性的规范。此外，为了公开政府的信息资源，政府颁布了《行政程序法》(1993)、《信息公开法》(2001)等法

① 王生辉. 我国管理咨询人员离职倾向研究[D]. 济南：山东大学，2009：17.

律，在客观上为信息分析机构提供了更多的信息资源，促进了信息分析业的发展。2012年9月，日本总务省发布的2013年行动计划，将大数据作为新ICT(信息通信技术)战略的重点，为信息分析领域的快速发展提供保障。

8.2.4.5 韩国信息分析机构宏观管理的经验

韩国经济发展的主动力，大部分来自于掌握反求工程能力，也就是吸收、消化和改进引进技术的能力。其中，情报活动所产生的影响巨大。在韩国，信息分析被定义为一种具有附加价值的商品，情报活动被看作国家增加国民生产总值，提高人民生活水准以及缩小各国之间差距的最有效的手段。

(1)宏观政策。

韩国在针对信息分析机构的宏观政策和法律制定方面处于较为先进的水平，从政府支持到法律保护都对信息分析机构的发展起到了很好的促进作用。

①政府推动科研工作。

20世纪60年代后开始的迅速工业化进程使得韩国产业界对科学技术的需求激增，迫切需要建立一个强有力的科研组织。1966年现代的多学科产业研究“韩国科学技术研究所”应运而生。随后，为了满足日益增长的发展需求，在韩国政府各部相继成立了各学科领域的专业研究所。进入20世纪80年代，为迎接世界新技术革命的挑战，实行全方位跟踪的科技发展方针，开始了全面推行技术立国的经济发展战略。在这种背景下，为了积极参与高科技的国际竞争，韩国政府于1981年对原各部领导下的科研机构实行了精简合并，统一归科学技术部领导。其中韩国科学技术研究所与韩国高级科学院(KAIS)合并，成立了集研究开发、学术研究、人才培训为一体的韩国高级科学研究院(KAIST)。其他8个科研机构分别为能源研究所、机械和金属研究所、电子技术和通信研究所、计量标准研究所、电子技术研究所、化学技术研究所、人参和烟草研究所和能源新技术研究所。这类政府研究机构的主要职能是承担政府和企业委托的合同研究项目。

②鼓励企业成立分析机构。

韩国大型企业一般建有自己的信息分析机构，它与企业的研究所开发机构合作，从事信息采集、分析等活动，涉及一系列性质类似于信息分析领域里的活动，如评价竞争性技术、分析竞争对手行为、分析需要技术或技术转让等的可能来源、市场需求预测、定形技术预测、鉴别研究开发资源、能力之间的差距等。韩国的一部分企业研究机构都重视技术预测工作，主要依据技术预测性文献和凭高层管理者或高层研究人员的直觉进行判断预测。

③重视基础设施建设。

韩国数据中心位于韩国国家信息社会局(NIA)大楼内，是由韩国科学、通信和未来规划部和 NIA 共同建设的，其网络平台与存储国家统计信息以及其他公共信息的政府数据门户服务相连接。另外，像 LG CNS 这样的企业也发力于数据中心的建设，LG CNS 总共拥有 4 个不同的数据中心，其新建的位于釜山的全球云数据中心占地 32321 平方米，整个场地面积超过五个足球场的规模。它拥有 72000 台服务器。韩国国内的数据中心设施数量目前超过 100 处，近几年新增加的就接近总数的 1/3。①

(2)法律法规。

韩国政府十分重视信息环境的营造。早在 20 世纪 60 年代初，韩国政府就加强了宏观干预的功能，通过立法、政策支持等手段，出资兴办各种情报机构，以刺激和鼓励情报活动的开发，提高本国获取、分析和传播信息的能力。1962 年，为了帮助工业界获取最新的海外科技和经贸信息，政府分别成立了韩国科技情报中心和韩国贸易振兴社。1969 年，政府制定了《韩国科学技术情报中心振兴法》，用法律形式强化科技情报中心的地位和作用。

在韩国，中小企业在国民经济发展中起到重要作用，并成为韩国工业结构中的一个重要组成部分。为了充分发挥中小企业的作用，加快中小企业的振兴，韩国政府制定了一系列政策和法律。例如，1966 年通过了《中小企业基本法》，1982 年制定了“振兴中小企业 10 年长期规划”等，并设立了为中小企业进行技术和贸易援助的专门机构。其中最大的和最有影响的组织要数韩国贸易振兴社和韩国产业研究院，负责帮助和指导韩国企业特别是技术水平低的中小企业寻求情报、确定需求和协助决策。另外，金融研究机构和工业

① 肖丹. 全球大数据扫描[J]. 中国科技奖励，2014(9)：40-46.

协会等的附属机构负责提供中小企业在管理和技术上的信息咨询服务。

2013年，韩国对个人信息领域的限制做出适当修订，提出当企业使用个人无法识别的信息时，无需向主管部门申请；制定了以促进信息分析产业发展，并兼顾对个人信息保护的数据共享标准；准备修改位置信息法，对不暴露个人信息的位置服务，免除向上级部门申请的各个步骤；计划将国家公共服务逐渐扩展到移动设备，并对个人开放国家公共数据。①

8.2.5 我国信息分析机构宏观管理的优化

我国信息分析机构的产生、发展很大程度上得益于政府所实施的一系列宏观管理政策、规划与法规。但是，与发达国家宏观管理措施相比，我国政府对信息分析机构的宏观管理还存在一定的差距，学习借鉴之处还很多。

8.2.5.1 明确宏观管理主体

针对我国现阶段信息机构宏观管理的一些问题，必须明确宏观政策的主体和受众群体，在法律法规的制定和行业管理方面更有针对性，有效解决现实问题。

(1)明确政策、法规制定的主体。

目前，我国能够出台信息分析机构管理政策、法规的单位除了国家发展和改革委员会、科学技术部、工业和信息化部等国务院组成部门外，还有国家税务总局等国务院直属机构以及科学技术协会及一些行业协会等民间组织。这种多主体的现象一方面制约了有关信息分析机构管理政策、法规的颁布速度，增加了制定成本；另一方面严重影响了政策、法规的贯彻，增加了执行成本。为避免这类问题的出现，我们有必要借鉴美、英、日、俄、韩等国的做法，由一个部门专门负责制定信息分析行业的政策、法规。

(2)明确行业管理的主体。

国外政府都把行业协会确定为行业宏观管理的主体机构，政府颁布的政

① 陈凯. 韩国大数据建设初具规模 开放模式掣肘成隐忧[J]. 通信信息报，2014(15)：2.

策、法规要通过这些行业协会来落实，行业的规范由协会来确定。虽然，国内咨询行业协会的任务与国外基本一致，即对咨询项目、会员单位的信誉、从业人员的资格进行评审、检查与监督，组织行业统计等工作。但是，由于我国政府并没有像德国一样，通过法律的形式规定任何信息分析机构必须加入一个行业协会，以强制性的法律来确定协会在行业管理的地位。所以，国内咨询行业协会对行业机构的管理约束力不强，没有起到协会应有的作用。目前，我国政府应加快推进咨询行业协会及相关协会的体制改革，用法律的形式确定其行业宏观管理者的地位，使其成为联系政府与信息分析机构的中间机构，真正起到行业协会规范市场行为、推进行业机构发展的作用。

8.2.5.2　制定经济扶持政策

除了对信息机构的直接经济支持以外，也应适当从税收方面有所倾斜，减轻其市场发展压力，引导和扶持相结合，积极促进税收优惠政策落实到位。

(1)实施税收倾斜政策。

信息分析活动的社会贡献主要体现在辅助政府、企业和个人进行决策，减少因决策失误所造成的各种损失，因此对信息分析机构不能用税收的多少来衡量其作用。美、英、日、俄、韩等国政府都采取对信息分析业的税收倾斜政策鼓励其发展，我们与之相比还有很大差距。

①加强优惠税收政策的力度。

有关部门在 1994 年就颁布过《关于企业所得税若干优惠政策的通知》，但是当时的政策明显倾向于科研机构和高校所属的信息分析机构，对于公司性质的信息分析机构只在开业后的前两年给予免税优惠，对于技术转让过程产生的技术咨询虽也可享受免税，但只限于年净收入 30 万元以下的部分。2008 年，财政部、国家税务总局重新发布了这一通知，同时规定除《中华人民共和国企业所得税法》《中华人民共和国企业所得税法实施条例》《国务院关于实施企业所得税过渡优惠政策的通知》《国务院关于经济特区和上海浦东新区新设立高新技术企业实行过渡性税收优惠的通知》及该通知规定的优惠政策以外，2008 年 1 月 1 日之前实施的其他企业所得税优惠政策一律废止。新的《关于企业所得税若干优惠政策的通知》并未对整个咨询行业有特殊的税收优惠。如果说1994年的《关于企业所得税若干优惠政策的通知》对我国处于发展初期的信息分析业是有一定效用的，那么在当前信息分析业步入规模化发展的时期，则更需要如2008年《关于企业所得税若干优惠政策的通知》中对软件行业实施税收优惠政策，促进它向更稳步的阶段发展。

②全面落实优惠税收政策。

仅仅出台一些针对信息分析业的免税、减税框架性政策是难以真正促进整个信息分析业发展的，还需要制定具体的执行细节。例如，1994年的《关于企业所得税若干优惠政策的通知》规定：享受科研单位待遇的科技信息分析机构，从事"四技"服务的收入，可以减免当年的企业所得税。但是，由于税务部门自身技术原因，并未使其真正得到落实。这种政策放空的现象直接影响了信息分析机构的正常运转和业务发展。①

(2)加大财政投入。

虽然国外的信息分析机构完全按市场机制运行，包括为政府服务的信息分析机构也不例外，但是政府还是以直接投入、信贷、保险等各种形式在资金上予以支持。例如，意大利政府对信息分析机构给予低利率借款。如果信息分析机构在国外开展业务需要资金，可从金融机构的中期信用中央金库得到低息贷款。贷款方式可使用出口商信贷，也可用客户信用贷款。贷款条件是平均年利率为8%，付款期限为5~6年。关于提供贷款的担保问题，一般来说鉴于信息分析机构提供能力不强，故由政府设立的国际保险公司提供担保。② 与之相比，目前我国政府在信贷、保险、财政拨款中对信息分析业的特殊政策却是空白。这种相关财政政策的缺失制约了信息分析业的整体发展。因此，填补这些政策缺口势在必行。

(3)培育市场需求。

① 周洁. 科技咨询服务的法律制度建设亟待加强——以浙江省科技咨询业发展为例分析[J]. 今日科技，2006(12)：50-51.

② 夏竞辉，邹逸安. 国外咨询业发展中政府扶植的措施[J]. 中国软科学，1996(2)：116-119.

市场主体多样化和市场竞争多维度要求上至政府，下至各层级企业，不仅要注重引导个人用户信息分析服务，也要积极开拓海外市场，借鉴海外机构发展经验，共同应对市场竞争压力，培育多层次的市场需求。

①政府拉动市场需求。

这方面美国政府是最好的例子。美国政府在做每一项决策之前都要进行咨询，政府是全国信息分析市场的主要客户。同时，它的决策咨询项目遵循市场竞争规律，实施招标形式，保证信息分析机构间的公平竞争，使信息分析市场良性发展。与之相比，我国一些政府部门虽然已经颁布了决策咨询实施办法或条例，确定了决策咨询在政府决策中的地位，但依旧存在咨询项目内控的现象。例如，国家政府部门超过 70%的课题流向国务院及各部委所属信息分析机构，这使得公司型的信息分析机构没有机会接触、获得政府项目，严重破坏了信息分析市场的公平竞争，客观上减少了信息分析市场的社会需求。

②开发中小企业市场需求。

中小企业是国内信息分析机构的主要目标客户，但是由于中小企业经济实力比较弱，常常因经费问题无法进行咨询消费，因此迫切需要政府制定诸如美国的“企业的咨询费用可打入成本，不计征所得税”、英国的“企业咨询没有经费，可以向政府申请资助”等类似政策，鼓励中小企业进行咨询。这部分市场需求的拉动将促进我国信息分析机构发展。

③引导个人用户注重信息分析服务。

随着我国经济的发展，居民个人的购买力增强，如目前很多人开始将购买视角转向古董、字画和玉石等收藏或是海外房产、矿产等需要高投入的领域，面对这样需要专业知识作为购买决策前提的领域，信息分析机构的专业信息收集、整理和分析在很大程度上决定着个人所购物品是否“物超所值”，是否达到预期的收益。在中国，提升这部分个人的信息分析服务购买力是促进信息分析行业发展的重要手段和途径。

④积极开拓海外市场。

国际市场的开拓对国内信息分析机构既是挑战，也是机会，通过承接海外咨询项目能够使其发现差距，快速成长。但是，目前中国缺少如AC尼尔森这样具有国际声誉的信息分析机构，因此，政府应借鉴美、英、日、俄、韩等国的信息分析业发展经验，鼓励国内有实力的信息分析机构开拓国际市场。

8.2.5.3 运用法律规范行业发展

法律规范为行业发展提供了基本准则，为市场有序竞争提供了较为明确的规范，法律制定从多方面明确了市场主体地位，使信息机构更有规范可循，更有利于实现市场资源的优化配置，提高行业生产效率，营造信息分析市场的高效有序可持续发展的大环境。

(1)明确信息分析机构的社会地位。

目前，国内有很多关于信息分析机构管理的政策，规定了信息分析机构的社会地位和重要作用，但都不具有法律效力，致使信息分析机构改革“无法可依”，导致信息分析机构无法准确定位，尤其有些隶属于政府机构的信息分析机构，在政府机构与企业单位之间摇摆，使其组织形式、人员配置、运行方式两边都靠不上，管理状况十分混乱。现阶段应加紧有关信息分析机构管理的立法工作，从法律上明确信息分析机构的社会地位和在国民经济建设中的作用。

(2)规范信息分析市场。

虽然现行的商标法、合同法、公司法等法律中有部分条款涉及恶意行业竞争、服务失信、欺诈等问题的法律解决手段，但是由于信息分析服务的特殊性，现行法律并不能完全履行对信息分析机构市场行为的监管。同时，也正是由于法律的缺失，符合国际规范、信誉良好的信息分析机构难以获取公正、平等的市场竞争机会。不规范的信息分析市场行为已经严重制约了信息分析行业的健康发展。因此，迫切需要政府立法部门加快信息分析机构管理的立法进度，通过法律的形式确定信息分析机构的性质、权利和义务。同时，要严格依法管理，规范信息分析行业的市场秩序。依法由主管部门对信息分析机构的资质进行认定，凡不具备条件、未经资格认定和依法登记的机构，一律不得从事信息分析、市场调研等咨询活动。此外，工商、税务和审计等部门要依法加强对信息分析机构的执业资格、服务质量、合同管理等的严格监督与检查，对于执业质量不合格的信息分析机构要及时采取相应的改进或惩罚措施。①

(3)实现信息资源优化配置。

信息分析机构的服务对象、分析对象决定了信息资源对其信息分析报告的质量起着至关重要的作用。虽然中国 2008 年开始实施《政府信息公开条例》，但是相对于美、英、日、俄、韩等国颁布的诸如《信息自由法》《政府资源和报告法》等法律，中国的《政府信息公开条例》除了在地位上不如这些法律，而且就目前实施的现状看，公开的只是政府部门的日常工作程序、法律和法规等常规信息。这些信息对于信息分析机构来说，可用价值并不高。目前，急需相关政府部门落实《政府信息公开条例》中对社会有利用价值的信息资源的公开，制定相应的执行细节，使《政府信息公开条例》真正成为信息资源保障与共享方面的法律，以法律的形式规范信息资源的利用。这样做一方面可以降低信息分析机构的信息壁垒，扩大信息分析机构的信息来源；另一方面可以实现信息资源的优化配置。

案例

德国信息分析业宏观管理方面的措施及经验

在欧洲国家中，德国的信息分析业发展最快，规模最大。2014 年欧洲信息分析业 23 亿欧元的营业额，德国占 29%，英国占 26%，法国占 15%，三国共占欧洲总营业额的 70%。德国信息分析业在欧洲重要地位，信息分析业产业额、机构数量、从业人员数等均遥遥领先于其他欧洲国家。德国完善的市场经济体系是咨询业发达的基础。同时，德国政府与行业协会对德国信息

① 周洁. 科技咨询服务的法律制度建设亟待加强——以浙江省科技咨询业发展为例分析[J]. 今日科技，2006(12)：50-51.

分析业的宏观管理也对促进该国信息分析业的发展发挥了积极作用。

在经济政策上，德国政府为扶持信息分析业的发展，制定和实施对信息分析业直接补贴的政策和措施。1975 年起，联邦德国政府就建议各部门、各行业和各研究所建立信息分析机构，并由政府资助 5 年，对 10 家非营利性的半官方信息分析机构给予 50%的经济补助。另外，德国还通过长期对企业，特别是中小企业的咨询工作采取鼓励方针来直接刺激其对咨询的需求。对中小企业的咨询给予倾斜的政策：一是对年销售额在 100 万欧元、400 万欧元、1000 万欧元之间的中小企业分别提供不同数额的补贴；二是提供业已形成的基础设施网络为之服务；三是对中小企业经理进行培训。此外，德国政府还大力支持技术咨询，政府投资建立技术中介机构，并对中介机构提供无偿资助。①

在法律政策上，德国的法律也积极扶持信息分析业的发展。例如，《企业基本法》规定企业管理部门在涉及工资、企业重组等重大决策时必须为代表工人利益的企业管理委员会雇请信息分析机构，间接拉动市场对咨询的需求；1975 年德国将《税务顾问法》修订为《税务咨询法》，对从事税务信息分析业务的机构进行法律监管；1997 年 6 月联邦议院通过了包含《远程服务法》、《数据保护法》和《数字签名法》三部法律的综合法律《多媒体法》，这部法律的颁布为信息分析机构利用网络进行信息分析业务处理提供了法律保障。

在互联网时代，德国政府率先提出“工业 4.0”的概念，这一概念是德国联邦教研部与联邦经济技术部在 2013 年汉诺威工业博览会上提出的。它描绘了制造业的未来愿景，提出继蒸汽机的应用、规模化生产和电子信息技术等三次工业革命后，人类将迎来以信息物理融合系统(CPS)为基础，以生产高度数字化、网络化、机器自组织为标志的第四次工业革命。“工业 4.0”概念在欧洲乃至全球工业业务领域都引起了极大的关注和认同。西门子作为德国最具代表性的工业企业以及全球工业业务领域的创新先驱，也是“工业 4.0”概念的积极推动者和实践者，这也预示了我们将面临的信息分析革命。

---

① 贾俊贤. 德国咨询服务业发展的经验及启示[J]. 东北财经大学学报，2001(3)：25-26.

此外，在对德国信息分析业的管理过程中，行业协会占有突出的地位，对行业的发展起着积极的促进作用。德国的行业协会可以分为公法形式和私法形式两种协会。具有公法性质的是商会，企业主和企业必须依法参加。私法性质的协会是私人经济组织自愿联合形成的，其主要职能是在协会自治的框架内代表其经济利益。

从组织形式来看，德国的信息分析行业协会重视行业联合，多带有自愿性。国家法律强制性规定企业必须参加商会，各地区、各州分别建立了分会，最后在联邦一级形成最高级组织，从而在全国范围内形成了纵横交错、既有分工又能相互协调的组织网络。这样的组织形式对信息分析产业的交流发展有着重要推动作用。

从功能上讲，德国的行业协会可以分为市场型协会和经济型协会。市场型协会的主要功能是对市场条件和市场价格施加影响，这类协会主要包括合作社、标准化委员会、工会等，其主要功能是确立工资、休假制度，在供货条件等方面确立标准，制定德国工业标准等；经济型协会主要包括德国工业联合会、农业联合会、纳税人联合会、房地产业主联合会，也包括我们的企业经济咨询协会。其主要功能是简化税法、降低税率、促进贸易、对标准的制定等施加影响。总的来说，德国行业协会不是国家行政机关的延伸，也不是单个企业的喉舌，他们代表的是行业中所有企业(会员)的利益。① 这样的行业协会功能有助于会员为争取自身利益，形成良性的合作与竞争，促使信息分析业的发展壮大。

德国信息分析行业协会有1500个会员单位，他们都是比较规范的信息分析公司，协会帮助会员企业改善咨询环境，通过定期出版刊物，宣传协会和会员公司；为会员单位员工提供咨询经验和进行培训；帮助会员单位协调社会关系、开发市场、寻找客户。咨询协会的这些工作内容和工作目标使入会的会员单位增强了社会信任度，进而使协会在咨询行业中具有很高的威望和

---

① 商务部产业损害调查局赴欧洲考察团. 德国、瑞典、芬兰三国行业协会发展的经验值得借鉴[J]. 商场现代化, 2013(32): 152-153.

信誉，协会已经成为指导德国信息分析业快速发展的重要组织。①

通过对德国信息分析机构宏观管理的研究，我们可以得到很多值得借鉴的经验。一方面，为了让更多的领导者和群众了解信息分析的意义，确立和提高信息分析行业的社会地位，除了通过新闻媒体的广泛宣传，多方面介绍信息分析行业的发展现状外，通过国家的立法和制定有关政策，制定信息分析行业的法规是使信息分析业规范化、科学化和合法化的保证。另一方面，合理的规章制度是经济政策和经济补助的有力保障。此外，德国政府始终将科学技术视为重要生产力，不断用新标准、新概念引导产业发展，平衡产业结构。而在行业协会方面，我们应当更多借鉴德国信息分析行业协会的组织形式与功能，促使会员形成合作与良性竞争。

8.3 信息分析机构微观管理

信息分析机构的微观管理通过对机构中人和事的管理，促成人际协调、人事匹配，充分发挥人的潜能，计划、组织、指挥和控制人的各种工作活动，实现组织目标的管理过程。其战略价值在于使机构运转顺畅，衔接得当，提高信息分析机构的工作效率，将利益最大化。

8.3.1 信息分析机构微观管理的原则

信息分析机构的微观管理应遵循四项原则，包括：

(1)鼓励创新原则。

掌握现代信息技术，利用信息管理系统，进行情报的收集、整理、加工、分析，提供准确、方便、快捷、高效的情报服务。而技术创新活动通常是一种强选择性的，以更准确的方向为终结的积累性活动引航，这就需要面临多种技术方案的选择。因此，技术创新在一定意义上，主要不是比技术，而是

① 汪安佑，余际从. 中国管理咨询产业发展问题研究[J]. 工业技术经济，2003(5)：11-14.

比决策。这就要求信息分析机构在微观管理中鼓励员工创新，帮助用户做出正确决策。

(2)标准化原则。

在信息分析机构中，管理人员的首要责任就是把过去工人自己通过长期实践积累的大量的传统知识、技能和诀窍集中起来，并主动把这些传统的经验收集起来、记录下来、编成表格，然后将它们概括为规律和守则，有些甚至概括为数学公式，然后将这些规律、守则、公式在全厂实行。① 但是在信息分析机构中，从文件编号到数据处理，标准化管理尤为重要。

(3)授权原则。

所谓授权原则，就是指机构中的高级管理人员把一般日常事务授权给下属管理人员，而自己保留对例外的事项一般也是重要事项的决策权和控制权，这种例外的原则至今仍然是管理中极为重要的原则之一。另外，这种以例外原则为依据的管理控制方式，后来发展为管理上的授权原则、分权化原则和实行事业部制等管理体制。② 在信息分析机构这种庞杂的组织中，授权原则显得尤为重要。

(4)以人为本原则。

企业的核心竞争力是人才，在对个人能力和团队配合要求极高的信息分析机构中更是如此。传统的培训方式一般是在职培训和脱产培训，它主要是针对一项具体的工作中所需的技能和知识进行的培训，如生产线上的工人的技术培训工作。而未来社会是协作性社会，以合作求竞争才能达到利益的最大化。在这种情况下，信息分析机构的工作人员需要掌握多种技能才能在现代信息分析行业中如鱼得水，在日益激烈的竞争中取胜。③

8.3.2 信息分析机构微观管理的内容

如图8.1所示，信息分析机构微观管理的基本内容包括组织机构管理、

① 李翔宇. 浅论实证主义方法论对科学管理的影响[J]. 管理观察，2008(23)：293-296.

② 马兴才. N公司设备维修费用控制研究[D]. 宁夏大学，2017：12-13.

③ 翟淑萍. 国有企业员工培训分析[D]. 南京理工大学，2002：11-13.

业务流程管理、客户关系管理、品牌管理、市场管理、财务管理、企业文化、人事管理等方向，这些方面共同组成一张管理网，它们之间是相辅相成的。

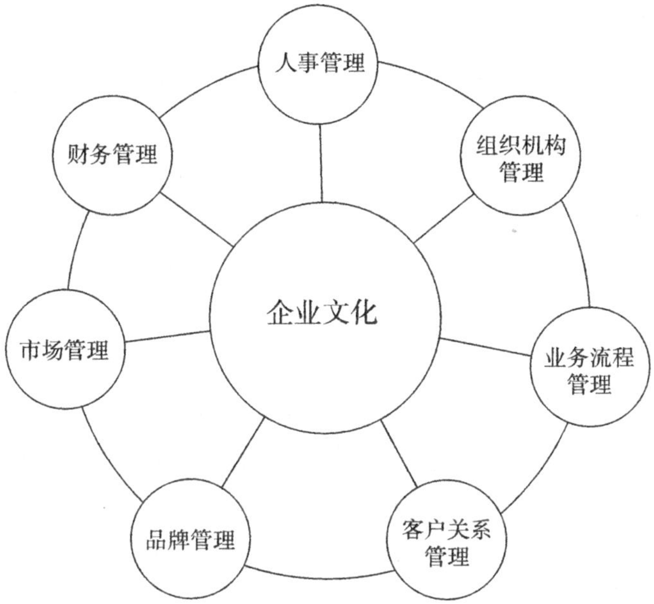

图 8.1 信息分析机构微观管理的基本内容

(1)组织机构管理。

组织机构设计方法是以组织目标为出发点，以活动分析划分为依据。在具体问题中，我们根据信息分析机构的性质、规模、实际需要，对组织内所需部门、职能进行设定，并且规定各部门之间的关系。目前，组织机构设置的主要模式有直线型、职能型、直线职能交叉型等。

(2)业务流程管理。

信息分析业务流程是个不断改善和优化的过程。信息分析机构个体首先针对组织的主要业务类型进行初步的流程设计，然后在实践中对其进行调整，如此不断循环往复，以获取科学规范的业务流程，从而确保信息分析工作的高质量和高效率。在信息分析机构的微观管理过程中，我们通常通过业务流程管理持续地提高组织业务绩效。

(3)客户关系管理。

客户关系管理包括潜在的目标客户和现实客户的管理，主要通过搜集、整理、分析客户的各种资料，掌握客户的基本信息，与之建立并维持长期的合作关系。在信息分析机构中，其最终目标是吸引新客户、保留老客户以及将已有客户转为忠实客户，增加机构的市场份额。

(4)品牌管理。

品牌管理主要包括为建立行业品牌所采取的营销策略，为维护机构品牌使其具有持续生命力所采取的一系列措施。品牌管理是营销管理的一个重要组成部分，在信息分析机构的发展过程中，树立品牌并占领目标客户群体的心智资源有着至关重要的作用。

(5)市场管理。

国家运用法律、政策和经济措施对市场交易活动进行的管理。旨在维护市场秩序，保护合法经营和正当竞争，稳定物价，保障消费者权益。内容包括企业登记管理、城乡贸易市场和交易所管理、商标和专利管理、广告管理、经济合同管理、商品质量和计量管理、价格管理等。①

(6)财务管理。

信息分析机构内部通过建立合理、有效的财务管理系统，严格控制成本和服务定价标准，以便在激烈的市场竞争中既保持竞争性，又有利润产生。其基本原则是通过信息分析服务收回成本(主要是信息分析人员报酬和各种支出)，并获得一定的利润。简单来说，财务管理是组织企业财务活动，处理财务关系的一项经济管理工作。

(7)企业文化管理。

这是信息分析机构最高层次的管理。优秀的企业文化，能够带动员工树立与组织一致的目标，并在个人奋斗的过程中与企业目标保持步调一致，能为员工营造一种积极的工作氛围、共享的价值观念和管理机制，从而产生鼓励积极创造的工作环境，也会对企业的绩效产生强大的推动作用。②

---

① 李晓霞. 微商农产品市场监管对策研究[D]. 云南农业大学，2017：9-10.

② 祝子云. 论实现企业绩效管理的有效性[J]. 企业技术开发，2007，26(7)：80-82.

(8)人事管理。

人事管理是有关人事方面的计划、组织、指挥、协调、信息和控制等一系列管理工作的总称。通过科学的方法、正确的用人原则和合理的管理制度，调整人与人、人与事、人与组织的关系，谋求对工作人员的体力、心力和智力做最适当的利用与最高的发挥，并保护其合法的利益。①

8.3.3 我国信息分析机构的微观管理

国内信息分析机构根据其性质划分，主要分为国有、外资和私营三大类，其中国有与另外两类的微观管理存在很大不同。

8.3.3.1 现实水平

在研究我国信息分析机构微观管理的现实水平过程中，我们倾向于从组织结构、人事管理、财务管理、市场管理、品牌管理、客户关系管理和企业文化建设几个方面，通过对国有和公司两大类信息分析机构的对比进行系统阐述。

(1)组织结构方面。

图8.2是国有信息分析机构组织结构形式，在设置上强调各种专职研究。例如，在国务院发展研究中心的研究部下设有宏观经济、农村经济、社会发展等关系到国家大政方针制定的专门研究部门。此外，在组织机构上不存在客户互动联系或体现参与市场的专职客户服务部门，也没有效益核算的专职财务管理部门。

图8.3是公司型信息分析机构组织结构形式。从机构设置可知，信息分析机构根据市场情况进行运营，普遍设有人事管理、财务管理、客户关系管理和服务质量监管等部门。

(2)人事管理方面。

国有信息分析机构中的人员素质比较高，人员主要来自两个方面：一是从各大学相关领域的专家学者、知名企业领导人中调任，政府培育其成为全、

① 金鑫. 高职院校人力资源管理激励机制的研究[D]. 天津大学，2011：15-16.

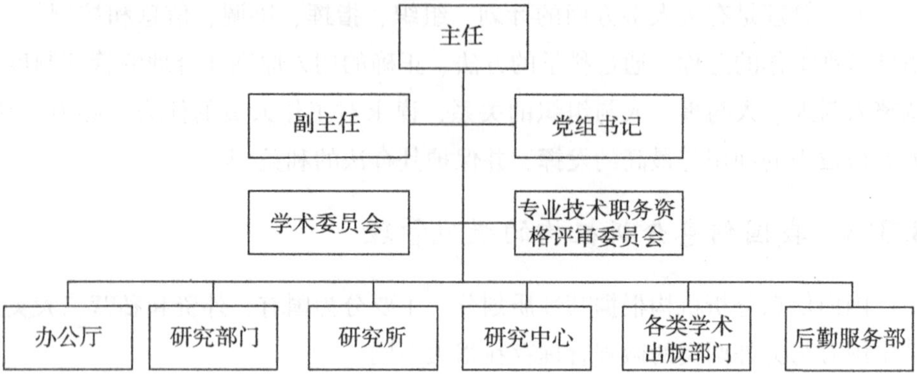

图 8.2　国有分析机构组织结构图

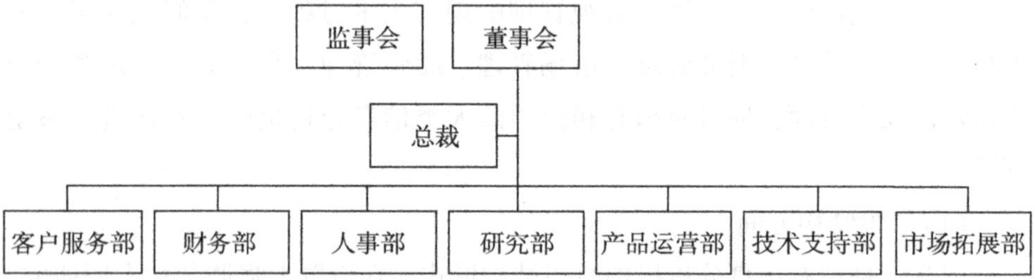

图 8.3　公司型信息分析机构组织结构图

兼职研究人员；二是通过社会招聘，主要对象是拥有硕士、博士学历的人员。这类机构对研究人员的激励措施比较少，研究人员的待遇主要与其职称、工作年限直接挂钩。

公司型的信息分析机构用人机制比较灵活，主要是从社会上招聘，大型机构也常常从高校聘请兼职顾问，但很多公司型的信息分析机构存在对人员素质要求不高的现象，影响了服务质量。在人员职责分配方面，有一定规模的公司型信息分析机构会对不同岗位的人员明确职责，但小的公司缺少这种规范性管理，临时分配任务的情况比较多；进修投入的资金相对较少；在激励措施方面，重视物质激励，许多公司型信息分析机构按所接项目收费的一定比例奖励员工。

(3)财务管理方面。

国有信息分析机构日常开支、员工工资和津贴主要由上级主管部门发放，因此一般不设专门的财务部。例如，国家教育发展研究中心、中国科学院农业政策发展研究中心等机构的财务管理都由类似办公室的部门负责。还有些国有信息分析机构虽然设置财务部，但主要工作是负责机构内部开支情况统计，而没有其他管理职能。

公司型信息分析机构一般都设有财务部门，并且是公司的主要管理部门。其工作的重点是对公司所有收支情况进行统计和控制，如员工的薪酬和福利发放、项目成本控制和经费使用监管、编制年度统计报表和财务预算等。

(4)市场管理。

国有信息分析机构市场管理的观念比较薄弱，竞争意识不强。虽然国家正在积极推进国有信息分析机构的体制改革，鼓励他们主动开发市场，寻找客户，但是由于改革还没有彻底完成，目前大部分机构还是以所属政府机构为主要服务对象，研究的项目也主要来自政府机构的委托，能够主动进入市场、研究市场，向潜在市场客户推销服务的国有信息分析机构在总体中所占的比例还相当小。

公司型信息分析机构面对竞争激烈的市场，都很重视自身市场的管理，具体表现是不断开发新业务，扩大国内市场范围。但是，在扩大服务范围的过程中存在着两种截然不同的做法：第一，一部分公司型信息分析机构比较理性，能够根据自身的优势，只向存在优势研究力量的相关领域拓展。例如，零点研究集团，成立之初的业务只有消费者研究、品牌研究、评估性研究、产品与营销研究四个数据调查分析领域，随着集团业务的不断拓展，在数据调查业务的基础上开展了与四大核心研究领域相关的业务，如远景投资研究、指标数据报告等，这种业务的扩展实现了与原有业务的相辅相成，互相促进。第二，一部分公司型信息分析机构不考虑自身的规模、人员力量而盲目开展各种新业务，扩大市场范围，其结果导致主营业务没做好，新业务又不精，严重影响了自身的发展。

(5)品牌管理。

过去，国有信息分析机构不需要进行品牌管理，完全由所隶属的政府机构、委托项目的级别和数量决定其行业知名度。现在，政府的项目开始实行招标，只有行业知名度高、有丰富经验的信息分析机构才能中标，而且公司型的信息分析机构也可以参与竞标。此举推动了一部分国有信息分析机构开始重视项目研究质量，并采用一定的营销手段来树立自身品牌。例如，中国财政金融政策研究中心、中国科学院农业政策研究中心等已经建立网站，对业务种类，已有研究成果、研究团队等进行宣传。

目前，虽然国内有一些民营或合资的信息分析机构，如央视索福瑞媒介研究有限公司、新生代市场监测机构有限公司、北京慧聪国际资讯有限公司等已经具有一定规模，营业收入超过 5000 万元，甚至过亿元，并具有了一定的品牌知名度。但是，由于国内大部分公司型信息分析机构正处于发展期，多数历史较短、实力较弱，因而存在品牌意识不强、业务流程不规范、提供的服务质量参差不齐、不重视自身的营销、企业之间存在恶性竞争、缺少职业道德等现象。为此，国内公司型信息分析机构应高度重视品牌管理，打造国内、国际知名品牌，提升自身的核心竞争力。

(6)客户关系管理。

目前，多数国有信息分析机构与委托项目机构之间不是用合同的形式规定双方的权利与义务，因此不是严格意义上的客户关系。但是为了争取到政府机构更多的项目和研究经费，这类机构很重视与其保持良好关系，一般由指定部门负责。此外，一些为企业提供咨询服务的国有信息分析机构，为了争取更多的客户，也设有专门的职能部门，负责与客户沟通，了解其需求。

公司型信息分析机构都设有客户服务部，对这个部门的人员要求比较高，最主要的是要有很强的业务拓展能力和良好的沟通能力。一些信息分析公司为了鼓励该部门人员努力联系客户，还制定了提成奖励等办法。客户关系管理实际上包括服务前、服务中和服务后 3 个阶段。具有一定规模、重视品牌的信息分析公司将 3 个阶段的客户关系管理放在同等重要的地位，争取老客户长期购买本公司的服务。但是，国内中小型信息分析公司普遍重视服务前和服务中与客户保持良好关系，忽略服务后的客户关系维护。

(7)企业文化建设。

当前，在中国国有信息分析机构内有两种文化氛围并存的现象，一方面是重视学术交流，研究态度严谨；另一方面是等、靠思想严重，学习、提高自身能力的氛围不浓。两种文化氛围并存是由机构性质决定的，一方面所做的研究关乎国家和地方的政治、经济发展，要求研究必须认真、务实；另一方面由于机构是政府附属单位，机构内对人才的激励措施不到位导致一部分人缺乏上进心。

8.3.3.2 存在的问题

尽管我国信息分析机构在微观管理中，已经形成了较为系统的体系，但仍然在以下几个方面存在着值得改善的问题：

(1)部分机构重申报、轻建设，存在急功近利现象。信息分析机构的初衷是以基础性、引导性项目的立项建设为切入点，加大科研投入，推进科研改革，把提高信息分析机构产品质量工作落到实处，部分机构重申报、轻建设，把"关注点"集中在是否能够获取项目立项及项目获取与等级等方面，至于项目建设质量及使用效果如何，是否促进了自身改革或提高了产品质量反倒成为次要目标。

(2)自身架构不完善，对机构中管理单位应履行哪些职责，负责人应承担哪些责任，不同建设阶段应达到哪些建设目标，奖罚的标准及措施如何等，缺乏明确、具体的规定。主管部门对项目的前期评审和经费使用等要求则比较宽泛。①

(3)成果和经验的总结、宣传、推广不力，难以将已有成果推广成标准化流程，帮助机构扩大业务范围。

事实上，企业文化是伴随企业发展产生、通过长期的建设而形成的。由于中国公司型的信息分析机构普遍发展时间比较短，正处于生存竞争阶段，很少把企业文化纳入建设工程，因而缺少独特的企业文化，导致员工对企业

① 蔡忠兵. 高校"质量工程"项目微观管理的问题与对策[J]. 黑龙江教育(高教研究与评估)，2011(2)：37-38.

的归属感、信任感、主人翁意识相对薄弱，员工流动性大、优秀人才流失现象时有发生。

信息分析机构的生产经营活动都应当以市场为导向，信息分析产出的产品只有接受市场的检验，并低于市场的价格，所代表的效率才能转化为效益。控制应该从整个生产周期去考虑，只有根据信息分析机构具体情况才能实施真正有效的控制，降低信息分析机构的成本。对现代信息分析机构的理解应从信息分析机构整体战略高度的角度出发，① 它不仅包括生产过程中的各种有形的物料及人力的消耗，还应包括信息分析机构在产品决策、产品销售中无形材料及人力的消耗。若要对其进行有效的控制，需要信息分析机构各个部门的协调和共同的努力。

建立微观管理保障措施是指为了保证措施的有效性以及措施的顺利实施而建立的各种规范。建立保障措施主要通过建立一系列业务处理与报告应该遵循的程序和规范，以及通过对组织结构的设定、职能的划分与分工等来保证组织内的各项活动有序进行。这些措施的功能不直接作用于发生过程本身，而是对处理业务的行为按照微观管理的需要加以倡导和约束。②

8.3.4　国外信息分析机构的微观管理

文献和智能的现代信息分析工作兴起于第二次世界大战期间，最先在美、英、俄、日、韩等国家盛行，信息分析机构的高速发展为世界经济发展做出了巨大的贡献。下面从国际视野出发，通过对发达国家(美国、英国、俄罗斯、日本、韩国)信息分析活动中的微观管理，揭示这些国家信息分析活动的人事、业务、品牌、市场等管理特点。从机构层面详细分析把握发达国家信息分析机构的管理细节，以便为改革和发展我国的信息分析工作提供借鉴。

8.3.4.1　美国信息分析机构微观管理的经验

美国运用高效率多领域的微观管理模式，在决策和市场销售上都形成了

① 姚旭东. 我国企业成本管理的现状与变革[J]. 现代企业，2008(7)：9-10.

② 弓建峰. 水利施工企业成本管理的现状及对策探析[J]. 山西科技，2011(4)：78.

较为鲜明的发展模式和管理风格。美国信息分析人员数量庞大，其工作领域也相当广泛，上至施政大纲、经济发展，下至市场调查、产品营销，几乎无所不包。概括起来，美国信息分析微观管理有以下几项值得借鉴的地方：

(1)人事管理。

美国信息分析机构对所招募的人员要求严格，除了学历、工作经历外，还要求必须通过职业资格认证考试。机构与员工之间的关系是合同契约式的雇佣关系。在对员工的培养过程中，信息分析机构努力营造客观、公正和科学的工作氛围，通过以能力为核心的绩效考核制度，优秀的员工不论其工作时间长短都可以迅速得到提升。对员工的激励措施除了给予高工资、提供一定数量的培训等奖励外，更重要的是引进内部竞争机制，不论职位高低，通过定期考核工作业绩，实行“能者上，差者下”政策，通过这种危机感激励员工主动学习，为企业创造利润。此外，信息分析机构还特别强调员工要遵守职业道德，设立项目进度及质量审查小组，对员工的工作进行监督。

(2)业务流程管理。

美国信息分析机构重视业务流程管理，主要体现在对咨询程序实施规范化的管理，这主要是由于政府对参与项目招标的信息分析机构就项目中标、研究过程及项目完成认定等方面规定了严格的程序。而很多信息分析机构的项目主要来源是政府各部门，为了顺利拿到项目，各信息分析机构都严格遵守政府规定的咨询程序，对自身的咨询程序进行规范。

(3)品牌管理。

美国信息分析机构的品牌管理表现在重视企业信誉。一方面信息分析机构深知良好的信誉可以决定机构知名度，而机构知名度是决定收取服务费用的重要标准之一；另一方面信息分析机构所在的行业协会定期对会员的信誉进行评定。例如，美国咨询工程师协会(ACEC)，每年对不同专业领域的信息分析机构进行评审，并借助新闻媒介在社会上公布评审结果，成绩不好的机构面临被迫从协会中退出的危险。因此，美国的信息分析机构都要求员工遵守职业道德、努力提高客户满意度，树立良好的业内和客户口碑。

(4)市场管理。

美国信息分析机构的市场管理主要体现在市场开发方面。开发的市场分为国内市场和国际市场，国内市场分为政府市场和企业市场。对于政府市场的开发，先是主动到政府负责项目的部门注册登记，这样就会定期收到政府发布的项目简报和邀标文件；其次是与议员建立良好关系，争取参加立项前的项目可行性研究活动，同时与政府其他部门联系，建立信任关系；最后，信息分析机构设有专门的政府项目信息调查部门，主动对政府的各项招标项目进行事先调研，充分准备。对于企业市场的开发，信息分析机构的主要途径有：一是通过企业的分类码、电话簿及企业目录寻找企业，主动上门了解其咨询项目情况；二是关注一些报纸、杂志刊登的企业急需解决的项目；三是通过各种协会的会员网络，主要是数据库，寻找企业的需要，进行初步调研，上门提供服务。国际市场的开发方法就是进驻海外市场，为各国的大企业服务，有的还参与一些国家政府的重大调研项目。

(5)企业文化建设。

美国信息分析机构的企业文化最大特点是着眼于人，以人为本，结合机构本身的特点，形成独特的企业文化，以此来最大限度地调动员工的积极性和创造性，增强机构内的凝聚力。这种文化氛围强调“任人唯贤，论功行赏”，具体体现在机构尊重每个员工的权利，鼓励有利于机构发展的个人创新行为；对于通过个人努力，在事业中获取成功的人，企业中其他员工不是嫉妒、仇视，而是将其确认为努力的榜样，进行模仿和学习。

8.3.4.2 英国信息分析机构微观管理的经验

英国是最早步入资本主义的国家，但是“世界工厂”的骄傲后来一度却成为英国经济发展过程中的阻力。但是它拥有良好的信息分析机制，从某种意义上来说，这成为推动其经济发展的一大动力。

(1)业务流程管理。

英国特别注重加强研究机构的开放性建设，开展国内外的信息分析合作与交流。在社会信息化的形势下，英国的信息分析机构不仅注意个体研究，还注意组织研究，不仅从事文献研究，还从事社会调查，积极开展国内外的合作与交流。在一个开放的思想和环境条件下进行信息分析，使信息分析起到侦察和参谋的作用。例如，詹氏情报集团拥有世界关于武器装备方面最完善的数据和图片，这与他们在世界主要国家和地区设立办事处和派驻记者分不开。例如，蒙西出版集团在11个国家和地区设有分支机构和办事处。这就使得它们能够及时获得所需的最新信息。①

(2)品牌管理。

知识经济时代需要人们通过对知识的共享而谋求价值的创造和实现，也需要今天的信息分析人员转换已经长期存在的独占性思想，培养起与他人共享信息和知识的习惯。英国的信息分析人员以知识共享为核心设计和建立的信息分析数据库，为同行以及广大用户共享信息提供方便、快捷的应用平台。② 如今在一个以知识为基础的时代里，英国创造出的一种以知识共享为目标的信息分析与服务模式已成为对所有信息分析机构的最低要求。英国研制了许多能够对外提供服务的数据库，向社会提供适销对路的信息分析产品，如研究报告、综述、述评等是知识经济时代信息分析机构走向市场、树品牌、抓效益、在竞争中求生存的重要途径。

(3)市场管理。

英国大多数是民办机构，资金来源一靠资助、二靠获利，绝大多数项目都是以合作形式完成的。满足用户当前和潜在的需要就成为它们生存和发展的基础，因此都设有市场调查的部门和人员从事需求分析和经营活动。这些单位大多具有现代化的信息获取手段和数据存储系统以及良好的信息环境，系统的丛书、年鉴、手册和数据库为它们从事信息分析提供了丰富的信息基础。③ 英国还重视信息分析的基础建设，早已抛弃文献检索和卡片积累为主要形式的工作方式。英国重视实地采访和抽样调查获取信息，把数据库建设

① 包昌火. 联邦德国和英国情报研究工作考察巡礼[J]. 情报理论与实践，1989(2)：39-41.

② 郑力，谭忠德，贾启中. 试析知识经济时代与情报研究工作[J]. 情报学报，1999(S2)：24-27.

③ 包昌火. 联邦德国和英国情报研究工作考察巡礼[J]. 情报理论与实践，1989(2)：39-41.

作为信息存储的主要手段，注意信息分析成果的系统化，如手册、丛书、系列报告、权威刊物的生产和编辑。①

8.3.4.3　俄罗斯信息分析机构微观管理的经验

俄罗斯各级科技信息分析机构的主要任务就是有效地保障学者和专家们掌握国内外科学技术的新成就和获得所需的各种信息。为此，信息分析机构必须了解学者、专家或企业、团体的信息分析需求，并选择为用户开展信息分析服务的有效方法和方式。

(1)人事管理。

依照信息分析活动的种类，俄罗斯将科技专家分为以下几种类型：①在基础科学领域主要从事理论和实验研究的学者(科学工作者)；②在技术科学和其他应用科学领域乃至国民经济各部门从事研制、设计和应用活动的工程师；③在科学、技术、国民经济管理部门工作的行政领导。以上 3 类用户的信息分析需求实际上代表了科学研究部门、工程设计施工部门和领导机关的需求。

(2)业务流程管理。

信息分析的供给过程是发现信息分析的需求、确定合适的分析方法和完成信息分析报告。对用户的信息分析需求进行分析是科技信息分析机构的重要任务，在俄罗斯，调查需求的方法可分为两种，即直接法和间接法。直接法是与专家用户之间的相互作用(包括间接作用)和对他们的提问进行分析的方法，提问包括书面形式、口头形式，利用标题表、反馈卡片、统一格式的提问或是信息分析保证技术任务书。间接法则是通过数据分析获得信息的方式。

信息分析需求确定的重要方法是绘制“目标树枝图”。它由目标、任务、问题、解决问题的方针，以及解决问题的条件这 5 个阶段构成。例如，问题阶段规定要遵守的基本原则，其中主要有确定其研究结果在文献中获得普遍

① 包昌火. 联邦德国和英国情报研究工作考察巡礼[J]. 情报理论与实践，1989(2)：39-41.

承认的问题，研究有争论的而需要进一步研究的问题及未经详细研究过的问题。因此，需要关于待研究问题的全面而详细的信息揭示这个等级的信息分析需求，是顺利深入研究问题的关键。

(3)市场管理。

为满足科学家和专家的信息分析需求，在俄罗斯的专业信息分析保障系统中形成了3种子系统与之相应的工作方式：回溯性检索、定期定题服务和“问—答”式提供信息。第一种子系统的工作方式是回溯性专题检索，这种信息分析保障形式主要用于研发(R&D)工作的准备和开始阶段。通常研究工作要延续较长的时间，在按专题进行回溯性检索后，在整个研制工作阶段还要利用定期定题服务子系统继续检索和提供有关信息。而“问—答”式子系统则是满足专家一次性提问的信息需求。

8.3.4.4 日本信息分析机构微观管理的经验

日本信息分析机构在对员工管理和市场主体服务上有着更先进的模式和经验，从人事管理，客户关系处理和市场管理上都对我国目前信息机构发展有重要借鉴意义。

(1)人事管理。

日本信息分析机构重视人员的合理配备，主要包括专业、年龄和层次3个方面。在专业结构上追求多种人才协同工作，特别是在一些大的综合性信息分析机构内更是如此；在年龄结构上，以年轻化为主要特色；在层次结构上以高学历为主。在人员的组织方式上，日本采用独特的“派出研究员”制度，即政府、大学、企业、研究所向信息分析机构派出研究员，工作2~3年，工资由原单位发，到期后回原单位工作。同时，日本信息分析机构非常重视咨询人才的培养，会依据每位员工的特长、性格等特点，为其制定职业发展规划，信息分析机构每年都会根据职员的工作内容、职务高低、工龄长短提供形式多样的培训。此外，一些大的信息分析机构为吸引优秀咨询人员，提高咨询人员的工作效率，还主动为员工创造良好的信息环境。例如，野村综合研究所在东京本部设立图书馆，截至2010年馆内共有图书7312178册、连续出版物 163097 种；同时，还设立"信息银行"部门，专门搜集日本经济和产业信息，拥有日本 1700 家企业财务情况数据库。

(2)客户关系管理。

日本信息分析机构一是通过良好的信誉与客户建立友好的关系，对所提供的咨询服务进行全面质量管理，重视服务效果；二是与客户不仅建立组织之间的关系，更重要的是努力与之建立个人之间的友谊关系；三是通过主动与客户联系，听取意见，设身处地的关心客户的真实需要，用诚心打动客户。

(3)市场管理。

日本信息分析机构的市场管理主要体现在国内市场的扩大和海外市场的开拓方面。在日本国内，仅综合性的大型信息分析机构就有数百家之多，市场竞争非常激烈，因此，信息分析机构都很重视多种营销策略的使用和对自身的定位，细分市场，并在细分市场的基础上向相关市场扩展业务。在海外市场拓展方面，虽然日本的信息分析机构同美、德等国相比，规模要小得多，在国际市场开发方面力量较弱，但是无论是大的综合性信息分析机构还是一些民间咨询团体都非常重视开拓国际信息分析市场，积极参与国际信息分析业的竞争。

(4)企业文化建设。

日本的信息分析机构很重视企业文化建设，并且深受日本传统文化影响。强调：①"以人为中心"的人本主义精神。不轻易解雇员工，使员工安心工作，把自己的利益与企业发展联系在一起。②"和谐高于一切"的竞争思想。机构内部虽然存在激烈的竞争，但这种竞争是在和睦的人际关系基础上进行。③"忠诚、集体主义"的职业道德观。据统计，与其他发达国家相比，日本信息分析机构的人员流动率最低。企业不轻易解雇员工，并且根据工龄长短来决定各项福利和晋升机会。因此，客观上培养了员工对机构的依赖感和主人翁精神。此外，信息分析机构内部注重宣传集体主义思想，鼓励员工之间友爱互助，重视团队精神。纵观日本信息分析机构的企业文化建设，它的总体思想是在带有"情"关系的文化下管理员工，这是一种"攻心"的企业文化。

8.3.4.5 韩国信息分析机构微观管理的经验

韩国从一个以落后的农业为主、经济残缺不全、靠美国剩余农产品为生的发展中国家演变成为一个新兴的工业化国家，其经济和科技发展速度十分醒目，这离不开其社会环境的变化。

(1)人事管理

在韩国的信息分析机构中，拥有一大批年富力强、知识层次高、能解决实际问题的高层次信息分析专家，正是在他们的有效工作下，信息分析工作才取得了卓有成效的成绩。

此外，韩国还充分发挥教育的推动作用，从全民计算机等信息通信技术基础教育入手，不断提高全民素质，为一流人才的培养奠定了坚实的基础。20世纪90年代，韩国先后提出的4次教育改革方案，都不断强调信息技术教育的重要性，并对教育信息化提出了新的要求。韩国于1998年3月1日开始实施的《教育基本法》，为信息化教育和信息通信媒体的教育应用奠定了法律依据。2000年初，韩国教育部发布有关信息教育的新政策，决定从小学二年级开始实施计算机教育，将已经在高中推行的“信息素养认证制”从2001年起扩大到初中。另外，韩国还在各市、道实施“教师情报活动能力评价制度”，并将评价结果反映在教师人事制度上，① 把应用信息技术的能力作为教师聘用、选拔和晋升的一个条件。截至2014年，韩国的手机普及率已经排名世界第二。

(2)业务流程管理。

在韩国信息分析的发展中，韩国充分利用并积极开发自动化手段。为了信息分析的发展，韩国建立许多数据库，其中事实型数据库具有相当可观的比例。在数据库的建设中，除了涉及科技、经济、市场、金融等领域外，韩国还将人才资源数据库的开发作为一项重点内容。

(3)市场管理。

在韩国，信息分析是将信息搜集、信息加工和信息传播三大环节作为统

---

① 庚晋. 韩国信息化建设发展迅猛[J]. 信息网络，2003(7)：12-15.

一整体来对待，认为信息分析的价值体现在使用上，必须面向需求开展信息分析活动。因此，信息分析才能为韩国科技的发展、经济的腾飞起到巨大的推动作用。

8.3.5　我国信息分析机构微观管理的优化

我国信息分析机构经过多年的发展，在保证各级政府决策的科学化、民主化方面起到了积极的作用。但与发达国家相比，国内的信息分析机构还存在着缺乏核心竞争力、品牌知名度不高、行业优秀人才匮乏等问题，这些问题的产生一方面是由信息分析行业发展所处的初级阶段决定的，另一方面也是由信息分析机构内部自身管理存在缺陷所致。

随着国外信息分析机构纷纷抢滩国内市场，可以预见国内信息分析市场竞争会越来越激烈，市场优胜劣汰规则的存在必然将管理不善的信息分析机构淘汰出局。因此，国内信息分析机构生存、发展的前提是在不断完善宏观管理的条件下强化微观管理。

8.3.5.1　强化人才管理

人才是当今国际竞争中的首要因素，信息分析市场的人才选择也将深刻影响企业发展，不断完善人才选拔，培养和激励机制才能更好地实现企业目标，为信息行业和企业发展培育有竞争力的高水平人才。

(1)在人员聘用上把关更加严格。

随着国内信息分析市场竞争的加剧，对信息分析人员的素质要求也会越来越高。一是学历上的要求，信息分析人员必须受过高等教育，系统地学习过有关信息搜集、整理、分析、预测的理论与方法，同时还要掌握相关学科领域的核心知识和理念；二是要求信息分析人员具有相关行业工作经验和一定的工作年限；三是要求信息分析人员具有敏锐的信息触觉，能够快速发现和捕捉关键信息。此外，伴随信息分析师资格考试的推广和行业管理规范的加强，持有资格证是从事信息分析工作人员又一必备条件。

(2)重视内部员工的培养。

目前，国内一些信息分析机构已经开始借鉴国外机构的人才培养模式，将人才的培养纳入重要管理工程。例如，零点研究集团首先根据员工的特点与特长为其制定职业发展规划，使其明确自身发展目标，尤其是对新入行的员工，在规划的不同阶段对其提供不同的培训内容；其次为员工提供进修、培训的机会。这种由机构自身培养人才的模式，能够增加员工的凝聚力，降低人才流失率。

(3)完善人才激励制度。

吸引高素质人才、培养人才是人才管理三个环节中重要的两环，而使用激励措施实现用好人才、留住人才是人才管理的最后一个环节，也是最重要的环节。因此，在信息分析机构内建立一套完备、有效、稳定和个性化的激励制度是有效性的重要体现在激励制度能够激发每个人员努力工作的积极性，这要求奖励标准有很大的可实现性；稳定性体现在激励制度的奖惩规定具有长期性，不随领导的心情好坏而变化；个性化体现在针对不同人员的性格特点"量身定做"的激励制度。

8.3.5.2 强化品牌管理

现代化市场经济中，企业各方面的竞争加强，强化对企业品牌的管理将影响企业未来发展，国内信息分析机构只有更加注重企业品牌的质量，运用多方面的营销手段，才能更好地适应客户需求，在市场竞争中处于有利地位。

(1)树立品牌意识。

树立品牌意识是品牌管理的前提。市场竞争的加剧迫使国内信息分析机构的管理者认识到，实施品牌建设是争夺市场份额，求得生存与发展的重要手段之一。国内的信息分析机构，尤其是缺乏市场观念的政府附属性信息分析机构必须树立品牌定位、开发和建设意识，管理者必须以高度的责任心和紧迫感实施和推进信息分析机构的品牌建设。

(2)提高信息分析质量。

提高信息分析质量是品牌管理的基础。客户使用信息分析产品时最关心的是其质量，它关乎客户在此基础上所作的决策是否正确，甚至决定客户的生死存亡。因此，出于对客户负责，更是对信息分析机构品牌信誉负责，国内信息分析机构必须重视对所承接项目的质量管理，规范项目处理流程，增设项目质量监督、评估部门。

(3)保持良好的客户关系。

这是品牌管理的关键。如果某信息分析机构与客户保持长期友好的关系，意味着它拥有了一群忠诚于品牌的客户群体，这些客户群体对该机构品牌的认可能够促使其持续接受该机构的服务。据统计，国外信息分析机构收入的80%来自20%的大客户，也就是说是少数大客户的委托服务支撑了信息分析机构的品牌价值。因此，国有信息分析机构将会随着形势的发展设立客户服务部，主动与老客户和潜在客户联系，而不能坐等客户上门。对于公司型的信息分析机构来说，当前最重要的是维护与老客户的关系。从经济学的角度看，企业开发一个新客户的成本是留住一个老客户的3~5倍，因此，对国内公司型信息分析机构来说维持和巩固老客户比开发新客户更经济。

(4)运用营销策略宣传信息分析机构。

这是品牌管理的重要手段。通过一定的营销手段，如利用电视、报纸等传统媒介和新兴的网络媒介做广告，可以在短时间内迅速向目标客户传递出信息分析机构的优势、服务特点等重要信息，快速扩大信息分析机构品牌的知名度。国内信息分析机构，尤其是占主体力量的国有信息分析机构，必须改变“酒香不怕巷子深”的思想，制定出完整的宣传方案，采用各种营销策略和手段与所属政府机构，特别是企业客户沟通，重点介绍信息分析机构的发展历史、人才优势、已有项目经验等信息，以达到介绍、推荐和宣传自己的目的。

8.3.5.3　强化组织文化建设

信息分析机构的管理者将成为推动组织文化建设的主要力量。目前，国内许多具有一定规模的信息分析机构管理者已经认识到，在某种程度上组织文化决定着信息分析机构的发展规模。优秀的组织文化能够推动信息分析机构快速发展；反之，则严重阻碍信息分析机构的发展，甚至将其引向被淘汰的道路。

(1)“以人为本”是组织文化建设的核心理念。

信息分析机构进行组织文化建设的目的是改善人际关系，增强信息分析机构内部凝聚力和员工的归属感，激励员工工作热情和责任心，从而有助于提高信息分析机构对环境的适应能力和信息分析机构的声誉。中国信息分析机构“以人为本”组织文化建设的实质是尊重员工的感受和利益，让员工感受到信息分析机构对其价值的重视，同时将信息分析机构的发展与员工的发展联系在一起，在实现员工价值的同时实现信息分析机构的价值。

(2)“与时俱进”是保持组织文化生命力的关键。

信息分析机构应该将组织文化与其发展进程联系起来，根据自身发展所处的阶段，并结合企业的市场定位，增加组织文化特色和发展理念，更注重培育市场创新主体，在继承和创新的基础上提出不同时期组织文化建设的目标，制定不同时期的组织文化发展规划，内化企业发展精神，从而促进组织文化不断焕发出新的生命力，推动信息分析机构的发展。

案例

麦肯锡的内部管理

麦肯锡公司于1926年在美国创建，同时他也开创了现代管理咨询的新纪元。现在麦肯锡公司已经成为全球最著名的管理咨询公司，在全球44个国家和地区开设了84间分公司或办事处。麦肯锡目前拥有9000多名咨询人员，分别来自78个国家，均具有世界著名学府的高等学位。①

在微观管理的层面上，麦肯锡公司秉承知识管理不等于信息技术的理念，认为知识管理涉及个人、组织、业务、策略、环境等各个层次。在个人层次上，知识分享已经植入员工的学习程序中，以便使其所需技能潜移默化地融入他们的日常学习中。公司领导认识到，知识分享既是个人和组织成功的关

① 李毅勇.通化医药企业战略联盟式发展研究[D].吉林大学，2006：11-12.

键，也是推动知识分享的主要动力。于是，他们通过决心与表率作用，以及对员工进行考核和激励，强化知识在组织内的分享。①

在组织层次上，麦肯锡将员工组成面对行业的、跨不同能力部门的项目小组。正是这些小组使用和创造了公司的知识资本。麦肯锡的全球知识管理团队分工明确地支持这些小组。知识分享是公司考核项目小组业绩的关键指标。麦肯锡的员工通常需要远离办公室，在客户的办公地进行工作。这种业务的特点要求麦肯锡在全球范围内传送最佳方案，以及相关技术。因此，麦肯锡的每一个项目小组都需要在公司已集合的知识基础上，搭建新的建筑，而并不需要它们再去发明流程。

在客户关系管理上，通过与客户合作，努力使企业对其顾客群的认识与公司现有的资源状况相适应，以达到在提高公司利润率的同时为客户增值的目的。随着全球化程度的加深，客户的需求日益复杂和多样，创新需要的时间大大缩短，新技术使通讯变得更加迅捷；因此，管理层要求公司的知识管理系统必须针对环境因素进行运作。

在品牌管理的层次上，麦肯锡致力于帮助客户通过实施企业资源计划等解决方案来提高经营绩效。形成强有力的品牌效应，在以下几个方面具有深入的技能：产品开发、制造策略和运作、采购及供应商选择、运输管理、分销、库存管理、价值链规划、供应链协同作业以及第四方物流方案等。

在这些微观管理理论之外，麦肯锡还有很多直接我们借鉴的细节。

一是，要成为最有影响力的咨询者。在麦肯锡公司的观念中，将专业的咨询方法、技术与对客户乃至对商业世界的影响力相互结合是非常重要的。麦肯锡的前任总裁、出生于印度的拉杰特·冈普塔说："我们当然可以将自己的咨询方法、技术修正得毫无瑕疵，令每一个使用它的客户都挑不出它的毛病或者错误，但是这样的方法、技术就只能是那种保守的、因循守旧的，而几乎不可能实现我们麦肯锡所希望达到的那种影响力、冲击力。"麦肯锡希望它能为足够多的客户，特别是商业世界内领导潮流的客户提供足够多的服务之后，麦肯锡公司能够对整个商业世界造成巨大的影响、冲击甚至是为整

① 彭亚利，卢淑琼，汤晓梅，分享知识[J]. IT 经理世界，2002(17)：89-90.

个商业世界“脱胎换骨”。①

二是，以人为本，致力于员工的发展。麦肯锡公司一直引以为豪的是自己有一个如同大学一样的工作氛围，除了乐于追求知识之外，这里所有的人无论职位高低、资历深浅都可以自由地发表意见。讲真话是麦肯锡公司所重视的一种工作品质，而讲真话所带来的友好坦诚的争论、探讨也是麦肯锡公司所倡导的，这种氛围本身就是对知识界、咨询界精英的一个巨大吸引。此外，麦肯锡公司还十分重视员工的个人发展。冈普塔说过：“致力于员工的发展是我们能保持长期竞争力的根本。如果你成功得到了加盟麦肯锡的机会，那么你也就得到了我们一个隐含的许诺，我们将不断提供你在别处难以遇到的发展机会。”②

三是，自律，“一个公司”理念下的合伙人制度。麦肯锡公司并不是一家由领导者与下属组成的公司，而是全部由领导者组成的公司。每个人都有他的自由去决定做他认为有益于公司的事情。从你踏入公司大门的第一天起，你就不仅仅被希望完成分配给你的任务，你还被希望甚至要求能不断自我前进做一些你认为对公司与自身有价值的事情。能够将这样庞大的、都是领导者的公司保持为一个整体的办法与途径就是自律，而每个人做事无论动机还是权衡利弊的标准都应该着眼于公司的整体。③

本章小结

信息分析机构是信息分析人才的聚集地，也是为社会提供信息分析服务的智囊团。因此，我们需要了解国内外信息分析机构的主要类型与作用和发展趋势，以及信息分析机构的宏观管理和微观管理方法。其中，美国、英国、俄罗斯、日本、韩国等国家的信息分析机构的发展现状和趋势是我们学习的重点。我们在掌握本章知识的基础上，应采用文献研究、案例研究、专家访谈和实地研究方法，进一步探讨国内信息分析机构所面临的挑战及对策。

---

① 史虹，管理咨询企业的成长要素研究[D]. 河海大学，2007：10-11.

② 史虹，管理咨询企业的成长要素研究[D]. 河海大学，2007：12-13.

③ 史虹，管理咨询企业的成长要素研究[D]. 河海大学，2007：12-13.

问题讨论

1. 请简述信息分析机构的主要类型及其作用。

2. 在你看来，信息分析机构未来的发展趋势是什么？

3. 信息分析机构的宏观管理有什么战略意义？

4. 如果你作为信息分析机构的负责人，你将从哪些方面提高团队微观管理的水平？

5. 你认为其他国家的信息分析机构运营过程中的哪些管理经验最值得借鉴？

本章参考文献

[1]詹德尤．信息咨询理论与方法[M]．武汉：武汉大学出版社，2004.
[2]孙振誉．信息分析导论[M]．北京：清华大学出版社，2007.
[3]卢小宾．信息分析概论[M]．北京：电子工业出版社，2014.
[4]卢小宾．信息分析理论与实践[M]．北京：清华大学出版社，2013.
[5]沙忠勇．信息分析[M]．北京：科学出版社，2009.
[6]官思发，朝乐门．大数据时代信息分析的关键问题、挑战与对策[J]．图书情报工作，2015，59(3)：12-18，34.
[7]王宁．宏观信息咨询行业发展对策[J]．现代情报，2006，26(6)：56-57.